国家社会科学基金项目

网络时代社会主义核心价值教育实效性研究

鲁宽民　姚鑫宇　易鹏　著

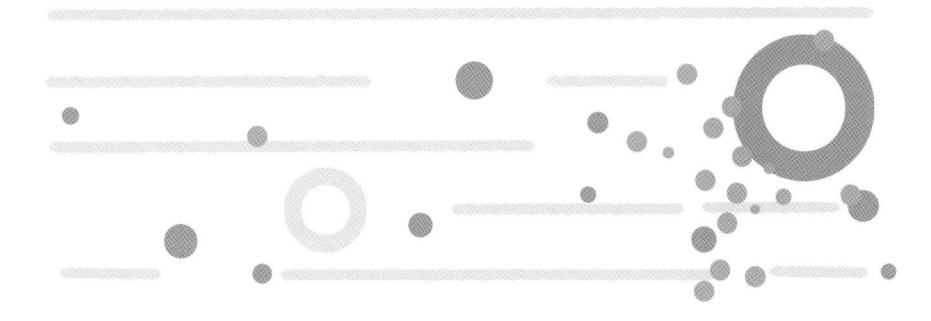

中国社会科学出版社

图书在版编目(CIP)数据

网络时代社会主义核心价值教育实效性研究 / 鲁宽民，姚鑫宇，易鹏著. —北京：中国社会科学出版社，2018.6

ISBN 978-7-5203-0676-8

Ⅰ.①网… Ⅱ.①鲁…②姚…③易… Ⅲ.①社会主义建设-价值论-思想政治教育-研究-中国 Ⅳ.①D616

中国版本图书馆 CIP 数据核字(2017)第 152132 号

出 版 人	赵剑英
责任编辑	宫京蕾
责任校对	秦 婵
责任印制	李寡寡

出　　版	中国社会科学出版社
社　　址	北京鼓楼西大街甲 158 号
邮　　编	100720
网　　址	http://www.csspw.cn
发 行 部	010-84083685
门 市 部	010-84029450
经　　销	新华书店及其他书店

印刷装订	北京君升印刷有限公司
版　　次	2018 年 6 月第 1 版
印　　次	2018 年 6 月第 1 次印刷

开　　本	710×1000 1/16
印　　张	21.5
插　　页	2
字　　数	356 千字
定　　价	89.00 元

凡购买中国社会科学出版社图书，如有质量问题请与本社营销中心联系调换
电话：010-84083683
版权所有　侵权必究

导　言

互联网作为20世纪人类最伟大的发明之一，把人类世界变成了"地球村"，具有高度全球化的特质。互联网给社会发展带来的最深刻革命是，社会组织、交往方式、传播形式从过去的以机构为基础元素，演化为以个人为主导、人人参与的社会传播的基本单位，催生了一系列新的规则、新的格局和新的改变，使得人类社会发生了一次重要技术、社会革命。

20世纪90年代互联网的兴起和快速普及、发展、应用与网民人数的持续攀升，把人们带进了一个互联网时代，现在人们生活在一个无处无网、无时无网的社会中。互联网突破传统的种种特征，形成了一个新的虚拟社会，解构并重构着社会结构，创造新的组织方式和组织形态。它不仅对经济、社会、政治和文化产生了巨大的影响，还使人类社会的生产方式、生活方式、学习方式和思维方式发生了翻天覆地的变化。人们的日常行为方式也越来越以一种网络化、虚拟化的方式表现出来，而这些变化，不仅深刻地影响着作为主体人的生存和发展状况，尤其是对人们的品格和价值观念的形成产生了巨大的影响，也深刻地影响着社会主义核心价值教育的实际效果。

核心价值是一个社会意识形态的灵魂，是精神文化的精髓，是一个国家的重要稳定器。党的十六届六中全会第一次提出了建设社会主义核心价值体系的任务，推动了我党逐渐深化认识、凝练形成社会主义核心价值观的过程。社会主义核心价值体系的提出，彰显了其在中国整体社会价值体系中居于核心地位，发挥着主导作用，决定着整个价值体系的基本特征和基本方向。党的十八大进一步将社会主义核心价值体系提升到"兴国之魂"的高度，并提出了"三个倡导"的社会主义核心价值观，分别从国家层面、社会层面和个人层面高度凝练和概括了社会主义核心价值观的基本内容。用社会主义核心价值体系、价值观引领社会思潮、凝聚人心已成为我们这个社会的基本共识。

构建具有强大凝聚力、感召力的核心价值,关乎社会和谐稳定,关系国家长治久安。在社会主义核心价值体系和社会主义价值观关系中,社会主义核心价值观是社会主义核心价值体系的内核,体现社会主义核心价值体系的根本性质和基本特征,反映社会主义核心价值体系的丰富内涵和实践要求,是社会主义核心价值体系的高度凝练和集中表达。培育和弘扬核心价值观,有效整合社会意识,是国家治理体系和治理能力现代化的重要方面,这必然反映在网络背景下如何加强社会主义核心价值的培育和践行问题,中央也提出了:"加强核心价值观在网上传播,使社会主义核心价值观真正成为人们心灵的罗盘。" 2016 年 5 月 17 日,习近平同志在哲学社会科学工作座谈会上的讲话中深刻地指出,面对社会思想观念和价值取向日趋活跃、主流和非主流同时并存、社会思潮纷纭激荡的新形势,如何巩固马克思主义在意识形态领域的指导地位,培育和践行社会主义核心价值观,巩固全党全国各族人民团结奋斗的共同思想基础,迫切需要哲学社会科学更好地发挥作用。在大变革时代如何让社会主义核心价值在网络互联时代成为"入脑入心"的精神力量,已经成为当代中国哲学社会科学必须直面回答的重大现实问题。需要相关多方主体在宣传、教育方式上讲求新方法,在倡导策略上有新思路,用先进的思想文化引领网络时代践行社会主义核心价值观的"高地"。

理论研究是理论自觉的必然反应,只有时刻坚定互联网时代社会主义核心价值教育实效性研究的理论自信,积极推进此项工作深入地发展,才能使社会主义核心价值牢牢把握网络文化的主阵地。《网络时代社会主义核心价值教育实效性研究》立足于推进国家治理体系和治理能力现代化的要求,从如何在网络时代增强人们的价值判断力和道德责任感,提升人们道德水平、道德境界出发,把握网络时代青少年特点和成才规律,在借鉴相关研究成果的基础上,积极探索网络时代社会主义核心价值教育的有效规律以及如何建构网络时代社会主义核心价值体系和核心价值教育有效的机制。

网络环境下提升社会主义核心价值教育的实效性,有着重要的理论价值和现实指导意义。通过研究,进一步丰富网络思想政治教育的理论与实践创新,拓展马克思主义理论学科视野与知识;进一步完善社会主义核心价值体系、核心价值教育内容与方式,为推动社会主义核心价值融入国民教育全过程，特别是网络环境下为社会主义先进文化发展做出贡献；进一步推动社会主义核心价值观的网上传播阵地建设，弘扬中华优秀传统文化，彰显网络道德法治教育效应，强化知行合一，引导人们自觉践行社会主义核心价值观。

本研究成果的内容主要表现在四个部分。

第一部分"网络时代社会主义核心价值教育的理论定位"主要包括第一章、第二章、第三章和第四章。

第一章主要分析了网络时代社会主义核心价值教育的国际国内背景和国内外研究现状。社会主义核心价值体系、核心价值观是一个时代性的重大命题。从国际上看，以美国为首的西方国家，和平演变手段发生了新变化，在全球范围内积极推行所谓的"普世价值观"，对我国社会主义价值观建设带来了严峻挑战。从国内来看，从社会主义核心价值体系到核心价值观的提出在全社会引起了广泛关注，通过不断地认知学习，在思想上认同，行为上践行。互联网越来越成为影响人们价值观以及价值判断的重要场所，如何在网络空间中确立我们的价值取向，树立中华的文化自觉、自信，通过互联网发好"中国声音"、讲好"中国故事"，建立网络空间的"命运共同体"，是实现我国文化强国目标的关键。多年来，随着网络思想阵地进一步加强，网络文化的有效开展，网络思想教育取得的成效等，为社会主义核心价值教育有效性的提升积累了丰富经验。目前国内外与此课题相关的研究取得了一定的成果，对此有一定的理论借鉴。但是，网络时代社会主义核心价值教育实效性存在问题、形态困境及其成因分析还需进一步深入思考。

第二章"网络发展及其社会影响"。从互联网技术的发展史、最新的我国互联网建设现状、基本数据等方面，系统地阐述了网络的演变与发展、网络的定义与特征、网络发展对人类生活方式的影响以及网络发展对青少年思想教育的影响。网络作为信息技术高度发展的产物，同传统的报纸、广播、电视等媒介比较，具有超越时空性、开放共享性、平等交互性、虚拟现实性等四个鲜明特征，网络的快速发展对我国社会的影响是全方位的。

第三章"社会主义核心价值的内涵界定与理论脉络"。运用层次分析法对价值、价值观等概念进行了分析，总结了社会主义核心价值体系与社会主义核心价值观二者各自的内容、特征，从学理上阐明和厘清了社会主义核心价值体系与社会主义核心价值观二者的关系。社会主义核心价值体系具有主导性、现实性、包容性、超越性、开放性五个方面的特征。社会主义核心价值观具有人民性、普遍性、民族性、崇高性等特征。社会主义核心价值体系是社会主义核心价值观形成和发展的必要条件、存在基础和重要载体，社会主义核心价值观渗透于社会主义核心价值体系之中。社会主义核心价值体系的内容全面而具体，社会主义核心价值观的内容概括而抽象，确立社会主义核心价值观与构建社会主义核心价值体系，是一个相辅相成、有机统一的过程。

  第四章"网络发展对社会主义核心价值教育的影响分析"。重视对网民这个庞大群体的文化价值取向的引导，发挥社会主义核心价值引领多样性网络文化的强大力量，正确分析互联网对网民社会主义核心价值教育带来的机遇与挑战，积极拓展互联网对网民社会主义核心价值教育的积极影响，合理规避互联网给网民社会主义核心价值教育带来的消极影响。成果主要从培育社会主义人才和可持续发展的两个角度分析网络对社会主义核心价值教育的积极影响，从社会发展、政治发展、文化发展、伦理道德、法律规制的角度分析互联网对社会主义核心价值教育带来的挑战，提出了网络时代社会主义核心价值教育实效性主要解决的是社会主义核心价值观大众化问题，分析了网络时代社会主义核心价值观大众化困境与消解路径。

  第二部分"网络时代社会主义核心价值教育的问题聚焦"主要为第五章。要提升网络时代社会主义核心价值教育实效性就必须具有强烈的问题意识和集中的问题指向。本章把网络时代社会主义核心价值教育的问题分为有关理论问题和实践存在问题两部分进行分析。在相关理论问题中，我们主要探讨了网络时代推进当代中国马克思主义大众化价值实现问题、网络时代边缘化价值观对青少年网民的冲击侵蚀问题、网络时代社会主义核心价值大众化问题、社会主义核心价值教育中主客体性问题分析；在实践存在的问题中，以陕西高校为例，对网络时代大学生群体对社会主义核心价值观认知程度调查现状、网络时代大学生的社会主义核心价值体系教育实效性展开了实证调查。

  第三部分"网络时代社会主义核心价值教育的发展向度"主要为第六章和第七章。主要从外在发展和内在发展两个视角，结合实然向度和应然向度的发展两个维度探讨网络时代社会主义核心价值教育的基本旨趣。

第六章"网络时代社会主义核心价值教育的时代使命"。在当前的时代发展要求下,坚持马克思主义指导地位的意识形态诉求是网络时代社会主义核心价值教育首要的时代使命,引领网络社会思潮和凝聚社会共识、自觉弘扬和传承中华优秀传统文化、实现教育"立德树人"的根本任务则是网络时代社会主义核心价值教育的现实要求,从大历史观出发,网络时代社会主义核心价值教育应从国家、社会与个人发展三个层面进行目标定位。

第七章"网络时代社会主义核心价值教育的内在要求"。网络时代社会主义核心价值教育主体应做到坚持以人为本、坚持务求实效、坚持引导与管控相结合、坚持科学严肃性与通俗易懂性相结合的有效原则,树立系统化工程理念、主体间性教育理念、虚实和谐共建理念这些基本理念,遵循新闻传播规律和新兴媒体发展规律,尊重网络思想教育价值的实现规律和把握社会主义核心价值建设规律。

第四部分"网络时代社会主义核心价值教育的实践回应"主要为第八章、第九章和第十章。主要从长效机制建设、实效性评价和具体实践路径三个方面探索增强网络时代社会主义核心价值教育实效性的具体措施和方式方法。

第八章"网络时代社会主义核心价值教育有效机制的构建"。充分认识构建网络时代社会主义核心价值教育有效机制的紧迫性、必要性和现实可行性是有效机制建构的前提条件。以互联网为代表的新媒体技术日新月异,其广泛应用和快速渗透给社会主义核心价值教育带来新的机遇和挑战,凸显了网络时代社会主义核心价值教育的有效机制建构的紧迫性、必要性和现实可行性。网络时代社会主义核心价值教育有效机制是一个纵贯教育始终,横涉教育各方的复杂系统,主要内容包括:捍卫、巩固和强化主流意识形态的引领机制;促进大众理解、接受和自觉认同的内化机制;激发、彰显和传递社会正面能量的激励机制;职责明确、多方给力和切实可行的保障机制;增强外在监督与自我控制相结合的约束机制。

第九章"网络时代社会主义核心价值教育实效性评价体系"。网络时代社会主义核心价值教育实效性评价的主体、评价的对象、评价的标准和指标是网络时代社会主义核心价值教育实效性评价的基本要素,在开展网络时代社会主义核心价值教育实效性评价时,要遵循科学性原则、客观性原则、综合性与系统性原则、针对性原则、可操作性原则、可测性原则,在操作网络时代社会主义核心价值教育实效性评价时注重评价的步骤和方法。

第十章"网络时代社会主义核心价值教育的实践路径"。提升网络时代社会主义核心价值教育实效性一定是诸方面因素交互作用、综合影响、形成合力的结果。为此,要加强网络时代社会主义核心价值教育的主体能力建设,拓展网络时代社会主义核心价值教育的内容,搭建网络时代社会主义核心价值教育的平台,营造网络时代社会主义核心价值教育的良好环境。

《网络时代社会主义核心价值教育实效性研究》积极借鉴思想政治教育学、哲学、教育学、心理学、管理学等相关学科知识,开展调研实证分析,从网络时代这个大背景和社会主义核心价值教育的途径入手,深入分析我国社会主义核心价值教育实效性状况,探讨提升网络时代社会主义核心价值教育实效性的模式和具体路径。研究内容具有新颖性,有助于网络受众更深刻地理解社会主义核心价值体系、核心价值观的科学内涵与实质;有助于在网络环境下为有效开展社会主义核心价值体系、核心价值教育,为网络思想政治教育的内容、方式、方法创新提供了一个全新的、科学的理论视角。有助于马克思主义理论学科拓展研究视野,丰富和完善思想政治教育学科的基础理论、专业内容,从而进一步丰富马克思主义理论学科知识。

目　录

第一章　导论 …………………………………………………… (1)
　第一节　研究的缘由和意义 ………………………………… (1)
　　一　研究的缘由 …………………………………………… (1)
　　二　研究的意义 …………………………………………… (7)
　第二节　研究背景 …………………………………………… (9)
　　一　国际背景 ……………………………………………… (10)
　　二　国内背景 ……………………………………………… (20)
　第三节　研究现状 …………………………………………… (27)
　　一　国外研究现状 ………………………………………… (27)
　　二　国内研究现状 ………………………………………… (40)
　第四节　研究的内容、方法和对象 ………………………… (59)
　　一　研究的内容 …………………………………………… (59)
　　二　研究的思路与方法 …………………………………… (60)
　第五节　本书研究的难点和特点 …………………………… (61)
　　一　研究的难点 …………………………………………… (61)
　　二　研究的特点 …………………………………………… (62)
第二章　网络的发展及其社会影响 …………………………… (64)
　第一节　互联网的产生与发展 ……………………………… (64)
　第二节　网络的定义与特征 ………………………………… (66)
　第三节　网络发展对人类生活方式的影响 ………………… (78)
　　一　网络发展对人类生活方式影响的机遇识别 ………… (79)
　　二　网络发展对人类生活方式影响的挑战分析 ………… (84)
　第四节　网络发展对青少年思想教育的影响 ……………… (92)
　　一　网络对青少年教育的积极影响 ……………………… (93)
　　二　网络对青少年教育的消极影响 ……………………… (94)

第三章　社会主义核心价值的内涵界定与理论脉络 (95)
第一节　价值、价值观、核心价值观 (95)
一　价值概念的历史演变 (96)
二　马克思的价值思想 (99)
三　价值的本质与类型 (101)
四　价值观 (104)
五　核心价值观 (105)

第二节　社会主义核心价值体系的科学内涵与特征 (108)
一　社会主义核心价值体系的科学内涵 (108)
二　社会主义核心价值体系的特征 (114)

第三节　社会主义核心价值体系理论成果的发展 (115)
一　社会主义核心价值体系的理论形成 (116)
二　社会主义核心价值体系的发展 (117)
三　社会主义核心价值体系的深化 (117)
四　社会主义核心价值体系的价值 (118)

第四节　社会主义核心价值观的内容与特征 (119)
一　社会主义核心价值观提出的过程 (119)
二　社会主义核心价值观的基本内容 (120)
三　社会主义核心价值观的基本特征 (123)

第五节　社会主义核心价值体系与社会主义核心价值观的关系 (126)

第四章　网络发展对社会主义核心价值教育的影响分析 (129)
第一节　网络发展为社会主义核心价值教育带来的机遇 (129)
一　从培育社会主义人才的角度分析 (129)
二　从可持续发展的角度分析 (139)

第二节　网络发展使社会主义核心价值教育面临的挑战 (146)
一　从社会发展的角度分析 (147)
二　从政治发展的角度分析 (152)
三　从文化发展的角度分析 (158)
四　从伦理道德的角度分析 (163)
五　从法律规制的角度分析 (167)

第五章　网络时代社会主义核心价值教育的问题聚焦 …………（171）
第一节　网络时代社会主义核心价值教育的有关理论问题 ……（171）
　　一　网络时代推进当代中国马克思主义大众化价值实现
　　　　问题 ……………………………………………………………（171）
　　二　网络时代边缘化价值观对青少年网民的冲击侵蚀问题 …（179）
　　三　网络时代社会主义核心价值大众化问题 …………………（184）
　　四　社会主义核心价值教育中主客体性问题分析 ……………（189）
第二节　网络时代社会主义核心价值教育实践存在的问题 ……（199）
　　一　网络时代大学生社会主义核心价值调查方案设计 ………（200）
　　二　网络时代大学生社会主义核心价值教育存在的问题 ……（201）

第六章　网络时代社会主义核心价值教育的时代使命 …………（210）
第一节　坚持马克思主义指导地位的意识形态诉求 ………………（210）
　　一　马克思主义是我们立党立国的根本指导思想 ……………（211）
　　二　马克思主义指导思想是社会主义核心价值建设的灵魂 …（212）
　　三　马克思主义指导思想决定社会主义核心价值的性质和
　　　　方向 ……………………………………………………………（215）
　　四　坚持用当代中国特色社会主义理论体系武装头脑和指导
　　　　实践 ……………………………………………………………（216）
第二节　网络时代社会主义核心价值教育的现实要求 ……………（218）
　　一　引领网络社会思潮和凝聚社会共识 ………………………（218）
　　二　自觉弘扬和传承中华优秀传统文化 ………………………（219）
　　三　实现教育"立德树人"的根本任务 ………………………（220）
第三节　网络时代社会主义核心价值教育的目标指向 ……………（222）
　　一　国家发展层面的目标 ………………………………………（222）
　　二　社会发展层面的目标 ………………………………………（227）
　　三　个体发展层面的目标 ………………………………………（231）

第七章　网络时代社会主义核心价值教育的内在要求 …………（234）
第一节　网络时代社会主义核心价值教育的有效原则 ……………（234）
　　一　坚持以人为本的原则 ………………………………………（235）
　　二　坚持务求实效的原则 ………………………………………（238）
　　三　坚持引导与管控相结合的原则 ……………………………（241）
　　四　坚持科学严肃性与通俗易懂性相结合的原则 ……………（243）

第二节 网络时代社会主义核心价值教育的基本理念 …………（244）
 一 系统化工程理念 ………………………………………（245）
 二 主体间性教育理念 ……………………………………（246）
 三 虚实和谐共建理念 ……………………………………（247）
第三节 网络时代社会主义核心价值教育的规律遵循 …………（250）
 一 遵循新闻传播规律和新兴媒体发展规律 ……………（250）
 二 尊重网络思想教育价值的实现规律 …………………（252）
 三 把握社会主义核心价值建设规律 ……………………（255）

第八章 网络时代社会主义核心价值教育有效机制的构建 ………（257）
第一节 构建网络时代社会主义核心价值教育有效机制的
   前提 ……………………………………………………（257）
 一 网络时代社会主义核心价值教育机制构建的紧迫性 …（257）
 二 网络时代社会主义核心价值教育机制构建的必要性 …（261）
 三 网络时代社会主义核心价值教育机制构建的可行性 …（262）
第二节 网络时代社会主义核心价值教育有效机制的主要
   内容 ……………………………………………………（267）
 一 捍卫、巩固和强化主流意识形态的引领机制 ………（267）
 二 促进大众理解、接受和自觉认同的内化机制 ………（270）
 三 激发、彰显和传递社会正面能量的激励机制 ………（272）
 四 职责明确、多方给力和切实可行的保障机制 ………（275）
 五 增强外在监督与自我控制相结合的约束机制 ………（277）

第九章 网络时代社会主义核心价值教育实效性评价体系 ………（280）
第一节 网络时代社会主义核心价值教育实效性评价的要素 …（280）
 一 评价的主体 ……………………………………………（281）
 二 评价的对象 ……………………………………………（282）
 三 评价的标准和指标 ……………………………………（283）
第二节 网络时代社会主义核心价值教育实效性评价的原则 …（285）
 一 科学性原则 ……………………………………………（285）
 二 客观性原则 ……………………………………………（285）
 三 综合性与系统性原则 …………………………………（286）
 四 针对性原则 ……………………………………………（286）
 五 可操作性原则 …………………………………………（287）

六　可测性原则 …………………………………………… (287)
　第三节　网络时代社会主义核心价值教育实效性评价的操作 … (288)
　　一　评价的步骤概括 ……………………………………… (288)
　　二　评价的方法选择 ……………………………………… (289)
第十章　网络时代社会主义核心价值教育的实践路径 ………… (291)
　第一节　网络时代社会主义核心价值教育的主体能力建设 … (291)
　　一　形成网络时代社会主义核心价值教育的多维主体合力 … (292)
　　二　增强网络时代社会主义核心价值教育的主体认知能力 … (295)
　　三　运用互联网思维推进网络时代社会主义核心价值教育 … (298)
　第二节　网络时代社会主义核心价值教育的内容拓展 ……… (300)
　　一　实施网络时代社会主义核心价值教育的精品工程 …… (300)
　　二　整合网络时代丰富的文化传播资源展开涵养教育 …… (301)
　　三　拓展网络时代社会主义核心价值教育的实践内容 …… (303)
　第三节　网络时代社会主义核心价值教育的平台搭建 ……… (303)
　　一　前提：网络时代社会主义核心价值教育平台的技术
　　　　支持 …………………………………………………… (304)
　　二　目标：建成一批有影响力的社会主义核心价值教育
　　　　网络阵地 ……………………………………………… (306)
　　三　功能：充分发挥社会主义核心价值教育网络平台的
　　　　引导力 ………………………………………………… (308)
　第四节　网络时代社会主义核心价值教育的环境营造 ……… (310)
　　一　完善网络空间的法治治理体系 ……………………… (310)
　　二　强化政府的网络社会管理职能 ……………………… (312)
　　三　广泛吸纳社会各方力量共同参与 …………………… (314)
参考文献 …………………………………………………………… (317)
后记 ………………………………………………………………… (328)

第一章 导论

20世纪80年代美国学者阿尔温·托夫勒就指出:"一枚信息炸弹正在我们中间爆炸,这是一枚形象的榴霰弹,像倾盆大雨向我们袭来,急剧地改变着我们每个人内心世界据以感觉和行动的方式……也在改变着我们的心理。"① 互联网以其特有的空间和方式,迅速而有力地改变着我们的价值观念、思维方式和话语系统,带来了全新的生活方式、交往方式、学习方式与教育方式,深刻地影响着人们对信息的思考、价值判断和整体的精神风貌,影响着一个民族的思维能力、精神品格、文明素质,深层次改变着人类感知的物质世界和精神世界。把培育和践行社会主义核心价值体系、价值观融入国民教育全过程,就必须思考如何建设社会主义核心价值网上的传播阵地,不断提升网络时代社会主义核心价值教育实效性。

第一节 研究的缘由和意义

一 研究的缘由

互联网发展造就了一个新的时代,建构了一个人人参与的新的虚拟空间。美国大脑研究科学家和企业行为研究专家杰弗里·斯蒂伯曾说:"我们改变了互联网,还是互联网改变了我们?"他向人们昭示了互联网已成为一个时代。

应当看到自人类诞生以来,三项重要的生产工具的发明改变了人类的自身生活文明形态。取火技术的发明使人类获得了一种超自然的能量,改变了自身的食物结构,提高了身体体质和战胜自然的能力,增强

---

① [美]阿尔文·托夫勒:《第三次浪潮》,朱志焱等译,生活·读书·新知三联书店1984年版,第229页。

了人类种群团聚的可能性，使人类的劳动由本能性层次提升到智能性，带来了人类社会的器物文明。正如恩格斯所言："就世界性的解放作用而言，摩擦生火还是超过了蒸汽机，因为摩擦生火第一次使人支配了一种自然力，从而最终把人同动物界分开。"① 文字的发明让人们有了可以记载历史的工具，让生活生产更系统化，不断地去掌握、发现自然界和人类社会本身，拓宽了人类思想表达的渠道，创造了记录和传播人类思想的新载体，将文明提升至书写与印刷的境界，带来了人类社会的符号文明；而网络技术的发明改变了人类传统的交流与交往模式，开辟了人类现实空间以外的一个新的虚拟空间，也开辟了一个新的革命性的信息时代，使人类的思想观念、生存和生活方式发生了翻天覆地的重大变化，网络社会的崛起是人类有史以来生存方式的一次最巨大的变革，它所实现的世界性普遍性交往，也为世界历史性个人的发展创设了条件，带来了人类社会的数字文明。

回望人类历史长河中科学技术带给人类社会发展的巨大推动，比照农耕时代、工业时代和互联网创造的社会变革，互联网技术正开创人类一个全新的时代。英国学者诺顿这样描述："互联网是人类迄今为止最了不起的创举之一，就其社会影响而言，它可与印刷术、铁路、电报、汽车、电力以及电视之类媲美，有些人将它与印刷术和电视相提并论，这两项早期技术为人类生存环境的改善发挥了很大作用；然而，互联网的潜力要大于前两者，它利用知识杠杆，通过广播电视所具有的各种便利条件，无拘无束地给人类传递大量文字信息。""互联网首次提供了不受书刊检查政策制约的交流系统，这是史无前例的。"② 自20世纪90年代以来，随着互联网的兴起和发展，人类进入了网络时代，生活在一个无处无网、无时无网的时代。

作为21世纪最伟大的基础性科学发明——互联网，对整个世界经济、社会、政治和文化产生了巨大的影响，使人类的生产方式、生活方式、学习方式和思维方式发生了翻天覆地的变化。正如美国学者曼纽尔·卡斯特尔所言："互动式电脑网络（network）呈指数增长，并创造传播的新形式

---

① 《马克思恩格斯文集》第九卷，人民出版社2009年版，第121页。
② ［英］约翰·诺顿：《互联网从神话到现实》，朱萍等译，江苏人民出版社2001年版，第20页。

与频道。它既塑造生活，同时也为生活所塑造。"① 因此，我们不仅要展望和享受网络给我们带来的积极影响，还要倍加关注网络可能或将会给我们带来的消极影响。

随着互联网信息技术的日益普及，以其开放、多元、快捷、及时、交互、延伸、隐匿等优势，极大地改变了人们学习、工作、生活的时空观念，广泛地引起当今人类社会的社会生产、交换和流通等全方位的变革，深刻地影响人们的生存方式、活动方式和思维方式等方面。随着互联网快速发展和网民人数的日益增加，这一平台对我国的政治、经济、文化以及社会生活产生着深刻影响。人们的日常生活方式也越来越以一种网络化、虚拟化的方式表现出来，各种价值观通过不断拓展的网络平台得以快速和广泛的传播，网络平台越来越成为影响人们价值观以及价值判断的重要场所。网络的这些变化，深刻地影响着作为主体人的生存和发展状况，尤其是对人们的思想品德和价值观念的形成产生了巨大的影响。同时，网络正在以一种全新的信息传播方式加速思想文化知识的传播，成为对青少年进行有效思想教育的新载体。网络教育彻底改变了传统教育中主要依赖于师生之间的面对面交流，以班集体为依托，拥有相对纯净的校园文化氛围和比较成熟的教育体系之格局，使教育的构成要素、组织形式、方式方法都发生了根本性的变化。

毫无疑问，迅速发展的网络以及网络全球化，使人类社会信息传播技术发生了翻天覆地的变化，而且影响的范围还在不断扩大和深入。正如马克思所说："社会——不管其形式如何——是什么呢？是人们交互活动的产物。人们能否自由选择某一社会形式呢？决不能。在人们的生产力发展的一定状况下，就会有一定的交换［commerce］和消费形式。"② 比如在过去，经济落后，交往方式比较单一，基本是通过面对面的交往、飞鸽传信、书信等方式进行交流和沟通，现在基本都是通过电话、Email、微博、腾讯QQ、微信等现代化方式进行交流和交往，这势必会对整个社会的变革产生巨大的影响。如今，网络正以一种开放性、互动性、快捷性和方便性等特征潜移默化地影响和改变人们的生活和思维方式，逐渐地渗透到社

---

① ［美］曼纽尔·卡斯特：《网络社会的崛起》，夏铸九等译，社会科学文献出版社2000年版，第43页。

② 《马克思恩格斯文集》第十卷，人民出版社2009年版，第42—43页。

会、政治、经济、文化和生活的各个方面，并且成为现代信息社会人们一种独有的生存和生活方式。

　　网络新技术新业务的快速发展，既促进了整个社会文化的发展和创新，也加剧了世界范围内不同思想文化的相互激荡，进一步放大了我国思想文化领域多元、多样、多变的特点。众所周知，网络是一把"双刃剑"，它给人类带来便利、快捷的同时也给人类带来了不良影响，对社会主义意识形态和核心价值观建设也提出了挑战。实用主义、消费主义、享乐主义等在网络社会形成一定的文化氛围，也极大侵蚀、消解社会大众的政治追求、理想信念，弱化了人们对共产主义、中国特色社会主义和主流价值的坚守，冲击了人们对社会主义意识形态和核心价值的认同，降低了人们对政府和组织的信任度。当然，我们很多人内心深处都知道而且还不停地告诉青少年，不要沉迷于网络，网络中的各种诱惑给我们的社会、教育带来了相当大的危害，各种非主流、非传统的边缘化价值观通过网络这一平台扩散和蔓延，深刻影响和侵蚀着青少年网民的思想行为、价值取向，导致一些青少年完全依赖网络，无法避免网络带来的不良影响，以致不能自拔，甚至走向违法犯罪。

　　一个国家的强盛，离不开精神的支撑；一个民族的进步，有赖于文明的滋养。一个社会的本质特征和理想追求集中表现为该社会的基本价值观念和价值取向，也就是社会的核心价值。核心价值是一个民族赖以维系的精神纽带，是一个国家共同的思想道德基础。"一个国家、一个民族、一个社会在长期共同的认识和实践活动中，必然要形成一定的价值观念体系，在这个体系中居核心地位、起主导和统领作用的就是其核心价值体系。任何社会都有自己的核心价值体系，这是一定的社会系统得以运转、一定的社会秩序得以维持的基本精神依托。"[①]

　　对于核心价值的认识，我们党也经历了一个历史发展过程。党的十六届六中全会指出："建设社会主义核心价值体系，形成全民族奋发向上的精神力量和团结和睦的精神纽带。"第一次提出了建设社会主义核心价值体系的任务。党的十八大又进一步指出："社会主义核心价值体系是兴国之魂，决定着中国特色社会主义发展方向。要深入开展社会主义核心价值体系学习教育，用社会主义核心价值体系引领社会思潮、凝聚社会共

---

① 吕振宇、李明：《论社会主义核心价值体系》，山东人民出版社 2009 年版，第 21 页。

识。"《国家中长期教育改革和发展规划纲要（2010—2020年）》要求：坚持德育为先，立德树人，把社会主义核心价值体系融入国民教育全过程。① 社会主义核心价值体系已上升为国家层面的主导价值，是我国社会价值观念的旗帜，也是国家、社会、公民价值观念尺度的核心。在社会主义核心价值体系的基础上党的十八大还提出了"三个倡导"的社会主义核心价值观，2013年12月23日，中共中央办公厅印发《关于培育和践行社会主义核心价值观的意见》，明确指出："社会主义核心价值观是社会主义核心价值体系的内核，体现社会主义核心价值体系的根本性质和基本特征，反映社会主义核心价值体系的丰富内涵和实践要求，是社会主义核心价值体系的高度凝练和集中表达。"② 党中央的高度重视和有力部署，为加强社会主义核心价值教育实践指明了努力方向，提供了重要遵循。2014年2月17日，习近平在省部级主要领导干部学习贯彻十八届三中全会精神全面深化改革专题研讨班开班式上发表重要讲话，指出："要大力培育和弘扬社会主义核心价值体系和核心价值观，加快构建充分反映中国特色、民族特性、时代特征的价值体系。坚守我们的价值体系，坚守我们的核心价值观，必须发挥文化的作用。"③ 民族文化是一个民族区别于其他民族的独特标识。要加强对中华优秀传统文化的挖掘和阐发，努力实现中华传统美德的创造性转化、创新性发展，把跨越时空、超越国度、富有永恒魅力、具有当代价值的文化精神弘扬起来，把继承优秀传统文化又弘扬时代精神、立足本国又面向世界的当代中国文化创新成果传播出去。只要中华民族一代接着一代追求美好崇高的道德境界，我们的民族就永远充满希望。从社会主义核心价值体系的提出到社会主义核心价值观的凝练以及对社会主义核心价值观的坚守，清晰表达了中国共产党人对社会主义核心价值、中国梦的实现的不懈追求，对高尚道德境界的追求，生动展现了中国共产党人高度的理论自信、自觉和自强。

  社会主义核心价值现已逐步融入国民教育的全过程，逐渐成为我国核心价值思想的主力军，积极推动社会主义核心价值观的凝练、提升，并统领我国社会意识形态，引导我国社会价值考量的健康稳定发展。培育和践

---

① 《国家中长期教育改革和发展规划纲要（2010—2020年）》，法制出版社2010年版，第7页。

② 《关于培育和践行社会主义核心价值观的意见》，人民出版社2013年版，第3页。

③ 《习近平谈治国理政》，外文出版社2014年版，第106页。

行社会主义核心价值观，必须适应形势发展变化，契合群众的心理特点和接受习惯，努力创新方式方法，有针对性地设计载体、搭建平台，不断提高工作的吸引力和实效性。

当前，互联网信息技术高速发展，其特性造就了一个全新的时代，对人们的生存、行为、思维方式都产生了深刻的影响，拓宽了人们获取信息、学习知识、生活休闲、商业娱乐的渠道，越来越多的人依托互联网、电信网络，进行 BBS、博客、即时通信（MSN、QQ）、电子邮件、微信的文化创造、社会参与。2018 年 1 月 31 日中国互联网络信息中心（CNNIC）发布的第 41 次《中国互联网络发展状况统计报告》显示，截至 2017 年 12 月，我国网民规模达 7.72 亿，普及率到 55.8%，超过全球平均水平（51.%）4.1 个百分点，超过亚洲平均水平（46.7%）9.1 个百分点。其中，手机网民规模达 7.53 亿，手机网民占比由 2016 年的 95.1%提升至 97.5%。同时，移动互联网塑造的社会生活形态进一步加强，"互联网+"行动计划推动政企服务多元化、移动化发展。网络已成为覆盖面广、影响力大的强势媒体和重要舆论场，互联网对于整体社会的影响已进入新的阶段。

习近平同志指出："当前，社会上思想活跃、观念碰撞，互联网等新技术、新媒介日新月异，我们要审时度势、因势利导，创新内容和载体，改进方式和方法，使精神文明建设始终充满生机活力。"[①] 互联网为社会主义核心价值观的传播提供了良好的平台。现在，网络发展、信息传播进入了一个"微时代"，中央也明确提出了要创新工作方法手段，运用现代技术手段，在"微"字上下功夫。要充分运用微博、微信、微视、微电影等方式，增强针对性和互动性，扩大社会主义核心价值观网上宣传的覆盖面和影响力。[②] 重视对网民这个庞大群体的文化价值取向的引导，发挥社会主义核心价值引领网络文化多样性价值的强大的逻辑力量，正确分析互联网对网民社会主义核心价值教育带来的机遇与挑战，积极拓展互联网对网民社会主义核心价值教育的积极影响，合理规避互联网给网民社会主义核心价值教育带来的消极影响，通过互联网把社会主义核心价值体系、核心价值观传播给青少年，并利用网络即时交流、双向交流的特性，营造

---

① 习近平：《人民有信仰民族有希望国家有力量》，《人民日报》2015 年 3 月 1 日。
② 刘奇葆：《在全社会大力培育和践行社会主义核心价值观》，《人民日报》2014 年 3 月 5 日。

良好的网络文化环境，切实提高社会主义核心价值教育的实效性，将社会主义核心价值教育自觉转化为广大网民的精神追求。

网络时代有效开展社会主义核心价值教育是一个鲜活的时代命题，必须将"互联网思维"贯穿于培育和践行社会主义核心价值观的始终，插上信息化翅膀，实现培育和践行社会主义核心价值观能力的现代化。在网络环境下，加强社会主义核心价值教育，更好地用社会主义核心价值观来引领社会思潮，唱响社会主义意识形态的主旋律，弘扬正能量，促进我国社会主义网络文化健康大发展，进一步提高社会主义核心价值体系、核心价值教育的实效性。

二　研究的意义

核心价值体系、价值观是一个社会意识形态的灵魂，是精神文化的精髓。在5000多年文明发展中孕育的中华优秀传统文化，在党和人民伟大斗争中孕育的革命文化和社会主义先进文化，积淀着中华民族最深层的精神追求，代表着中华民族独特的精神标识。从社会主义核心价值体系的提出到社会主义核心价值观的形成是我国优秀文化传统与当今时代发展的先进文化的凝练与结晶，凝聚了共产党人的集体智慧，推动了社会的和谐发展与文明进步。习近平指出："历史是现实的根源，任何一个国家的今天都来自昨天。只有了解一个国家从哪里来，才能弄懂这个国家今天怎么会是这样而不是那样，也才能搞清楚这个国家未来会往哪里去和不会往哪里去。"[①] 社会主义核心价值既总结吸收了中国历史文化的优秀传统，又顺应时代发展，被赋予新的内涵，使之成为社会主义核心价值"兴国之魂"。网络环境下提升社会主义核心价值教育实效性，有助于绘就人们的共同理想，达成共识、汇聚力量、凝聚人心，形成全民族奋发向上、团结和睦的精神纽带；有助于更加完善社会主义核心价值教育的内容、方式，提升社会主义文化软实力，推进"五位一体"总体布局和协调推进"四个全面"战略布局，实现"两个一百年"奋斗目标，实现中华民族伟大复兴的中国梦具有重要的意义。

以互联网为代表的新媒体技术日新月异，其广泛应用和快速融合给社

[①] 习近平在欧洲学院发表重要演讲《中欧要架和平增长改革文明四座桥》，《人民日报海外版》2014年4月2日。

会主义核心价值教育带来新的机遇。在教育理念创新、内容创新、模式创新、方法创新、资源整合创新等方面有了新的抓手，为社会主义核心价值教育提供了更为广阔的平台，提升了社会主义核心价值教育的互动性、实效性和感染力，同时，交互、开放的网络虚拟空间，多元思想价值观念复杂的境遇，多样文化交汇碰撞、信息快速传递和意志表达自由，使社会主义核心价值教育面临更大的挑战，也使互联网背景下社会主义核心价值教育面临更加艰巨的困难。

从互联网到"互联网+"，体现了互联网思维新变化，利用互联网的技术方法认识改造世界。我们在工作、学习、生活中要体现互联网的精神、价值，运用互联网技术、方法、规则、制度来规范、创新人们的思维，也就是要关注网络思维对社会主义核心价值教育的实效判断。用网络思维和行为范式来规范社会主义核心价值教育的方式、方法与实践机制，可见，探讨互联网时代社会主义核心价值教育实效性问题是重要的时代课题。

第一，理论意义。随着网络社会化进程的加快，各种信息资源和网络思潮的大量涌现，社会主义核心价值教育面临复杂的形势和严峻的挑战。在互联网时代，有效开展社会主义核心价值体系、核心价值教育研究工作，有助于更深刻地理解社会主义核心价值体系、核心价值观的科学内涵与实质；有助于在网络环境下有效开展社会主义核心价值体系、核心价值教育，为网络思想政治教育的内容、方式、方法创新提供了一个全新的、科学的理论视角；有助于马克思主义理论学科拓展研究视野，丰富和完善思想政治教育学科的基础理论、专业内容，从而进一步丰富马克思主义理论学科知识。

第二，现实意义。互联网作为一个虚拟的开放空间，其网络空间的生存方式、生活方式以及文化多样性对于网民的思想素质、道德素质、法纪素质以及身心素质都有着重要的影响。每个社会都有自己的核心价值取向，当前，社会主义核心价值体系、核心价值教育就是要主动占领网络阵地，用社会主义主流价值引领网络思想行为动态、凝聚网民共识、弘扬主旋律、传播正能量，推动全体人民自觉坚持中国特色社会主义共同理想，为实现中华民族的伟大复兴而铸牢人们的精神支柱。本研究成果有助于在互联网世界活动中，认识互联网中多元文化、多元价值的影响，引导网民自觉追求正能量，拒绝负能量，强体补钙，抵制各种错误思潮的影响，形成正确的人生观、世界观、价值观，促进人的全面发展，引导人们树立坚定的政治方向，正确的价值观；有助于提升网络思想政治教育的有效性，坚持与时俱进，有针对性地提出社会主义核心价值教育有效性实施方略，唱响主旋律，弘扬先进文化，对于宣传马克思主义在意识形态领域的指导地位，弘扬共同思想基础，促进人的全面发展，推进社会主义精神文明建设具有一定的时代意义。

第二节 研究背景

一个国家、一个民族都有自己比较稳定的价值取向，核心价值是一个国家的重要稳定器。构建具有统率作用，能够增强广大人民精神动力、感召力的核心价值观，关系社会和谐稳定发展，关乎国家长治久安、人民幸福。一个人、一个民族能不能把握好自己，很大程度上取决于核心价值的引领。在我国思想领域中起支配地位的社会主义核心价值，彰显了具有中国特色、民族特性、时代特征的价值体系，涵盖了我国社会发展的指导思想和价值取向，决定着我国社会主义本质特征和发展方向。

当前，世界多极化、经济全球化、文化多样化、社会信息化深入发展，我国正处在大发展大变革大调整的重要战略机遇期，同时也面临诸多矛盾叠加、风险隐患增多的严峻挑战。如何统一思想、凝聚人心、稳定社会、确保发展，增强人民福祉，高扬社会主义核心价值观来引领各种思想观念和社会思潮显得尤为重要。

从社会主义核心价值体系的提出到社会主义核心价值观的凝练，正是反映了我党在面对世界范围思想文化交流、交融、交锋形势下，积极应对的新常态，是我党理论自信、道路自信、制度自信、文化自信的应然选择。面对改革开放的发展历程，面对社会主义市场经济条件深度发展，面对文化领域、思想领域、意识形态领域多元多样多变的新特点，中国共产党人在建设中国特色社会主义伟大实践中和实现中华民族伟大复兴的"中国梦"进程中，必须重视核心价值的引领作用，以巩固马克思主义在意识形态领域的指导地位，巩固全党全国人民团结奋斗的共同思想基础，进一步激发全国人民为中华民族伟大复兴而奋斗的信心。

习近平说，核心价值观，其实就是一种德，既是个人的德，也是一种大德，就是国家的德、社会的德。国无德不兴，人无德不立。如果一个民族、一个国家没有共同的核心价值观，莫衷一是，行无依归，那这个民族、这个国家就无法前进。这样的情形，在我国历史上，在当今世界上，都屡见不鲜。①在我国，在培养中国特色社会主义接班人、建设者的历程中，就必然涉及"培养什么人、怎样培养人"的问题，就是要用什么样的思想教育引导我国国民，尤其是青少年。社会主义核心价值体系、核心价值教育就是帮助青少年系好人生的第一个"扣子"，就是要用马克思主义中国化的最新理论成果，即社会主义核心价值体系、核心价值观来武装全党、教育人民、引领社会形成积极健康向上的社会风气。

培育和践行社会主义核心价值观是一项复杂的系统工程，是全党全社会的共同责任。互联网是现实社会的延伸，是社会主义核心价值传播教育的重要阵地。

互联网的发明是人类文明智慧的结晶，是人类科学技术的重大发明，带动人们形成了一个虚拟的社会；互联网也是人们自我教育、自我学习、自我提高的大课堂，是人们思想最容易绽放的地方。用什么样的思想来引领、倡导互联网的话语权、主导权，也成为不同文化、思潮等软实力的角斗场，网络中发生的"网络主权""网络霸权""网络攻击""网络违法犯罪""网络侵权"等问题，影响着世界每一个角落。对于网络环境社会主义核心价值教育问题，只要广大网民都能恪守底线、依法上网，网络空间就会始终保持"新常态"、每日都是"艳阳天"。在网络时代，要充分运用新技术、新应用创新媒体传播方式，占领信息传播制高点，大力培育和弘扬社会主义核心价值观，提高整合社会思想文化和价值观念的能力，不断探索互联网阵地思想政治教育的规律，把握社会主义核心价值观，讲好中国故事、传播好中国声音、阐释好中国特色，为改革发展提供强大精神动力。

一 国际背景

第一，以美国为首的西方发达国家，其和平演变手段发生了新变化，在全球范围内积极推行所谓的"普世价值观"，对我国社会主义价值观建设带来了严重冲击。

马克思说："凡是把理论引向神秘主义的神秘东西，都能在人的实践

---

① 《习近平谈治国理政》，外文出版社2014年版，第168页。

中以及对这个实践的理解中得到合理的解决。"① 20世纪中叶，第二次世界大战结束，西方发达资本主义国家，即奉行了冷战思维，极力实施和平演变战略。随着经济全球化、网络信息化的发展，西方发达国家，利用其强劲的经济、文化、科技，特别是利用先进的信息技术，实行精神渗透，文化侵略。美国政府早在1995年的《全球信息基础设施合作议定书》中就明确提出要把互联网作为文化渗透，尤其是意识形态渗透的重要工具。希拉里曾指出互联网世界存在着"柏林墙"，一些国家站在互联网自由的另一端，鼓吹"绝对"的网络自由，塑造美式互联网自由价值观，西方利用网络进行渗透的主要目的就在于企图动摇社会主义制度及马克思主义的指导地位，如果任由西方意识形态的渗透发展，就会导致主流意识形态阵地失守。特别是进入21世纪，西方以所谓中性、普遍、神圣、绝对的观点把他们认为的超阶级和超时代的"普世价值"到处宣扬、美化，加之豢养了所谓的思想者极力鼓吹"普世"的世界国家理念，就是西方所谓的"自由、民主、平等、博爱"，宣称"现代西方文明"具有普世性，是现代的世界文明遗产。借助信息话语主导，积极宣传西方资本主义基本制度和价值观念，打着"自由、民主、平等"的幌子，通过互联网以及其他文化表达形式积极推行所谓的"普世价值"的思想实质，从而掩盖了文化侵蚀的丑恶本质，使拜金主义、个人主义和功利主义在他国蔓延。

我国新民主主义革命、社会主义革命和建设的伟大胜利以及中国特色社会主义的伟大实践，是我们坚持马克思主义立场、观点、方法取得的。从本质上讲，西方所谓文明思想者是典型的历史唯心主义者，不能根据社会经济关系来确定价值的内容，往往割断了不同国家和民族的历史文化传承性，预先地确定了某些价值观念是"普世"的，在他们看来，用什么样的政治制度、经济模式和管理方式，其根本性就是要认同西方"普世价值"文明性、世界性，其根本目的就是现实政治和利益的需要。他们也广泛利用这个标准来衡量别国的制度，利用国际共产主义发展中遇到的挫折、社会主义国家发展中存在的矛盾，积极推进和平演变战略，颠覆了社会主义阵营。苏联的快速解体，东欧的瞬间剧变，使社会主义的前途似乎一下渺茫起来。西方进一步通过文化渗透、制度移植，甚至军事干预影

---

① 《马克思恩格斯选集》第一卷，人民出版社1995年版，第56页。

响他国文化价值观念，进而诱发了国际社会一系列动荡。"颜色革命"后的格鲁吉亚、乌克兰、吉尔吉斯斯坦，非但没有迎来希望的"自由、民主、人权"，反而造成社会经济秩序处于混乱状态，乌克兰至今还深陷政治、经济危机之中，东部多个城市成了血腥的战场。被人称为"微笑之国"的泰国，尽管已实行"民主化"70多年，但今天的泰国正陷入无休止的"街头运动"之中，整个国家丝毫看不到隧道尽头的光明。阿拉伯世界的突尼斯、利比亚、也门、埃及等国，在西方"民主"的感召下，发生了一系列反政府运动，并成功地建立了新的政权。西方媒体将这场运动称为"阿拉伯之春"，它们高呼"一个新中东即将诞生"，但结果却事与愿违，仅两年多时间，"阿拉伯之春"就变成"阿拉伯之冬"，普通民众连最基本的社会稳定和物质生活都无法保证。事实一而再、再而三地证明，不切实际地照搬西方资本主义国家的所谓"普世价值"，只能是取乱之道、取祸之道。① 美国政府、政客对自己的"棱镜门"事件丑闻只字不提，对自己的人权问题从不反省，而在世界范围有选择地进行干预，并一味地输出自己的政治主张、思想价值。带着"符号外衣"的美国对中国的干预是全方位的，包括军事、政治、文化、意识形态。比如：从20世纪末到21世纪前10年，在中国积极宣扬"普世价值"，实质是推销美国所谓"民主国家体系"和"自由体制"。美国原国务卿亨利·基辛格的《论中国》一书，对西方推行"普世价值"多有论述，对我们颇有启示。该书认为，西方国家包括美国声称自己的价值观和体制普世适用，但中国从古至今都有不同于西方的价值观。"中国社会占统治地位的价值观源自一位古代哲学家的教诲，后人称其为孔夫子。"基辛格进一步指出："中国主张独立自主，不干涉他国内政，不向外国传播意识形态，而美国坚持通过施压和激励来实现价值观的普适性，也就是要干涉别国的内政。"该书回顾了1992年9月克林顿在竞选中关于布什政府对华政策的批评："中国不可能永远抵制民主变革的力量。终有一天，它会走上东欧和苏联共产党政权的道路，美国必须尽其所能，鼓励这一进程。"克林顿上台后，把扩展民主确定为首要外交政策目标。1993年9月，他在联合国大会上宣称，美国的目标是"扩展和加强世界市场民主国家体系"和"扩大生活

---

① 黄岩：《我们为什么要拒绝西方的"普世价值"》，浙江在线《浙江潮评论》http://opinion.zjol.com.cn/system/2015/01/09/020455184.shtml。

在自由体制下国家的数量",实现"繁荣的民主世界"。可见,美国毫不掩饰地要把西方的"民主国家体系"和"自由体制"推向世界、推向中国。① 西方利用所谓的普世价值来颠覆社会主义的中国已成为西方和平演变的重要手段,表现出一定的复杂性。

以美国为首的西方国家思想层,他们梦想按照西方制度标准来彻底改造中国,不仅仅是市场经济确立。大力吹捧西方的三权分立、民主制度和普选制度,利用中国国际交往频繁,学术交流活跃,向中国的知识精英、青少年进行思想灌输和文化输出,强化以制度为代表的软实力渗透。在中国国内也积极培育、支持一些不同意见的人特别是煽动一些所谓网络大V,不断地在网上发酵,麻痹人们的是非观念,不断诱使人们怀疑历史、戏弄经典、颠覆传统,诱发不满情绪,使人们丢掉传统,缺少自信;他们有的采用更卑鄙的做法,侮辱抹黑伟人领袖、民族英雄和革命烈士,利用历史虚无主义表现形式鼓励所谓"揭开历史伤疤、还原历史真相",使人们对过去已有历史结论的人物、事件怀疑起来,导致许多主流价值、传统道德风范被遮蔽和消解,导致一些人基本的是非、善恶、美丑界限被杂乱无章的多元价值混淆,目的是影响到人民群众对党和政府的不信任,对共产党执政的不认同。显而易见,西方国家的一些政客丑恶目的就是夸张资本主义的优越性、普世性,让中国改旗换制,让中国改变颜色,走资本主义道路,实行资本主义制度,走向分裂。列宁曾说:"被压迫阶级如果不努力学会拿起武器,获得武器,那它只配当奴隶。"② 对于西方国家的丑恶行为需要我们党和人民群众高度警惕,也需要我们社科理论工作者倍加关注,积极研究,对西方损害中国国家利益、干涉中国内政的舆论进行有理、有利、有节的反击。

习近平在全国宣传思想工作会议上强调:"我们正在进行具有许多新的历史特点的伟大斗争,面临的挑战和困难前所未有,必须坚持巩固壮大主流思想舆论,弘扬主旋律,传播正能量,激发全社会团结奋进的强大力量。关键是要提高质量和水平,把握好时、度、效,增强吸引力和感染力,让群众爱听爱看、产生共鸣,充分发挥正面宣传鼓舞人、激励人的作用。在事关大是大非和政治原则的问题上,必须增强主动性、掌握主动

---

① 卫兴华:《掀开西方"普世价值"的面纱》,《人民日报》2015年11月30日。
② 列宁:《无产阶级的军事纲领》,载《列宁选集》第2卷,人民出版社1972年版,第872页。

权、打好主动仗，帮助干部群众划清是非界限、澄清模糊认识。"① 面对西方"普世价值"的影响，要唱响主旋律，宣传践行社会主义核心价值体系、价值观。

"虽有嘉肴，弗食，不知其旨也；虽有至道，弗学，不知其善也。"② 鞋子合不合脚穿着才知道。西方普世价值是否具有普遍性，需要用唯物辩证法的科学原则来分析。毛泽东的《矛盾论》中有这样一段话："由于特殊的事物是和普遍的事物联结的，由于每一个事物内部不但包含了矛盾的特殊性，而且包含了矛盾的普遍性，普遍性即存在于特殊性之中，所以，当我们研究一定事物的时候，就应当去发现这两方面及其互相联结，发现一事物内部的特殊性和普遍性的两方面及其互相联结。"③ 矛盾共性与个性的辩证关系是指，共性寓于个性之中，个性包含共性。由于历史文化传统、地域环境等综合因素影响，用一种所谓的"普世价值"来颠覆他国的文化是非常可怕的。一个国家的文化发展道路，只有这个国家的人民最有发言权。我们加强社会主义核心价值观建设，必须将弘扬优秀传统文化与社会主义核心价值观的宣传教育结合起来，积极借鉴吸收人类优秀文明成果，促进中国特色社会主义文化的繁荣和发展。

第二，信息网络已成为西方国家对发展中国家核心价值干涉的重要工具。

当今，西方发达国家通过软实力对发展中国家进行文化侵略，主要理论来自代表现代资产阶级政治思想的新自由主义，在当今世界各国很有影响。它反对国家和政府对经济、市场的不必要干预，强调尊重市场，发挥自由市场的自我调节作用，提倡自由放任的市场经济，认为自由选择是经济和政治活动最基本的原则。主张发挥经济市场"看不见的手"，通过自由竞争、优胜劣汰，实现资源最佳配置；极力宣扬个人利益，吹捧利己个人主义；主张私有化，认为私有化是保证市场机制得以充分发挥作用的基础。为应对20世纪70年代以来的滞胀问题，新自由主义提出了一系列的主张，从而逐渐在美英等西方发达国家日益流行，这种理论在一定程度上阐明了市场经济运行的机制和规律。随着"华盛

---

① 《习近平谈治国理政》，外文出版社2014年版，第155页。
② 《礼记·学记》。
③ 《毛泽东选集》第一卷，人民出版社1991年版，第318页。

顿共识"的形成，它嬗变为国际垄断资本的经济范式、政治纲领和文化宣言，被当作实现社会繁荣富裕的济世良方而强力推销，实际上对世界各国发展的戕害则越来越大。① 当前，在我国意识形态领域，一些宣扬新自由主义思潮的人只看到我国转型期政治改革的不足，对于我国政治体制改革、发展方式转型、文化建设繁荣中所取得的巨大成就和进步视而不见，对党的领导、社会主义建设不断地发出不和谐的音符，鼓吹中国的政治制度改革出路就是西方的制度文明，按照西方的民主政治制度改变中国，推销他们的价值观和政治制度。这种推销已经从传统方式转移到利用互联网渠道，由渗透为主转为直接进攻，美国人发明了互联网也制定了互联网的规则，互联网是"法外之地""虚拟世界"的理念随着互联网的输出而影响全球，互联网自然成为新自由主义思潮在中国传播的一个重要途径。

西方一些新自由主义思潮通过互联网蔓延，有的会同国内一些所谓的代言人相互配合，同流合污，污蔑我国的社会主义政治制度，批判马克思主义指导思想，甚至国内有的所谓知名学者，到处宣讲，毫不避讳地公开要求在宪法中取消四项基本原则。特别是近期美国借策划、推动南海仲裁案遏制中国，试图在外交上羞辱中国，损害中国的形象，同时也给他们一个挑战中国的法律依据。面对西方国家在网络平台上的强势，我们如何应对，如果不能主动出击，搞好我们的价值建设，必将引发人们价值观混乱和信仰危机，进而不相信党和政府，最终有可能导致社会主义失败。

互联网作为现代文明、现代传媒技术发展的近代最新成果。西方传统新闻媒体从资产阶级革命时期，资产阶级国家建立开始，已经有数百年历史，也积累了丰富的媒体运营、媒体操控、议题设置等经验。如今，西方传媒将其固有的语言优势、影响力优势、议程设置能力转移到网络上，通过网络推销其所谓的"普世价值"，影响力不可小视。② 美国战略思想家、对传媒问题有深刻洞察力的李普曼在其《公众舆论》一书中告诉我们最简单的道理。他说："在西方社会里制造同意并非一种新技巧。它已经十分古老了。据说它已经随着民主政治的出现而消亡了。事实上，它是在技

---

① 廖言：《新自由主义的神话走向破灭》，《光明日报》2009 年 6 月 9 日。
② 王伟光：《借力网络新媒体传播哲学社会科学》，《人民日报》2014 年 4 月 17 日。

术方面获得了极大的改善。"① 值得肯定的是，从"美国之音"、《纽约时报》到今天的由美国主导的互联网，在"制造同意"的能力上，西方拥有我们无法比拟的高效传播手段、巨大的资金储备、丰富的运作经验、严密的网络体系和组织机构及由此形成的更广泛的国际受众。王小石在《环球时报》发表了《美国欲"扳倒中国"已亮出三种武器》一文，文章尖锐地指出："孙在微博持续不断地歌颂'主'的神圣与恩德。更让人震惊的是，伴随着孙海英信教的深入，他的微博上越来越多抹黑、诋毁中国共产党、毛泽东甚至抹杀中国历史文明的内容。"② 一名主演将军英雄形象的著名演员，有大量的粉丝，作为党员，其违背党规党纪的发声，其影响之大，负面至深可想而知。在各类网络谣言中，政治谣言尤需警惕。"一些人唯恐天下不乱，或望风捕影，夸大事实；或断章取义，歪曲事实；或杜撰虚构，伪造事实，推出一个个耸人听闻、似是而非的谣言。不管是以'亲眼所见'吸引眼球，还是打着'还原历史'幌子，其目的都是要搞乱世道人心，不仅'惑众'，更欲'祸国'，其危害不可小觑。"③ 还有一批所谓的新自由主义思潮代言人在网络、微博、微信中散布各种错误言论，宣传西方宪政、普世价值，让互联网成为西方发达国家推销政治价值观，政治制度和各种错误思潮的重要传播工具。

现在，一方面，西方的政治输出已经从传统渗透方式转移到利用互联网文化渠道，由培育势力渗透为主转为互联网文化表达的直接进攻，他们利用互联网虚拟世界无国界、无限制、自由便捷、法律约束力弱、技防又不到位等特点，积极推行所标榜的政治制度、政治理念，展示其所谓的自由、民主、平等、公平价值，妄图使发展中国家公民体验美国的天是蓝的，政治制度是善的，社会管理是最好的，人生而平等，人人都要享有广泛的自由，这是地球村居民都应该具有的。向往美国自由、开放的生活方式，从而使发展中国家国民热烈追求现实社会中的绝对自由；诱发发展中国家国民反政府行为的抬头。当今的阿拉伯世界国家动乱，就是人们不断通过互联网发泄对政府的不满，对社会政治、民主问题和法治建设的强烈不满，进而反对现实的政治制度，直至国家政府垮台，导致内乱。由于互

---

① ［美］沃尔特·李普曼：《公众舆论》，阎克文等译，上海世界出版集团2006年版，第182页。

② 王小石：《美国欲"扳倒中国"已亮出三种武器》，《环球时报》2014年12月25日。

③ 钟新文：《别让谣言污染"朋友圈"》，《人民日报》2014年4月18日。

联网信息传播的无处不在以及网民之间交流频繁，美国和其他西方发达国家政府又标榜出实行的主要是新自由主义政策，在实施中又采用了双重标准：在本国内实行政府干预主义，保护主义，而要求发展中国家实行所谓的"自由主义"，即新自由主义。为巩固其霸权地位，维护其发展主导，西方发达国家在思想领域借助互联网这一传播媒介控制发展中国家，并通过网络大肆宣传其所谓的价值观念，造成其他国家、民族的文化混乱，使其传统的文化、道德准则和价值观念受到强烈冲击。[1] 在国际政治事件中，苏联各共和国先后因互联网诱发的"颜色革命"而导致政权更迭；在阿拉伯世界的西亚及北非的"茉莉花革命"的社会大动荡，这些西亚、北非、中亚国家动荡的背后，是意识形态的交锋，都是以美国为首的西方发达国家通过各种途径，主要是通过互联网向发展中国家进行新自由主义政策的思想诱导，从而影响该国的政治舆论导向，激发政治动乱，进而达到改变国家政治制度的目的。对国际政治生活主张进行必要的干预，他们认为世界政治经济的飞速发展使得国与国之间的界限越来越模糊，人们政治经济发展中的许多问题，需要国家之间更加紧密深入的合作才能够克服，在必要的时候可以凭借干预他国的内政得到治理与解决。

另一方面，西方发达国家通过互联网干涉他国内政。目前，西方发达国家利用近代的对外战争掠夺和内部的经济调整，使其物质财富、法律制度、社会福利等均发展到了相当发达的阶段，为此，他们炮制的"新干涉主义""国际正义""普世价值"，通过互联网的掩护，堂而皇之地向发展中国家宣扬"人权高于主权"，到处插手别国内政。以美国为首的西方国家明确地把和平演变战略作为对待社会主义国家的主要战略。随着冷战的结束，中国实行改革开放，激发了全国人民为中国特色社会主义建设和实现中华民族伟大复兴的精神动力，中国得到了快速发展，令整个世界赞叹。但中国实行改革开放的政策，为中国特色社会主义事业的发展带来了强大活力的同时也给西方国家进行意识形态渗透，推行其"和平演变"战略提供了可乘之机。美国直接把和平演变的矛头对准了中国，通过网络从政治、文化等方面来影响我们的意识形态，在我国国内培植其意识形态代理人，在经济上进行诱迫，在政治上打人权外交，在文化上加紧了对我

---

[1] 方晓强、王璐、李慧：《试述网络文化对社会主义核心价值体系的影响》，《前沿》2011年第7期。

国进行意识形态的思想渗透,他们利用其强大的信息网络资源宣传他们的普世价值,使我国开展社会主义核心价值体系、核心价值教育遭遇了严峻的挑战,也在一定程度上消解了传统主流教育的实际效果。

第三,互联网上东西方传统文化、道德观念、价值取向相互碰撞,使社会主义核心价值体系、价值观传播遇到了挑战。

历史经验证明:一个民族或国家如果失去统一的价值目标,就会陷入相对主义和由此带来的行为非理性主义与分散主义的混乱境地,使民族和民众丧失共同的理想、信念和精神凝聚力。[①] 然而,信息化和经济全球化相互促进,各国文化的交流与交融,真正的文化无国界了,传统的民族的特质文化在一定程度上弱化了。

一个民族、一个国家的核心价值观必须同这个民族、这个国家的历史文化相契合,同这个民族、这个国家的人民正在进行的奋斗相结合,同这个民族、这个国家需要解决的时代问题相适应。2016年5月17日习近平在哲学社会科学工作座谈会上的讲话中强调,人类社会每一次重大跃进,人类文明每一次重大发展,都离不开哲学社会科学的知识变革和思想先导。他列举了西方古希腊、古罗马、文艺复兴时期、资产阶级革命以及空想社会主义、科学社会主义的文化思想大家,也介绍了在漫漫历史长河中,中华民族涌现出的一大批思想大家,以及近代为寻求救亡图存的革命思想者,进一步映射出马克思主义中国化进程中涌现出的一大批名家大师。在人类东西文明进程中,文化的传承呈现出不同的景象。

中国具有深厚的历史文化。在先秦诸子百家的奔走与争鸣中,古代中国思想家们的治国理政智慧、处世哲学展露于世;在乐府民歌以及《诗经》中两汉的文化就初具雏形;在唐诗、宋词、元曲的演进更迭中,华夏文明大放异彩;在动荡曲折、救亡图存的求索路上,中国近现代的思想家们推动了这个千年古国的转型。以中华文明为代表的东方文化源远流长,在经历了数代皇朝的更迭、纷飞战火的洗礼后,成为宝贵精神财富。这些思想和智慧为古人认识世界、改造世界提供了重要依据,也为中华文明提供了重要内容,为人类文明做出了重大贡献。

在华夏文明起源、发展、成型的过程中,世界的另一半——西方世界

---

① 陈国敏:《成人大学生社会主义核心价值观现状调查》,《学校党建与思想政治教育》2010年第8期。

的思想和文化，也如一棵树苗般不断向上生长。从古希腊哲学对自然科学与人生哲学的探讨，到中世纪哲学时期宗教主义的兴盛，再到文艺复兴时期艺术与哲学的高度发展，直至近现代各种哲学思想的成型，西方世界的哲学思想、艺术、宗教等诸多方面的成就达到了举世瞩目的高峰。

截然不同的两个世界文明，东方文明与西方世界拥有各自的发展道路，对世界文明史各自做出了自己的贡献。在思想文化价值上，西方资本主义发达国家在反封建的基础上，现代西方社会形成了自由主义、主体主义、个体主义的资产阶级核心价值，而在中华优秀传统文化滋润下，马克思主义同中国的有机结合，建立了社会主义制度，取得了社会主义现代化建设巨大成功，形成了既体现了社会主义本质要求，传承了中华优秀传统文化，也吸收了世界文明有益成果，形成了具有时代精神的社会主义核心价值体系、社会主义核心价值观。

随着网络全球化的发展和社会的不断演进，互联网以高度的时间和空间压缩，完全打破了传统的或者说物理上的空间概念，人们常常处在虚拟与现实的交织和冲突当中。网络传播不是单一文化而是跨文化的传播，它使文化之间的扩大交流势不可挡，也使东西文化交流、交融，甚至碰撞更直接。东方的儒家文化、道家思想被越来越多的西方国家人士所学习和接纳，学习中华文化也成为当今世界文化发展的一个亮点。与此同时，越来越多的东方人士开始追源苏格拉底、柏拉图、亚里士多德给希腊文明注入的活力，探讨康德、黑格尔的精神世界，学习亚当·斯密的《国富论》，甚至有的对弗洛伊德的精神分析也意兴盎然，在色诺芬、莎士比亚的著作中流连忘返。从东西方文化发展历程，当今世界政治制度的差异，特别是资本主义和社会主义天然的对抗性，文化交流中自然带有很重的价值烙印。互联网的英语话语权强势，西方网络规则、技术的优势导致互联网东方文化传播处于劣势。这种跨文化的传播进一步促进了文化的碰撞与交融，多元的文化传播在网络上将出现从未有过的激烈竞争的局面。

传播的全球化与新的文明冲突，将成为网络传播的重要特征。习近平提出："做好网上舆论工作是一项长期任务，要创新改进网上宣传，运用网络传播规律，弘扬主旋律，激发正能量，大力培育和践行社会主义核心价值观，把握好网上舆论引导的时、度、效，使网络空间清朗起来。"①

---

① 《习近平谈治国理政》，外文出版社2014年版，第198页。

互联网推进文化发展，必然深深地铭刻着每一个国家和民族的文明理念、价值观念与价值取向。因此，要想抵制"信息殖民"的侵蚀，就必须坚持正确的文化导向，传承中华传统优秀文化，高举中国特色社会主义文化旗帜。保持中国文化品质，要面对网络发展的现状，利用网络的优势大力弘扬优秀的中国传统文化，不断增强中华优秀文化的吸引力，不断挖掘具有中国风格、中国特色和中国气派的新时代文化产品，使青少年在这种氛围中受到浸润、滋养，人文素质得到全面提升，塑造优秀的品质。

二　国内背景

（一）社会主义核心价值体系的提出，在全社会引起了广泛关注

建设富强、文明、幸福、和谐的中国，是中华民族的夙愿，也是实现伟大复兴的必然选择。要实现这一目标就需要社会有一种昂扬向上的精气神，需要用科学的核心价值来指导社会成员价值选择、行为取向，使之成为正确处理好个人与他人、个人与社会、个人与自然的基本标尺。一个国家、一个民族文化软实力的发展，从根本上说取决于其核心价值的号召力、向心力和生命力，可以说，核心价值是文化软实力的灵魂，是文化建设的着力点，决定着文化的本质，指引着文化发展的方向。

纵观世界各民族国家的发展历程，核心价值观在维护社会和谐、政权稳定方面都发挥着强大的效用。在当前，培育与弘扬社会主义核心价值观必须立足中华优秀传统文化，这是树立稳定而具有凝聚力的核心价值体系的根本。优秀传统文化是中华民族立足世界文化浪潮中的根本，是我们文化软实力的核心竞争元素；而源远流长的中华文化沉淀于中华民族的形成与发展之中，具有广泛的认同度，是中华民族生生不息、发展壮大的精神动力；中华传统文化内含着中华传统美德，蕴含着丰富的思想道德资源。明镜所以照形，古事所以知今。[①] 中华传统文化是社会主义核心价值观的根基、基因，在培育与践行社会主义核心价值观时，我们绝不可抛弃传统，不能割断中华民族的精神命脉，牢记历史，方可开创未来，善于继承才能更好地创新。习近平从历史唯物主义出发，谈到了：世界的今天是从世界的昨天发展而来的。今天世界遇到的很多事情可以在历史上找到影子，历史上发生的很多事情也可以作为今天的镜鉴。重视历史、研究历

---

① 《资治通鉴》（第七十五卷）。

史、借鉴历史，可以给人类带来很多了解昨天、把握今天、开创明天的智慧。所以说，历史是人类最好的老师。可见社会主义核心价值观要坚持古为今用、推陈出新，特别是对民族文化中优秀的价值理念和道德规范，必须进一步扬弃，将其作为核心价值体系、核心价值观的重要元素，努力用中华民族创造出的精神财富"以文化人、以文育人"。放眼世界，自东欧剧变、苏联解体以后，社会主义运动遭遇严重挫折，但中国特色社会主义却稳步推进，其根本原因就是走了一条适合中国国情、有中国传统文化基因的中国特色社会主义道路。

从社会主义核心价值体系到社会主义核心价值观的凝练过程，展现了中国共产党人的文化自信。如果一个社会要快速发展，一个民族要和谐统一，就必须形成自身的核心价值体系、价值观。一种价值观的提出和弘扬，一定与其所处时代的经济、政治、文化、社会、国际等面临的复杂形势和挑战有关，与社会道德水平的滑坡和人们精神信仰上出现的焦虑、迷茫甚至缺失密不可分。[①] 思想家歌德说："我们的生活就像旅行，思想是导游者，没有导游者，一切都会停止。目标会丧失，力量也会化为乌有。"面对外来文化的激荡，国内思想文化多元、道德行为失范、思想价值多样，用什么样的思想价值引领我们社会前进，核心价值如何建立，各种难题摆在了共产党人面前。2006年党的十六届六中全会《中共中央关于构建社会主义和谐社会若干重大问题的决定》，首先明确提出了"建设社会主义核心价值体系的命题和任务"，明确了社会主义核心价值体系的四个基本内容，即马克思主义指导思想、中国特色社会主义共同理想、以爱国主义为核心的民族精神和以改革创新为核心的时代精神、社会主义荣辱观。并指出"社会主义核心价值体系是建设和谐文化的根本。"[②] 社会主义核心价值体系的提出，标志着我们党对社会主义思想文化建设、意识形态建设和社会主义发展规律的认识达到了一个新水平。全会也要求把"社会主义核心价值体系融入国民教育和精神文明建设全过程、贯穿现代化建设的各方面。"这是我们党思想文化建设上的一个重大理论创新。党的十七大报告对社会主义核心价值体系建设进行了进一步的详细论述并强调：社会主义核心价值体系是社会主义意识形态的本质体现。要巩固马克

---

① 郭建宁：《社会主义核心价值观基本内容释义》，人民出版社2014年版。
② 《中共中央关于构建社会主义和谐社会若干重大问题的决定》，《人民日报》2006年10月19日。

思主义指导地位，坚持不懈地用马克思主义中国化最新成果武装全党、教育人民，用中国特色社会主义共同理想凝聚力量，用以爱国主义为核心的民族精神和以改革创新为核心的时代精神鼓舞斗志，用社会主义荣辱观引领风尚，巩固全党全国各族人民团结奋斗的共同思想基础。大力推进理论创新，不断赋予当代中国马克思主义鲜明的实践特色、民族特色、时代特色。强调要"把社会主义核心价值体系渗透到日常的实际生活教育当中，将理论和实际联系起来，转化为人民的自觉追求。"① 胡锦涛同志在党的十八大报告中再次提出加强社会主义核心价值体系建设，社会主义核心价值体系是兴国之魂，决定着中国特色社会主义发展方向。要深入开展社会主义核心价值体系学习教育，用社会主义核心价值体系引领社会思潮、凝聚社会共识。② 强调在全社会特别是青少年中加强共同理想教育，为开创中国特色社会主义新局面提供强大的精神力量。2013年12月，中共中央办公厅印发的《关于培育和践行社会主义核心价值观的意见》中明确指出："社会主义核心价值观是社会主义核心价值体系的内核，体现社会主义核心价值体系的根本性质和基本特征，反映社会主义核心价值体系的丰富内涵和实践要求，是社会主义核心价值体系的高度凝练和集中表达。"③ 培育并践行社会主义核心价值，将对社会意识与价值形态进行有效整合，从而使社会系统得以平稳运转、社会秩序得以健康有序；同时，社会主义核心价值也是国家治理体系与管理技能的重要元素。2014年2月17日，习近平在省部级主要领导干部学习贯彻十八届三中全会精神全面深化专题研讨班开班式上强调"要大力培育和弘扬社会主义核心价值体系"。可见，构建、传播和弘扬社会主义核心价值体系是我国现阶段意识形态领域的重要工作，是推动社会主义文化大发展大繁荣的重要举措，与社会主义事业的发展息息相关。从党的十六届六中全会社会主义核心价值体系提出，到十八大"三个倡导"核心价值观的凝练，再到《关于培育和践行社会主义核心价值观的意见》的落实，社会主义核心价值观已成为全党、全民共识。社会主义核心价值观成为人们日常工作生活的基本遵循，社会主义核心价值观的影响力深入基层，内化为人们的精神追求，外化为人们的自觉行动，像空气一样无所不在、无时不有。

---

① 《党的十七大文件汇编》，党建读物出版社2007年版，第24页。
② 《十八大报告学习辅导百问》，党建读物出版社，学习出版社2012年版，第28页。
③ 《关于培育和践行社会主义核心价值观的意见》，人民出版社2013年版，第3页。

社会主义核心价值观建设在党的革命建设历史上，也能看到其闪光的影子。从党的发展历史进程来看，从新民主主义革命到社会主义革命建设，再到改革开放的今天，中国共产党用社会主义理想和社会主义价值观激起全民族建设社会主义的高潮，形成了全国人民认同、坚信的核心价值体系和价值观。爱党爱国爱民、为人民服务、集体主义、追求真理、一心为公、敬业奉献等成为中国特色社会主义建设历史时期不同阶段的主体价值话语。从典型人物的示范作用来看，我们党树立了一批为社会主义建设的先进人物，被人民所称颂、敬重，在社会上也引起强烈热议和反响。他们有战斗英雄、人民公仆、航天英雄、爱心歌手、乡邮递员、好军医、优秀大学生等，他们虽然身份和经历各不同，但他们的先进事迹都震撼和荡涤着人们的心灵。在他们身上涌现出的一种理想信念，一种精神力量，他们从不同角度以自己的行动生动地诠释了社会主义核心价值体系的旨归和真谛。[①] 而从社会来看，当前经济体制深刻变革、社会结构深刻变动、利益格局深刻调整、思想观念深刻变化，拜金主义、享乐主义有一定市场，信仰缺失、信念动摇、精神懈怠等社会病凸显，整个社会风气和社会道德出现了令人担忧的乱象，加强社会主义核心价值观建设势在必行。

培育践行社会主义核心价值体系、价值观，抓住了我国当前思想文化领域的突出问题，必须用社会主义核心价值引领社会思潮、凝聚社会共识、推动稳步发展。实现中国梦，必须走中国道路，必须弘扬中国精神，必须凝聚中国力量。只有大力培育和践行社会主义核心价值观，以此凝聚全党和全国人民的共同价值追求，才能真正巩固马克思主义在意识形态领域的指导地位、巩固全党全国人民团结奋斗的共同思想基础，进而在全社会形成巨大的价值共识和思想共鸣，保证中国特色社会主义发展的正确方向。

在社会主义核心价值建设中，应当看到社会主义核心价值体系包含了社会主义社会政治指导思想，为社会各层进行思想教育工作提供了指导思想，表现在四个方面。而社会主义核心价值观包含三个层面，反映现阶段全国人民"最大公约数"。因此，我们不仅要依靠精神文明建设和国民教育等方式促进社会主义核心价值建设，更要把社会主义核心价值观与日常的思想政治教育结合起来，挖掘中华民族优秀的传统文化，加强广大人民

---

① 《2007：理论热点面对面》，《理论与当代》2008年第2期。

群众尤其是青少年的价值观教育，培养人民群众团结奋斗的道德基础，使社会主义核心价值观成为人们的精神追求和日常生活遵循的基本准则，外化成人们的自觉行动，增强人们的认同感。那么，社会主义核心价值教育在现实社会中到底发挥了多大的作用，这就需要用一种科学的、系统的、操作性强的方法来评价。

（二）互联网越来越成为影响人们价值判断、行为选择的重要场所，通过互联网讲好中国故事、传播好中国声音，是培育和践行社会主义核心价值的具体要求

互联网正开创着不同于以制造业为核心的工业时代的人类一个全新的时代。互联网环境生存、生活状态的快速变化，带给人类经济、文化、社会、政治等各方面的深层次变革，"互联网+"传播手段的多样，给网络开发者、话语者及其受众者带来了巨大影响。网络对传统的思维方式、行为方式、心理素质、知识传播方式等都带来了颠覆性改变，这些深刻影响改变了我们这个时代的人们特别是青少年的行为模式、价值取向、心理发展和道德观念。各种思想、价值通过网络、微博、微信等新兴媒介得以快速和广泛的传播，互联网已成为影响着人们特别是青少年思想、行为的重要阵地。面对互联网难辨真伪和扑面而来的价值观信息，如何弘扬社会正气，传递社会正能量，明辨是非，判断对错，以社会主义核心价值引领网络社会思潮，成为当前我国意识形态建设亟待解决的重要问题。

互联网信息传递的快速性丰富了人们的生活，便利了人们的工作。它将创新和创造几乎随意地赋予了更多的人，甚至它正在一个不长的路途上，铺就了遍及全球的创新人生。互联网高度的信息存储能力使人们的信息获取更加自由、开放。"一个以网络为基础的社会结构是具有高度活力的开放系统，能够创新而不致威胁其平衡。"[①] 互联网已成为各种信息传递的中介和策源地，许多思想、观念、思潮都在这个互联网媒介环境中传播、发酵和极端扩散。各种思想倾向、价值观念、异常活跃，新旧观念激烈碰撞，在互联网中弘扬主旋律就必须用主流价值来引领和统率，就是要用社会主义核心价值占领这个新的思想阵地。

以互联网为依托发展的显性和隐性教育已成为必然，为使社会主义核

---

① ［美］曼纽尔·卡斯特：《网络社会的崛起》，夏铸九等译，社会科学文献出版社2000年版，第435页。

心价值教育达到应有的效果，必须借助互联网来提高教育的时效性，也就是在互联网发展的新形势中融入社会主义核心价值教育，充分利用互联网发展的交互的平等性、覆盖的广泛性、传播的高速性等特点，努力提升受众在接受教育过程中的自主能力，并加强与教育者之间的沟通能力。教育者借助互联网在教育过程中充分发挥其主动引导作用，同时也丰富了受教育者在接受教育过程中的自我感知和道德研判。由于在互联网中社会主义核心价值教育的受众具有可知与不可知性，即所有的网民都可能是潜在的受教育者，并通过网络的广泛传播影响其他网民。以互联网为基点的教育形式，冲破了传统应试教育条条框框的局限性，与传统的教育方式相比，其更体现了互联网教育中教育者与受众者之间互动交流的过程，使社会主义核心价值观的教育者更愿意采纳网络教育的方式开展教育，也更容易被受教育者所接受，并逐渐形成社会主义核心价值教育的有效方式。此外，互联网通过综合运用电子文本、音频、视频等多媒体技术，与多种电器相结合形成虚拟仿真技术，这种技术能充分调动人的感官，使受众者在接受教育的过程中达到身临其境之感。因此，大力发展互联网社会主义核心价值教育，能极大地提高广大网民思想政治教育的实际效果。

（三）网络思想政治教育工作成功的经验、研究的成果，为有效开展社会主义核心价值教育提供了范式和指导

从互联网的发展到"互联网+"的形态，互联网已成为社会运行的必要条件，"互联网+"是创新2.0下的互联网发展新形态、新业态，是知识社会创新2.0推动下的互联网形态演进及其催生的经济社会发展新形态。"互联网+"是互联网思维的进一步实践成果，它代表一种先进的生产力，推动经济形态不断地发生演变。从而带动社会经济实体的生命力，为改革、创新、发展提供广阔的网络平台。互联网已经融入我们社会生活的方方面面，深刻改变了人们的生产和生活方式。同时也应当看到，互联网发展是一把"双刃剑"，在给人们带来美好期望、丰富人们生活形态的同时，也带来了新的社会问题，提出了严峻的挑战。我们现在正处在一个互联网时代，互联网作为一个社会形态的元素，正在为社会源源不断地输出新的内容、制造新的话题。每个人都可以成为这个时代内容的生产者，网络现在已发展成为一种强有力的大众文化。

多年来，网络思想政治教育的有效做法为开展网络时代社会主义核心价值教育有效性开展提供了良好的范式。网络思想政治教育是一定社会或

社会组织、群体用一定的思想观念、政治观点、道德规范和网络素养要求，以现代信息网络为中介，以互动引导、建设管理、制度规范等为基本方式，对社会成员进行有目的、有计划、有组织的教育和影响，促进社会成员在教育活动中自主性的发挥和思想政治品德的自主建构，从而使社会成员形成符合一定社会或一定阶级所需要的思想政治品德的网络教育实践活动。网络思想政治教育在观念、内容、规律、方式方法、手段、机制，在虚实二重性、主客体关系、网络舆论引导、网络心理健康、青少年媒介素养以及网络亚文化发展等方面取得了一系列理论实践创新成果，为有效开展网络时代社会主义核心价值教育做了很好的基础工作。

互联网作为一个人人参与的社会形态，必然涉及社会主义核心价值的践行问题。近年来，不论是理论界还是实践者对社会主义核心价值与网络文化建设之间的相互关系展开了众多思考，也勇于实践。学者们在什么是网络文化、网络文化的内涵是什么、网络文化的现状、发展趋势、影响、与传统文化和现代社会管理的关系、与思想政治教育、与社会主义核心价值体系引领社会思潮的关系等几个研究领域进行了综述。一致认为，网络提高了社会主义核心价值的吸引力，增强了社会主义核心价值体系传播的时效性；要牢固树立阵地意识，加强网民素质教育，加快网络文化人才队伍建设，提高网络文化的服务能力，丰富网络文化的内涵，运用网络传播规律，弘扬主旋律，激发正能量，大力培育和践行社会主义核心价值观。

《共产党宣言》中指出："人们的观念、观点和概念，一句话，人们的意识，随着人们的生活条件、人们的社会关系、人们的社会存在的改变而改变，这难道经过深思才能了解吗？"① 社会存在决定社会意识，这是唯物史观的基本原理。当前，利用互联网搞好社会主义核心价值体系、核心价值观有效性教育，就是要认识互联网发展中价值观教育的复杂性。面对网络平台上难辨真伪和扑面而来的价值观信息，明确和褒扬正确的价值观，否定和摒弃错误的价值观，就成为当前我国意识形态建设亟待解决的重要问题。结合互联网时代的传播特点，运用以用户体验、平台共享和人格魅力为核心理念的互联网思维，落细、落小、落实社会主义核心价值体系、核心价值教育，使其落地生根，"入脑入心"，深化网络平台传播社会主义核心价值体系、核心价值观的能力，让人们普遍接受社会主义核心

---

① 《共产党宣言》，人民出版社2014年版，第48页。

价值观并充分发挥其导向作用。

第三节 研究现状

网络社会的出现，社会主义核心价值体系、核心价值观的形成，引发了对于网络时代社会主义核心价值教育相关诸多问题的思考，也引起了不同学科领域的研究人员、政府管理部门，甚至社会各方的探索热情。人们先后从不同角度对因信息和网络技术而引起的社会主义核心价值教育问题进行描述和思考。对网络时代社会主义核心价值实效性研究进行综述，对于全面把握目前的研究现状，厘清相关理论问题，推动社会主义核心价值体系、核心价值观建设具有重要意义。

一 国外研究现状

对网络时代社会主义核心价值实效性研究的国外文献综述，需要从对网络、网络思想政治教育、核心价值、社会主义核心价值等层面考量。国外对于价值观、意识形态、思想道德方面的著述如下：

（一）国外关于网络社会研究

互联网的发展历程，既是信息技术不断创新发展的过程，也是人们生存方式、生活方式不断碰撞、不断变化的过程。

纵观国外网络社会研究发展的历史，有这样几个特点。第一，关于网络问题的研究思考一直伴随着计算机、互联网、网络社会的发展，由外向内、由表及里进行；第二，随着互联网技术和社会发展的互动，形成了一个现实社会的延伸即虚拟社会的建设，不断从二者到统一的思辨过程，并不断深化着；第三，互联网技术发展、互联网对人民生活方式、生存方式的改变，引发相关社会问题的研究，也呈现出多元、不同的研究维度。

一批研究网络世界或赛博空间的代表人物相继出现。美国麻省理工学院媒体实验室主任尼古拉·尼葛洛庞帝在《数字化生存》一书里为我们描绘了明天的数字化生存空间，即数字科技为人类的生活、工作、教育和娱乐带来的各种冲击。美国学者威廉·米切尔的《比特之城：空间·场所·信息高速公路》通过现实和虚拟的对比，勾勒出未来信息时代城市的真切"轮廓"；迈克尔·德图佐斯在《未来的社会：信息新世界展望》中为我们描述了更远的信息世界的未来。在网络社会的研究方面，美国社会学家曼纽尔·卡斯特堪称代表人物。曼纽尔·卡斯特在他的信息时代三部曲，即《网络社会的崛起》（1996）、《认同的力量》（1997）、《千年的终结》（1998）里，从技术理性的角度对网络社会进行社会学、经济学、政治学甚至哲学的思考。他提出了网络社会既是一种新的社会形态，也是一种新的社会模式的概念，"网络社会已经崛起"的概念由此逐步成为时代的共识和权威话语。还有一些学者对互联网空间的特质进行了研究、描述。比如：被一些学者称为"网络空间法律的圣经"的美国学者劳伦斯·莱斯格，其在著作《代码》中言道："网络空间造就了现实空间绝对不允许的一种社会——自由而不混乱，有管理而无政府，有共识而无特权。"[①] 而另一位美国学者巴洛在 1996 年提出了一个十分有名的"网络空间独立宣言"（Declaration of Independence of Cyberspace），宣称："工业世界的政府们，我要求你们这些过去时代的代表让我们独立吧！我们不欢迎你们。在我们的国度里，你们没有主权，你们没有统治我们的道义权利，你们也不再掌握任何可以对我们实施会使我们畏惧的司法手段。"[②] 网络社会向人们展示的是信息技术的快捷、高效，政治生态上的平等、自由、开放、民主，文化生态上的共享等。

（二）国外关于网络教育、网络思想政治教育研究

从国外理论界的研究情况来看，网络教育与网络道德伦理、网络法律方面的研究和实践几乎与网络技术的发展同步。由于意识形态称谓的差异，网络思想政治教育融化在网络教育、网络伦理、网络法制中，美国在这方面的相关研究起步较早，其他发达国家的研究也取得了一定的理论成果。

网络教育又称在线教育、互联网的教育、虚拟教育等，其定义众说纷纭，目前并没有一个严格的定义。学者们主要研究了网络教育阶段、模式和方法等问题。对于网络教育定义则多是从技术层面和教育方式上进行分析的，如 Vauhan Waller、Jim Wilson 提出的 E-Learning

---

① [美] 劳伦斯·莱斯格：《代码：塑造网络空间的法律》，李旭译，中信出版社 2004 年版，第 4 页。

② John Perry Barlow, A Declaration of the Independence of Cyberspace. Feb. 1996, (http://WWW.eff.org/pub/Publications/Joh—Perry-barlow 0296. declaration）.

定义。他们认为:"网络教育是一个数字化传递的内容同(学习)支持和服务结合在一起而建立起来的有效学习过程。"[1] Samuel Dunn 认为网络教育是由提供教育的教育者根据受教育者要求的时间、地点和方式提供和传输一个相关的网页和教育组成的教育资源。Keegan D 对远程教育的基本特征归纳为:网络教育提供者和接受者需要有网络访问许可;教师和学生相分离;由特定的教育组织对教学过程进行统一管理;借助计算机网络传递教学内容,实现教师和学生之间以及学生和学生之间的双向交流。[2] 有的学者将网络教育分为替代式阶段(substitution)、优化式阶段(optimization)、转换式阶段(transformation)三个阶段。哈斯卡姆,E.斯科恩菲尔德斯提出虚拟大学(Virtual university)的概念,进一步创新了网络教育模式(Models for web-based education),认为高校网络使思想教育具有极高的文化和科技含量,将思想教育相关内容隐含在文化知识和科技信息知识之中,使学生在潜移默化中受到熏陶和感染。[3] 桑迪·布林顿,奥拉·里伯认为,高校网络思想教育工作者的网络环境意识不强,是阻碍高校网络思想教育环境建设顺利进行的重要原因。[4]

目前,世界各国对以网络教育为主要特征的现代远程教育的发展给予了前所未有的关注,都非常重视网络教育体系的构建和网络教育基础设施建设,试图在未来社会中让远程网络教育处在优势的地位,从而走在社会发展前列。根据美国教育部的调查,三分之二的公立学校教师现在利用电脑授课,此外,至少有30%运用网际网络指导学生。一项调查显示,2008年秋季学期,美国有超过460万的学生选择了至少一门在线课程,同期增长了17%,远远超过了整个高等教育的学生数量增长的1.2%,而高等教育中有超过四分之一的学生现在至

---

[1] Cather Paul. Delivering E-Learning For Information Service In Higher Education. Oxford Publishing, 2006, p. 33.

[2] Paulsen MF. Online Education and Learning Management Systems Global E-learning in a Scandinavian Perspective. Bekkestua: NKI Forlaget, 2003, pp. 25-38.

[3] Harskamp, E. Schoenfeld's Problem Solving Mode in a Digtial Learning Environment. Hiroshima Journal of Mathematics Education, Jan 2005, p. 33.

[4] 郭蜀燕、杨奇才、刘新等:《高校网络思想政治教育环境研究动态与启示》,《天府新论》2008年第1期。

少有一门网络在线课程。① 日益普及的网络教育课程是不可否认的，网上报名正在以每年33%的惊人速度增长，有超过300万的学生正通过远程教育和培训委员会进行网络教育。在当今世界联系越来越紧密的背景下，增长速度还会持续增加并不断提高比例。② 哈佛专门研究科技教学的教授戴德说："有越来越多的证据表明，互动媒体比面对面更可以促进学习。"不同于线性的、一页或是一章依序阅读的方式，在全球资讯网上搞研究，可以引导学生在不同学术主题上主动发现相关资料。根据戴德等学习专家的意见，网络也可以改变所有学生的学习经验。③

从国外网络教育研究的整体情况的考察来看，世界各国都非常重视网络教育的研究，其中，美国作为网络教育发展最快的国家，对其研究的广度、深度居于前列。他们重视网络教育课程、网络学习的分析、设计和评价，从经济学、管理学等学科进行研究，如 Alan Jolliffee、Johathan Ritter、David Stevens 的《The Online Learning Handbook》(UK: Kogan Page Limited, 2001)。对国外网络教育发展状况进行考察，可以总结出以下共同点：一是国家重视，政府推动。如美国、英国等国政府对网络教育进行巨额投资；二是全面推广、普及运用现代信息技术。网络教育发达的国家将重视网络技术在高等教育应用中的纵深发展并注意将网络技术广泛用于各种成人教育；三是注重加强对网络教育师资的培训提高，尤其以英国、法国、新加坡等国最为突出。④

从国外网络思想政治教育的实践考察，国外更多的是从伦理、法治方面进行教育，并重视法规与规范建设。

国外发达国家对网络德育的研究比较系统，对网络教育如何扩展等问题（包括网络思想政治教育）进行了积极探讨。

在网络思想政治教育目标上重视人的主体性和全面性研究。美国

---

① Elaine Allen, Jeff Seaman. Learning on Demand——Online Education in the United States, 2009. 2010. 01.

② Caitlin Kneram. The Value of Online Learning. http: //www.salary.com/Articles/ArticleDetail.asp? part=par435.

③ 刘良海：《网络文化导论》，中国文联出版社2005年版，第148页。

④ 李海燕、郭成：《中外网络教育发展现状分析》，《中国成人教育》2007年第8期。

政府自1968年扶持研究互联网以来，从来没有停息过探讨如何利用网络这一平台来培养符合未来社会需要的公民。网络思想政治教育已成为美国当下思想政治教育的一种十分普遍的新形态。以知识内容体系来分类，主要包括历史教育、公民教育、宗教教育、法制教育与信息素养教育等内容，主要具有隐蔽性、拓展性、针对性等特点。[①] 美国网络教育的根本目的在于培养具有信息素养的世界公民，认为知识时代教育的首要问题是培养适应未来工作的生存技能7Cs。[②] 信息素养（Information Literacy）是超出计算机能力和图书情报教育以外的人文教育，由七大能力构成，它们分别是：(1) 传统的运用计算机的能力；(2) 搜集资源的图书情报教育；(3) 分辨信息发布团体机构的社会型能力；(4) 以方法和工具为中心的研究型能力；(5) 以写作和创作为中心的发表型能力；(6) 以不断进行适应性终身性学习的技术型能力；(7) 评价信息和技术的评论型能力。[③] 以此提高公民在数字化生存中的自律水平，增强网民在互联网中的自主性和网民的自律性。

在网络思想政治教育实现上注重技术的实用性，着重网络教育的工具价值研究。在网络思想政治教育实现的方法上，重视隐性教育的作用，重视心理辅导和培养健全人格。同时通过与传统教育的对比，强调网络思想政治教育在个体价值实现上的正向价值。如通过网络教育可以获得网上学位，减少读传统大学的成本，增加重要的技能知识，增加在任何工作场合的个体价值，获得更幸福美满的生活。它是以学生为中心的学习，允许受教育者通过面对面的技术去掌控他或她的教育，从而提高全球化背景下寻求个人职业生涯提高的比较优势。它是比传统教育更能获得教育体验和终身学习的教育模式。国外发达国家主要通过公民教育、文化引导等形式对社会成员进行价值观念的隐性的、渗透式的灌输与教育，重视对本民族文化的挖掘、保护与开

---

① 禹旭才：《美国网络思想政治教育的"五育"与"三性"》，《当代世界与社会主义》2011年第5期。

② Hilary M. Being Digital: Implications for Education. Educational Technology (1999), No. 6.

③ Jeremy J. Shapiro, Shelley K. Hughes. Information Literacy As A Liberal Art: Enlightenment Proposals For A New Curriculum. Educom Review. 1996. 31 (2).

发，同时，注重人的文明教育价值取向、人自身心灵的完善等对虚拟社会的人的积极影响。世界各国都在研制新的信息技术教育课程计划来提高各国学生的信息素养。1999 年美国国家研究理事会（NRC）信息技术素养委员会出版了一份《熟练掌握信息技术》（Being Fluent with Information Technology）的文件。文件认为"鉴于信息技术对社会造成的影响令人忧虑，信息技术教育应该包括隐私权、知识产权、所有权、安全性、弱/强加密、访问中干扰、网络礼仪以及因特网环境下的自由言论等主题"。2000 年美国高等教育研究协会（ACRL）提出的"美国高等教育信息素养能力标准"（Information Literacy Competency Standards for Higher Education）中，标准二和标准五分别强调了"大学生应能高效地获取所需要的信息和懂得有关信息技术使用中所产生的经济、法律和社会问题，并能在获取和使用信息中遵守社会公德和法律。"[①] 哈佛大学开设了包括思想政治在内的 24 门远程教育课程，而麻省理工学院也于 2001 年开始推广电子课本，这将使学生们获得可以随时更新的媒体教材。美国青少年网络伦理道德教育的内容趋向于由关注信息技术拓展到整个社会信息活动，重视对学生进行网络礼仪、保护隐私权、注意网络安全、预防计算机犯罪、尊重知识产权和负责任地使用媒体、技术与信息等基本价值观和信息伦理道德规范的培养。比如在创建网络伦理的环境中，遵守网络礼仪发挥了重大作用。[②] 通过政治、教育类课程，培育美国社会成员正确的网络道德价值取向和良好的网络信息素质。

对于网络负面的信息进行依法管理实践研究。比如第一个网络监管行业性法规《3R 安全规则》是由英国政府 1996 年颁布的，它对网上内容的分级、举报、责任等作出了具体详细的规定。在英国，政府支持的行业组织——互联网监视基金会（IWF）的基本宗旨，就是要和网上的刑事犯罪内容作斗争，消灭儿童色情和种族仇恨等内容。[③] 1997 年德国颁布《信息和通讯服务规范法》，2009 年通过出台《阻

---

① Association of College and Research Libraries. Information Literacy Competency Standards for Higher Education [EB/OL]. http：//www. ala. org/acrl/ilintro. html.

② 严鸿雁：《美国青少年网络道德教育的经验及其启示》，《学校党建与思想教育》2012 年第 9 期。

③ 李云龙：《网络管理与言论自由》，《人民日报（海外版）》2010 年 2 月 27 日。

碍网页登录法》，要求互联网服务供应商保证遵守联邦刑警局每日更新的儿童色情网页禁入清单，从技术层面上限制用户登录。同时，一些计算机协会与网络自律组织相继成立并制定一些行为自律规范，同时采用对网络言论进行分级与过滤的技术手段管理网络言论。自1996年以来，美国国会先后通过了《通信内容端正法》《儿童在线保护法》和《儿童互联网保护法》等法律，对色情网站加以限制。2000年，美国通过的《儿童互联网保护法》规定：凡是得到联邦政府资助的中小学和图书馆对连通互联网的电脑采取技术保护措施，防止青少年上网接触"淫秽、儿童色情和伤害未成年人"的露骨描述，否则，图书馆将无法获得政府提供的技术补助资金。

重视网络安全的研究。当前，最为火爆的网络是互联网，互联网最大的问题便是安全问题，因为它从问世之日起便是一个以"无政府"为口号的公用网络，谁都可以上去"漫游""冲浪"。互联网使得信息无国界化，传统的国家权力遭遇着重大挑战，政治安全、经济安全、文化主权等涉及国家安全的概念和内涵正在发生着潜移默化的变迁。传统意义上的边防疆界无法抵挡信息入侵，"网络地域国家化"的概念悄然无声。为此，美国前总统克林顿在签发《保护信息系统国家计划》的总统咨文陈述中也认为，在很短的时间里，信息革命以及电脑改变了社会的经济运行、国家安全运作、日常生活结构的方式，网络时代有自身的风险。"过去我们的敌人毫无例外地使用炸弹和子弹，而现在敌对力量和恐怖主义分子可以把手提电脑变成有效的武器，可以造成非常巨大的伤害。"[1] 尼葛洛庞帝也曾指出，网络信息的传播有着自身独立、多样传输途径，他认为"正是这种分散式体系结构令互联网络能像今天这样三头六臂。无论是通过法律还是炸弹，政客都没有办法控制这个网络。"[2] "9·11事件"后，美国国会通过了《爱国者法案》，授权国家安全和司法部门对涉及化学武器等恐怖行为、计算机欺诈及滥用等行为进行电话和电子通信监听，并要求电子通信和远程计算机服务商，在紧急情况下向政府提供用户的通信内容。另一部《国土安全法》对互联网的监控更为严密。该法案增加了

---

[1] Resident's Message, National Plan for Information Systems Protection, Executl've summary, released by the White House, January 7, 2000.

[2] 尼葛洛庞帝：《数字化生存》，胡泳等译，海南出版社1997年版，第274页。

有关监控互联网和惩治黑客的条款。有了这两部法案，网络服务商的信誉和网络用户的隐私与机密只能让位于国家安全。① 2001年英国开始实施《反恐怖主义法案》，将严重干扰或中断电子系统运行的行为纳入恐怖主义范畴，将计算机黑客行为定性为恐怖主义。该法案明显增加了警方在追查计算机犯罪方面的特权。如果某个组织发起向首相发送电子邮件请愿活动，而这一活动又干扰了某个电子邮件系统的运作，就会被视为恐怖主义活动。② 新加坡政府高度重视互联网的立法及执法工作，将国家安全及公共利益置于首位。新加坡《国内安全法》规定，政府有权逮捕任何涉嫌危害国家安全的人。《煽动法》规定，任何行为、言论、出版或表达，只要含有对政府或司法不满，或在国民中煽动仇恨或种族之间制造对立等内容，均定为煽动罪。媒体发展管理局是政府机构，负责对互联网使用的管理，《广播法》授权媒体发展管理局审查任何传播媒体、互联网站以及电影、录像、电脑游戏和音乐等。2005年9月，3名新加坡青少年博客因在网上发布具有煽动性的种族主义言论，被以违反《煽动法》为由告上法庭，三人均受到不同程度的监禁、罚款和其他指控。③

重视网络道德建设研究。世界各国都在积极地进行网络道德教育实践与研究，在国外，有学者把与网络建设有关的社会问题概括为7P问题，即 privacy（隐私）、piracy（盗版）、pornography（色情）、pricing（价格）、policing（秩序治理）、psychology（心理效应）、protection of net（网络保护），用来思考网络道德建设、网络对网民思想行为影响问题。美国计算机伦理协会制定了计算机行为规范十条。南加利福尼亚大学网络伦理声明指出了六种网络不道德行为类型：（1）有意地造成网络交通混乱或擅自闯入网络及其相连的系统；（2）商业性地或欺骗性地利用大学计算机资源；（3）偷窃资料、设备或智力成果；（4）未经许可而接近他人的文件；（5）在公共用户场合做出引起混乱或造成破坏的行动；（6）伪造电子邮件信息。④ 一些外国学者从政治学、社会学、伦理学和德育学来思考网络伦理教育、全民网络

---

① 徐启生：《美国三管齐下监管互联网》，《光明日报》2010年7月27日。
② 郭林：《英国互联网监管疏而不漏》，《光明日报》2010年7月28日。
③ 王传军：《新加坡网络治理成就斐然》，《光明日报》2010年7月29日。
④ 卢风、肖巍：《应用伦理学概论》，中国人民大学出版社2008年版，第509页。

安全意识教育、网络责任意识的研究，具体就是分析网络礼仪、网络犯罪、网络隐私权、网络知识侵权、网络购物纠纷、网络色情、网络暴力游戏、网络不当行为等问题。可见，在国外，学者研究已经涉及网络教育的方方面面。

（三）国外关于价值、核心价值研究状况

国外主要从学术和政策两个方面来对价值观进行研究。学术层面主要趋于科学化、规范化、细致化，与政策层面有相对的独立性。政策层面的研究主要从国家的战略和文化安全的角度出发，把价值观的研究作为促进国家经济发展与稳定的重要力量。

西方对价值理论研究的历史较为悠久，他们对价值理论的研究是从伦理学、政治经济学领域逐渐拓展而成为经济学理论的重要论题。近代最早把价值概念引入哲学领域的是康德，随后洛采、尼采等较为频繁地将"价值"视为哲学概念使用。19世纪70年代至20世纪30年代，新康德主义学派的观点流行于西方，主要有朗格等人为代表的生理学学派，以柯亨、那托尔卜等人为代表的马堡学派，以及以文德尔班、李凯尔特等人为代表的巴登学派。[①] 新康德主义学派试图以价值概念来解决客观主义与主观主义对立问题，提出了建立一种以价值概念为中心的哲学。19世纪下半叶，"价值论"在西方学术界逐渐形成学术研究的热点问题，拉皮埃的《愿望的逻辑》、哈特曼的《价值论概论》、赫森的《价值哲学》、杜威的《价值学说》等都成为较为经典的西方研究价值论的著作。

由于价值观是一个时代性、民族性极强的命题，也是近年来国际关系中被普遍关注的问题。著名的美国学者塞缪尔·亨廷顿则指出："种族、宗教、家庭和文明所造成的人类根本的分裂活动持续时间较长，而且能够产生大量新的冲突，"他提出了"文明冲突论"，指出，在冷战时期，世界政治中寻求各自归属与认同的主要标志，理解世界政治主导性范式是意识形态。他还指出，"在后冷战的世界中，人们之间最重要的区别就是文化的区别。""对于那些正在寻求认同和重新创造种族性的人们来说，敌人是必不可少的，而潜在的最危险的敌人会出现在世界文明的断层线上。"在《文化的重要作用》中重点强调

[①] 涂纪亮：《新康德主义的价值哲学》，《云南大学学报》2009年第2期。

"价值观如何影响人类进步",分别从文化与经济发展、文化与政治发展、文化与性别、文化与美国少数民族、亚洲危机和促进变革等几个方面论证并阐述了文化广泛而深刻的影响,回答了文化价值观是如何影响人类进步的。[①] 在书中他还谈到:"价值观的普遍性和西方文化帝国主义。"[②]《第三世界:苦难、曲折、希望》一书的作者,保罗·哈里森提出"文化上的帝国主义"概念。他说:"伴随着政治上和经济上的帝国主义,又产生出一种更为阴险的控制形式——文化上的帝国主义。文化上的帝国主义不仅征服了受害者的肉体,还征服了他们的心灵,使他们沦为唯命是从的帮凶。"[③] 国外著名人类学家克拉克洪认为价值观是人对人关系的看法,以及在处理人与人、人与环境关系时对是否值得做的看法。从社会思潮和西方社会价值发展来看,西方价值观演进主要有:极端利己阶段、合理利己阶段、利己利他阶段和为己利他阶段。

关于核心价值观研究。西方发达资本主义国家往往采用"立国价值"来表述其核心价值观。各国思想政治教育有着较为鲜明的意识形态性,广泛开展爱国主义教育和基本道德价值教育,注重弘扬本民族优秀的文化传统,灌输本国基本价值观念的基本的教育方法。[④] 美国在经济上高度发达,价值观建设也非常成功,在美国建国短短几百年历史长河中,结合美国精神建设的实践,逐渐形成了有美国特色的个人主义价值观和美国强势文化。在美国进行价值观教育是美国政治发展和意识形态建设的要求,得到政府和公众人士的重视、支持和推崇。

美国的高校教育中实质性的价值观教育却有悠久的历史,而且事实上是有价值观教育的基础。美国对学校寄托的期待相对来说比较高。学校是传播思想、宣扬纪律、服从及认同价值观念的中心,进行

---

① [美]亨廷顿:《文化的重要作用》,常青藤译丛,新华出版社2012年版,编者序言第2页。

② 同上书,绪论第13页。

③ [英]保罗·哈里森著,钟菲译:《第三世界:苦难、挫折、希望》,新华出版社1984年版,第34页。

④ 肖浩:《世界各国加强核心价值体系建设的启示——基于德育的视角》,《学术论坛》2008年第9期。

价值观教育必然成为美国政治发展和意识形态建设的要求,也是历届美国政府都颇为重视的使命,美国的很多总统都不厌其烦地强调核心价值观及其教育。克林顿任总统时便指出,美国公民不论种族如何、个体差异如何,都受到美国价值观的熏陶,并应将其作为日常生活的价值准则;而对于核心价值的教育,克林顿则认为,尽管学校不可以公开倡导宗教信仰,但学校应成为宣扬主流美国价值观的阵地,一些人不赞成教育过程中的价值观偏向,但是在事实上,街头的暴力事件是不被接受的价值,公共舆论也不完全是价值中立的。① 美国学者安伦·洛克伍德认为:"价值观教育并不是一种新近的课程现象。"② 他主张通过宗教教育、公民教育、道德教育等方式对公民进行核心价值教育。亨廷顿认为美国文明是以新教为核心的,自由、民主、法治、个人主义、代议制、政教分离、工作伦理等都是美国文明的重要元素,其中平等和个人主义是"美国信念"及美国共同文化的主要原则。此外自由是美国最有影响力的传统价值。在美国人的情感中,没有什么比自由更重要了。③ 20世纪90年代,托马斯·利克拉在分析和批判相对主义的基础上,认为必须加强价值观的教育,要加强以核心价值观为主要内容的社会价值规范和文化传统教育,培养青少年的积极健康价值观念及道德品行。

美国的学者也认可价值观教育的重要性,"美国对学校寄托的期待相对来说是比较高。学校是传播思想、宣扬纪律、服从及认同价值观念中心。"④ 在当前金融危机影响下,美国的经济发展放慢了步伐,在这种情况下,美国的高校价值观教育却没有受到丝毫的影响,反而更加得到政府和公众人士的重视、支持和推崇。这正如美国道德教育专家迈克·西尔维指出的:"在社会、经济和政治的价值体系处于永恒的混乱和变革状态时总能满足人们的需要便是价值观教育。科学技

---

① [美]比尔·克林顿:《希望与历史之间》,金灿荣等译,海南出版社1997年版,第98页。

② Alan L. Lockwood: The Case for Charater Education: A Developmental Approach. Teachers College Press. 2009. prologue. xi.

③ 杨舒涵:《大学生社会主义核心价值体系教育研究》,东北农业大学,2013年。

④ [美] J. 艾捷尔:《美国赖以立国的文本》,赵一凡、郭国良译,海南出版社2000年版,第295页。

术的发展,家庭与宗教价值影响的下降,对政府腐败的认识以及很多年轻人的异化,这些因素结合起来,使得价值观教育不仅主要而且急迫。"① 在学者的推动下,美国开展了品格教育运动,影响最大的是1992年开展的"品格教育大讨论""阿斯彭宣言",推进了美国"品格教育计划"的出台,其目的"为设计和推行品格教育的合适对象提供奖励和资金,合适对象申请资助的任务是把品格教育计划整合到教室教学中并和国家学术认可的标准保持一致,同时与其他的教育改革的努力并行。"② 美国教育界所广泛遵循的"阿斯彭宣言"明确指出了包括尊重、责任、信任、关怀、公平、公民感六种核心道德在内的基本价值观,并应通过公民教育予以落实。由此可见,在崇尚价值自由的美国依然存在着思想教育,其实质是鼓励和培育具有民主、自由、人权和个人主义的"美国精神",从而向受教育者灌输"美国伟大"的思想。美国的价值观教育异常注重范围的广泛性和内容的渗透性,注重教育环境对教育效果的影响,并以"润物细无声"的方式使个体在潜移默化中受到美国价值观的熏陶,从而树立起对"美国精神"的尊崇。③ 有学者认为法治权威情结则是美国社会的核心价值观,主要表现为对宪法最高地位的坚定维护。④ 有的学者这样表述:"尽管美国人之间在行为方式上存在着很大的分歧,但他们在价值观方面却保持着一致性,这主要源于他们的个人主义信念。"⑤

在文化多元化的背景下,英国政府为加强民族凝聚力和认同度,大力提倡公民教育,并将英国核心价值观的教育具体化,2007年1月,英国政府正式公布针对青少年的"核心价值教育计划",明确规定了针对11—16周岁英国青少年群体的核心价值教育内容,其中包括对文化多元的认可、对言论自由的肯定和对法制观念的尊重,并将

---

① Michael Silver: Values Education, Nation Education Association of the United States, 1976, p. 99.

② 参见美国政府教育部网站最新教育计划条目,网址://www2. ed. gov/programs/charactered/index. heml。

③ 崔志胜:《美国价值观建设及其对中国社会主义核心价值体系建设的启示》,《江西师范大学学报》2010年第2期。

④ 齐延安:《美国的法治经验及其启示》,《法学论坛》2005年第6期。

⑤ Ralph Ketehara. Individualism and Public Life: A Modem lemma. New York: Basil Blackwell Inc, 1987.

其作为义务教育的必修课程。① 正如布莱尔所说："英国是一个多民族、多种族、多文化、多宗教、多信仰的国家，英国的历史和国情决定了我们必须珍视自由、宽容、开放、公正、公平、团结、权利与义务相结合、重视家庭和所有社会群体等英国核心价值观。"②

在亚洲的新加坡，把国民核心价值教育作为教育的一项基础性工作，并上升到法律规范层面。1991年新加坡议会讨论批准了新加坡国家价值观的《共同价值观白皮书》，该书规定："国家先于社会而社会先于人；社会的基本单位是家庭；尊重个人和社会支持个人；以意见一致取代争论不休；种族和睦与宗教和谐。"③ 新加坡以具有法律约束力的文件确认了这些价值观成为新加坡的共同价值理念，从学校教育到日常社会生活，以及公务员、社会工作者积极倡导、践行这些价值观，提升国家认同感，通过法律的制定和执行为共同价值观的形成提供了法制保障，有效实现了法治与德治的完美结合。

（四）国外关于社会主义核心价值体系、社会主义核心价值观研究状况

社会主义核心价值体系研究是社会主义意识形态领域内的特定话语，而且"社会主义核心价值"这一概念提出的时间还不长。由于社会制度的不同，社会主义核心价值具有显著的社会主义特征，出于意识形态方面的差异，加上社会主义核心价值体系提出到社会主义核心价值观的凝练，从理论到实践在我国时间比较短，现在是学习、践行阶段，在文献资源库中查询国外学者关于社会主义核心价值体系、社会主义核心价值观的研究几乎没有，对于网络时代社会主义核心价值教育的实效性研究更是空白。

目前国外学术界对社会主义核心价值相关研究主要体现在以下几个方面：一是通过宣传社会主义价值及目标，批判资本主义价值，从而达到传扬新思潮的目的，主要是以民主社会主义、西方马克思主义为代表的思潮和流派；二是意识形态终结论的宣扬者。"自由、平等、公平、互助"是社会主义的价值原则，社会主义的目的就是"把经济

---

① 何大隆：《合力传播核心价值观》，《瞭望》2007年第22期。
② Hargreaves, David. The Mosaic of Learning Lon-don: Demos, 1994, 31.
③ 张德：《新加坡精神文明是发出来的吗？》，《改革》1997年第1期。

的权力交给全体人民进而创造一个社会，使自由人能以平等地位在社会中共同工作"①。

对于国外研究文献的综述，我们可以在结合网络教育、网络思想政治教育、核心价值观等方面寻找相关研究状况，作为借鉴、启发，来推动我国网络时代社会主义核心价值教育实效性研究开展，提升社会主义核心价值教育的实效性。

二 国内研究现状

每一个国家、民族、社会都在倡导自己的价值观，一个社会既有鼓舞人们奋进的正能量，也有负能量，但是，真正推动社会前进的一定是正能量。一个社会的进步，体现在物质层面，也体现在精神思想文化层面。核心价值观是文化软实力的灵魂，也是文化软实力建设的重点。2006年党的十六届六中全会通过《中共中央关于构建社会主义和谐社会若干重大问题的决定》，提出"建设社会主义核心价值体系"的重大决策，到十八大提出了"三个倡导"社会主义核心价值观，是一个核心价值不断凝练发展的过程。有关社会主义核心价值体系和核心价值观的理论研究，逐渐成为当今中国社科领域理论界研究的热门话题之一，针对网络时代搞好社会主义核心价值体系教育、核心价值观培育也有一些学者进行了一定的思考，形成了一些研究成果，对我们深入开展网络时代社会主义核心价值教育有效性研究有重要的借鉴意义。

（一）网络教育方面的研究

近些年来，互联网的发展呈现出了突飞猛进的势头，互联网的教育已经深入青少年的每一个角落，从传统的网络信息交流，到网络课程开发、网络生活等。我国学者围绕网络对教育的影响、网络教育、网络教学、网络教育中的教师与学生等专题进行了较为广泛而深入的研究和探讨。

1. 关于网络教育的含义、要素。在这方面，国内对于网络教育的概念认识还处于研究阶段，由于研究的角度与侧重点不同，其表述和

---

① 中共中央党校科学社会主义教研室，国外社会主义问题教学组编：《社会党重要文件选编》，中共中央党校科研办公室，1985年9月，第104页。

理解也有多种。如：南国农先生认为，"网络教育就是在网络环境里进行的教育。"① 程智认为网络教育是指"以现代教育思想和学习理论为指导，在网络环境中充分发挥网络的各种教育功能和丰富的网络教育资源优势，向教育者和学习者提供一种网络教和学的环境，传递数字化内容，开展以学习者为中心的非面授教育活动。"② 党静萍认为，"网络教育这一称谓的划定，并非是科学方法的分类或界说，乃是因为网络文化研究的兴起并由此导致的利用网络实现教育要求的日益强盛而提出的概念。它是指与传统教育相对应的、以网络为支撑的教育。"③ 樊文强则认为网络教育"主要由网络技术将分布各处的教育者、受教育者、教育资源、教育设施等要素联结在一起，通过多种形式的交互进行的教育、教学活动。它可应用于传统教育，也可应用于校外远程教育；可用于一节课、一门课程的教学，也可用于整个学历或项目的教育。"④ 崔永琳认为"网络教育是随着现代信息技术的发展而产生的一种新型教育方式。网络教育具有三个基本要素：利用信息技术搭建的网络平台（具体包括互联网以及出版、广播、电视等传媒）；海量的信息资源；掌握并熟练运用先进信息工具的教育机构。"⑤ 可见，国内对网络教育的界定表现为两个层面，一是技术层面的定义，另一个则是管理层面的定义。

2. 关于网络教育的功能。国内学者多从教育理念革新、教育方式变革和教育模式转换对网络教育的功能进行阐述。如刘文富认为，互联网的出现冲击和挑战了传统教育体制与模式，影响了人类的认知方式，人们接受教育的形式也正在被逐步改变。特别是远程教育、交互教育等诸多模式的形成，正在影响整个人类社会的教育功能，孕育着整个人类社会的教育功能和教育领域的革命。互联网引发教育变化的表现是："远程教育模式、自我教育模式、交互教育的形成，正在影

---

① 南国农：《信息技术教育与创新人才培养（上）》，《电化教育研究》2001年第8期。

② 程智：《对网络教育概念的探讨》，《电化教育研究》2003年第7期。

③ 党静萍：《如何应对网络时代：网络文化下青少年主体性建构研究》，法律出版社2008年版。

④ 樊文强、雷庆：《试论网络教育的高等教育价值》，《江苏高教》2010年第3期。

⑤ 崔永琳：《数字图书馆理论与应用》，中共中央党校出版社2003年版，第168页。

响整个人类社会的教育功能，孕育着整个人类社会的教育功能，孕育着整个教育领域的革命。"① 也有学者指出："网络教育具有不同于传统教育的明显优势：其一，网络教育拓宽了学生接受知识的范围与途径。其二，网络教育使参与式、启发式教学真正成为可能。其三，网络教育将使终生学习成为普遍趋势，教育的重点将由知识和劳动技能的培养，逐步转到提高劳动者的素质上来。其四，网络教育使教育的职责也发生重大变化，它将不再是以传播知识为主，而是重在培养学生掌握处理实际问题的方法和分析问题、解决问题的能力。"② 赵彦灵认为："网络教育是以计算机、网络和多媒体技术为基础的信息技术最新成果在现代教育学思想的指导下对传统教育模式的革新，是一种全新的教育模式，将带来一场教育的革命；网络教育是以学习者为主体，以计算机技术、多媒体技术、通信技术和 Internet 网络等高新技术为主要教学手段和传播媒体，运用图像、文字、动画、音频和视频技术相结合的一种新型的交互式网络教育方式。"③

(二) 关于网络思想政治教育研究

20 世纪 80 年代，美国学者阿尔温·托夫勒就敏锐指出："一枚信息炸弹正在我们中间爆炸，这是一枚形象的榴霰弹，像倾盆大雨向我们袭来，急剧地改变着我们每个人内心世界据以感觉和行动的方式。"由于我国互联网的发展相对滞后，在大众的普及也落后于美国等西方发达国家。对于网络思想教育的研究，到 2000 年才有学者、专家陆续关注。进入 21 世纪，党的领导人高度重视网络信息化、网上舆论和新兴媒体阵地建设工作。2001 年 7 月 11 日，在运用法律手段保障和促进信息网络健康发展讲座学习中，江泽民同志指出："对信息网络化问题，我们的基本方针是积极发展，加强管理，趋利避害，为我所用，努力在全球信息网络化的发展中占据主动地位。"强调了"各地各部门的领导干部，必须加紧学习网络化知识，党的建设工作、思想政治工作、组织工作、宣传工作、群众工作，也都应适应信息网络化的特点。"要求各级领导干部开展党建工作等具体工作时要适应信

---

① 刘文富：《全球化背景下的网络社会》，贵州人民出版社 2001 年版，第 180 页。
② 同上书，第 181 页。
③ 赵彦灵、李有梅：《网络教育基础与应用技术》，西南交通大学出版社 2003 年版，第 4 页。

息网络化的特点,加紧学习网络化知识。2008年6月20日胡锦涛在人民日报社考察工作时就指出:"互联网已成为思想文化信息的集散地和社会舆论的放大器,我们要充分认识以互联网为代表的新兴媒体的社会影响力,高度重视互联网的建设、运用、管理,努力使互联网成为传播社会主义先进文化的前沿阵地、提供公共文化服务的有效平台、促进人们精神生活健康发展的广阔空间。"2016年2月19日,在全国党的新闻舆论工作座谈会上,习近平同志强调:"要把网上舆论工作作为宣传思想工作的重中之重来抓,创新理念、内容、体裁、形式、方法、手段、业态、体制、机制,加快推动传统媒体和新兴媒体融合发展,打造一批形态多样、手段先进、具有竞争力的新型主流媒体,构建舆论引导新格局,建设网上良好生态,形成网上网下同心圆。"可见,开展网络思想教育的研究既是中央的要求,也是网络时代快速发展变化的必然。

  网络信息化思想政治教育工作问题成为理论界研究的热点问题。一些从事德育的教学工作者和研究者从各自的视角和立场出发,对网络信息化条件下的教育管理及其相关问题进行了探讨和研究,提出了各自不同的观点和意见。10多年来,在关于网络教育、网络思想政治教育等方面取得了一定的研究成果,出版了一批学术专著和重要文章。如曾令辉教授的《网络思想政治教育概论》(2002年)、杨立英教授的《网络思想政治教育论》(2003年)、韦吉锋教授的《网络思想政治教育研究》(2005年)、张再兴教授的《网络思想政治教育研究》(2009年)、宋元林教授的《网络思想政治教育》(2012)、鲁宽民教授的《网络虚拟社会建设论略-法治和德育之思》(2013年)和《网络思想教育价值论》(2014年)、张瑜教授的《高校网络思想政治教育发展与创新研究》(2014)、赵惜群教授的《网络思想政治教育理论与实践研究》(2014)、王嘉的《网络意见领袖研究:基于思想政治教育视域》(2014)、李才俊,唐文武的《网络视角下的思想政治教育方法新探》(2014)、胡恒钊的《人文关怀视阈下高校网络思想政治教育实施方法研究》(2015)、陈少平的《高校网络思想政治教育研究》(2015)、魏进平,魏娜,张剑军等的《高校网络思想政治教育研究》(2015)、王慧的《我国主流媒体社会主义核心价值观舆论场建设研究》(2016),以及一批有影响的成果;同时还有一批国家级、省部级、厅局级以及校级研究项目予以立项，各类相关科研成果相继发表，这些促进了我国网络思想政治教育学科体系的不断完善与实践的不断发展，同时也为本研究提供了坚实的理论基础。

关于网络思想教育的价值。国内学者主要从三个方面探讨了网络教育的价值。

一是关于网络思想教育的价值。从网络思想教育的价值等方面进行论述，如张敏认为，网络思想教育的功能有：意识形态的斗争、伦理道德的教化和人格精神的塑造。还具有净化网络社会环境、抵御敌对意识的侵袭、培育社会新人、促进文明建设这些社会功能。为发挥其社会功能、展现其社会价值，需要加强、改进和创新网络思想教育工作。① 宋元林、唐佳海分析了网络思想政治教育个体价值的概念，认为网络思想政治教育的属性对网民个体需要的满足关系是网络思想政治教育的个体价值，他们还提出了网络思想政治教育个体价值的实现途径。② 显然，以上学者是分别从网络教育的社会价值、个体价值与教学价值方面论述的。此外，还有学者对网络思想政治教育文化价值、生活化价值等方面进行了研究。宋元林认为，网络思想政治教育的文化价值主要表现在传承优秀民族文化、吸收外来优秀文化、主导多样文化、创造新文化等方面，要从文化价值观念、网络传播体系、网络传播机制建设等方面探索其文化价值的实现途径。③ 网络思想教育作为网络环境下思想教育的一种新形态，是一定社会或社会组织、群体用一定的思想观念、政治观点、道德规范和网络素养要求，以现代信息网络为中介，以互动引导、建设管理、制度规范等为基本方式，对社会成员进行有目的、有计划、有组织的教育和影响，促进社会成员在教育活动中自主性的发挥和思想政治品德的自主建构，从而使社会成员形成符合一定社会或一定阶级所需要的思想政治品德的网络教育实践活动。④ 以哈尔滨工程大学为例，学校开发特

---

① 张敏：《网络思想政治教育的社会价值与社会功能》，《电子科技大学学报（社科版）》2003年第1期。

② 宋元林、唐佳海：《网络思想政治教育的个体价值及其实现途径》，《毛泽东邓小平理论研究》2009年第9期。

③ 宋元林：《网络思想政治教育的文化价值及其实现途径》，《高校理论战线》2010年第11期。

④ 鲁宽民：《网络思想教育价值论》，社会科学文献出版社2014年版，前言第2页。

色校园文化资源，建设了集思想性、知识性、趣味性、服务性于一体的主题教育网站，形成了一批具有学校文化特色的网站……有效利用多种方式、不同渠道大力提高大学生网络思想政治教育的吸引力。① 充分认识和肯定网络思想政治教育主客体的客观存在，把握网络思想政治教育主客体的特殊载体、形态及其关系，探索网络思想政治教育主客体转换的实质及其路径，对于当下厘清有关网络思想政治教育主客体的一些模糊认识，正确认识和处理网络思想政治教育主客体关系，更好地发挥网络思想政治教育的特殊优势，构筑我国网络思想政治教育高地，殊为重要。② 高校网络思想政治教育以生命有机体的形式存在于网络生态系统中，借助于网络设备和设施，为高校学生乃至整个网民群体提供思想政治教育信息资源的检索、使用、分享等。③ 将微信公众平台运用于高校思想政治教育工作，是创新高校网络思想政治教育工作的重要方法。通过系统梳理微信公众平台的基本功能、特征及优势，从主体、内容、互动、活动、管理与服务等方面探索大力开展微信德育工作。④ 此外，还有学者对网络思想政治教育生活化的价值、政治价值进行了阐释。

二是关于网络文化教育的价值。关于网络文化教育的价值功能与形态，学界大多数学者都给予了肯定，并从不同的角度做了详细的论述。学界普遍认为，自印刷术发明以来，网络是人类最伟大的媒体革命，它突破了任何组织、民族和国家的时空限制和束缚，为公众提供了平等的文化参与机会，最终成为一种内蕴丰富的多元性世界广域文化。同时，他们也留意到了网络文化的负面作用。概括起来，网络文化的负面效应有：（1）网络文化在打破文化垄断的同时，客观上又是消解、涣散恒常文化价值的力量；（2）网络文化对弱势文化的侵略。目前国际互联网上90%的信息是英文信息，西方文化正借助这一语言优势，渗透到世

---

① 吕开东：《基于文化自觉的大学生网络思想政治教育策略研究》，《思想教育研究》2015年第2期。

② 骆郁廷：《论网络思想政治教育的主体与客体》，《马克思主义与现实》2016年第2期。

③ 周梅：《高校网络思想政治教育生态位维度与测度》，《毛泽东思想研究》2016年第1期。

④ 李礼：《高校思想政治教育微信公众平台应用研究》，《学术论坛》2016年第2期。

界各个角落，传播其价值观；（3）网络文化的"无政府""自由化""无序化""无控制"的倾向，导致大量的虚假、垃圾有害信息。① 学者也探讨了网络亚文化、微文化、网络文化发展以及网络意识形态与网络文化软实力的关系。在新媒体和网络空间快速发展的时代，"吐槽"已成为网络文化中的一种常见形态，通过亚文化的视角来看待当下青年网民的网络"吐槽"文化现象，有助于人们清晰认知网络"吐槽"文化的表象及成因，也有利于相关部门科学构造网络文化建设的合理路径。②

隐喻的力量自始至终贯穿整个网络文化世界，以鲜活的形式阐释着客观实体，并将常规范式与超常搭配、现实此岸与构拟彼岸之间建构起生动的网络文化案例。网络传播特点之一是体系的立体多元性，而微文化的主客体互动则是当下网络世界前行的趋向之一。③ 网络文化在其迅猛但并不漫长的发展进程中，形成了较为鲜明而稳定的走向，其基本走向可概括为：网络文化的发展与人的发展需求相统一、网络文化的发展与社会政治经济的发展相统一、网络文化的发展与信息技术的发展相统一、网络文化的发展与传统文化的传承相统一等四个方面。④ 网络主流意识形态是现实社会主流意识形态在网络空间的延伸和表现，是现实社会主流意识形态传播的新方式和新途径。能否掌握网络技术并实现持续创新，在很大程度上决定着主流意识形态和网络文化的生存与发展前途。⑤

三是关于网络高等教育、思想政治教育价值。互联网、远程教育以及慕课、微课等以互联网发展推动教育形式的改变，为传统的教育模式带来了颠覆、创新，也为学界开展网络教育研究提供了新的视角。如樊文强、雷庆则提出，网络教育是信息时代出现的新型教育形式，其高等教育价值体现在——社会价值、办学价值和教学价值三个不同层面。网络教育为实现高等教育发展中"对抗三角"和高校办学中"永久三角"的平衡提供了新的选择，具有促进自主学习、协作学习的优势。⑥ 鲁宽民指出："从

---

① 曾长秋、薄明华：《论网络环境下大学生的思想政治教育》，《文化研究（人大复印资料）》2001年第5期。
② 原宙：《青年网络"吐槽"现象的亚文化透析》，《思想理论教育》2016年第6期。
③ 陈羽、石坚：《网络文化隐喻性与微文化的主客体互动》，《求索》2016年第5期。
④ 禹旭才：《论网络文化发展的基本走向》，《求索》2015年第11期。
⑤ 徐强：《网络意识形态是网络文化软实力的灵魂》，《中国高等教育》2015年第11期。
⑥ 樊文强、雷庆：《试论网络教育的高等教育价值》，《江苏高教》2010年第3期。

价值客体的属性和功能看，网络思想教育作为这样一种特定的思想教育活动，其自身结构和属性决定了其教书育人、服务社会的功能，这也就成为了网络思想教育价值的基础。功能是价值的基础，网络思想教育不仅有提高学生个体德、智、体、美等素质的功能，对整个社会的发展和进步也发挥着巨大的作用。"① 王晓莺、于涛认为："网络平台上的丰富资源可以为个性化自主学习提供更为丰富的信息资源，同时也为学生提供可以平等获取资源和交流合作的机会。"② 陈丽认为：互联网+时代背景下网络教育发展面临三大机遇和三大挑战。三大发展机遇：一是远程教育将成为国家教育改革的核心工作；二是远程教育是传统教育现代化的支点；三是远程教育拥有教学与学习的基因载体。三大挑战，即国家战略及制度的不健全、知识观与教学方法的落后和服务模式待开放。③ 郑润如、刘鹏图就网络资源建设谈了看法：网络教育资源在提高教学质量，挖掘优质教育资源，发挥学习者学习的主动性、积极性等方面起着重要的作用。系统性、规范性、开放性和可扩展性的资源建设理念，使网络教育资源的建设更加科学和可持续发展；网络教育资源建设联盟化是网络教育资源的发展趋势。④

（三）社会主义核心价值体系研究现状

在社会主义建设过程中，特别是改革开放以后，对于社会主义发展、如何发展在理论界关注的更多，对于社会主义价值观的相关问题探讨也进入了思考阶段。学者们从不同角度对社会主义价值观以及核心价值的发展历史、理论内涵、基本特征、社会功能进行了广泛研究，对建构社会主义价值观的方法论、基本原则、路径选择、动力机制进行了探讨，特别是党的十六届六中全会第一次明确提出了"建设社会主义核心价值体系"后，学界掀起了对社会主义核心价值体系、社会主义核心价值观研究的高潮。

第一，对社会主义核心价值体系指导思想的研究。马克思主义指导思想主要是马克思主义的辩证唯物主义和历史唯物主义，重点是马克思主义

---

① 鲁宽民：《网络思想教育价值论》，社会科学文献出版社2014年版，第95页。
② 王晓莺、于涛：《现代网络教育平台下的个性化自主学习模式研究》，《黑龙江高教研究》2016年第1期。
③ 王丽莉、孙宝芝：《互联网+时代背景下网络教育发展新趋势——"2015国际远程教育发展论坛"综述》，《中国远程教育》2015年第12期。
④ 郑润如、刘鹏图：《高校网络教育资源建设及发展趋势》，《现代教育技术》2015年第2期。

的世界观，马克思主义的立场、观点和方法。毛泽东思想、邓小平理论、"三个代表"重要思想、科学发展观，以及习近平同志系列重要讲话精神是马克思主义中国化的理论体系。马克思主义指导思想作为我国社会主义现代化建设的根本指导思想、理论基础，为社会主义核心价值体系提供了最基本的价值观念。马克思主义指导思想在我国是随着党的发展历史形成的，是在我国革命实践中总结出来的。正如邓小平根据我国实践经验得出的结论就是解放思想，实事求是，把马克思主义的最新理论同我国的具体实际结合起来，具体问题，具体分析，走自己的路，建设有中国特色社会主义。① 党的十八大报告指出："对马克思主义的信仰，对社会主义和共产主义的信念，是共产党人的政治灵魂，是共产党人经受任何考验的精神支柱。"② 在社会主义核心价值体系的学习宣传中，也兴起了对其理论研究的热潮，形成了社会主义核心价值体系的指导思想研究的一系列成果。专著、著作主要有：中国社会科学院马克思主义研究学部，中国社会科学院马克思主义研究院《坚持发展研究创新马克思主义》（中国社会科学出版社 2011 年版）、朱兆中《当代中国的价值追求（坚持马克思主义在意识形态领域指导地位的思考）》（上海人民出版社 2012 年版）、王永贵《意识形态领域新变化与坚持马克思主义指导地位研究》（人民出版社 2015 年版）、陈先达《坚持马克思主义在意识形态领域指导地位研究》（经济科学出版社 2015 年版）、张雷声，李玉峰《为什么要坚持马克思主义》（中国人民大学出版社 2013 年版）宋慧昌《社会主义核心价值观专题解读》（中共中央党校出版社 2010 年版）、梅荣政、杨军《社会主义核心价值体系与社会思潮评析》（中国社会科学出版社 2010 年版）、孙伟平、张传开《改革开放与社会主义核心价值体系建设》（安徽师范大学出版社 2012 年版）；发表的大量的论文，主要代表作有陈先达《论坚持马克思主义意识形态的指导地位》（《马克思主义与现实》，2011 第 6 期）、王可为《以马克思主义为指导构建中华民族共有精神家园》（《求实》，2011 第 9 期）、周新城《坚持马克思主义为指导需要澄清的几个认识问题》（《北京交通大学学报》，2011 年第 2 期）、鲍莉炜《坚持以马克思主义为指导，正确认识和对待中华传统文化》（《思想理论教育导刊》，2015

---

① 《邓小平文选》第三卷，人民出版社 1993 年版，第 3 页。
② 《十八大报告学习辅导百问》，党建读物出版社、学习出版社 2012 年版，第 44 页。

第 5 期)、李彬彬《以马克思主义为指导加强思想政治教育——"马克思主义意识形态理论与思想政治教育"研讨会综述》(《理论视野》,2015 第 4 期)、顾海良《以马克思主义为指导,构建中国特色哲学社会科学》(《思想理论教育导刊》,2016 第 6 期)、逄锦聚《旗帜鲜明地坚持以马克思主义为指导》(《思想理论教育导刊》,2016 第 6 期)。这些著作和论文都阐述了马克思主义所阐明的科学的世界观和价值观,是社会主义核心价值体系最根本的理论,马克思主义是社会主义核心价值体系的指导思想和灵魂,2012 年播出的历史文献纪录片《信仰》也以真实的历史和深刻的思想体现了马克思主义的指导思想。

在当前我国社会环境复杂多变、经济成分和经济利益多样化、社会生活方式多样化、社会组织形式多样化的情况下,我们必须坚持马克思主义在社会主义核心价值体系中的指导地位,务必时刻警惕各种反马克思主义的思想以及认为"马克思主义已经过时"的观点。在 2011 年建党 90 周年大会上,胡锦涛强调:社会主义先进文化是马克思主义政党思想精神上的旗帜,我们要继续大力推动社会主义文化大发展大繁荣,坚定不移发展社会主义先进文化。为我们进一步认识文化的地位和作用,进一步用马克思主义指导中国特色社会主义文化建设,指明了方向。在 2016 年建党 95 周年大会上,习近平强调:马克思主义及其在中国的发展,为党和人民事业发展提供了既一脉相承又与时俱进的科学理论指导,为增进全党全国各族人民团结统一提供了坚实思想基础。马克思主义是我们立党立国的根本指导思想。背离或放弃马克思主义,我们党就会失去灵魂、迷失方向。在坚持马克思主义指导地位这一根本问题上,我们必须坚定不移,任何时候任何情况下都不能有丝毫动摇。可见,坚持社会主义核心价值体系,第一就是要坚持坚持马克思主义思想的指导地位。正如刘云山同志所说:"建设社会主义核心价值体系,必须毫不动摇地坚持马克思主义思想的指导地位,引领多样化的社会思潮,巩固和发展积极健康向上的主流意识形态。"[1] 在网络化的背景下,社会主义核心价值体系只有牢固树立马克思主义思想的指导地位和以马克思主义指导思想为灵魂,才能确保社会主义的性质和发展方向。

---

[1] 刘云山:《更加自觉、更加主动地推动社会主义文化大发展大繁荣》,《人民日报》2007 年 11 月 9 日。

第二，对社会主义核心价值体系的中心内容的研究。共同理想是共同追求的价值，是一种宏大的精神力量。具有中国特色的共产主义理想，是现阶段社会主义的发展愿景同中华民族的伟大复兴相结合、人民的全面发展有机结合，是社会各阶层人士、群体的共同愿景的系统有机结合。江泽民指出："在全社会形成共同理想和精神支柱，是有中国特色社会主义文化建设的根本。"胡锦涛指出："理想是指引人生的灯塔。青年时期牢固树立远大理想，人生道路就会越走越宽广，无论遇到怎样的艰难险阻，都能义无反顾、勇往直前。"习近平强调："理想因其远大而为理想，信念因其执着而为信念。我们要把理想信念教育作为思想建设的战略任务，保持全党在理想追求上的政治定力，自觉做共产主义远大理想和中国特色社会主义共同理想的坚定信仰者、忠实实践者，在全面建成小康社会、实现中华民族伟大复兴中国梦的历史进程中充分发挥先锋模范作用。"并提出了："面向未来，面对挑战，全党同志一定要不忘初心、继续前进。"用了8个"坚持不忘初心、继续前进"表达了中国共产党对共同理想的执着追求。共同理想是一个民族奋发向前的向导。我们党的共同理想就是实现共产主义，这是我们共同的价值目标、价值取向和价值追求，为人民提供持久、坚定的精神力量。作为学界也深刻思考民族的历史使命，我们的共同理想价值。出版的著作有：韩震《社会主义核心价值体系研究》（人民出版社2007年版）、唐昆雄《马克思主义与社会主义核心价值体系研究》（中国社会科学出版社2010年版）、周玉清，王少安《社会主义核心价值体系引领大学文化建设论纲》（人民出版社2011年版）、刘先春，王学俭《高举旗帜不动摇：中国特色社会主义共同理想》（兰州大学出版社2012年版）、孙来斌《民族精神时代精神共同理想》（武汉大学出版社2014年版）。发表的主要论文有：王峻，彭京华《树立中国特色社会主义共同理想的依据和意义》（《首都经济贸易大学学报》2008年第6期）、杨宇静《论树立中国特色社会主义共同理想》（《学术论坛》2008年第1期）、董朝霞，张绍平《论中国特色社会主义共同理想的立论依据》（《毛泽东思想研究》2008年第5期）、邱秀华《高校思想政治理论课加强大学生社会主义核心价值体系教育的思考》（《思想理论教育导刊》2009年第11期）、薛金华《从历史发展的趋势看中国特色社会主义共同理想》（《思想理论教育》2009年第9期）、陈树文，方建《高校加强中国特色社会主义共同理想教育应注重"三个结合"》（《思想理论教育导刊》

2010年第9期)、韩振峰《关于社会主义核心价值体系几个重大理论问题的思考》(《兰州学刊》2010年第10期)、王健清,贾凌昌《中国特色社会主义共同理想：价值、内涵与路径》(《求实》2012年第6期)、曲跃厚,李步前《从历史发展的过程看坚定中国特色社会主义共同理想》(《思想理论教育导刊》2012年第12期)、侯惠勤,辛向阳《中国梦与中国特色社会主义共同理想》(《红旗文稿》2013年第12期)、刘加洪,蓝春新《从历史视角解读中国特色社会主义共同理想的四个维度》(《毛泽东思想研究》2013年第5期)。可见学界从不同角度论述中国特色社会主义共同理想是中国共产党和中国人民团结、奋进、胜利的旗帜。共同理想是我们党、我们民族精神生活中不可或缺的一部分,是党和全体人民共同的价值追求。没有中国特色社会主义共同理想,就会导致社会动乱,社会主义意识形态就会失去主题。

在网络的大环境下,我们要充分利用互联网,借助一定的方式和方法,加强对青少年共同理想教育,只有在整个社会树立中国特色社会主义共同理想,满足人民群众的物质和精神需要,提高广大人民群众的生活水平,才能有利于人民群众构建和谐社会。

第三,对社会主义核心价值体系的精髓的研究。在中华民族五千多年的历史进程中,形成了以爱国主义为核心的团结统一、爱好和平、自强不息的民族精神。以爱国主义为核心的民族精神是中华民族的精神支柱,是维系中华民族共同价值追求和共同理想的思想纽带,是维系人民群众为了中华民族整体利益奉献生命,成就了中华民族勇敢勤劳和奋发图强的品格,让中华民族屹立于世界民族之林的精神源泉。如果一个民族失去了民族精神,那么这个民族就会丧失生命力。

在当下改革开放的大背景下,中华民族形成了敢于变革和勇于创新的民族精神。改革创新就要求我们有勇于解放思想、敢于开拓创新的思想观念。改革创新是一个民族由积贫积弱走向繁荣富强,由生产力落后走向生产力发达的活力源泉；如果一个民族缺乏改革创新的民族精神,这个民族的未来发展势必将停步不前,未来必将落后和灭亡；同理,如果一个人缺乏足够的创新精神,就不会在人生的道路上创造新的价值。

在互联网迅猛发展、世界经济全球一体化的今天,全球化强烈冲击着国家主权问题,我们更加应该利用互联网的方便性、快捷性、高覆盖性特征,来传播和弘扬爱国主义的民族精神以及改革创新的时代精神,激励人民群众的昂扬斗志，激励人民在人生的道路上奋勇搏击，自强不息，提高人民群众的团结意识、爱国意识，促进56个民族的大团结，祖国的统一。一些学者有关社会主义核心价值体系的精髓的研究体现在社会主义核心价值体系以及民族精神和时代精神的研究中。如：宋慧昌《社会主义核心价值观专题解读》（中共中央党校出版社2010年版）、袁贵仁《建设社会主义核心价值体系》（《中国社会科学》2008年第1期）、董海浪《以社会主义核心价值体系引领网络民族主义》（《党史文苑》，2008年第9期）、殷国聪《社会主义核心价值体系的精髓与大学生爱国主义教育》（《思想战线》2008年第2期）、王岩《建设社会主义核心价值体系必须高扬民族精神和时代精神的旗帜》（《马克思主义与现实》2008年第3期）、张丰清，周苏玉《社会主义核心价值体系对当代中华民族凝聚力的影响论析》（《中南民族大学学报》2009年第4期）、于铭松《对民族精神的文化解读》（《中央社会主义学院学报》2010年第6期）、段美，欢佩君《论民族精神和时代精神的价值选择作用》（《前沿》2010年第11期）、王珺《浅析社会主义核心价值体系的精髓》（《求实》2010年第S1期）、张万余《中国共产党引领民族精神与时俱进的理论构建》（《理论月刊》2011年第4期）、王克歌《时代精神与民族精神：社会主义核心价值体系的精髓》（《湖北社会科学》2011年第6期）、田海舰《社会主义核心价值体系的现实目标和根本追求》（《河北大学学报》2011年第5期）、倪愫襄《论民族精神和时代精神的内涵》（《学校党建与思想教育》2014年第5期）。研究表明中华民族的发展前进与爱国主义的民族精神和改革创新的时代精神紧密相连，要培养人民群众在发现问题、解决问题的过程中探索新方法、熟悉新途径的能力。要发展中国特色社会主义事业和实现中华民族伟大复兴，就必须动员全社会方方面面的力量，不断弘扬民族精神和时代精神，使全民族始终保持坚韧不拔、奋发有为、积极向上的精神力量。

第四，对社会主义核心价值体系价值标准的研究。社会主义荣辱观是社会主义核心价值体系的集中体现和价值标准，是中华民族传统美德与马克思主义理论的完美结合。荣辱观是一种文化观念，反映了整个社会的基本道德准则和基本价值取向，是人们对荣和耻问题的判断标准，是民族精神和传统美德的升华。"八荣八耻"是社会主义荣辱观的主要内容，涉及人生态度、公共行为、社会风尚，为人们在社会行动中提供了辨别善恶、是非、黑白的标准和依据。随着互联网的快速发展，信息传递和获取越来越方便快捷，各种网络欺骗行为时常出现，各种网络泄密和网络谣言事件层出不穷。林壹的《网络文化建设与社会主义核心价值体系》（《苏州大学学报》2008年第6期）、郑洁的《网络媒体对社会主义核心价值体系传播的影响及对策》（《求实》2010年第2期）中网络媒体发展为社会主义核心价值体系传播提供了新载体、新途径。方晓强、王璐、李慧的《试述网络文化对社会主义核心价值体系的影响》（《前沿》2011年第7期）、王子勒的《网络时代社会主义核心价值体系教育传播方式创新》（《思想教育研究》2010年第23期）、汤文隽和金晶的《网络社会中社会主义核心价值体系认同规律》（《东疆学刊》2013年第1期）中强调规范人们自身与他人言行道德和价值观念强有力的思想武器是"八荣八耻"的荣辱观。因此，我们身处鱼龙混杂的网络社会以及各种价值观念的影响中。

（四）社会主义核心价值观研究

核心价值观是在一个社会或人的诸多价值观中起主导和支配作用的价值观，是一种社会制度长期秉承的、相对稳定的根本价值准则，承载着一个民族、一个国家的精神追求，体现着一个社会评判是非曲直的价值标准。人类社会发展的历史表明，对一个民族、一个国家来说，最持久、最深层的力量是全社会共同认可的核心价值观。对社会主义核心价值观认识我国也经历了一个历史发展过程。2006年10月，党的十六届六中全会第一次明确提出了"建设社会主义核心价值体系"的重大命题和战略任务，明确提出了社会主义核心价值体系的内容，并指出社会主义核心价值观是社会主义核心价值体系的内核。学界对社会主义核心价值观的概括开始深入探讨，也引起全党、全国人民、全社会的广泛关注。2011年10月，党的十七届六中全会强调，社会主义核心价值体系是"兴国之魂"，建设社会主义核心价值体系是推动文化大发展大繁荣的根本任务。提炼和概括出简明扼要、便于传播践行的社会主义核心价值观，对于建设社会主义核心价值体系具有重要意义。2012年11月，中共十八大报告明确提出"三个倡导"，即"倡导富强、民主、文明、和谐，倡导自由、平等、公正、法治，倡导爱国、敬业、诚信、友善，积极培育社会主义核心价值观"，这是对社会主义核心价值观的最新概括，并指出："社会主义核心价值观是社会主义核心价值体系的内核，体现着社会主义核心价值体系的根本性质和基本特征。"2013年12月,中共中央办公厅印发《关于培育和践行社会主义核心价值观的意见》,明确提出,以"三个倡导"为基本内容的社会主义核心价值观,与中国特色社会主义发展要求相契合,与中华优秀传统文化和人类文明优秀成果相承接,是我们党凝聚全党全社会价值共识作出的重要论断。

伴随着社会主义核心价值体系提出到社会主义核心价值观凝练,对社会主义核心价值观认识、研究也进入了高潮,出现了大量的研究成果,对培育、践行社会主义核心价值观提供了很好的理论支持。主要表现在以下方面。

从社会主义核心价值观的内涵与特征进行思考,准确把握研究的内容、性质。第一,学者主要是从社会主义核心价值观与核心价值体系的关系中去提炼核心价值观的概念内涵。韩振峰提出了:以社会主义核心价值观为内核、全面体现社会主义意识形态本质要求的、系统化的核心价值理论,称之为社会主义核心价值体系;而社会主义核心价值观,则是指那些在社会主义价值体系中居统治地位、起指导作用的价值理念。第二,在特征上,戴木才提出了社会主义核心价值观具有五个基本特征,即理想性、稳定性、统摄性、共识性和建设性,并进行了论述。

从方法论视角看社会主义核心价值观的提炼与形成。韩庆祥提出了:坚持弘扬中华优秀传统文化、坚持社会主义文化和吸收世界文明有益成果三者的统一。体现马克思主义的本质、社会主义的本质和党执政本质的统一。

从发展历程看社会主义核心价值观的形成。分别从新民主主义革命时期核心价值观的发展、社会主义建设时期核心价值观的发展、改革开放新时期核心价值观的发展进行了分析。社会主义核心价值观是"马克思主义与社会主义现代化建设相结合的产物,与中国特色社会主义发展要求相契合,与中华优秀传统文化和人类文明优秀成果相承接,是我们党凝聚全党全社会价值共识作出的重要论断。"

从社会主义核心价值观内容确定后的重在系统解读阐释。学界纷纷出版著作、发表论文就社会主义核心价值观的内涵、意义、发展目标进行了阐释和解读;有的分别从国家、社会、公民个人三个层次,来解答"建设什么样的国家""建设什么样的社会"和"培育什么样的公民"三个重大问题；有的学者就社会主义核心价值观的12个关键词进行了解读。如《社会主义核心价值观学习读本》（曲风主编、国家行政学院出版社2014年版）、《培育和践行社会主义核心价值观》（人民出版社2014年版）、《社会主义核心价值观基本内容释义》（郭建宁主编、人民出版社2014年版）、《传承与复兴：社会主义核心价值观的中华传统文化解读》（钟永圣著、中国青年出版社2015年版）、《中国人的精气神——社会主义核心价值观国民读本》（许俊主编、人民出版社2014年版）、《培育社会主义核心价值观研究》（王双群著、中国社会科学出版社2015年版）、《兴国之魂：社会主义核心价值观与中华优秀传统文化》（居云飞编著、中国社会科学出版社2014年版）、《培育和践行社会主义核心价值观学习读本》（季明主编、人民日报出版社2014年版）、《关于培育和践行社会主义核心价值观的意见》（本社编著、人民出版社2013年版）、《兴国之魂——社会主义核心价值观五讲》（中共中央组织部党员教育中心组织编写、人民出版社2013年版）、《培育和践行社会主义核心价值观党员干部读本》（红旗出版社2014年版）、《社会主义核心价值观十讲》（石国亮著、人民日报出版社2014年版）、《社会主义核心价值观新论》（韩震、中国人民大学出版社2014年版）、《社会主义核心价值教育研究》（邱国勇著、人民出版社2014年版）、《中国共产党社会主义核心价值教育研究》（高地著、人民出版社2013年版）等，纷纷就社会主义核心价值观的相关内容进行了阐释。

  从培育和践行社会主义核心价值观与弘扬中华民族优秀传统文化相结合进行研究。学者彭耀光提出了，中华优秀传统文化为社会主义核心价值观"内化于心"提供了义利论证和心理基础；为社会主义核心价值观"外化于行"提供了礼仪规范和行为范式；为社会主义核心价值观提供了实践路径和践行方法。而中华工商联合出版社的《中华家风系列丛书》，紧扣社会主义核心价值观倡导的"爱国、敬业、诚信、友善"与中国传统的家风、家训有很高契合度这一特点，精选精编传世家训、现代大家家训、红色家书等，由张颐武等文学名家解读，力求做到既有文化底蕴又通俗易懂。

  从研究的现状而言，总体都在积极推进社会主义核心价值观快速发展，体现历史、时代和逻辑的有机统一。习近平说："世界上没有两片完全相同的树叶。一个民族、一个国家，必须知道自己是谁，是从哪里来的，要到哪里去，想明白了、想对了，就要坚定不移朝着目标前进。"① 我们培育和践行社会主义核心价值观，就要去不断传承中华优秀传统文化基因，这是社会主义核心价值观最具中国特色、中国精神、中国气派的关键所在，也最能够内化于心、外化于行，深入大家内心深处。

（五）网络时代社会主义核心价值教育研究现状

对于网络时代的核心价值教育问题，学者有的从新媒体、全媒体、网络时代等角度进行论述，形成了社会主义核心价值体系、价值观教育与互联网技术发展相结合的研究思路。学者们的研究主要有如下几个方面。

第一，运用社会主义核心价值引领网络文化的研究。如引领的前提、合法性、目标、原则、机制、方法、路径、保障措施等分析。学者在分析网络文化概念的基础上，分析了网络文化具有的意识形态功能，认为社会主义核心价值作为国家主流意识形态，是具有高势位的意识形态，可以有效引领网络文化。

第二，运用网络新媒体提升社会主义核心价值教育有效性的研究。包括网络新媒体对社会主义核心价值体系教育的影响、对提升社会主义核心价值体系教育有效性的优势及传播对策等。以计算机网络、手机、数字电视等形成的网络时代在社会主义核心价值观的传播过程中起着越来越重要的作用。加强网络时代社会主义核心价值教育不仅有利于社会主义核心价值教育效果的提升，而且为网络环境下思想政治教育阵地建设提供强有力的精神支撑，有利于进一步繁荣社会主义网络文化。学者蔡培潇、鲁宽民在《网络视域下社会主义核心价值观的传播路径分析》中就网络环境与社会主义核心价值观传播进行了论述，网络使社会主义核心价值观传播形式多样性、传播范围更广、传播效果更具有吸引力、传播形态更人性化。

第三，在网络环境下开展社会主义核心价值教育的研究。主要分析了网络环境对社会主义核心价值体系教育的机遇与挑战、运用网络环境中的机遇和积极因素提升社会主义核心价值体系教育有效性的途径和策略。基于网络环境下，提出了大学生社会主义核心价值体系遇到的挑

---

① 《习近平谈治国理政》，外文出版社 2014 年版，第 171 页。

战,提出了包括转变观念、丰富内容、改进方式、培养队伍、加强监管的策略。

一些学者的主要观点。林壹认为,网络文化为推广社会主义核心价值体系开辟了新阵地,注入了鲜活的时代气息,让其更加深入人心。[1] 高洪贵认为,网络文化有助于扩展社会主义核心价值体系的传播载体,促使其从执政党理论转向社会思想共识,巩固社会主义核心价值体系的基础——社会主义荣辱观。[2] 方晓强等学者也表示,网络文化的发展,有利于形成社会思想共识、提升个人的道德修养、促进核心价值观念的宣传、推动理论的发展创新。[3] 尽管网络文化的出现有着进步性,但学者们也普遍看到其虚拟性、弱控性等特点给社会主义核心价值体系造成的消极影响。苏星鸿等认为,西方国家价值观、自由主义、无政府主义以及功利化等的侵蚀,是当前我国社会主义网络文化发展面临的现实问题。[4] 理论界普遍认为,网络文化对社会主义核心价值体系具有积极的和消极的双重影响。杨立英分析了社会主义核心价值体系引领网络文化建设的目标、原则、实践路径等。[5] 林凌分析了运用社会主义核心价值体系引领网络文化建设的原则和途径,提出要以人为本、创新网络管理方法、引领网络社会思潮,最大限度地凝聚思想共识。[6] "在网络时代社会主义核心价值教育有效性问题上,薛荣生分析了新媒体对大学生社会主义核心价值体系教育带来的价值观多元化、生活空间虚拟化、文化冲突隐性化、网络道德行为失范普遍化、教育效果信息反馈弱化等诸多消极影响。"[7] 张兆文等认为,互联网

---

[1] 林壹:《网络文化建设与社会主义核心价值体系》,《苏州大学学报(哲学社会科学版)》2008年第6期。

[2] 高洪贵:《网络文化与社会主义核心价值体系的内在关联及双重影响》,《现代远距离教育》2012年第3期。

[3] 方晓强、王璐、李慧:《试述网络文化对社会主义核心价值体系的影响》,《前沿》2011年第7期。

[4] 苏星鸿、刘基:《用社会主义核心价值体系引领网络文化发展》,《高校理论战线》2012年第5期。

[5] 杨立英:《用社会主义核心价值体系引领网络文化的思考》,《思想理论教育导刊》2010年第3期。

[6] 林凌:《用社会主义核心价值体系引领网络文化建设》,《马克思主义研究》2011年第2期。

[7] 薛荣生、桂国荣、丁楠:《论新媒体环境下大学生社会主义核心价值体系教育》,《吉林省教育学院学报》2010年第8期。

对大学生社会主义核心价值体系教育具有前所未有的新机遇，拓展了教育的前沿阵地、增强了多向互动、创新了教育的手段方式、丰富了信息资源等。[①] 学者宋元林提出，要通过建立宣传社会主义核心价值体系的专门网站、建立以社会主义核心价值体系为主题的信息库、加强对其他网站关于社会主义核心价值体系信息的渗透等方式，加强社会主义核心价值体系网络宣传教育，促进网络思想政治教育个体价值的实现。[②]

总之，网络时代社会主义核心价值教育有效性研究现状表明，网络对开展社会主义核心价值教育来说，挑战与机遇共存，应当积极采取恰当的应对措施，趋利避害，扬长避短，提高教育实效性。由于世界各国的互联网建设存在着各种技术、规则、意识形态上的差异，研究者彼此观点有很大的不同。正如习近平出席第二届世界互联网大会开幕式演讲中指出："当前，互联网领域发展不平衡、规则不健全、秩序不合理等问题日益凸显。国际社会应该在相互尊重、相互信任的基础上，加强对话合作，推动互联网全球治理体系变革，共同构建和平、安全、开放、合作的网络空间，建立多边、民主、透明的全球互联网治理体系。我们应该坚持尊重网络主权，尊重各国自主选择网络发展道路、网络管理模式、互联网公共政策和平等参与国际网络空间治理的权利。我们应该坚持维护和平安全，网络空间不应成为各国角力的战场，更不能成为违法犯罪的温床，维护网络安全不应有双重标准。"[③] 互联网也有国界、主权问题。要搞好网络时代社会主义核心价值教育时效性问题，对网络本身的一些具有特点和教育的规律性还需要不断挖掘，特别是面对互联网快速发展，"互联网+"时代的到来，要重视互联网中的思想引领、舆论推动、精神激励和文化支撑，时刻把握网络社会主义核心价值教育阵地作用，切实提升网络环境下社会主义核心价值教育的有效性，使社会主义核心价值观融入到人们生产生活和精神世界中去，激励全体人民为夺取中国特色社会主义新胜利而不懈奋斗。

---

① 张兆文、陈清波：《新媒体——大学生社会主义核心价值体系教育的新机遇》，《思想政治教育研究》2011年第3期。

② 宋元林、唐佳海：《网络思想政治教育的个体价值及其实现途径》，《毛泽东邓小平理论研究》2009年第9期。

③ 习近平：《在第二届世界互联网大会开幕式上的讲话》，《人民日报》2015年12月17日。

第四节 研究的内容、方法和对象

一 研究的内容

本书研究的主要任务是具体探讨网络时代如何提升社会主义核心价值教育有效性问题。在借鉴相关研究成果的基础上，立足当代中国特色社会主义伟大实践，积极探索网络时代社会主义核心价值教育有效规律，以中共中央、国务院下发的《关于进一步加强和改进大学生思想政治教育的意见》、《关于进一步加强和改进未成年人思想道德建设的若干意见》、中共中央办公厅印发的《关于培育和践行社会主义核心价值观的意见》为政策依据，借鉴思想政治教育学、哲学、教育学、心理学、管理学等相关学科知识，分多个专题，积极开展调研、分析，思考如何发挥网络主阵地，努力提升社会主义核心价值的时效性，在目标、原则、内容、主体、机制、途径和评价上建设所需要的思想政治教育新型的功能体系。

全书分为十个章节：

第一章，导论。重点介绍研究的缘由和意义、研究背景、研究现状、研究思路和研究方法。

第二章，网络发展及其社会影响。网络的演变与发展，网络的定义与特征，网络发展对人类生活方式的影响，网络发展对大学生思想政治教育的影响。

第三章，社会主义核心价值的内涵界定与理论脉络。价值、价值观，社会主义核心价值体系内容、特征，社会主义核心价值观内容、特征，社会主义核心价值体系与社会主义核心价值观关系。

第四章，网络对社会主义核心价值教育影响分析。网络为社会主义核心价值教育带来了机遇、互联网为社会主义核心价值教育带来新的挑战、网络时代边缘化价值观对青少年侵蚀问题、网络时代社会主义核心价值大众化问题。

第五章，网络时代社会主义核心价值教育的问题聚焦。网络时代社会主义核心价值教育的有关理论问题和网络时代社会主义核心价值教育实践存在的问题。

第六章，网络时代社会主义核心价值教育的时代使命。坚持马克思主义指导地位的意识形态诉求，网络时代社会主义核心价值教育的现实要求，网络时代社会主义核心价值教育的目标指向。

第七章，网络时代社会主义核心价值教育的内在要求。网络时代社会主义核心价值教育的有效原则，网络时代社会主义核心价值教育的基本理念，网络时代社会主义核心价值教育的规律遵循。

第八章，网络时代社会主义核心价值教育有效机制的构建。构建网络时代社会主义核心价值教育有效机制的前提条件，网络时代社会主义核心价值教育有效机制主要内容。

第九章，网络时代社会主义核心价值教育实效性评价体系。网络时代社会主义核心价值教育实效性评价的基本要素，开展网络时代社会主义核心价值教育实效性评价的原则，网络时代社会主义核心价值教育实效性评价的操作步骤和方法。

第十章，网络时代社会主义核心价值教育的实践路径。网络时代社会主义核心价值教育的主体能力建设，网络时代社会主义核心价值教育的内容拓展，网络时代社会主义核心价值教育的平台搭建，网络时代社会主义核心价值教育的环境营造。

二 研究的思路与方法

（一）研究思路

本研究以马克思主义理论为指导，以思想政治教育学、教育学、哲学网络社会学为理论工具，综合运用多学科理论，坚持理论联系实际的原则，采取"资料收集、社会调查、专题研究、意见拟订、专家评议、方案评估"的总体研究路径，对网络时代社会主义核心价值教育实效性进行深层研究分析。在撰写过程中，通过文献的梳理，紧紧掌握方针政策要求，充分运用经典著作理论，把握网络时代社会主义核心价值教育前沿研究，开展了一定的实证分析研究，顺从思想政治教育科学性，提炼网络思想政治教育规律，致力于网络时代社会主义核心价值的理论和功能建设，并给出具体可行的实践策略、评价体系。

（二）研究方法

第一，规范研究与实证研究相结合的方法。本研究通过各种途径广泛地搜集网络教育、价值观和网络核心价值教育的相关研究成果，确立理论研究图示，选择哲学思维取向，采用理性批判，在较高的层次上，完成本研究的体系建构。同时，采取问卷调查和访谈的形式进行实际调查，通过网络对青少年生活方式影响和网络时代社会主义核心价值教育等调查分析，获取了大量的第一手资料，提升了理论分析的实证依据，为网络环境下社会主义核心价值体系、核心价值教育实践创新奠定基础。

第二，文献研究与系统分析相结合研究方法。对社会主义核心价值体系、核心价值观研究是一个较新的时政问题，加之在网络环境下，参考文献比较少。在研究中需要查阅大量的文献资料，深刻领悟其中的思想精髓，吸收现有研究成果中的有益观点，不断拓宽自己的研究思路。教育本身有规律性，不论是社会主义核心价值体系包含的四个方面，还是社会主义核心价值观的三个层次，都是相互联系、相互沟通、相互促进的有机统一体。思想政治教育也是一项系统工程，系统分析网络时代背景下社会主义核心价值创新教育的新要求，阐明在网络时代提升社会主义核心价值教育实效性的实现路径，通过查阅中国期刊网、阅读优秀博士硕士论文以及搜索相关图书资料，获取国内外有关网络文化，网络思想政治教育，社会主义核心价值教育实效性的研究文献，并对文献进行研究，分类整理，在广泛阅读研究资料和深入分析的基础上准确把握研究现状，立足该研究领域前沿，力求探索出如何更好地评价网络时代社会主义核心价值教育取得的实际效果，提高社会主义核心价值教育的实效性。

第三，比较研究方法。在观察社会时代变化下，反思过去，观察世界，通过与西方发达国家核心价值教育方式比较，并结合网络媒介与传统媒介在教育形式方面的差异，参照了国外学者们的有益思想，通过进行批判性的吸收借鉴，以求得到有益的启示，指出网络时代社会主义核心价值教育在当今社会的发展创新是教育的必然趋势。为网络环境下社会主义核心价值教育分析提供准确、全面、客观的现实基础和判断。

第五节 本书研究的难点和特点

一 研究的难点

（一）在研究视域和理论体系的把握上，网络思想政治教育和网络教育内容创新的快速变化，给研究创新带来了一定困难。网络信息技术的发展为价值观教育拓展了空间，提供了新的载体，但网络时代的价值观教育研究却面临着传统理论的创新思考和新兴理论的有效运用问题。在研究的过程中，既不可脱离传统思想教育的研究视域，将网络时代价值观教育的社会化、个性化和生活化发展趋势更为清晰地揭露；也必须大量借鉴信息学、传播学、社会学和文化学的相关理论，使研究视野更为广泛、理论体系更为丰富。因此，本课题的研究难点之一则是在研究视域和理论体系的把握上，如何站在传统思想教育的理论基础之上，推动和拓展网络价值观教育的生活化、现实化和系统化，从而把握网络时代价值观教育的发展趋势，提升网络时代社会主义核心价值教育的有效性和实效性。

（二）在研究内容上从社会主义核心价值体系到社会主义核心价值观的变化，如何兼顾，并形成有效的综合体系机制是一种挑战。我们党从社会主义核心价值体系提出，积极开展社会主义核心价值观凝练，形成了社会各界认同的理论发展范式，就是一种理论自信的表现。网络时代社会主义核心价值教育实效性提升必然和网络时代社会主义核心价值教育紧密相连，在教育内容设定、具体途径实施和评价体系构建等理论创新有一定难度。

（三）在实证研究方案设定和科学分析上，如何科学确定样本，用什么样的方法进行分析也是研究中碰到的困难。科学而精确的实证分析是当前社会学研究的重要步骤，进行网络时代社会主义核心价值教育实效性的研究应建立在相关实证分析基础之上，而实证研究方案的设定和对其结果的科学分析也成为本研究的难点之一。首先在对调查问卷的设定上，如何设计既具有针对性，又可凸显研究主题，并可提升调查对象参与性的问卷，具有一定的难度；其次，在调查对象的选取上，学校类别、学生专业、学历层次、男女生比例对象的选取将对调查结果产生一定影响，被试者的确定具有一定的难度；再次，在对调查结果的分析上，面对回收的数量巨大的调查问卷，在对其进行甄别的基础上，采取科学的分析方法，以得出客观而准确的研究结果，具有一定的难度。

二 研究的特点

（一）研究内容的新颖性。随着社会主体核心价值体系和社会主义核心价值观的相继提出，有关价值观教育的研究也不断涌现，本研究将社会主义核心价值教育置于网络时代这一现实背景之中，客观地解读了网络时代碎片化和非中心化对价值观教育的消解作用，从而提出了在网络时代提升社会主义核心价值教育实效性的问题，以此为研究核心，总结了网络的概念和网络时代的内涵、分析了网络对社会主义核心价值教育实效性的影响、提出了提升网络时代社会主义核心价值教育实效性的途径和评价机制。

（二）研究视角的独特性。增强实效性是网络时代社会主义核心价值教育所面临的难题，但也是提升社会主义核心价值凝聚力和号召力所必须解决的现实问题。本研究以网络时代社会主义核心价值实效性为研究起点和研究核心，始终围绕该议题展开，以马克思主义理论为支撑，以传统思想教育理论为基础，综合运用各学科的理论成果，探讨和寻求评价和提升网络时代社会主义核心价值教育实效性的方式、方法，体现了对思想政治教育相关课题的创新与发展。

（三）研究方法的科学性。本研究基于网络文化和网络虚拟社会融合发展的背景，源于增强社会主义核心价值教育实效性的现实需求之上，在研究方法上力图将价值观教育和网络思想教育的分散经验统一到该研究主题上，系统地对价值观教育的过往经验和现实实践进行了综合考察，在此过程中重点采用了实证分析，坚持了问卷调查为主，访谈法为辅，在陕西高校开展了网络时代社会主义核心价值体系教育的调查工作，通过科学的分析方法，统计、分析了网络环境下社会主义核心价值体系教育的现状，从中分析如何提高社会主义核心价值体系教育实效性及评价方式。

第二章　网络的发展及其社会影响

我们这个时代所发生的最为巨大的变化，毫无疑问非互联网技术莫属。网络技术是人类进入现代社会以来最为重要的一项发明，它以一种通信手段的形式产生，但却在融入人类生活中迸发出了远远超越单纯技术手段的社会效用，是一场深刻的技术革命，并使现代人们的生存方式、生活方式演变为一个崭新的状态——我们生活在网络中，实现了网络生活化和生活网络化。正如习近平同志所指出的："信息化和经济全球化相互促进，互联网已经融入社会生活方方面面，深刻改变了人们的生产和生活方式。我国正处在这个大潮之中，受到的影响越来越深。我国互联网和信息化工作取得了显著发展成就，网络走入千家万户，网民数量世界第一，我国已成为网络大国。"[①] 互联网改变了我们的生产、工作、生活方式，我们进入了互联网时代。

第一节　互联网的产生与发展

众所周知，如今遍布于世界的网络技术最早来源于美国，追根溯源可以从苏联用火箭发射第一颗人造地球卫星说起，1957 年，苏联抢在美国前率先发射人造地球卫星，使美国朝野大受刺激，并全面检讨国家的科学技术政策和教育，以便急起直追。当时担任美国总统的艾森豪威尔决定设立被称作 ARPA 的机构以加快科学技术的发展，该机构也为最早的互联网的产生提供了必要的经费，因此，最早的互联网也被叫作 ARPANET。ARPANET 是 1969 年由美国国防部高级研究计划署研制成功的，这一网络系统的诞生要解决的主要问题是，如何在战争发生时利用民用通信网络代替遭受破坏的军方专用网络继续对军队进行指挥。ARPANET 系统将美

[①] 《习近平谈治国理政》，外文出版社 2014 年版，第 197 页。

国的战区指挥系统的计算机连接起来,这样就可以确保战争中部分指挥系统遭受破坏后,其他战区仍能通畅联系。20世纪70年代,这一系统被应用于大学和学术机构中,以便增强信息的共享和学术的交流。到20世纪80年代,受到当时经济危机的影响,美国的钢铁、家用电器、汽车等工业相继衰落并陷入低谷,美国政府必须拓展出一个具有巨大潜力的商业和产业领域,互联网由于其在发展过程中所迸发出的巨大潜力被政府瞄准,并积极参与网络的推广和应用。美国国家自然基金会于1986年使用TCP/IP协议构建了一个新的网络,被命名为NSFNET,即国家科学基金会网络,随着NSFNET对公众开放和技术日益成熟,ARPANET逐渐解散。随着上网用户的急剧增加,1992年互联网协会推出了ISOC网络,同时,NSFNET在网络用户不断增加的过程中使其运行能力达到了极限,以商业化形式运作互联网的呼声也越发高涨;随着市场组织纷纷投资成立互联网,1995年,NSFNET网络正式宣布终止运作,其主要业务由三家私营公司接管,而INTERNET网络的商业化运作也趋于形成,互联网逐渐大规模进入商业领域,此后互联网进入了快速发展阶段,如今互联网在美国已趋于普及,市场调研公司Forester Research日前发布了2012年《消费者与技术现状》(State of Consumers and Technology)年度报告。同往年一样,这份报告中包含了许多美国互联网用户使用网络情况的有效数据。其中,每月至少使用一次互联网的美国成年人比例占79%,而每天使用互联网的美国成年人达到了84%。[1]

我国互联网的接入与发展经历了一个起步较晚但发展较快的过程。1983年,中国高能物理研究所与欧洲原子能质子物理实验室(CERN)利用电话线实现了两个部门之间的电子邮件发送,这拉开了我国Internet建设和我国发展Internet的序幕。紧接着,北京计算机应用技术研究所推出了网际互联网,建立中国学术网络(CANET),这标志着专门性区域互联网络在中国的诞生。1990年10月,CANET向InterNIC申请注册了我国的最高域名"cn",从此由我国发出的电子邮件拥有了独有的域名。1992年,由北京大学、清华大学和中科院三家单位分别成立了被称为PUNET、TUNET、CASNET的局域网络,在随后的一年时间里,三家局域网络由高

---

[1] 《报告显示:84%美国人每天使用互联网》,http://news.xinhuanet.com/tech/2012-12/20/c_124121467.htm。

速光缆和路由器串联，组成了称为 NCFC 的主干网，从而提升了三个机构学术信息的交流效率。1994 年 4 月 20 日，美国 Sprint 公司为 NCFC 工程开通了 64K 的 Internet 国际专线，这标志着中国的互联网与 Internet 网络的正式联通。1995 年我国出现商用 Internet 服务，起步虽然较晚，但发展极其迅速。据统计，我国的网络使用者在 1995 年年底仅有不足 6000 人，1996 年年底便迅速增长至 20 余万人，1997 年年底则为 67 万余人。与此同时，国家高层也十分重视这一崭新的信息技术，1998 年将政府政务公开和网络技术相结合推出了"政府上网"活动，当年年底，我国网络使用者人数猛增至 210 余万人；1999 年"企业上网"热火朝天，年底上网人数达到了 890 万。2000 年，由于"百姓上网"工程的启动，再加之 60%的政府机构于当年完成上网工程，企业上网热情高涨，到 2000 年年底，我国上网人数突破 3000 万大关，2005 年 6 月底，上网用户总人数为 10300 万人，首次破亿，2008 年 7 月，我国互联网人口达到 2.53 亿，首次超过美国成为世界上网民人数最多的国家，截至 2010 年 12 月底，我国网民规模达到 4.57 亿，互联网普及率 34.3%，三分之一国人接入互联网。而据中国互联网络信息中心发布的第 41 次《中国互联网络发展状况统计报告》显示，截至 2017 年 12 月，我国网民规模达 7.72 亿，普及率达到 55.8%，超过全球平均水平（51.7%）4.1 个百分点，超过亚洲平均水平（46.7%）9.1 个百分点。

不论是政府、企事业单位的计算机互联网用户，还是城市、农村的手机互联网用户，受众之广泛，具有普遍的实用性，网络已成为人们社会生活的一个重要组成部分，人们每天都在争先恐后地涌向互联网并在网络中进行自己的生活。

第二节　网络的定义与特征

"互联网"简称"网络"，又称为"因特网"，这个词对大家来说耳熟能详，但是很少有人可以对其进行理论的概述。关于互联网的概念阐释，有人认为它是一个大脑，但大多数人解释为社会工作系统或人际关系所形成的一种复杂的关系体系，且以"network"通用。但是当计算机技术迅速发展并推动了网络全球化的发展，使人们的生活呈现出一种生活网络化和网络生活化的新状态，"网络"这个词便成了一个具有特指意义的词汇。"network"和"internet"是网络的冠名词,但它们之间是有区别的,全国科学技术名词审定委员会编撰的《Internet 及其相关名词的汉语定名》中认为,network,意为网络,"是由若干元件和支路连接成的一个系统";"为便于在两个或多个规定点之间通信而在它们之间提供连接的一组链路和结点。"Internet,即因特网,"又称国际互联网,专指全球最大的、开放的、由众多网络相互连接而成的计算机信息网络。"① 在国内相关研究领域,互联网有一个被广泛认可的概念,Internet,即国际信息互联网络,是一种集通信网络、计算机、数据库以及日用电子为一体的信息交换系统,通过这一技术,个体可不受时空限制传递图像、声音、文本等信息元素。②

依据网络技术的表现形式和工作原理,国际"联邦联网委员会"(FNC)在1995年10月24日通过了一项关于"互联网定义"的决议中明确指出:互联网络是一种全球性的信息交换系统,其依靠三个子系统完成信息的交换:第一,其运行基础是互联网协议(IP),由分布于全球范围内的IP构成了互联网的空间链接逻辑;第二,其信息交流基础是传输控制协议/互联网协议(TCP/IP),借此可进行协议间的信息通信;第三,其可提供除信息交流外的其他基于通信之上的更高级项目服务。网络或互联网络(Internet work),也可称为互联网、互连网。③ 本研究所指的网络就是因特网,一个全球最大的、开放的、由众多网络相互连接而成的信息网络,可以拓展人们认识和实践的空间,可以利用其方便地生活和学习等。

从网络的发展和使用情况来看,网络作为信息技术高度发展的产物,同传统的报纸、广播、电视等媒介比较,逐渐展现其鲜明特征。

(一)超越时空性

网络消除了时间和空间的规定性,重新诠释了传统意义上的时空观。在网络媒体出现以前,所有的大众传媒都遵循着一种由点到面的单向的线性的传播方式,而网络传播既有点对面的传播,又有点对点、多点对多点的传播,从根本上解构和颠覆了传播者与受众之间的关系。④ 随着网络社

---

① 党静萍:《如何应对网络时代》,法律出版社2007年版。
② 谢海光:《互联网与思想政治工作概论》,复旦大学出版社2000年版。
③ 谢希仁:《计算机网络》,大连理工大学出版社2006年版,第158页。
④ 吕振宇:《论社会主义核心价值体系》,山东人民出版社2009年版,第261页。

会的发展，信息的传输速度非常快，甚至可以达到光速，信息发布者与信息接收者之间的空间距离和时间差几乎可以忽略不计，这种传播速度使经典的时空概念消融了。有史料记载，1865 年美国总统林肯被刺杀的消息花了 12 天传到伦敦；而当 1962 年美国总统肯尼迪遇刺，44% 的美国人在 15 分钟内就知道了；2001 年美国纽约世界贸易大楼遭恐怖袭击的图像，全球 10% 的人则在恐怖袭击发生的几分钟后就看到了，在两小时之内全球城市里的居民有 50% 都知道此事。2003 年，美国为首的多国部队发动伊拉克战争，几乎在战争打响的同时，全世界都知道战争爆发了，并且在之后的三个星期中，关于战争的进展情况也是几乎同时传遍地球。[①] 互联网快捷、跨时空性使得各种消息发生的时候，也成了大家几乎同时知道的时候。仿佛网络时空在很大程度上被无限压缩了，人与人之间在现实社会中的距离感在网络空间中消失了，网络社会的交往似乎变成了面对面的近距离接触。信息革命能够以甚至十年前难以置信的方式，使人们的联系更加紧密，消除了"这里"和"那里"的界限，这是信息革命带来的最基本的变化。在网络社会中，"这里"和"那里"的区别被赋予了新的意义。在网络社会里，网络主体已经把"距离"这一概念的准确含义逐渐淡忘了。主体间交流具有同时性是指在现实社会中同处一地的主体之间的信息交流和异地的主体之间的信息交流都借助于网络。如果前者想要采取当面交流的方式，而异地主体使用网络通信，那么后者的信息交流速度可能比前者更快。此外，由于时差因素的存在，远距离的主体，可以在你夜晚休息时给你写信，因此从主观上感觉好像距离更近。尼葛洛庞帝在《数字化生存》一书中曾指出："后信息时代将消除地理的限制，就好像'超文本'挣脱了印刷篇幅的限制一样。数字化的生活将越来越不需要依赖特定的时间和地点，现在甚至连传递'地点'都开始有了实现的可能。"[②] 他还说："假如我从波士顿起居室的电子窗口一眼望去，能看到阿尔卑斯山上，听到牛铃声声，闻到（数字化了的）夏日牛粪味儿，那么在某种意义上我几乎已经身在瑞士了。假如我不是驾驶着原子（构成的汽车）进城上班，而是直接从家里进入办公室的电脑，以电子形式办公，

---

① 陈新汉等：《社会主义核心价值体系论研究》，北京师范大学出版社 2012 年版，第 342 页。

② [美] 尼葛洛庞帝：《数字化生存》，胡泳等译，海南出版社 1997 年版，第 194 页。

那么，我确切的办公地点到底在哪里呢?"① 由此可见，在网络社会里，现实社会中形成的时空观完全改变了，那么具有超越时空的网络交往成为网络社会的普遍特征。

(二) 开放共享性

万维网之父——蒂姆·伯纳斯·李对万维网秉承联系与开放的设计理念，他指出："我对万维网抱有的理想就是任何事物之间都能潜在地联系起来。正是这种理想为我们提供了新的自由。"② 网络使信息资源的开放与共享成为可能，各种资料、信息资源相互交织，各种学说、思潮、信仰相互共存，信息流动受限制少，就连《纽约时报》也不得不适应互联网传媒新变化、新发展，停止印刷报纸，全部实现了网络版，报刊的数字化、网络化已成为出版业发展的必然选择。开放性就是指网络社会不是一个封闭性的系统，而是一个开放性的系统，不同硬件和软件的计算机都可以联入同一个网络之中，由此进入网络社会；通过网络协议不同的网络也可以实现信息的相互传输；不同人种、不同民族、不同国籍的人都可以联入互联网，进入网络社会当中；所有的计算机用户在网络社会中可以根据自身需要找到适合的对象进行信息的交流、处理。全球任何国家和地区都已经实现了网络社会覆盖，所以整个世界成为一个密不可分的有机整体。共享性是指只要与网络相连接的人们都可以在网络社会中分享所有的信息和资源，这种共享性是与网络社会的开放性紧密联系的，开放性是共享性的前提和基础，没有开放性，共享性无法实现。网络社会的共享性充分体现了其自身的重要价值，通过互联网，世界各地的人们以互联网为媒介在网络社会当中建立相互间的联系，人们在家里通过互联网就可以了解获取自身需要的重要信息。网络社会当中的专业图书资料、商业数据库、综合图书馆以及各种政治信息、社会新闻、市场信息、科技信息等资源极大丰富，从而在很大程度上拓宽了人们的信息视野。人们进行互动的空间范围在网络社会的开放共享性的作用下也得到了极大的扩展，使得孤立的社会个人通过网络社会可以和世界上其他的任何一个地方社会个体进行互动。同样信息传播的速度也获得了极大的提高，任何一个小的信息通过网络社会而被全世界的人所知晓成为可能。同样，如果是诽谤他人的、虚假的等

---

① [美] 尼葛洛庞帝：《数字化生存》，胡泳等译，海南出版社1997年版，第144页。
② 常晋芳：《网络哲学引论》，广东人民出版社2005年版，第34页。

任何不负责任的信息，因为网络社会的传播而对社会造成极大的负面影响也是极有可能的。

（三）互动性

互动性是指处于网络社会中的网络使用者有向信息提供者或其他使用者沟通的能力。互动性是互联网革命性的表现，将人的视觉、听觉和触觉能力不断延伸，使人们在线上、线下没有限制地进行各种交流，使整个世界成了以互联网为阵地的"地球村"。张小争认为："互联网最核心的特性是传授一体化互动，不是特定的内容；互联网业务的关键成功要素包括但不限于自我性上传、个性化选择、主体性互动、大众化集群、病毒性传播、爆炸性流行等。"相比于现实世界，网络世界是一个平等的世界，任何主体在网络上没有身份、种族、财富的差异，在网络上，主体之间是一种平等交流、共享信息的关系。网络交流去除了网民的国家、种族、职业、年龄、地位、财富等因素，可以自由平等地进行交往和互动。同时，网民们还可以通过平等的网络聊天，积极参与信息的交换、讨论、分享、传播等活动，这样使得网络用户之间不仅可以主动获取信息、发布信息，还可以使自己所提供的信息得到及时准确的反馈。这种互动过程，使网络中的每个用户既是信息的传递者，同时又是信息的制造者、传播者，并可以实现实时互动的在线信息交流。

在网络社会中，互动性的表现是多样的。其一，任何人都可以与其他人进行沟通，甚至使用者在互动性高的网络社会当中可自行决定接受信息的多寡和何时接受信息，也可决定是否和其他人进行对话或其他互动，网络使用者可以对他们所接收到的信息作出实时反应，甚至可以成为信息的制造者与传播者。其二，网络使用者不但与信息提供者能够实现有效互动，而且网络使用者之间也有互动的机会，并可以增加、减少甚至删除信息内容，进一步从信息接收者变成信息提供者。其三，在网络社会传受双方的互动作用下，公共谈论的园地被开辟出来，给人们提供了一个信息分享和意见交流的重要平台，人民可以对公共议题进行充分的沟通和讨论，进而达成共识、促进问题的解决及决策的执行。此外，如电子布告栏、在线投票、民意调查等网络的应用，也都很好地体现了其互动性。当然，这种互动可以是选择性的。受众可以通过信息检索功能寻找他们最需要、最感兴趣的东西；受众还可以通过电子论坛、网上聊天室、网络新闻组、电子邮件等方式与信息的发布者进行一对一的交流，及时让信息传播者了解受众需求、对信息的反馈和信息传播产生的效果。从而实现主动的交互式的传播过程。另外，由于互联网具有信息存储功能和信息检索功能，以及无线上网技术的成熟，只要有一台计算机，受传者可以在不同时间、不同地点根据自己的喜好来接受信息。①

（四）虚拟现实性

网络以巨量的信息、快捷的传输、强烈的互动和多元的传播方式成为继报刊、广播、电视等传统大众传媒之后新兴的"第四媒体"，然而与以往传播媒体不同的是，互联网不仅仅是一个信息平台，同时还是一个被人们用来交换互动的行为平台。也有学者将现代社会的信息网络媒体与舆论称为"第四权力"，信息网络体现的是一种与传统不同的、开放的联系，具有鲜明的时代特性与现代特质，在引导、教育和铸造人们价值观的形成过程中发挥着重要作用。网络技术的发展造就了一个虚拟社会，网络虚拟社会的活动必然是现实的反应。对于网络虚拟现实性，彭榕认为主要体现在以下三个方面：一是社交媒介的虚拟性；二是社交主体身份的虚拟性；三是交往双方资源交换的虚拟性。② 可见，从物理空间分析，网络上的事物以0和1为代码的数字化形态存在，网上社区、网上商店、网上银行等都是虚拟无形的，人们把通过网络进行交往变成了一种假定的虚拟性行为，而网络的存在以及人们的交往却是真实的、现实的、客观存在的，构成了一个虚拟与现实交融的场景。实质上，环境上的开放是其虚拟性、沟通方式上的开放是其交互性、时空上的开放是其即时性、海量的信息资源的开放是其共享性和丰富性。

网络的虚拟性是指网络的存在没有具体的实物形态，它以声音、文字、图画、动画等形式为手段，将客观世界的万事万物重新建构于网络世界当中。应当看到，虚拟现实是一个混沌、多维的超空间，充满张力、困惑与矛盾。诸如精英与草根之间的分化、新富阶层与弱势群体的距离、民族主义者与全球化分子的歧见、"新左派"和新自由派的论战，在这个世界性的网络中，无数个人思想融入其中，朝着不同方向、目标发散，折射

---

① 陈积银：《试论异步双向互动式网络新闻传播——从传受双方的地位探讨网络互动性》，《上海大学学报》2004年第1期。

② 彭榕：《网络社交对边远地区青少年自我社会化的影响》，《云南民族大学学报（哲学社会科学版）》2016年第1期。

出现实社会的复杂、多元。① 随着虚拟网络技术的不断发展，网络所创设出来的情境越来越逼近现实环境，使人们越来越有一种身临其境的感觉。在网络上，人们可以依照自己的爱好来设计自己的形象，用网络从事学习、交友、娱乐、购物等活动。人们通过网络进行交往成为一种现实的虚拟性行为，这种虚拟现实的虚拟性，并没有真正的超越或者离开现实，它只是把生活中的方方面面进行加工、处理、重组之后，形成对现实生活的直接或是间接的反映。虚拟的世界在现实的基础上产生，源于现实又高于现实，所以，虽然网络世界在呈现信息的方式上是虚拟的，但是从事网络活动的主体、内容都是可以在现实生活中找到依据的，这构成了网络的虚实两重性。互联网的发展过程，既是信息技术不断突破与创新的过程，也是各种制度、观念、文化，包括人类的思维模式和行为方式不断碰撞与变化的过程。正如蒂姆·伯纳斯·李所指出的那样："万维网的产生是要回答一种公开的挑战，即通过来自许多不同方面的影响、思想和认识的搅拌，并借助人脑的奇妙调配，最终形成一种新的概念。"② 互联网技术的进一步发展，其虚拟现实发展带有颠覆性的态势。从 2012 年谷歌眼镜面世开始，增强现实（AR）和虚拟现实（VR）技术逐渐进入公众视线。事实上，虚拟现实不只是一项技术，更是一个产业，它在各个垂直领域都有广泛应用。除无人机、汽车等领域，虚拟现实技术正在与媒介结合。虚拟现实是下一个互联网平台，将影响社会的方方面面。虚拟现实技术在很多行业都"大有可为"，无论是在互联网领域，还是"+传统行业"模式，都将推动行业升级。③

（五）匿名性

匿名性是网络社会的一大特性，但这只是一种相对的匿名，是指使用者的真实身份并未随其言论而出现，在进入网络社会时隐匿了自己的真实身份，只是通过代码在网络社会中实现存在，并没有因进入网络社会而使自身的真实身份公开化。在互联网的活动中，人作为网络活动行为的唯一主体，采用的是操控电子指令，并借以传输和接收数字化电子信号的形式。外部所能观察到的，无非是行为者本人在某台电脑上操纵鼠标和键盘

---

① 陈伟军：《社会思潮传播与核心价值引领》，人民出版社 2015 年版，第 198 页。

② [美] 蒂姆·伯纳斯·李：《编织万维网：万维网之父谈万维网的原初设计与最终命运》，张宇宏、萧风译，上海译文出版社 1999 年版，第 3 页。

③ 刘超：《虚拟现实是下一个互联网平台》，《光明日报》2016 年 5 月 23 日。

"上网"。至于行为者本身在网上使用的是什么样的"虚拟身份",有什么思想,做什么行为,别人都无从知晓。网络使用者,即网络社会当中的"人"以代码、化名的方式呈现自己,任意转换性别、外貌,取消或重新来过,使用者没有身份、性别、组织或社会阶级之分,借以发表一些平时不敢说的话或不敢做的事。由于网络具有的匿名性,互联网空间人格的双重性,网民在网络社会表现出与现实社会不一样的网络自我,其自我人格是辐射、分散和多样性,并且在不断地更换着自己的脸谱。这种双重性格必然会导致身体上的"缺场",使现实中的外在压力、内在要求突然得到释放,往往在信息传播中由于个人的匿名而做出不合现实的行为。

网络社会的匿名性固然促成了网络言论的多元化和自由化,激活了人自由发展的权利。但从另一个角度来看,网络的匿名性也会产生负面的影响,使人们的责任意识降低。从自由度和隐秘度的角度来看,在网络社会这样一个具有高隐秘性空间里,个人言论自由可高度发挥,但使用者可能因过度的自由而失去对自己行为的责任感,从而造成去个人化行为、去抑制化行为的产生,致使使用者对自我的约束力降低。这样的特性在一定程度上造成了网络社会的乱象,因此在网络社会里所表现出的行为会与日常生活中的有所差异,这就是所谓的"解禁行为",这样的行为小则是网络社会中的恶作剧,大则可能引发一些严重的犯罪行为。当前互联网谣言泛滥、易形成网络暴力。网络中非实名化,导致一切假面都隐含着赦免个人责任的意图,假面背后,个人的莽撞、粗鲁甚至更加过分的表现,都可能得到宽恕或免于尴尬。"假面"因能帮助当事人表达在"众目睽睽"也就是实名的情况下不敢显露的心愿,遂成为宣泄郁积心理、便利社会交往的通道。[①] 因而,当人类在互联网上享受到空前的匿名体验之后,走出假面状态、回归生活确定性的愿望也开始滋生,并日趋强烈,身份验证或实名制因此成为互联网包括微博生存的一股潮流。

(六)自由性

互联网的自由性是网络社会最基本的特征之一,指网民在网络社会中是自由的,人们能够自由地发表言论、获取信息、进行通信交流、进行电子商务等。我国《宪法》规定,公民有依法参与国家政治生活、管理国家事务和表达意愿的权利。言论自由是宪法赋予公民最基本的政治权利,

---

① 顾骏:《过度的匿名性需要实名制来平衡》,《文汇报》2012年3月26日。

在互联网社会,宪法赋予公民自由的权利得到了张扬,网民借助于网络论坛、博客、微信等平台在一定程度上实践了言论自由的权利,发表代表自己的观点和感想的言论,真可谓:"人人都有麦克风,人人都圆总编梦,人人都有话语权。"我们应该尊重网民的自由性,更应该有效保护网民的言论表达自由。根据《公民权利和政治权利国际公约》等国际法律文件的规定,言论自由(包括网络空间的言论和信息自由)并不是绝对的。各国在不违反公认国际法的前提下,有权根据自身的国情依法管理网络空间。从美国国内法出发,《布莱克法律词典》对表达自由进行了解释,它认为表达自由是指"美国宪法第一修正案所赋予的言论自由、出版自由、集会自由和宗教自由,并禁止政府干预这些自由。"① 有"互联网之父"之称的温顿·瑟夫认为对互联网进行监督是没有必要的,政府管理者必须改变他们对传统事物的理解和看法。他认为:"互联网对社会和经济的巨大影响有绝大部分来自于建立互联网时的架构设计,互联网在设计时就充分考虑到了将没有人对新内容和新服务进行监管。""以便使人们在没有中央控制的情况下,能在网络的各层自由地进行创新。""我相信我们建立一个允许所有用户自己决定浏览什么样的网页、在网上使用什么样的程序,同时还能保证高质量的服务和网络安全的宽带系统。"② 瑟夫的观点说明,互联网技术产生及发展原始的设想就是一个绝对自由的空间,因此它的技术设计理念里蕴含有摆脱管理的思想,以充分保证这种无规管理理念的贯彻实施。但是应当看到,互联网的自由性是相对的。即使标榜互联网是"法外之地"、"虚拟世界"、"互联网是自由的、民主的、是不需要管理的"的美国人,对互联网的管制是非常严格的,在美国,即便是匿名造谣、传谣,法庭都可根据受害者的诉讼,要求网站提供被告的通讯记录,一旦裁决核实,法庭将发出禁令要求被告和网站撤销谣言,否则将追究其刑事责任。美国在1991年,已制定《禁止利用电脑犯罪法》、《电脑犯罪法》、《通讯正当行为法》等130余部法规,对包括谣言在内的网络传播加以规制。在州一级,纽约、马里兰、得克萨斯、威斯康星等45个州也立法对网络传播予以规制。③ 网络是一个无边无界的广阔地带,既没

---

① Black's Law Dictionary, West Publishing Co, 1999, p.674.

② "互联网之父 Vint Cerf 主张互联网的中立性",载 http://www.cnnic.net.cn/gjjl/gjyjydt/200511/t20051121_27656.htm.

③ 孔晓清:《狙击网络谣言美国有什么招》,《解放日报》2015年8月24日。

有中心，也没有终点，它所体现的是一种自由开放的理念。任何人只要拥有一台计算机或者一部手机和简单的上网设备，就可以自由地接入网络，阅读网络中大量的信息，发布自己感兴趣的信息，把自己的观点在网络上进行自由的表达。这样网络数据就突破了时空限制，可以进行自由的传播，突破了民族和文化的界限，具有更大的包容性和融合性。开放性意味着任何人在网络上都能够浏览、获得或者发布自己感兴趣的信息，也意味着任何个人、任何组织包括国家和政府，都不能对互联网进行完全的控制。网络是全球性的，其传播的范围和速度远远大于传统媒体，这是因为网络最大的一个优势就是能够打破国家和地区之间各种有形的和无形的壁垒，超越时空的限制。所以，网络传播是无民族、国家、语言限制的自由的传播方式，网络的出现在很大程度上削弱了国家对信息的控制，个人的隐私和国家的安全面临新的挑战。虽然网络社会的最基本特性是自由性，在网络社会中网民可以享受最充分的自由，但是这只是互联网在发展初期的状况。自由的天性是自由永远都会有被滥用的趋势。因此卢梭说："人是生而自由的，但却无往不在枷锁之中。自以为是其他一切的主人的人，反而比其他一切更是奴隶。"[1] 对网络社会的这种绝对自由进行合理规制也成为世界各国的共识，因为随着互联网技术的发展，这种绝对自由的滥用同样也给人类带来了极大的灾难。

（七）全球性

2015年12月16日，在第二届世界互联网大会上，习近平指出："网络空间是人类共同的活动空间，网络空间前途命运应由世界各国共同掌握。各国应该加强沟通、扩大共识、深化合作，共同构建网络空间命运共同体。"互联网为人类活动开辟了一个新的、虚拟的网络空间，人类的行为扩大到陆、海、空、太空、网络空间五维格局。在虚拟的网络空间，互联网突破了国家、地区、种族、民族、宗教、社会制度等有形和无形的"疆界"，实现了全球范围的人类交往；打破了时间、空间对人类活动的限制，实现了点与点的对接。[2] 全球性是网络建立的目标，建立互联网的目的是能实现计算机之间的资源的全球共享和全球通信，并且进入互联网的计算机越多就越能体现互联网络建立的最初目的，所以，网络社会具有

---

[1] ［法］卢梭：《社会契约论》，何兆武译，商务印书馆1980年版，第8页。
[2] 余丽：《共同构建网络空间命运共同体》，《光明日报》2015年12月18日。

全球无限延展的特点。网络社会跨越国境、洲界与都市，日益形成传播学者麦克卢汉（McLuhan）的"地球村"的概念，这种天涯咫尺的感觉并非真实物理空间的消弭，而是心理空间的拉近。因此，相对于网络社会而言，具体世界上的地理位置与人为设立的国土疆界已经没有了任何意义。与此同时，就网络使用者而言，在大多数情况下也无法判断所链接的网站的具体位置。网络的发展打破了国家和地区之间各种有形的和无形的壁垒，实现了信息的自由全球流通。所以，网络传播是全球性的。如果不采取一些特殊的技术手段，世界上任何一个国家或地区上的任何一个网站所发布的信息，都可以为全球人民所掌握。同样，任何人只要拥有一台电脑和简单的上网设备，就可以访问互联网，选择自己感兴趣的内容进行浏览，同时也可以在网络上发布自己感兴趣的信息。有句广告词说"地球人都知道"，这就是网络全球性特征最生动的体现。在网络社会中全球一体化的任意的割据和封闭导致整个网络社会的解体都是有可能的。国与国之间的传统意义上的物理边界在网络社会中都可以消除。可以说，民族和国家的概念在网络社会中将最终消亡。这也有利于不同国家间的信息交流和相互理解的进一步加强，有利于全球观念和信息共享等价值观念的树立。但网络社会的全球化对网络监督、民族文化的兴衰和国家安全等方面也构成了一定程度上的威胁。这就要处理好尊重网络主权与构建网络空间命运共同体的辩证统一关系，网络全球性并不是没有民族和国家的概念，所谓"地球村"，应体现在，网络主权是构建网络空间命运共同体的前提，网络空间命运共同体是网络主权的保障。

（八）数字性

网络社会的数字性，就是指数字储存、使用和操纵网络社会当中的一切。控制论创始人维纳 N. Wiener 认为："信息是有序的度量。"网络社会是一种数字化的社会结构、关系和资源整合环境，而数字化决定了它的社会功能和由此构建的关系网络具有虚拟的特征。社会关系因其结构的数字化技术特质使然而具有或带有虚拟特征时，网络社会发育为一种社会实存就具有了非同于现实社会的特殊性。[1] 网络社会与现实社会一样，里面娱乐、商店、图书、电影、电视等各种各样的东西相当齐

---

[1] 戚攻：《网络社会的本质：一种数字化社会关系结构》，《重庆大学学报（社会科学版）》2003 年第 1 期。

全,你可以在网络社会中阅读书籍和新闻、了解天下大事;还可以尽情地进行网游、看影视作品、购物等。无论做什么事情,你都要和数字、符号打交道,这里不仅没有任何原子物品,更没有传统的建筑物。它们都是由数字组成的,但这并不影响人们对它的认识,更不能阻止它的"存在"。可以这样认为,网络传播就是数字传播。网络社会在客观上是一个数字的王国。在数字形态下,0和1的组合构成了网络社会的各种物品,网络社会的一切信息都是以0和1这两个数字之一的二进制形态呈现,与模拟数字相比,其信息的清晰度不但没有因为长途传输而流失,也不会因为不断复制而降低,同时信息也可随意地被修改和压缩。这种数字传播以电脑为主体、以多媒体为辅助的能提供多种网络传播方式来处理包括捕捉、操作、编辑、储存、交换、放映、打印等多种功能的信息传播活动。

(九) 非中心性

所谓非中心性,是指网络社会的整个社会静态结构上不存在一个稳定的支配中心,所有的网络节点都是平等的关系,网络中没有一个核心的命令和信息交换单元来控制整个链接。① 人们在网络社会中获得了充分的意志自由和空间自由,这为人们"自由个性"的形成提供了前所未有的便利条件。与先前的网络社会相比,现在的网络信息来源是网民共同参与、全体平等创造的结果,而不再仅仅由精英人士或专业网站来发布。任何人都可以不再受主流意识形态的影响,独立生产信息,在网络社会里表达自己的意愿,信息已经分散到无数的计算机中。正如陈纯柱所言:"网民们的表现欲、想象力、自我意识和深层诉求都能够在网络中得到淋漓尽致的表现和书写。"② 网络社会发展日益呈现出更加扁平、多元的趋势,每一个网民都成为一个微小且独立的信息提供者。网络社会是"处处皆中心"或"去中心"的网络社会,而不再是以某个中心为原点的"放射性"联系的社会,成为无等级差别的世界。网络社会的这种非中心性,会产生众多效应,传统社会的人物崇拜没有了,对权威、家长、老师所讲的知识也开始怀疑了,这种去中心化网络思维模式必然颠覆了传统中心型社会的社会存在基础。总之,网络社会的非集中化、去中心化特征,极大增强了个

---

① 何哲:《网络社会时代传统政府的生存与转型》,《中国治理评论》2014年12月31日。
② 陈纯柱:《网络语言的生成、价值和特征研究》,《重庆邮电大学学报》2011年第3期。

体活动的自主性，同时也日益削弱了各级政府的权力、各种权威，并使信息化时代的社会控制面临着很多前所未有的挑战。

第三节　网络发展对人类生活方式的影响

中国移动互联网的高速发展，不仅给传播生态和信息产业格局带来了变革，也引发中国经济、政治、社会、文化、新闻传播等诸多领域的变化，给中国社会带来了全方位的影响。《中国移动互联网发展报告（2012）》指出，移动互联网高速发展给中国带来全方位影响主要体现在以下七个方面："对中国发展，加速社会转型，增添发展动力；对经济生活，构建智慧网络，转变营销观念；对政治生活，人人拥有无线麦克风，随时随地'参政议政'；对个人生活，改变生活方式，提升生活品质；对新闻传播，加快传播模式转变，改变媒体产业格局；对文化生活，无限的学习与创作空间，丰富的文化消费与享受；对人类文明，更为透明、开放的高度信息化社会将要来临。"[①] 而未来学家阿尔文·托夫勒曾经说过："由于变化的速度像赛车一样迅猛，现实有时就像一个失去控制的万花筒，如果我们以新的眼光来观察这样的速度，很多在目前看来好像很突然、无法理解的现象就会变得不难了。因为变化的速度不仅冲击了工业国家，而且形成了一股强劲的力量，深入到我们个人的生活内部，逼迫我们扮演新的角色。"[②] 这句话深刻地阐释了网络社会给人类带来的重要影响。随着网络社会不断呈现出网民土根性、广泛的参与性、行为的虚拟不确定性与网民的自组织性。虚拟和现实相连接，以网络为核心进一步阐发出"互联网+"、新媒体、大数据等新的变化，使人类生产、交易、生活方式发生了颠覆性的变化，网络社会是现实传统与虚拟的混合态社会，是人类现实社会的网络延伸，改变着人类的发展史。任何事物都是一个矛盾的统一体，仅从生活方式而言，互联网技术是一把"双刃剑"，其对人们的影响既有积极一面，也有消极一面。如果更加理性地看到其消极方面则显得尤为重要，这样，人们才可以防患于未然。

[①] 官建文：《中国移动互联网发展报告2012》，社会科学文献出版社2012年版，第13—15页。

[②] [美] 阿尔文·托夫勒：《未来的冲击》，蔡申章译，中信出版社2006年版，第25页。

一 网络发展对人类生活方式影响的机遇识别

网络给人类的生产生活方式带来了极大的方便，带来了巨大的机遇。表现在如下几个方面：

（一）网络加快了信息传播的速度，拓展了信息流通的空间

网络、微博、微信、QQ 等网络社交工具的普遍使用，发挥着互联网及时性、多媒体、移动性、互动性特点，极大地提升了信息流通的速度和含金量。人是天然的政治动物，人和人必然生活在一个彼此相连的社会中。社会成员的共生与发展离不开每个个体之间认知的沟通与传递，这种认知的互通便形成了社会信息的传递，可以说没有信息的交流与沟通就没有人类社会的存在，任何信息只有经过传递才能被人接受和利用，这是人类社会存在发展的前提和基础。根据美国学者拉斯韦尔所提出的 5W 理论①，信息传播的效果取决于信息的传播者、信息的内容、信息的传播媒介和信息的接收者，互联网担当了社会信息传播的载体，应该强调的是，网络社交媒体的人格化属性，使人们的手机、电脑成为信息沟通、社会交流的媒介，每一个社会个体既是信息的制造者、传播者，也是信息的接收者。

在人类社会发展历史过程中，根据信息传播媒介的不同，可将人类信息传播史分为 4 个阶段：第一个阶段是语言作为信息传播的主要媒介。人类之间的交流与沟通主要通过声音或肢体语言来实现；第二个阶段是文字作为信息交流的主要媒介。人类主要通过文字的载体书籍进行思想交流、信息传递、文明传承、历史回眸，通过文字的记载了解过去、思考现在、展望未来，这使人与人之间的信息沟通摆脱了必须面对面语言的束缚；第三个阶段进入了声像传播阶段。广播、电视、电话、电报等社会成员的信息沟通更进一步形象化和具体化，交流的信息更广泛、更真切；第四个阶段便是网络时代的信息沟通。网络把人与人联结在一起了，又把人与信息联结在一起了，这两个连接的实现大大提升了信息传播的效率、创造的效

---

① "5W 模式"也被称为"拉斯韦尔程式"，其最早出现于美国学者 H. 拉斯韦尔在 1948 年发表的一篇名为《传播在社会中的结构与功能》的论文中，其中详细阐释了构成传播过程的五种基本要素，依照发生顺序分别为：Who（谁）、Says What（说了什么）、In Which Channel（通过什么渠道）、To Whom（向谁说）、With What Effect（有什么效果），以其五个疑问代词的第一个字母"W"为指代，这一模式由此被称作"5W 模式"。

率。网络作为人与人之间信息交流的重要工具,使信息交流更加便捷、快速、有效,并造就了"新媒介"的产生。这一新媒介不仅融合了人类信息交流过程中所运用过的一切手段,将声音、图像、视频完全融合于信息沟通过程中,最重要的是这一技术手段实现了信息交流的跨区域性、同趣性(有共同兴趣爱好的网络使用者可以通过网络结交)和匿名性。网络的信息存储量在超越了任何时代的信息交流工具的同时也实现了信息传播的超时间性,可以将信息存储于网络之中利用搜索引擎随时随地地超越时间去读取和观看。这极大地拓展了人类信息交流的空间、加快了信息交流的速度。

(二)网络加快了市场的整合与发展,加快了资本市场的全球一体化进程

资本在现象上表现为一定数量的货币和生产资料,即流动资本和固定资本,而在现实的经济活动中则表现为金融资本和实物资本两大类。金融资本是指以金融产品的形式,如股票、债券、银行存款等存在的资本;物质资本则是用来生产其他产品(消费品和投资品)的物品,如机器设备、厂房等,互联网对资本的整合效用则主要表现在对金融资本的整合上。首先,网络技术加速了电子货币的诞生与发展。网络在其发展过程中将其触角触及金融领域便诞生了网络金融,通过互联网平台,进一步完善了金融基础服务、加快了金融交易的结算速度,网络货币、网络银行也相继诞生。例如,互联网的发展催生了被称为"另类交易系统"的商业模式,其将网上虚拟交易所和独立电子系统合并,凭借着打破时空限制的束缚,而极大地降低了交易成本,受到业界广泛欢迎,并引发了证券行业的巨大革命。其次,互联网加快了资本市场的全球一体化进程。伴随着经济全球化趋势而来的是资本市场的一体化,也就是世界上的主要资本市场融合成为一个整体的金融流通和结算体系,从而进一步加快金融流通的无障碍化。网络技术的跨区域性便满足了资本市场的这一要求,互联网作为全球统一的基础性设施,以这一技术平台为依托,金融资本的流动将更加无障碍化,流通速度将进一步加快,可以说互联网是资本市场一体化的基础。最后,互联网将有效降低资本流通中市场的不对称性。信息不对称简单来说就是指交易双方总有一方只能获取不完整的信息。如从经济学上来说,信息不对称现象会降低交易者的信心并提高交易成本,从而使整个商业活动不能顺利进行。在传统市场环境中,囿于宣传资源的限制,企业想达到

某种宣传目的,往往需付诸极大的人力、财力和物力;但产生于互联网环境中的电子商务,其依托的是海量存储的网络技术,这大大拓展了网络环境中企业的宣传渠道。对于企业而言,网络不仅仅提供了专业的宣传平台,企业也可以利用网络这一开放平台,在任何社交系统中融入其宣传的核心思想,从而加强与消费者的沟通,提升市场对企业的了解程度。对于消费者而言,网络世界为其提供了不受时空限制接触市场的机会,大大增强了其对产品的认知程度,而网络的实时通信特征又为不同的消费者之间针对同一产品使用情况提供了交流的契机,从而规避了产品的使用风险。同时,网络上强大的搜索引擎,使电子商务中信息搜索的能力与传统市场中的搜寻相比加强了很多;交易双方都可以通过智能代理、搜索引擎、信息中介等工具对产品信息和企业信息进行搜索,提高信息搜寻的效率,改变自己的信息劣势地位。[①]

(三) 网络提升了人力资源的利用率,有效激发了人的潜能

诺贝尔经济学奖获得者贝克尔教授曾指出:"发达国家资本的75%以上不再是实物资本,而是人力资本,人力资本成为了人类财富增长、经济进步的源泉。"人力资源作为一种稀缺资源在知识经济时代显得尤为重要,亦成为经济持续发展的重要原动力,而互联网的发展则有效提升了对人力资源的整合与利用。互联网对人力资源的有效整合,首先,表现在对劳动力市场的调节与分配上,人力资源市场将更加开放,人才资源将得到充分整合。与传统信息传播媒介相比,互联网的技术优势主要表现在信息存储量大、时效性强、跨地域性,依托互联网上强大的储存信息,用人单位和求职者可分别将用人信息和个人简历放置在网上,双方可通过搜索引擎、信息中介等网络手段,仅需轻点鼠标便可在最短的时间内快速、准确地查到自己所需求的员工或工作,极大地节省了时间、金钱和人力,有助于人力资源的合理配置。互联网对人力资源的整合还体现在对集团内部成员的管理与配置上。其次,当前,针对企业的人力资源管理开始流行 e-HR(所谓 e-HR,从形式上看,是由人力资源相关数据、工具及交流整合而成,员工与经营者都能随时使用的电子通信网络)。这一管理模式将企业人力资源管理与网络技术相结合,在利用网络资源改善集团内部人力

[①] 肖开锋、王明明:《B2C 电子商务的信息不对称问题分析》,《商业时代》2007 年第 22 期。

资源运作的同时也保证了人力资源与日新月异的技术环境同步发展,既节省了资金,又提升了对成员的服务。最后,互联网的跨区域特征使劳动力的跨地区协同作业成为可能。《今日美国报》的记者凯文·梅尼曾撰文指出,为 IBM 公司服务的清华大学计算机软件工程师们,在每天工作结束前,将他们用 JAVA 编写出的计算机软件用网络发送至远在大洋彼岸西雅图的 IBM 实验总部,总部的设计师将这些新编辑的软件整理加工后,再用网络发送至位于欧洲的贝拉鲁斯和立陶宛的计算机软件研究所,这里的工程师进一步整理后,将其在传送至位于印度的"塔塔"集团,并在清晨将软件再反馈给清华大学,网络实现了软件在一天中的环球之行。① 利用互联网,来自不同国家的设计者们被紧密地融合在了一个项目中,实现了人力资源的跨越空间整合,从而能更有效地开发潜在人力资源。

(四) 网络成为人们行使知情权、参与权、表达权和监督权的有力平台

人民当家做主是社会主义民主政治的本质和核心。要健全民主制度,丰富民主形式,拓宽民主渠道,依法实行民主选举、民主决策、民主管理、民主监督,保障人民的知情权、参与权、表达权、监督权。② 互联网在实现公民知情权、参与权、表达权和监督权等方面发挥着不可替代的作用。

第一,通过网络参与的社会化,一定程度上保障了公民知情权的实现。《中国大百科全书》新闻卷对知情权(Right to Know)这样解释:"人们了解信息的权利,指社会公众具有按照个人所能选择的方式,了解一切与其生活有关或社会公众事物有关的信息的权利,知情权发端于早期资产阶级革命时期的'人权'与'出版自由'理论。"③ 卢梭在《社会契约论》一书中提出,人民直接参与公共事务是追求真正自由的前提。实际上,无论是现代社会还是远古社会,抑或是在国内还是国外,公民直接参与政治和公共事务,要彻底实现卢梭所说的目标的难度很大,是基本没有可能性的事情。虽然很多国家通过不认同的方式保障公民参政议政的权利,不断完善其参与政治生活的方式,但由于受到不同历史及其他因素的制约,公民很难全面、有效地参与政治事务。在这些制约因素中,信息传

---

① 姚林青:《互联网在资源整合中的作用》,《北方经贸》2010 年第 12 期。
② 十七大报告。
③ 《中国大百科全书》(新闻出版卷),中国大百科全书出版社 1990 年版,第 475 页。

播的限制就是其中之一。网络技术的发展，突破了传统意义上公民了解公共信息、参与公共管理的渠道，由于网络独特的"互动性"，使其信息可以不受时空阻碍乃至政治控制地与信息接收者之间形成互动，使人们在感知和接近政府管理方面获得前所未有的痛快淋漓的感觉，从而将人们参与公共管理从"要我参与"转变为"我要参与"，通过公民网络政治参与的社会化，一定程度上保障了公民的知情权。

第二，网络参与权彰显了每一个网民自我需要发展的现实诉求。公民参与权的实现受到了信息流通的限制，但是网络技术的产生改变了这种状况，以微博、微信为代表的自媒体激活了人们公共参与和传播的热情，创建了公民行使参与权的新模式。在网络社会中人们随时随地发表自己的意见，不受时间、地点的限制，同时也可以迅速了解最新情况，甚至在网络社会里能够迅速形成"舆论场""讨论场"，大家可以在这个空间里毫无压力地发表自己的观点和看法，也会更加轻松地说出自己的心声。网络社会发展的实践已经充分证明，网络社会日益成为公众讨论公共事务的最佳场所。

第三，网络已成为公民表达权实现的重要场所。每个网民对公共事件的意见，对身边不同事件的看法，以及对自己日常学习生活工作的记录，在网上的公开发布，让受众分享，这是一种网络表达。公众通过新闻传播媒介自由地发表意见、提出批评建议，讨论国家和社会的各种问题。政府鼓励各类企业依法依规为公众提供丰富多样的互联网信息服务业务，为公众获取和交流信息创造良好环境，日益清朗的网络空间成为民间获取信息和表达意见的重要场所。[1] 很多国家的法律从制度上保障公众享有各项政治权利，平等地参与政治事务，而为这些权利的实现提供了现实的基础就是网络社会。网络社会使"公共领域"的空间进一步扩展，公众参与政治活动和事务的程度得到很大提升。很多人共同"聚集"在一起关注、讨论一个事件或者话题变得更加便捷化，可行性得到很大提高。传统的信息垄断在某种意义上被正式网络社会所打破，原有公共领域的界限也实现了很大跨越，使既有的表达方式、舆论方式、传播方式发生了根本性的变化，为公众参与政治生活开辟了一条新路径。

---

[1] 《2014中国人权白皮书：网络成为民间表达意见重要场所》，《陕西日报》2015年6月9日。

第四，网络监督权是公民通过网络行使的监督权，已经成为社会公众实现对国家公权力进行有效监督的重要途径。监督权是现代法治国家的重要体现，也是公民所享有的重要权利之一，同时也是民主政治的重要内容，它的本质在于公民有效监督公共权力行使。《中华人民共和国宪法》第3条规定："中华人民共和国的国家机构实行民主集中制原则。全国人民代表大会和地方各级人民代表大会……对人民负责，受人民监督。"[①]第27条规定："一切国家机关和国家工作人民必须依靠人民的支持，经常保持同人民的密切联系，倾听人们的意见和建议，接受人民的监督，努力为人民服务。"[②] 我们可以从这些规定中看出，法律赋予公众对国家机关及工作人员进行监督的权利，而充分利用媒体的特征实现公众的监督权正是题中应有之意。随着互联网技术的不断发展，网络参与公共管理过程表现出了表达成本低、参与模式便捷、效果显著等特点，这对公民监督权的维护和公共道德伸张都起到了一定的促进作用。在理论层面上，人们对政府进行监督可以用各种方式。但是人民的力量具有很大的分散性，有效整合、凝聚人们的力量存在很大的难度，而且在政府所拥有的人员、机构组织、充分资讯等可用资源的占有量上也十分有限，所以公民很难对政府做到有效的监督。媒体在监督中所扮演的重要的角色和作用是社会历史实践活动长期发展的结果，通过媒体发表公众的观点和看法，形成一定的社会舆论，从而有效地监督政府，已经成为相当成熟的监督机制。将传统媒体的监督功能与公民个体的一种对接在网络社会实现了，将传统媒体形成的监督优势部分地传递到公民的手中。因为人们能够跳过传统媒体而进入网络社会当中，获取有用的信息，讨论相关问题，从而直接在网络社会里形成公众的观点、看法，形成一种强大的舆论，从而实现对政府进行监督。同时，人们可以足不出户就完成监督的全部过程，这种监督的成本也是十分低廉的，方便快捷，互动性强，这能够积极而深远地影响着任何一个国家的法治和行政建设。

二　网络发展对人类生活方式影响的挑战分析

网络给人类的生产生活方式带来了巨大的改变，同时也带来了巨大的

---

① 参见《中华人民共和国宪法》（1982年）第3条。
② 参见《中华人民共和国宪法》（1982年）第27条。

挑战。比尔·盖茨在《未来之路》中说:"当社会过于依赖于信息高速公路时,可能导致它很容易陷入困境。"网络社会在给人类带来很多机遇的同时,也带来了不同层面的挑战。就个人层面而言,各种种族歧视信息、诽谤信息、色情信息、侵犯隐私信息等充斥着网络社会;就国家层面而言,网络作为文化传播的重要平台,是各种政治和意识形态交锋的场所,网络社会的跨国界性为利用信息技术攻击他国、政治干预、文化入侵提供了一个平台;就法律层面而言,关于肖像权、著作权、隐私权、名誉权等侵权的案件在网络社会中成为普遍现象;就道德层面而言,传统的道德体系在网络社会中被削弱,导致道德失范严重,使网络社会与现实社会的道德距离日益扩大。全世界不同国家对于网络社会所带来的消极影响都给予很多的关注,表现在网络违法犯罪、道德失范以及一些消极方面。主要有以下五个方面:

(一)网络色情、低俗媚俗类和恶意炒作类信息肆无忌惮,对青少年身心健康发展有极大的负面效应。

网络色情,简单来说,就是互联网运营商或者某些网民通过互联网来传播有关色情的信息,从而可以满足部分人的欲望。从全世界来看,当前已检测出的色情网站有 23 万个。根据 Top Adult Siteson the Net – XXX Counter 的统计,全世界访问次数最多的 250 个黄色网站,每天共有 2358889 次浏览量。我国青少年在网民中占据半壁江山,因而他们也是色情网站的最大受害人群。一些网络公司站、网站利用青少年对网络游戏、动漫、影视和文学的兴趣爱好,为了经济效益,置国家法律和商业道德于不顾,积极传播带有色情内容、露骨描写的网络游戏、动漫、色情视频和低俗成人小说,引诱青少年沉迷其中,而实际上色情信息、色情网站也成为一些人获取满足感最安全、最方便的资源。更为可悲的是,有些青少年不仅自己浏览黄色网站,还单独或伙同他人制作、传播、出售淫秽物品,由受害者转而变为犯罪实施者。网络是一个通达全球的虚拟社会,任何人都可以在网络中下载、传播、调阅、加工、复制网络中的文字、声音或图像信息,这些互联网所独有的特性为犯罪分子在互联网上发布情色信息提供了技术良机。由于色情服务在网络环境下大有市场,且能蕴含巨大经济利益,因此,受经济利益驱使,一些不法分子在网络上组成或大或小地组织进行网络色情服务。例如:2016 年 5 月 9 日央视怒批网络色情直播。不少直播平台主播为了牟利不惜一切手段,甚至要挑逗一些还未成年的少年，为红涉黄，不堪入目。2016年7月12日，文化部公布了对一批网络表演平台的查处结果，发现武汉斗鱼网络科技有限公司、上海熊猫互娱文化有限公司、北京六间房科技有限公司等12家经营单位因提供含有宣扬淫秽、暴力、教唆犯罪和危害社会公德等违法违规内容被查处。同时，不少主播和表演者受到查处，共解约严重违规网络表演者1502人，处理违规网络表演者16881人。① 文化部印发的《关于加强网络表演管理工作的通知》，明确禁止利用人体缺陷或者以展示人体变异等方式招徕用户，或以恐怖、残忍、摧残表演者身心健康等方式，以虐待动物等方式进行网络表演活动。在查出这些直播平台公司中均发现有违规现象。网络色情具有前所未有的广泛性、集中性和隐秘性等特点，使得其形式更为多样，大大增加了公安机关的侦查和打击难度。

在一些互联网商业网站中，存在着庸俗、低俗、媚俗之风，主要是网络中缺乏社会效益、违背社会公序良俗的、没有正能量的低级趣味传播内容大量存在，这些内容自然就侵蚀了主流文化，影响着青少年的价值判断。比如：网络游戏利用"打""杀""战"等"暴力"逻辑编制了一个充满英雄气概的"景观世界"；网络也成为一些人、一些事甚至是一些机构爆红的工具，尤其是在娱乐圈中，在网络上对艺人的炒作已司空见惯，但针对艺人的隐私、绯闻、负面消息甚至是出位的声色表演所进行的恶炒也应运而生；对一些伟人、名人和热点人物进行"无聊恶搞""政治笑话""恶意炒作""网络暴力""网络黑社会"等活动。网络虚拟诱导了大众的消费欲望，使人在虚拟世界中形成了消费的"异化"发展。

（二）网络犯罪内容形式多样，呈现出的形式隐蔽性、主体低龄化、团伙化和手段高智商，对和谐社会构建、社会治理带来极大危害。

"枪械无罪，有罪的是扣动扳机的人。"这是著名的AK-47突击步枪的发明者卡拉尼什科夫在人们热议枪支犯罪的时候为自己创造的申辩。技术是中性的，但人性有善有恶，互联网的能量同样让人性恶的一面的破坏力放大。新时代涌现的网络犯罪、网络暴力、网络安全等问题，使管理和控制变得更加迫切、重要而复杂。② 网络犯罪的概念可以定义为在网络环境中凭借计算机系统所实施的危害网络安全和秩序及其他严重危害其他社

---

① 《一边资本疯狂，一边色情暴力泛滥》新华社网站，2016年7月13日。
② 《互联网时代》主创团队：《互联网时代》，北京联合出版公司2015年版，第177页。

会关系的应受到刑法惩罚的行为。由人民公安大学牵头的《2012年中国互联网违法犯罪问题年度报告》将互联网违法犯罪分为十大类，包括网络诈骗、网络色情、网络传销、网络贩卖公民个人信息、网络"钓鱼"、网络赌博、网络黑客攻击、网络贩卖假冒伪劣产品、网络贩毒、网络非法集资等。在这里主要介绍影响大、危害广的几种网络犯罪。

1. 网络诈骗。网络诈骗是指以盗取他人财物为目的，利用互联网，采用高科技手法，骗取他人财物的行为。它主要是指在网络中发生的各种在线诈骗性交易行为，尤其是在涉及消费者交易的电子商务中的诈骗行为。网络诈骗的行为一般包括假冒好友法，即骗子通过各种方法盗窃QQ账号、邮箱账号后，向用户的好友、联系人发布信息，声称遇到紧急情况，请对方汇款到其指定账户。网络钓鱼法，即犯罪分子通过使用一些木马病毒，盗取用户的个人金融信息和其他资料，然后通过网银转账、汇款等方式获取利益。网络托儿法，即犯罪分子在网络中找到一名舆论"领袖"，通过这名"领袖"来混淆网民试听，最终使网民无法分辨对与错、好与坏，最终达到犯罪分子的目的。网银诈骗法，即犯罪分子利用某银行网上转账只需输入常规静态密码及E令的动态口令，无须USBKey的特点，通过发送"某银行E令过期"等虚假短信息，诱骗受害人登录与某银行官方网址相似的"钓鱼网站"，从而窃取受害人的登录账户和密码口令，一旦得手，犯罪分子迅速通过网上转账将受害人账户内的资金转走。美国联邦贸易委员会2000年曾公布《扫荡网络欺诈报告》，其中关注网络欺诈的犯罪主要包括网络拍卖诈骗、网络服务诈骗、信用卡诈骗、中奖诈骗，等等。网络诈骗一方面是使用虚假信息将网民套入圈中，然后利用一些网民自身的弱点，获取非法利益。另一方面是网络诈骗具有全球性的特点，他可能会导致世界各地的消费者遭受损失。与传统诈骗类似，网络诈骗也是网络犯罪各种形式中造成损失较大、表现形式复杂多样的一种犯罪形式，如网络拍卖诈骗、网络信用卡诈骗、网络电信诈骗、网络传销、诱骗投资等。

2. 网络盗窃。是指通过计算机技术，利用盗窃密码、控制账号、修改程序等方式，将有形或无形的财物和货币据为己有的行为。在具体案件中，往往表现为，以传播木马病毒、间谍软件等程序窃取网络银行身份认证信息案件居多，并形成了一条制作销售木马、盗窃账号、转移赃款、网络洗钱、提取现金等分工严密的作案流水线。比如：一个被称为"要塞"

的僵尸网络，在 2012 年 1 月后的一年半时间里盗窃了超过五亿美元，它侵入全球五百万台个人电脑，并在数十家国际金融机构肆意出入。在这个虚拟社会里，网民们以虚拟身份出现，通过网络代码方式进行各项生产、消费活动，这种以代码为基础的交流方式给了不法分子以可乘之机，出现了网络盗窃等新型违法犯罪活动。

3. 网络赌博。网络赌博将现代网络技术和现代金融交易手段应用于赌博活动中，可通过电子银行快捷下注，且具有超时空的网络赌场，因此对赌徒来说这种新型赌博方式具有极大的刺激性。同时，相对于传统的赌博活动来说，网络赌博隐蔽性更强、犯罪成本更少、监控难度更大。如今的赌博网站游戏包罗万象，从角子机 13 张、21 点等那样的赌场式赌博，到赌足球联赛、职业高尔夫赛的比赛结果，无所不赌。比如：2016 年 7 月 1 日，重庆市公安局发布消息。重庆警方破获一起利用互联网聚众赌博案，打掉 QQ 红包赌博群 1 个，抓获群主、庄家等犯罪嫌疑人 8 名，涉案金额 3000 万元，群内参赌人员 1700 余人遍布全国 26 个省市。

网络中其他的犯罪类型也是必须关注的，新的犯罪手法不断涌现。比如网络非法集资："e租宝""泛亚""上海申彤大大"……这些近年来备受关注的非法集资案件，打着互联网金融、现货交易等幌子，吸收巨额存款，让无数老百姓血本无归、欲哭无泪。

（三）网络黑客入侵、病毒攻击、网络暴力层出不穷，网络霸权横行，对国家网络安全、主体权益构成威胁。

计算机系统的黑客入侵、病毒攻击是当前网络社会的公害行为，也是网络安全的巨大威胁。计算机病毒是由专业技术人员编制的，对计算机和网络使用具有极强破坏性的应用程序，计算机病毒可以在被感染计算机上自我复制并感染其他程序，如果计算机被接入网络，病毒可能通过网络对其他关联计算机和程序进行破坏，从而改变计算机或网络原本的功能，从而造成诸多无法挽回的损失。从 1983 年美国宣布第一起计算机病毒程序的存在到现在，30 多年来大约有几千种计算机病毒在全世界传播，目前每周还将有 10—15 种新计算机病毒产生。

计算机病毒制造者，通过自学掌握了一定的电脑技术，或是由于所学专业的原因，积累了一定的专业知识，他们完全有能力编写这样的破坏性指令或程序。他们制造或传播网络病毒并不全是故意的破坏，有的只是试图借助这种行为来测试自己的网络水平，取得在同龄人中"侠客的美名"。比如：曾经轰动全球的网络黑客，后来成为美国网络安全咨询师的凯文·米特尼克说："我侵入了所有手机制造商，我这么做就是证明自己，就像赢取奖杯一样。我是一名追求激情、执着冒险、渴求知识的黑客。"①

一些政府部门网站和企业网站由于防范不严遭黑客攻击，造成国家机关形象受损，商业秘密被窃取和泄露，企业利益受损。此类案件对电子政务、电子商务和网络用户日常安全构成极大威胁。同时，制作、传播计算机病毒的违法犯罪行为也很突出，主要特点：一是不断制造新的病毒和病毒变种；二是木马类病毒是主要威胁，利用网络安全漏洞和网络下载等传播方式，窃取秘密信息，牟取经济利益；三是利用社会热点如世界杯足球赛等欺骗方式传播病毒；四是病毒与防病毒软件的对抗更加激烈。

网络暴力是指在网上发表具有侮辱性、暴力性等恶劣性质的言论，造成当事人名誉损害。在自媒体使用的过程中，网民或多或少的都带有一些主观色彩或者道德评判，因此看待事物的角度与方法都不尽相同。但是网民自身又作为自己行为的调控者与约束者，因此他们经常能够根据自己的意愿来决定采取什么样的行动。人们通常会选择与自己价值观相同的意见，而对于与自己看法不同的意见时，人们往往会选择性地忽视，这就形成了一群有同样看法的人，他们固化在一个"茧房"中，久而久之，当他们遇到与自己这个群体意见相左时，网络暴力就会形成。另外，网络由于其匿名性等特征，这也正好契合了一部分人的心理，他们将对现实中的不满发泄到网络中来，树立一种唯我独尊的意识形态，将他人正常的利益诉求看成非法的，从而再打出正义的口号并以一种网络暴力的形式将他人损害。

近日，成都女司机变道被暴打成为舆论关注的焦点，引发网民热议。最初女司机被暴打广受同情，打人者行车记录仪视频曝光后，剧情反转，被打女司机卢某遭网友"人肉"，身份证、生活照、违章记录甚至开房记录等个人隐私被曝光，同时伴有大量未经证实的个人信息，最后被打女司机卢某成为网民谴责的对象。网络暴力近些年的发展愈演愈烈，如果不将网络暴力这样的行为加以控制，很可能成为网民新时代私自泄愤的新工具。

没有网络安全就没有国家安全。网络社会的负面性对国家安全造成了

---

① 《互联网时代》主创团队：《互联网时代》，北京联合出版公司 2015 年版，第 177 页。

巨大的威胁，而随着互联网技术的不断发展与网络社会的逐渐形成，这种威胁也在与日俱增，主要表现在网络恐怖主义、网络帝国文化与网络信息战三个方面。网络安全不仅影响到了国家安全，也影响了个人安全。具体是指网络系统的硬件、软件及其系统中的数据受到保护，不因偶然的或者恶意的原因而遭受到破坏、更改、泄露，系统连续可靠正常地运行，网络服务不中断。网络安全是当前国际社会面临的共同挑战，网络安全隐患越来越成为国际社会的关注点，网络安全越来越成为国家安全的关键环节。网络安全的主要问题包括：网络信息战问题、网络恐怖主义问题、网络文化帝国主义问题等。

（四）网络虚假造谣类信息泛滥，导致网络舆情失真，严重影响政府公信力，对公民、法人、国家带来各种危害。

网络技术的发展过程显现出人们对互联网信息的关注是无时无刻的，信息交流已从单向传播变为双向、多向度传播，从链条式传播变为圆规式不断放大。传播最多而且有危害的信息类型就是网络虚假造谣类信息。互联网的快捷，使得信息传播更加自由、操作方式更加简捷，但信息的发布和传播却没有经过严格的检查和核实系统，网民们发布的信息内容鱼龙混杂，涉及领域林林总总，从坊间传闻到国家大政方针，无所不包，这就为虚假信息的传播提供了条件。

在现实生活中，网络世界大批量地生产出虚假的"公共性"信息，故意扰乱人们思想，影响人们的判断。特别是在一些政府治理中发生的失真纠纷信息，易导致网民"罗宾汉情结"，也就是只要涉及政府与普通民众、个体之间的冲突纠纷，往往不辨案情的是非曲直，网民、网络舆论一边倒站在弱势群体一方。这一切给现代国家政治、法律、公共政策等都带来了不少难题，从而容易引发社会政治和舆论的失控状态。网络中涉及政府管理过程中的失真信息，进一步发酵，经过晕轮效应①扩散，容易使公民丧失对整个政府公权力行为的信任，甚至走向对抗。

关于网络舆情问题，各国都非常重视。公众对国家的政治、经济、文化等社会各方面问题尤其是热点问题的情绪、意见和态度的总和称为舆情。在内容表现形态方面，网络舆情与社会舆情具有一致性，网络舆情在

---

① 晕轮效应最早是由美国著名心理学家爱德华·桑戴克于 20 世纪 20 年代提出的，它是指人们对人与事的认知和判断往往只从局部出发，扩散而得出整体印象，这种以偏概全的心理现象即晕轮效应。

一定程度上对社会舆情的发展趋势产生重要影响。所以，考察网络舆情的表现形式可以从社会舆情的视角入手。从网络舆情的内容表现来看，网络舆情包括常规网络舆情和突发事件网络舆情两方面的内容。常规网络舆情是指在网络社会中，网络使用者在正常情况下对热点、焦点问题所持态度、情绪和意见表现为非异常。突发事件网络舆情是网络舆情的一种特殊形式，指网络使用者在突发事件发生后对于突发事件的意见、情绪和态度的总和。我国要建设网络强国，必须重视网络舆情，运用网络传播规律，弘扬主旋律，激发正能量，使网络空间健康有序。

（五）网络侵犯知识产权、侵犯公民个人隐私权频发，危及公民的信息安全，网络空间知法、守法、遵法精神培育任重而道远。

对知识产权侵犯。知识产权是指人的智力劳动的成果，指科学、技术、文化、艺术等领域内一切从事智力活动而创造的精神财富所享受的权利。互联网一方面给人们共享信息提供了有利的条件，另一方面也为一些人侵犯他人的知识产权提供了便利。传统的知识产权观念被颠覆，便捷的网络信息传播可以随时随地将软件、图片、文字资料等智力成果传送给网络上的每一个用户，由此所造成的侵权事件对权利人是一种极大的伤害，在一定程度上也触犯了知识产权法的相关规定。对知识产权侵犯主要行为有：网络不道德的软件开发者肆无忌惮地复制别人的源码，并作为自己创作的软件卖给别人；或抄袭别人程序的逻辑结构、顺序和设计思想，嵌入自己的源码作为专利出售。网络上大量信息和服务被任意免费使用，严重地侵害了信息生产者与信息服务提供者的正当权益。网上侵犯知识产权问题，已成为网络社会的严重问题，如不能得到合理解决，最终将影响整个网络社会的正常运行。

对公民个人隐私权侵害。隐私是指个人信息中不想让他人知道的那部分内容。隐私权是一种不能加以分配、不能让予、不能买卖和讨价还价的权利。个人隐私权的保护是对人权和尊严的尊重，是一项基本的社会伦理要求。2012年4月，公安部组织开展了规模空前的打击侵害公民个人信息违法犯罪集中行动，抓获犯罪嫌疑人1936名，挖出非法出售公民个人信息的"源头"44个，破获各类刑事案件3024起。在网络社会，利用计算机网络对个人信息进行处理和存储已变得越来越普遍，然而，个人隐私权的保护问题比以往也更加突出，尽管人类在网络中的交往是以符号为形式进行的，但这种符号信息的交流并不能说明人类的个人信息在网络中是隐秘的，因为网络中的远程登录服务、电子邮件、网络记录、网络的安全性等行为可造成网络中的个人隐私被侵害。网络中侵害隐私权的行为方式包括直接侵害、信息的二次或多次被传播、信息的扭曲、电脑盯梢等四种主要方式。正是由于网络自身的特点及网络技术的日益发展，给一些不法分子提供了可乘之机，匿名在网上散布谣言、肆意攻击、侮辱他人人格、侵犯他人隐私等，给他人精神造成极其严重的损伤。近些年来，人肉搜索的案例层出不穷，造成了严重的后果，人肉搜索，其实质属于网络行为失范的范畴，该行为直接导致公民隐私权益被侵犯，从最初的人肉搜索只搜索网民在线上的信息，后来发展到线下的信息也一并被搜索、包括，这对网民不仅仅是造成了泄露自己的隐私这么简单，更重要的是对网民的财产、名誉等都造成了难以挽回的损失，甚至连网民身边的亲戚朋友也会因此遭殃。当前网上侵犯他人隐私权时时发生，不仅关系到个人的尊严，更是关系到整个社会的健康发展。

互联网特别是有"自媒体"之称的社交网络的裂变式发展，带来了信息传播方式的变革，改变了我国信息传播格局和人们的信息获取方式，进一步改变着社会舆论格局。习近平总书记在多个场合反复强调，互联网是我们面临的"最大变量"。过不了互联网这一关，就过不了长期执政这一关。① 互联网日益成为舆论生成、信息扩大的发源地，也慢慢成为信息传播的重要集散地，更成为思想文化思潮交锋的重要阵地，互联网舆论的影响，大的舆论动向可能影响到一个政党、政府，对单位可能一夜倾覆，"郭美美事件"就对红十字会造成了颠覆性后果，对个人人肉搜索，无处躲藏，已成为人们社会生活交往中的一个"最大变量"。网络社会是一把"双刃剑"，我们在充分发挥其积极作用的同时，也要对其消极作用进行深入细致的研究，找出其内在的规律性，分析其原因，然后有效克服这些缺陷，规制导致这些缺陷的行为，使得网络社会的秩序更加良好，让网络社会更好地为人类服务。

第四节　网络发展对青少年思想教育的影响

互联网的快速发展，引导我们进入了一个"互联网+"时代，人人都

---

① 唐绪军:如何看网上民意与互联网监督，人民网 2016 年 4 月 20 日《人民日报》。

有可能成为新闻的制造者、传播者，随着媒体融合，三网合一技术的成熟发展，快捷性、及时性和互动性在"互联网+"的环境下更加彰显，这是深层次的信息思维革命。正如亨利·詹金斯所言："如果说数字革命范式是假定新媒体会取代旧媒体，那么，正在突显的融合范式则假定旧媒体和新媒体将以比先前更为复杂的方式展开互动。"[①] 毋庸置疑，在现今这个信息时代，互联网的信息优势对普通大众，尤其是青少年群体具有极强的技术亲和力，因为他们接受新思想的速度比较快、探索新事物的好奇心比较强，因此网络给他们造成的影响也比较大，据调查，当前，在青少年思想意识形成、健康发展中，互联网的影响力最大。每种新生事物都有两面性，互联网技术也不例外，它是一把双刃剑，既有积极有利的一面也有消极有害的一面。

一　网络对青少年教育的积极影响

1. 互联网中所蕴含的新思想和新思维有助于青少年人生观、世界观、价值观三观的塑造。网络的核心价值理念是平等、共享、高效、开放，因此这种交互性和大众化有助于青少年民主意识和行为的形成；网络对于时间和空间都有广泛的兼容性，这种兼容性对于开放意识和多元意识的形成非常有益；另外，网络信息的多样性和形象生动性对于青少年创新意识的形成有启发作用。

2. 网络可以扩大青少年的交际面，提高他们人际交往的能力。随着社会结构和交往模式的变迁，当代青少年和他们的父辈、祖辈们在各个方面都有着巨大差别，尤其是互联网所带来的信息化、全球化、文化多元化使得青少年的生活方式、生存方式发生了颠覆的变化。面对面的交流方式弱化了，功利主义、个人主义对青少年健康发展带来一定影响。以自我为中心，重视自我表现、要求被尊重成为当代青少年的普遍特征。由于有了网络，青少年可以通过网络聊天等手段在短时间内结识许多朋友，进而拓展人际关系，提高交往能力。

3. 网络起到了调节青少年心理情绪的作用。利用互联网进行信息传输和交流的过程是一个虚拟的过程，不需要面对面，因此这样的隐秘空间可以让青少年身心更加放松，能自由表达自己的观点和看法、发泄自己的

---

① ［美］亨利·詹金斯：《融合文化》，杜永明译，商务印书馆2012年版，第34页。

情绪，这种释放能有效避免因情绪压积心中而造成的心理抑郁，因此网络实际充当了情绪调节阀的角色。

4. 网络是一个大的资源库，青少年知识的获得不仅仅局限于书本，而是有了更丰富的学习模式和充实的生活，通过网络，青少年能快速地找到自己需要的内容，还可以通过网络了解该领域的研究进展、掌握现代化的学习方法，从而提高学习和科研效率。如今在很多学校都引进了以互联网和多媒体为平台的新型教学模式，这无疑对于师生间的交流和有效互动意义是很大的。

二 网络对青少年教育的消极影响

1. 对青少年观念的消极影响。网络是一个开放的平台，因此难免有鱼龙混杂的情况发生，这样就造成了信息的良莠不齐，特别是部分网站在利益的驱使下充斥着大量的不良信息。一旦这些不良信息被青少年浏览，那么势必对他们的观念如政治信仰、价值取向等产生不良影响。从而造成青少年在思想观念上的迷茫和困惑。

2. 对青少年行为的消极影响。网络上充斥着大量的暴力和情色信息，青少年如果沉迷于此，重则进行模仿，将严重影响到青少年对于网络虚拟社会与现实社会关系的处理，容易引发学生人际关系和行为取向的混乱。特别是学生容易迷失于自己在真实生活中的角色，学习成绩一落千丈；有些学生在网络上是叱咤风云的"名人"，但在现实生活中性格内向、不善交际，网上网下，判若两人。

3. 对青少年心理的消极影响。网络是一个虚拟的交往平台，因此网络交往带有浓厚的游戏色彩，互联网上总有部分人或组织会因为某些目的而肆意制造谣言、中伤诽谤他人，或对青少年进行误导。这都会给青少年的心理造成不好的影响。

第三章　社会主义核心价值的内涵界定与理论脉络

一个社会有自己传统的普遍价值取向，也有反映一个国家和民族价值体系中最本质、最具决定作用的核心价值观。"一个社会不应仅仅将眼光局限在生产和经济上，并且需要建立在思想观念上。这些思想观念不是可有可无的奢侈品，而是集体生活自身必不可少的条件。它可以使个体间相互照顾，朝着一个共同的目标，迈着同样的步伐前进。如果没有一个统一的价值体系，那么社会集体就是枯竭的不可再生的。"① 从我国社会主义核心价值体系的提出，到社会主义核心价值观的凝练，反映了我党在中国特色社会主义建设中理论自信、道路自信、制度自信和文化自信的最新理论成果。对我国社会主义核心价值体系基本问题的思考，必然要涉及一些基本概念的界定。比如：价值、价值观以及社会主义核心价值体系、社会主义核心价值观的基本内涵及二者的关系。从学理上探析和厘清社会主义核心价值的科学内涵、内容及其相关概念，是社会主义核心价值建设研究的理论原点与逻辑起点，也是推进社会主义核心价值观建设的思想基础。

第一节　价值、价值观、核心价值观

价值问题存在于社会生活的诸多领域，引起人文社会科学界的广泛关注，成为社会学、经济学、政治学、伦理学等研究的思维对象。唯物辩证法告诉我们，特殊性中存在着普遍性，各个具体学科因领域的局限在使用的"价值"范畴上都具有特定的内涵。最一般的抽象意义上的是哲学的"价值"范畴，它能够为特殊性的网络思想教育价值研究提供重要理论指

---

① ［法］吉尔·利波维茨基、［加］塞巴斯蒂安·夏尔：《超级现代时间》，中国人民大学出版社2005年版，第111页。

导。因此，研究网络思想教育价值必须从哲学价值谈起。

一 价值概念的历史演变

"价值"（value）的本意是"很宝贵、可珍贵、令人喜爱、值得重视。"它源于古代梵文 wer、wal（围墙、护栏、保护和加固）和拉丁文 vanum（堤）、（用堤保护、加固、保护），取其"对人有维护、保护作用"含义深化而成。英文 axiology（价值学）一词，是对古希腊文价值一词的音译。① 可见，价值本身具有人学意蕴，是对人而言的学理范畴。

从概念的演变和思想文化背景看，价值概念经历了由朴素的感性认识向理性认识转变的阶段。随着劳动创造了人以及人的社会性、意识性的产生，价值概念随之产生。在原始社会，对周围世界进行评价时人们往往以自己为中心，在原始宗教神话、图腾崇拜中表达了对自然的崇拜。价值概念在当时只是存在于人们的潜意识中，具有朴素性、自发性，属于感性认识范围。

人类进入文明时代后，对于价值概念的认识和阐释具有一定的抽象性质。研究表明，价值哲学作为一门独立的哲学学科形成较晚，它萌芽于18世纪，形成于19世纪末20世纪初。到了20世纪，价值哲学受到世界各国学者的广泛关注，促使价值哲学的研究进入蓬勃发展阶段，同时对其相关的应用学科产生了巨大的影响。

早在中国古代春秋战国时期，性善论和性恶论的价值争论就已展开。价值概念在我国文化中的独特表现是在伦理学中涵括了价值的内涵。特别是儒家、墨家学说具有强烈的伦理色彩，包含着丰富的哲学价值思想，为当代价值哲学的发展提供了丰富的资料。在中国的不同时期有着不同的价值思想，可归纳为：

（1）孔孟成仁取义的儒家道德价值观（孔子：君子喻于义，小人喻于利；义然后取，成仁取义）；

（2）墨子义利统一的墨家功利价值观（墨子：万事莫贵于义，义，利也）；

（3）韩非的重法轻德的法家权力价值观（韩非：以法为本，以法治国，古人亟于德，中世逐于智，当今争于力）；

---

① 项久雨：《思想政治教育价值论》，中国社会科学出版社2003年版，第32页。

（4）老子崇尚自然的道家自然价值观（老子：人法地，地法天，天法道，道法自然）；

（5）董仲舒重义抑利价值观（董仲舒：义者心之养也，利者体之养也，体莫贵于心，故利莫贵于义）；

（6）朱熹的存天理灭人欲的价值观（朱熹：学者须是革尽人欲，复尽天理，方始是学）；

（7）洪秀全的朴素平等价值观（洪秀全：钱同使，无处不均匀，无人不饱暖）；

（8）康有为追求大同的价值观（康有为：有田同耕，有饭同食，有衣同穿，有全世界人类尽为平等，则太平之效著矣）；

（9）孙中山"替众人服务"的价值观（孙中山：上至总统，下至巡差，皆人民之公仆也，这种替众人服务之道德，就是世界之新潮流）；

（10）蔡元培的舍己为群的价值观（蔡元培：杀身成仁，舍生取义，舍己为群）。①

其中，作为人在现实生活中所应当追求的一种理想目标，"仁"的思想集中体现了孔子的一种积极的价值追求和价值取向。兼爱思想体现了墨子的功利主义价值观。作为我国古代非理性主义的代表，老子、韩非子注重经验科学和人事关系，认为稳定社会的基本因素是人际关系的和谐，强调尊重实际的逻辑性与现实的可行性。此后儒家思想同化了这一思想并形成了儒家的实用理性精神。董仲舒提出的"独尊儒术"鲜明地反映了古代思想家们在文化思想上的价值选择。从此在中国思想史上，非功利主义的价值观与理性主义的思维方式合二为一，形成中国古代文化所特有的性格："既重视个人的修身养性，又重视人际关系的和谐；既追求思辨过程中的纯粹精神的存在，又强调天人合一的大一统封建王朝的稳定性。"②中国古代的价值哲学，正如张岱年所说："虽不如近代西方的繁富和详密，也有其独到的内容。"③

在古代西方，古希腊罗马时期，人文主义者普罗泰戈拉把人与价值尺度关联起来，提出"人是万物的尺度"，确立了价值的人文蕴涵。之后，亚里士多德提出"人天生是政治的动物"，将人的本性与价值结合统一起

---

① 王玉樑：《当代中国价值哲学》，人民出版社2004年版，第387—400页。
② 王坤庆：《现代教育哲学》，华中师范大学出版社1996年版，第115页。
③ 张岱年：《张岱年文集》第六卷，清华大学出版社1995年版，第82页。

来，总体上看，这一时期价值还没有作为一个独立的哲学概念出现，只是以好、善、美、正义等具体的价值表现渗透在政治学、伦理学等学科中。19世纪后期，以奥地利的布伦坦诺为代表的哲学家认识到，过去谈论的好、善、美、正义等问题，在根本上是内在一致的，因此能够建立一种统合它们的一般价值理论。此后，以研究价值和价值理论的哲学分支——价值学在西方兴起并得到持续发展。

现代西方价值哲学流派较早使用"价值"这一重要哲学范畴的是德国哲学家。德国价值哲学创始人是威廉·文德尔班，他认为价值就是一种需要，就是具有意义。这为价值哲学后来的发展有了奠基界定，有了规范立法。我们借助这种意义，科学知识和一般文化的对象、客观世界得以构造出来。李凯尔特（H. Rickert）认为现实和价值构成了世界，价值是包括主客体在内的"现实"世界之外的另一个王国，他从解释社会历史文化的视角对价值进行考量。"只有存在的价值的总和，才构成了世界。"①总之他们对价值的界定是现实或世界的意义，或某一主体给世界赋予的"有意义的规范"。随着价值哲学的创立和发展，其影响力逐渐拓展到美、英、法等国。美国哲学家杜威区分了"内在价值"与"工具价值"。一个事物本身的意义为内在价值，一个事物为达到一定的目的所起的作用为工具价值。他秉承实用主义，即从"有用即是真理"出发，不承认绝对真理与绝对价值。英国哲学思想家罗素也认为价值就是在表达自己的情感、表达自己的意愿。而法国存在主义的代表人物萨特对价值的理解，注重了现实到理想的变化，强调了实现而又尚未实现的思想倾向。具有宗教唯心主义理论体系的新托马斯主义者，其把价值奉为神与上帝，使得上帝、信仰、神学三位一体，并上升为一种客观精神需要。其著名代表人物雅克·马利坦就强调，人生的最终目的是什么，是无限的善，是自己面对的上帝。上帝被看作无所不能的，其价值就是最高真谛的善，只有这样，才是人类幸福的最高追求，最终目标。与新托马斯主义价值观相近似的价值学说，就是人格主义价值学说。他们认为，上帝在最高的和最真实的意义上说是人格的，宇宙中的一切都是作为最高人格的上帝创造的，上帝创造的最高成就是道德价值，上帝本身就是最高的道德价值，即所谓"至善"。

---

① ［苏］K.C. 巴克拉捷:《近代德国资产阶级哲学史纲要》，涂纪亮等译，中国社会科学出版社1980年版，第257页。

由此可见对价值的研究，现代西方价值学流派基本上以唯心主义为基石和立场。学派之间的分歧表现在，弗莱堡学派和实用主义学派代表主观唯心主义价值论，他们把价值视为一种"有效"的概念，是主观假定、主观满意、主观兴趣的表达，而新托马斯主义和人格主义学派是客观唯心主义价值论，他们认定价值是一种超现实的规范或理想，是上帝的创造物。

二 马克思的价值思想

马克思早就说过："如果从观念上来考察，那么一定的意识形式的解体足以使整个时代覆灭。"[1] 与历史上和西方的各种价值学说相比，马克思主义价值论的产生具有伟大的革命性的变革。这种变革表现在既有的价值学的基础上，使价值的研究具有客观的唯物主义基础，同时从主体和客体关系的视角揭示出价值的本质。

马克思主义价值论建立在其实践唯物主义基础之上，深刻揭示出价值产生的现实基础——实践，将价值概念置于客观基础上面。实践是马克思主义哲学的根本的基础性概念，坚持实践论的方法来看待价值，以社会实践为基础去认识世界。正如马克思在《关于费尔巴哈的提纲》中所指出："全部社会生活在本质上是实践的。凡是把理论引向神秘主义的神秘东西，都能在人的实践中以及对这种实践的理解中得到合理的解决。"[2] 在马克思看来，实践是人类特有的对象性活动。什么是对象性？马克思说："只要我有一个对象，这个对象就以我作为对象。"[3] 他生动地比喻："太阳是植物的对象，是植物所不可缺少的、确证它的生命的对象，正像植物是太阳的对象，是太阳的唤醒生命力量的表现，是太阳的对象性的本质力量的表现一样。"[4] 马克思的价值思想表明，对象性关系是一切动植物与其对象之间互为对象的关系，即一个存在物以另一个存在物为对象，它本身也就成为其对象的对象关系。人类的实践活动既是一种对象性活动，更是"为我"的特殊性活动，因为"凡是有某种关系存在的地方，这种关

---

[1] 《马克思恩格斯文集》第八卷，人民出版社 2009 年版，第 170 页。
[2] 《马克思恩格斯文集》第一卷，人民出版社 2009 年版，第 501 页。
[3] 同上书，第 210—211 页。
[4] 同上书，第 210 页。

系都是为我而存在的。对于动物来说，它对他物的关系不是作为关系存在的。"① 这里的"我"就是实践的主体，有个体之我、群体之我和类之我。因此，实践作为对象性活动，是指以人为主体、以客观事物为对象的现实活动。实践把人的目的、知识、能力等本质力量对象化为客观实在，创造出一个属人的对象世界。"劳动的产品是固定在某个对象中的、物化的劳动，这就是劳动的对象化。劳动的现实化就是劳动的对象化。"② 在实践活动中，人把自身之外的存在变成了自己活动的对象，变成了客体，同时也就是自己成为主体性的存在，价值就存在于实践活动中主体与客体的相互作用之中，实践是价值产生的客观基础。可见，价值首先是一个关系范畴，其所表达的是一种人与物之间的需求与满足所对应的关系，即事物（客体）能够满足人（主体）的需要。

在《评阿·瓦格纳的〈政治经济学教科书〉》中，马克思认为"'价值'这个普遍的概念是从人们对待满足他们需要的外界物的关系中产生的。"③ 在这里，马克思明确地批判了瓦格纳的"价值概念的推论"，批判了由抽象概念推出一切的唯心主义思想路线，他认为人对外界物质的需求关系并不是与生俱来的，它是生产活动及实践活动的产物；人们能够给予这些物质的仅仅是一个可以用语言表达的名称，而这些名称还必须通过概念反映出来这种实践关系和需要关系。马克思指出："人们实际上首先是占有外界物作为满足自己本身需要的资料，如此等等；然后人们也在语言上把它们叫做它们在实际经验中对人们来说已经是这样的东西，即满足自己需要的资料，使人们得到'满足'的物。"④ 该范畴的出发点是客观存在的具体事物，是一种科学抽象，是坚持从物到感觉到思维的唯物主义路线。⑤

马克思虽未曾对"价值"做出界定，但是从关系的角度对"使用价值""财物"和"商品交换价值"进行了合理解释，从深层次揭示了价值的内涵。马克思认为："人们只是给予这些物以专门的名称，因为他们已经知道，这些物能用来满足自己的需要，因为他们努力通过多多少少时常

---

① 《马克思恩格斯文集》第一卷，人民出版社 2009 年版，第 533 页。
② 同上书，第 157 页。
③ 《马克思恩格斯全集》第十九卷，人民出版社 1963 年版，第 406 页。
④ 同上。
⑤ 李连科：《价值哲学引论》，商务印书馆 1999 年版，第 65 页。

重复的活动来握有它们，从而也保持对它们的占有；他们可能把这些物叫'财物'，或者叫做别的什么，用来表明，他们在实际地利用这些产品，这些产品对他们有用……"① "使用价值表示物和人之间的自然关系，实际上是表示物为人而存在。"② "一定的外界物是为了满足已经生活在一定的社会联系中的人的需要服务的。"③ 马克思的思想指出了物的价值在于它"为人而存在""对人有用"，为人所"握有""占有""利用"，物的属性以人的尺度加以衡量。这些都表明了在价值产生于其中的关系中，主体人的内在尺度的根本作用。这里的我是主体，外物是客体，表现出的主体与客体的关系，是客体作用于主体，客体的属性满足主体需要的关系。在价值论中，价值的主体是人，价值的客体是外物，所谓的价值正是在主客体间发生关联和作用，是因为客体能满足主体的需要而诞生的。所以，本研究持这样的观点，即价值是在主体参加实践活动中而建立起来的，该主客体关系是以主体的尺度作为尺度，是客体的固有属性对主体需要的满足。主客体间并不是一成不变的，均是复杂多变的，因此这种主客体关系必然也是多元化的，所以价值的概念也理所当然是多维动态的。

总而言之，价值是一种关系范畴，产生于人和外物之间。在价值哲学范畴内，价值主体是人，价值客体是外物。价值的实质是价值客体属性对价值主体需要的满足关系。价值源于客体，取决于主体，形成和实现于社会实践过程之中。马克思主义价值理论是实践唯物主义的价值理论，从主客体的现实关系出发，立足社会实践与人民群众需求，是马克思主义价值理论的基本特点。④ 实践是价值的基础。这既是马克思主义哲学的价值范畴，同时它也揭示了价值产生的本质。

三 价值的本质与类型

关于价值的本质和与之相关的诸多问题经历了自苏格拉底时代至今两千余年的思考和争论，却始终未能得出确切的结论。"思想家们在对解决这个问题的不同方面做出了很大的贡献"，与此同时，也"认识到这个问题本身所固有的无穷的困难"，"他们……以致根本就没有接触到价值的

---

① 《马克思恩格斯全集》第十九卷，人民出版社 1963 年版，第 405—406 页。
② 《马克思恩格斯全集》第二十六卷，人民出版社 1974 年版，第 326 页。
③ 《马克思恩格斯全集》第十九卷，人民出版社 1963 年版，第 405 页。
④ 郭庆堂：《哲学通论》，中国社会科学出版社 2008 年版，第 239 页。

基本问题。在这里确实存在着最深奥的概念，甚至完全理解它都有相当的困难。"从逻辑上来讲，人们对事物本质的认识实质上先于对概念的把握。将已有的对本质的零散认识加以整理并用规范的语言揭示出来，就是下定义的过程。而后的本质分析，是在含义的基础上的进一步整理、抽象与深化。下面进一步揭示价值的本质。

论及价值的本质，国内外学术界观点纷呈，大致有以下几个方面：

第一种观点是主观价值论。这种观点把价值归根结底看作人类的精神现象，是属于人的兴趣、情感、意向、态度和观念方面的主观感受状态。如价值论的早期代表奥地利哲学家迈农、美国的培里等人都曾认为，价值从根本上产生于、存在于人们对客体的评价意识之中，价值只是来自人的主观精神表现，并不是一种客观的现实存在。这种观点看到了价值与人的主观方面的内在联系，看到价值主体具有的主观性特征，忽视了客体对于价值的作用。

第二种观点是客体价值论。国内学者为了反对主观价值论，提出客体价值论，有学者从客体的属性界定价值，"所谓价值，就是客体主体化后的功能或属性，也就是已经纳入人类认识和实践范围内的客体的那些满足作为主体的多数人一般需要的功能或属性。"[①] 价值是客观事物满足人的需要的一种属性。显然，这两个定义的共同点是把价值作为客体的一种属性或功能，而否认主客体之间相互作用对价值的影响，未看到同一客体对不同主体其价值不同，仅强调客体的作用，忽视主体的作用。

第三种观点是第三世界论。有学者既不满意主观主义价值论，也不赞同客体主义价值论，于是，提出价值是第三世界的观点。指出："价值究竟是什么？在我看来，价值就是价值，就像信息即是信息一样，既不能被称作为客观物，也不是严格意义上的主观状态；价值属性只是一种联系状态，永远存在于主体需要与客体之间，本身不存在'主观'或'客观'的从属关系，只是一种'中性'的关系。用一句简单的话说，价值是一个'第三世界'。""由此出发，逻辑的结论应当是：价值属性既不是客观性，又不是主观性，只能是客体对主体在特定关系中的有用性、效用性或意义。"价值是"一相对独立的王国。"[②]

[①] 王玉樑:《价值和价值观》，陕西师范大学出版社 1988 年版，第 161 页。
[②] 郑维川:《关于价值属性的思考》，陕西师范大学出版社 1988 年版，第 194 页。

第四种观点是主客体作用论。关于价值本质问题,许多学者是从主客体对象性关系上加以理解的。有学者认为,价值的本质是主体本质力量对象化;有的则认为,价值是主体性的对象化,价值的本质在于人的能动性、创造性。这两种观点的共同点在于认为,价值的本质是主体本质力量对象化。这是一种很有见地的观点。它指出价值与主体性的关系,与主体本质力量的关系,有助于揭示价值的主体性。实质上,它是从价值的源泉或来源上理解价值的本质。李德顺认为,价值本质上是一种价值关系,它是价值主体与价值客体之间存在的一种基本关系,是对价值主体与价值客体之间的相互关系所进行的一种主体性的描述。它反映了客体主体化过程的性质及其程度。价值是"客体的存在、作用以及它们的变化对于一定主体需要及其发展的某种适合、接近或一致。"[①] 王玉樑认为,价值的本质是客体主体化,是客体对主体的效应,是客体的属性对主体的需要、发展的效应,是客体的属性对主体的需要满足的关系。他指出:"价值是客体对主体需要的满足,或者说是客体的属性与功能能够满足主体的需要。它是主客体价值关系的一种结果,一种现实效应。"[②] 而袁贵仁指出:"价值是主体和客体之间的一种基本关系","表示客体对于主体所具有的积极的或消极的意义。价值关系就是意义关系。"[③] 主体客体化和客体主体化互为条件,统一于具体的实践活动之中。主客体的相互作用不仅包括主体客体化,即主体在实践中运用物质力量作用于客体,改造客体,使主体的本质力量对象化,还包括客体主体化,即客体的属性、规律也作用于主体,内化为主体机体和主体的本质力量,使主体得到改造、充实和发展。这两种力量相互作用构成实践活动。主体本质对象化是主体通过劳动加工对象并使主体本质力量物化的过程,这一过程使自然物质经过形式变化被加工转化为人化自然,这是人化自然价值产生的源泉。

价值是表示主体与客体的关系范畴,依据不同的分类标准,可以将价值划分为不同类型:以价值产生来源可划分为天然价值与创造价值;以价值作用程度可划分为高价值与低价值;从价值发展形态可划分为潜在价值与现实价值;以价值主体的活动领域可划分为政治价值、经济价值、科学

[①] 李德顺:《价值论》,中国人民大学出版社1987年版,第106—108页。

[②] 王玉樑:《价值哲学》,人民出版社1989年版,第93页。

[③] 袁贵仁:《价值观的理论与实践——价值观若干问题的思考》,北京师范大学出版社2013年版,第3—4页。

价值、文化价值、审美价值等；以被满足需要的性质可划分为物质价值、精神价值、物质与精神综合价值；以价值的功能特性可划分为目的性价值与工具性价值；以价值主体的社会层次可划分为个体价值、集体价值与社会价值；以价值作用性质可划分为正价值与负价值。总之，依据不同的分类标准，价值类型还可以继续划分为若干类型。

四 价值观

价值是主客体之间的客观关系状态，价值观就是对这一客观状态的主观认识和表达。关于"价值观"的概念，也是众说纷纭，但从本质上来说，"价值观"是一种导向，是价值认识活动的结果。价值是价值观的基础，有了价值，才能衍生出价值观，价值观是价值的衍生和深化。

在哲学领域价值观一般指主体与客体的相互作用中，人们在认识各种具体事物价值的基础上，对客体的总体看法、根本观点和态度，是人们在社会活动中的一种极其重要的因素，是一种特殊的认识形式，是一种对事物和行为的意义、效用的评判标准，判断是非、得失、善恶、真假的价值标准，也是人们区分好坏、美丑、悲喜和荣辱、对错的观念系统。价值观是人们对物质世界和精神世界的判断、评价、取向和选择的标准，它是社会文化的精神所在，是一种社会意识，集中反映着社会经济、政治、文化的方方面面，体现了人们对生活的总体认识、基本理念和理想追求，其外在表现则体现为对利弊、善恶、美丑、理欲的权衡和取舍。价值观也是一种个体的内心尺度，支配着人们的行为、态度、观察、信念、理解等，支配着人认识世界、改造世界，明白事物对自我的意义以及自我了解、自我定向、自我设计等。与此同时，价值观的形成主要受家庭、学校、社会等的影响，但是价值观一旦形成，就具有相对的稳定性，形成一定的价值取向和行为定式，是不轻易改变的。

根据不同的分类标准，价值观可以分为不同的类型。社会学家帕金森将人的价值观分为三种，即个人取向价值观、集体取向价值观、社会取向价值观，用来研究个体在群体、社会中的活动特点。

价值观具有以下三个特点：

（1）稳定性和持久性。价值观具有相对的稳定性和持久性。在特定的时间、地点、条件下，人们的价值观总是相对稳定和持久的。比如，对某种人或事物的优劣均有一个总体的评价和看法，在条件不变的情况下，这种看法不会改变。

（2）历史性与选择性。价值观是多种因素共同作用的产物，受时代和社会生活环境的影响巨大。一个人的价值观并不是与生俱来的，是一个逐步形成的过程，它所处的社会生产方式和自身所处的经济层次和地位，对个人价值观的形成均有决定性作用。当然不可忽视的还有父母、老师、名人等的言传身教，报刊、电视及网络的宣传，这些所造成的影响也是不可忽视的。

（3）主观性。指用以区分好与坏的标准，是根据个人内心的尺度进行衡量和评价的，这些标准都可以称为价值观。价值观对人的自我定位和调节作用显著。价值观对人的自我认识起决定性作用，它直接决定着这个人的理想、信念、目标及努力方向的性质。

价值观的作用大致体现在以下两个方面：

1. 对动机的导向作用。价值观直接对人的行为动机起着支配和决定作用，在同样的外部客观环境下，拥有不同的价值观，那么其动机模式也截然不同，因此所反映出来的行为举止也完全不同，价值观强烈地支配着动机的目的和方向，只有被价值观念认同的，才能最终转化为行为动机，并随后影响人们的日常行为。

2. 反映人们的认知和需求情况。所谓价值观即人们对于所处客观世界和行为结果所给出的评价和看法，所以，它其实是人们人生观和世界观的一个浓缩，反映了人的主观认知世界。

五 核心价值观

价值观是一个多层次的系统正是基于价值的多样性和价值主体的差异性特征。之所以人们的价值观具有极大的个体差异性，是由于人们所处的社会环境、社会地位和利益关系的不同，也是因为人们的教育背景、生活经历存在差异。一般来说总体上可以把价值观分为三类：一般价值观、核心价值观和终极价值观。所谓终极价值，是指人的价值追求中的总体目的、根本目标和最高理想。而终极价值观是指人们关于价值追求中的终极的即总体的目的、目标和理想的观点和看法。终极价值观在人们的价值追求及其价值等级序列中具有最高地位和根本作用，决定和制约着人们价值等级序列中的局部价值目的、具体价值目标和一般价值理想；决定和制约着人们价值体系中的其他价值观念；决定和制约着人们价值本身的基本性质和内在实质。

任何一个社会都存在着多种多样的价值观念和价值取向,它们反映了社会多样的文化传统以及多样的生产条件、活动方式和诉求利益。而核心价值观指的是在价值观体系中处于核心地位、统率和支配着其他处于从属地位的价值观。它是一个社会中居统治地位、起支配作用的核心理念,反映着社会发展的内在要求,代表了统治阶级的根本利益,是一个社会必须长期普遍遵循的基本价值准则,对这个社会起着规范行为、稳定秩序、提供精神动力的作用,具有相对稳定的特点。核心价值观是最稳固、影响力最强、具有决定作用的,它决定和影响其他价值观,其他非核心价值观体现和反映着核心价值观。首先,核心价值观作为价值尺度、价值原则、价值理想、价值信念的集中反映,是被社会所广泛认可的,是被内化到人们意识之中的价值要求与价值选择。核心价值观需要得到大众的普遍认同,如果失去了成员的认同,那么核心价值观就没有了存在的群众基础。其次,它在整个体系中居于统率地位。核心价值观决定其他价值观的性质和发展方向,并贯穿其他一切价值观发展过程的始终,其他价值观无时无刻不体现着核心价值观的内在要求。[①] 一个社会的核心价值观是主导社会理想、理念和精神风尚的灵魂,它对其他价值观念中不利于社会稳定和发展的成分具有强大的抑制作用,对于整个社会的发展起到了统率社会价值理念、社会价值尺度的核心和灵魂的重要作用。社会核心价值观是一个人、一个集团、一个民族长期秉承的一整套根本原则,它可以深层地、恒久地影响到一个人、一个民族的价值判断和走向,甚至决定一个民族的未来。[②] 每个社会都有其赖以生存和发展的核心价值观,如以仁、义、礼、智、信为基本内容的中国古代封建主义核心价值观;以自由、平等、博爱为基本内容的资本主义核心价值观;以共同富裕、以人为本、公平正义、人的自由而全面发展为基本内容的社会主义核心价值观。社会核心价值观是稳定国家的政治制度、经济制度和思想文化制度的精神支柱,它关系到国家的兴衰和社会发展的成败。因此,世界上包括发达国家在内的诸多国家,都非常关注核心价值观的确立。

社会的核心价值观是社会意识的本质体现,是一个社会区别于另一社

---

① 戴木才、田海舰:《论社会主义核心价值体系与核心价值观》,《中国党政干部论坛》2007年第2期。

② 朱剑昌:《对社会主义核心价值观的探析》,《湖湘论坛》2008年第1期。

会的重要标志。它渗透在社会的政治、经济、文化、道德的所有层面，体现在国家的制度、方针、政策、法律的所有规范中，具有统一思想、整合资源、引领思潮、坚定信念、凝聚人心、激发活力、规范行为等多重功能，对社会的稳定和发展起着重要影响作用。总结起来，核心价值观具有以下几个基本特征：

第一，统摄性。核心价值观处于价值体系的核心地位，其他价值观处于外围"保护区"。"保护区"中的价值观越靠近内核，受核心价值观的影响越大；越靠近外围，灵活性越大。由于核心价值观反映了时代的要求，指明了社会发展的趋势，既立足于现实又超越现实，因此具有极大的感召力，从而能够把其他价值观统摄在自己周围，对外围价值观起着协调、整合和引导作用。而外围价值观保护着核心价值观免受冲击和影响，确保其支配和主导地位。

第二，普遍认同性。核心价值观是社会普遍认同的价值理想、价值信念、价值尺度、价值原则的集中反映，并内化为人们普遍的价值追求和价值向往。核心价值观如果缺少了人们的普遍认同，就会失去存在的社会心理基础。正是遵循着核心价值观的方向引导，人们才在普遍的价值追求中沿着同一方向、朝着同一目标努力奋斗。

第三，稳定性。核心价值观是最基本的、比较恒定的价值观。当一个社会最根本的价值体系确立以后，它将社会化、大众化，成为人们共同遵循和维护的行为准则，深埋于人们的思想深处。随着时代的变迁，社会的次级价值观、具体价值观乃至某些基本的价值观会有所变化和发展，但核心价值观却大体恒定。

第四，建设性。一个共同遵循的价值观不是单纯依靠社会自发形成的，而是要正确发现并揭示其内在发展规律，有赖于统治阶级及其代表的建设。当这个价值观真正进入人们的思想和意识层面时，必将稳定地影响价值判断和行为，进而影响整个社会的走向，影响制度设计、规则制定和外部交往，起到稳定统治秩序、维护统治阶级利益的作用。

第五，理想性。核心价值观把人类的远大理想同人们改造世界的现实任务结合起来，既反映现实又超越现实，成为引导人们进行价值追求和价值实践的价值理想和价值信仰。正是由于它的理想性，人们才能在价值追求和价值实践过程中不断纠正与价值理想不相符合的偏差和失误；正是有了这种理想性的精神支柱，人们才能不断获得前进的精神动力，朝着共同的目标迈进。

总之，核心价值观是一个在社会中居统治地位，对人们的行为举止起支配作用的核心理念，是人们基于一定的人生观、世界观形成的最基本的价值取向和最高价值判断标准，是人们把握价值关系的特殊观念系统，是人们认识和处理价值问题所持的立场、观点和方法的总和。它反映现实生活和社会发展的内在要求以及统治阶级的根本利益。每一个社会制度或某一社会制度下的不同发展时期，都有其相应的核心价值观。核心价值观对其他的价值观起支配、引导、整合的作用，核心价值观是一个民族、一个国家凝聚团结、和谐稳定发展的精神动力和方向导航，在一定意义上决定着一个民族的发展前途，它与一般价值观的区别在于它具有价值导向、价值整合以及稳定社会秩序的功能。

第二节　社会主义核心价值体系的科学内涵与特征

一　社会主义核心价值体系的科学内涵

社会核心价值，起着统率社会价值理念、社会价值尺度的核心和灵魂的作用。任何社会都有自己的核心价值体系。社会核心价值体系是社会意识的本质体现。党的十六届六中全会通过的《中共中央关于构建社会主义和谐社会若干重大问题的解决》中指出："我国现阶段提出的和谐社会的伟大构想，必须以和谐文化为基础进行建设。而其建设的根本就是社会主义核心价值体系。"整个会议就社会主义核心价值体系进行了高度概括，并一再重申："我国特色社会主义的理想源于马克思主义思想的延伸，并以此为指导，是时代精神及民族精神的融合，是爱国主义及改革创新的真实体现，是社会主义核心价值观及荣辱观的主要内容。"

社会主义核心价值体系涉及经济、政治、文化、思想等诸多领域，涵盖了整个社会生活，是社会意识形态方向及性质的高度体现。以思想道德为其理论根基，是有效激励全国各族人民团结奋进的精神力量。社会主义核心价值体系的构建，是党的十六届六中全会在思想理论建设上的一个重大理论创新，是我们党深刻总结历史经验、科学分析当前形势提出的一项重大任务。

社会主义核心价值体系的基本内容表现在四个方面：

1. 坚持马克思主义指导思想。只有坚持马克思主义科学的思想方法指导，才能保证社会主义核心价值体系的科学性和科学的价值追求。

马克思主义是我们立党立国的根本指导思想。马克思曾经指出，"批判的武器当然不能代替武器的批判，物质力量只能用物质力量来摧毁；但是理论一经掌握群众，也会变成物质力量。"① 加强思想理论建设，是巩固马克思主义在意识形态领域的指导地位、巩固全党全国各族人民团结奋斗的共同思想基础的根本性措施。马克思主义是科学，其科学性主要表现在马克思主义的辩证唯物主义和历史唯物主义，只有坚持马克思主义科学的思想方法指导，才能保证社会主义核心价值体系的科学性和科学的价值追求。马克思主义是我们立党立国的根本指导思想。中国共产党始终把马克思主义作为我们党的根本指导思想和行动指南。

毛泽东同志曾经指出"我们的党从它一开始，就是一个以马克思列宁主义的理论为基础的党，这是因为这个主义是全世界无产阶级的最正确最正确最革命的科学思想的结晶。"② 在延安时期，就非常重视马克思主义理论研究实践，提出了，"如果我们党有一百个至二百个系统地而不是零碎地、实际地而不是空洞地学会了马克思列宁主义的同志，就会大大地提高我们党的战斗力量。"③ 在中华人民共和国第一届全国人民代表大会第一次会议开幕词中指出："共产党是领导一切的核心，马列主义是指导我们不断前进的基础。"新中国成立后，他又强调，社会主义建设离不开社会科学理论人才，我们要作出计划，组成一支"强大的理论队伍"，"人少了是不成的"。邓小平曾说过："把马克思主义的普遍真理同我国的具体实际结合起来，走自己的道路，建设有中国特色的社会主义，这就是我们总结长期历史经验得出的基本结构。"④ 江泽民也针对性地指出："马克思主义是我们立党立国的根本指导思想，是全国各族人民团结奋斗的共同理论基础。马克思主义的基本原理任何时候都要坚持，否则我们的事业就会因为没有正确的理论基础和思想灵魂而迷失方向，就会归于失败。"⑤ 胡锦涛就此也有力地指出："马克思主义理论是指导马克思主义政党完成

---

① 《马克思恩格斯文集》第一卷，人民出版社 2009 年版，第 11 页。
② 《毛泽东选集》第三卷，人民出版社 1991 年版，第 1093 页。
③ 《毛泽东选集》第二卷，人民出版社 1991 年版，第 533 页。
④ 《邓小平文选》第三卷，人民出版社 1993 年版，第 3 页。
⑤ 《江泽民文选》第三卷，人民出版社 2006 年版，第 282 页。

自己历史使命的强大思想武器。我们党领导人民长期奋斗的实践充分表明：思想理论建设是党的建设的根本，只有坚持马克思主义基本原理同中国具体实际相结合，不断在实践的基础上推进理论创新，用发展着的马克思主义指导实践，才能保持马克思主义的强大生命力，才能制定正确的路线方针政策，才能凝聚全党全国各族人民的意志共同为崇高理想和伟大目标而奋斗。新世纪新阶段，我们要抓住重要战略机遇期，全面建设小康社会、加快推进社会主义现代化，必须加强马克思主义理论研究和建设，不断开辟马克思主义发展的新境界。"[1] 习近平同志强调："坚持并巩固马克思主义在意识形态领域的指导地位，首先要坚定马克思主义的信念和理想。马克思主义是中国共产党人的命脉和灵魂，它在实践中产生，并在实践中不断丰富和发展；它紧密结合实际，不断研究和解决随着时代前进和实践发展所提出的新情况、新问题。在当代，中国特色社会主义理论体系是马克思主义中国化的最新成果，它是适应了时代和实践的需要而产生的科学理论，因而能够成为永葆青春活力的科学真理。"[2] 习近平同志形象地把理想信念比作人精神上的"钙"，没有理想信念，或者理想信念不坚定，精神上就会"缺钙"，就不可能做出无愧于人民的事业。

当前，我们使用的方法论及世界观，都来源于马克思主义，在对世界形成客观性认识及实施改造的过程中，使我们对社会主义核心价值体系的构建方向更为清晰，内容更为明确，并为其建设提供了强大的理论及思想基础，并且以社会主义核心价值体系的最根本性内容予以体现。

我国特色社会主义价值体系的形成，是以马克思主义中经典科学社会主义价值体系为基础的，并与我国具体实际相结合的产物。这种价值体系以具体实践为基础，坚持价值原则与科学原则二者的和谐统一。科学原则具体体现的是中国实际与历史规律的有机融合；而价值原则具体体现的是人类社会总体利益与各阶级、各民族及各国家利益的辩证统一。所以，在社会主义核心价值体系建设中，既要体现出其科学性，又要保持我国特色，来引领中国人民走自己的特色之路，使其真正作为国家的原动力及民族的脊梁。

马克思主义价值理论其实质极为丰富，综合性很强，因而被作为一个

---

[1] 《坚持马克思主义理论同中国实际相结合为全面建设小康社会提供科学理论指导》，《人民日报》2005年11月27日。

[2] 华羽：《旗帜鲜明地坚持马克思主义指导地位》，《光明日报》2013年8月27日。

体系被不断引用及持续发展着。按照层次结构对其予以分类，大体包括：马克思主义价值学层次及哲学价值层次、科学社会主义和共产主义的价值观念层次等；按照时空结构对其予以分类，其大体包括：马克思恩格斯、列宁及毛泽东的价值理论、邓小平价值理论以及"三个代表"价值思想和科学发展观，以及习近平的系列重要讲话精神。由于它们产生的时期不同，其适用范围及条件也各不相同，但在实践性及科学性上都是相同的。在马克思主义理论引导下，使得中国共产党的价值观变得极为科学及具体，使其逐步成为社会主义价值体系的核心。其价值主要体现在"为人民服务""三个有利于"和"三个代表"思想武装及实践上。所以，中国共产党的价值观已经成为社会主义核心价值体系的核心理念。

2. 确立中国特色社会主义共同理想。坚定中国特色社会主义的共同理想为社会主义核心价值体系提供了坚实的基础。

理想是一个民族、一个社会奋力前行的向导。所谓共同理想就是共同的价值追求、价值取向和价值目标。改革开放的历史进程说明，当今中国只有中国特色社会主义理论、道路和制度，才能实现中华民族富强、民主、文明、和谐的社会主义现代化目标，这一目标最大限度地反映了现阶段中华民族根本的利益和追求，是现阶段达成共识、统一行动的可靠而现实的社会基础。我国现阶段提出的建设特色社会主义的伟大构想，是实际的、具体的、振奋人心的。既表明了中国共产党带领全国各族人民共奔富裕的决心，也体现了我们坚决要走中国特色社会主义道路的伟大理想。沿着这条光明之路，我们有决心在21世纪的前二十年，全面建成小康社会，到21世纪中期，现代化建设基本完成，到那个时候，一个崭新、民主、和谐、富裕的国家会在世界的东方傲然屹立。这个美丽愿景，它代表着知识分子、工人、农民以及所有生活在这块土地上的人的共同愿望，具有极强的包容性及广泛性。通过这个美丽愿景，让国家、民族及我们每一个人紧紧相连。这个伟大目标的完成，是实现现代化的需要，是民族复兴的需要，也是我们过上幸福生活的需要，这些需要有利于调动全体人民为之奋斗的积极性。

不断加强中国特色社会主义共同理想教育的目的，就是寻求一种途径、利用一种方式、采取一定方法将实现现代化及建成小康社会的伟大理想予以转化，使其变为全社会及所有民众共同的价值取向及追求，也是需要共同实现的价值目标。这就要求人们把为最高理想而奋斗同现阶段为共同理想而奋斗两者统一于建设中国特色社会主义的实践之中。

在中国特色社会主义共同理想中，构建和谐社会共同的价值追求具体表现为：我们在对自然实施改造的过程中，必须以追求与自然的和谐共处为原则，建立生态的有机文明；在具体的经济活动中，必须以实现效率第一、活力至上及全民富裕为宗旨，建立起丰富的物质文明；在民主政治活动中，必须要坚持建立以公平正义、民主法治、诚信团结、安定有序为核心的和谐社会。

3. 弘扬以爱国主义为核心的民族精神和以改革创新为核心的时代精神。这是社会主义核心价值体系生命力与动力之源，是社会主义核心价值体系鲜活的思想内容的表现。

民族精神和时代精神是一个民族赖以生存和发展的精神支撑。中国特色社会主义共同价值理想的形成，是以马克思主义思想为基础的。它与人类历史的发展趋势相吻合，也与时代的更新与进步相适应。在华夏五千年的深厚底蕴影响下，在中华崛起的血雨腥风中，一直以来我们都以伟大的社会主义理想为根基，在悠久的历史发展和进程中，我们的民族价值观悄然形成，这其中存在着历史的必然，也存在着逻辑上的必然，且在社会主义核心价值体系建设中发挥着强大力量。

中华民族价值观是全国各族人民所具有的共同价值取向、价值目标及价值追求，其中还包括共同认同的价值理念、价值标准及相关评价标准，并且其实现途径及遵循的道路、所走的方向也得到了全国各族人民的认同。中华民族价值观从文化传承上重点是讲中华民族精神。中华民族精神是中华民族在漫长的社会历史发展过程中逐步形成的，它是中华各族人民社会生活的反映，是中华文化最本质、最集中的体现，是各民族生活方式、理想信仰、价值观念的文化浓缩，是中华民族赖以生存和发展的精神纽带、支撑和动力，是创新社会主义先进文化的民族灵魂。党的十六大报告中概括了其中心内容：在五千多年的发展中，中华民族形成了以爱国主义为核心的团结统一、爱好和平、勤劳勇敢、自强不息的伟大的民族精神。

可见，民族精神以爱国主义思想为核心，具有其历史的合理性，也具有现实的针对性。其民族价值观的核心就是爱国主义价值观。

爱国主义价值观将整个民族、社会及人民作为其价值主体，将全民族的利益及需要作为其价值标准；将全民族的生存及发展作为其评价标准；

将全民族的复兴作为其价值目标,并将走特色社会主义道路作为实现价值目标的最根本渠道,这也是一条实现民族复兴的伟大之路,是中华民族历史的必然选择。

社会主义核心价值的完善需要依靠民族价值观的支撑,我国全体人民无论在革命时期,还是新中国成立后的建设时期,还是在改革开放时期,都将马克思主义作为其指导思想,将其融合于社会的实践及实际中。以中华传统文化价值作为社会主义核心价值体系的根基,通过与世界各国文化价值相互融合,衍生出了自己独特的价值文化及价值成果,使得我国社会主义价值体系及文化价值体系最终形成。整个文化价值体系主要以中华民族传统价值观为根基,其包括了革命价值观念、建设型价值观念及新型价值观念等。革命价值观念具体体现在:延安精神、井冈山精神、长征精神等;建设型价值观念具体体现在:雷锋精神、两弹一星精神、大庆精神等;新型价值观念具体体现在:"九八抗洪"及六十四字创业精神等。

中华民族在新的历史时期,在新的改革条件下,赋予了民族精神更深的内涵,那就是时代精神,它以改革创新为核心,具体体现为解放思想、与时俱进、一往无前、实事求是、无私奉献、艰苦奋斗、攻坚克难等。我们的伟大目标及理想造就了时代精神,而时代精神又支撑着我们的伟大目标及理想。在构建和谐社会全面建成小康社会的伟大历史变革中,我们的民族精神已经与时代精神融为一体,并将民族凝聚力、创造力及生命力牢牢根植于其中,作为社会主义核心价值体系的核心部分,在新的历史时期起到了激励及凝聚作用。

4. 树立社会主义荣辱观。主要强调社会主义道德范畴的现实内容,具有很强的现实针对性,集中概括了现阶段道德实践的具体要求。

荣辱观是世界观、人生观、价值观的重要内容,树立正确的荣辱观是形成良好社会风气的重要基础。荣与辱反映了人在社会生活中的一种心理感受和价值反思。荣辱观的实质内容是社会评价标准和个体自我评价标准的体现。只有分清荣辱,明辨善恶美丑,一个人才能形成正确的价值判断,一个社会才能形成良好的道德风尚。

社会主义核心价值体系的具体体现就是社会主义荣辱观。由于社会主义荣辱观中相关理念及规范以及标准体系的原因,使得社会主义核心价值体系中的本位价值、价值范畴、根本价值标准及追求、基本价值规范及原则等深受其制约。其明确了当代社会最基本的价值取向行为准则,涵盖了人生态度、社会风尚的方方面面，体现了社会主义道德规范，体现了中华民族传统美德、优秀革命道德与时代精神的完美结合。

具体而言，一个社会以什么为本位价值，其本质性标志是什么，都与社会价值体系相关。在剥削社会，其本位价值体现于金钱及权利本位等，在社会主义社会，其本位价值就是劳动，也是社会主义荣辱观的实际体现，实际劳动与否直接跟荣辱相连，也是荣辱的基本判定标准。因此，社会荣辱观的核心与社会主义价值观核心是一致的，就是以"为人民服务"为荣这一理念。以"八荣八耻"为主要内容的社会主义荣辱观是社会主义核心价值体系的重要组成部分，已经成为并将继续成为引领社会风尚的一面旗帜。既具有深刻的思想性，又具有多方面的实践性；既具有内在的逻辑性，又具有现实针对性和工作生活上的可操作性。因此，社会主义荣辱观教育是社会主义核心价值体系建设的具体落实。

总之，社会主义核心价值体系涵盖了四个方面内容。这四个方面各居于不同的理论层次，具有不同的地位作用，构建完整的社会主义核心价值体系。其内容表现的指导思想、理想信念、精神动力、行为规范是完整统一的，其相互联系、相互配合、相互支撑，形成了完整的核心价值体系。坚持马克思主义的指导地位，就抓住了社会主义核心价值体系的灵魂；树立共同理想，就突出了社会主义核心价值体系的主题；培育和弘扬民族精神和时代精神，就把握了社会主义核心价值体系的精髓；树立和践行社会主义荣辱观，就打牢了社会主义核心价值体系的基础，形成了一个相互联系、相互配合、相互支撑的系统。

二 社会主义核心价值体系的特征

1. 主导性

中国特色社会主义理想以继承和发扬时代及民族精神为核心，以社会主义荣辱观为引领，是对现阶段全民族行为及价值取向的具体反映，也是社会主义核心价值体系的基本追求。它以先进性为基础，具有很强的主导性。通过具有特色的社会主义伟大理想，使得我们有条件对改革后历史发展理论进行高度概括及提升，其逻辑性符合价值理论的需要，也与现实性的具体要求相吻合。社会主义核心价值体系，一直坚持以马克思主义为指导，以时代及民族精神为核心，以荣辱观为主要内容，为了实现共同理想及追求，以先进文化为引领，满足了先进性需要。

2. 现实性

社会主义核心价值体系的形成背景，有历史的必然性因素，也有外部环境的诱因。当前时代，各种观念、思潮、文化等相互碰撞、相互交融、此起彼伏，我国领导者立足当前国情，勇于实践，开创性提出了社会主义核心价值理念。它是与全国人民的愿望联系在一起的，有着坚实的群众基础，因而其凝聚力及向心力很强，其针对性突出。特别在一些实际问题上，可以最真实反映出时代特点。对社会主义意识形态而言，起到了积极引导作用。

3. 包容性

社会价值观的形成及发展有着多样性特征，不仅可以促进创造力的提升，也是社会主义核心价值体系资源的有效补充。这里值得一提的是，社会价值观的多样性特征，决定了其中必然存在一定程度的无序性及盲目性，因而，需要相关价值体系的引导，使原本的无序及混乱状态得到纠正。所以，在我国建设和谐社会的伟大进程中，社会主义核心价值体系起到了决定性作用。通过对社会上多种价值观的整合与引导，以提倡积极，抵制腐朽来促进核心价值观的实现，这是我国社会发展的需要，也是其思想文化内涵更为符合时代发展的需要。

4. 超越性

时代在发展，我们对特色社会主义理论、制度及道路的探索也在不断深入。社会主义核心价值体系的产生，是符合时代要求的，是为了民族振兴的宏伟蓝图服务的。因而，其更需要随着历史的前进而不断发展。我们从其构成要素上便可看出，其包含着马克思主义思想、社会主义核心价值观、荣辱观及特色社会主义的共同理想，都是超越生活的，超越现实的，它既是整个核心体系的体现，也是与其他价值体系完全区别的地方。

5. 开放性

开放性是马克思主义的实质性需要，也是其理论的本质性要求。同时，也是马克思主义不断得到发展的驱动力。单就马克思主义而言，其具有很强的开放性及批判性，它符合实践的需要，也与时代特征相吻合，这也是马克思主义一直能够保持其先进性的关键所在。

第三节　社会主义核心价值体系理论成果的发展

社会主义核心价值体系是一个从实践到理论，从理论到实践的双向转化过程,是在建设中转化、在转化中建设。从根本上说,如果社会主义核心价值体系成为整个社会的普遍价值准则,就说明社会主义核心价值体系取得了实效,达到了目的。

一 社会主义核心价值体系的理论形成

马克思、恩格斯以及后来的马克思主义者也结合本国实际和国际经验,作过精辟的论述。马克思、恩格斯为《共产党宣言》所写的1872年德文版序言中提出:"不管最近25年来的情况发生了多大的变化,这个《宣言》中所阐述的一般原理整个说来直到现在还是完全正确的。"[①] 但是在实践当中我们要积极推进马克思主义理论创新,将马克思主义理论和实践联系起来。列宁在论马克思主义的精髓和价值中指出:"我们认为,对于俄国社会党人来说,尤其需要独立地探讨马克思的理论,因为它所提供的只是总的指导原理,而这些原理的应用具体地说,在英国不同于法国,在法国不同于德国,在德国又不同于俄国。"[②] 正因为马克思主义只是提供了分析问题的科学方法论而不是照搬照抄的公式和教条,因此,马克思主义必须要尊重各国的具体情况和特点,在同各国实际结合的过程中,以民族化的形式存在和发展。毛泽东同志指出:"马克思列宁主义的伟大力量,就在于它是和各个国家具体的革命实践相联系的。对于中国共产党说来,就是要学会把马克思列宁主义的理论应用于中国的具体的环境。成为伟大中华民族的一部分而和这个民族血肉相联的共产党员,离开中国特点来谈马克思主义,只是抽象的空洞的马克思主义。"[③] 邓小平同志进一步继承、丰富和发展了这一思想,指出:"我们的现代化建设,必须从中国的实际出发。无论是革命还是建设,都要注意学习和借鉴外国经验。但是,照抄照搬别国经验、别国模式,从来不能得到成功。这方面我们有过不少教训。把马克思主义的普遍真理同我国的具体实际结合起来,走自己的路,建设有中国特色的社会主义,这就是我们总结长期历史经验得出的基本结论。"[④] 在党的十六届六中全会通过的《中共中央关于构建社会主义和谐社会若干重大问题的决定》,第一次明确提出了"建设社会主义核

---

① 《共产党宣言》,人民出版社2014年版,第3页。
② 《列宁专题文集:论马克思主义》,人民出版社2009年版,第96页。
③ 《毛泽东选集》第二卷,人民出版社1991年版,第534页。
④ 《邓小平文选》第三卷,人民出版社1993年版,第2—3页。

心价值体系"这个重大命题,指出"社会主义核心价值体系是建设和谐文化的根本。"党的十六届六中全会不仅提出了建设社会主义核心价值体系的重大任务,而且从四个方面概括了社会主义核心价值体系的内涵,即马克思主义指导思想、中国特色社会主义共同理想、以爱国主义为核心的民族精神和以改革创新为核心的时代精神、社会主义荣辱观,这四个方面相互联系、相互贯通,其功能、侧重不同。这说明了我们党在实践中不断进行理论创新,形成了社会主义核心价值体系理论。

二 社会主义核心价值体系的发展

意识形态是影响社会发展的稳定器和引擎,意识形态和社会存在具有内在的联系。党的十七大报告中强调要加强社会主义核心价值体系的教育,并指出:"社会主义核心价值体系是社会主义意识形态的本质体现。社会主义核心价值体系的建设,是我们党从实践—理论—实践的一个升华,是我们党深刻总结历史经验、科学分析当前形势下提出的重大理论创新。社会主义核心价值体系,是社会主义制度的内在精神和生命之魂,是社会主义意识形态的本质体现,是社会主义先进文化建设的重要组成,是社会主义和谐社会建设的需要。建设社会主义核心价值体系,用社会主义核心价值体系的基本内容教育广大人民群众,坚定对中国特色社会主义建设的信念,引领和整合多样化的思想观念和社会思潮,进一步增强干部、党员和群众认真贯彻执行党的基本路线、基本纲领和基本经验的自觉性和坚定性。"

改革开放以来,中国正处于一个各种社会思潮相互交汇、相互激荡的时期。西方的各种社会思想不断涌入我国,对我国的社会意识形态产生严重碰撞和冲击。党的十七大在立足我们现实情况的基础上,以社会主义核心价值体系引导社会风气、教育广大人民,通过整合和引领多样化的社会思潮,确保我们社会主义意识形态的主导地位。因此,我们必须全面贯彻党的十七大精神,使建设社会主义核心价值体系成为全面推进党的建设的现实需要。

三 社会主义核心价值体系的深化

党的十八大报告强调要加强社会主义核心价值体系建设,提出用"三个倡导"积极培育和践行社会主义核心价值观。要把社会主义核心价值体系的传播同中国梦的宣传教育有机结合起来,深入阐释了中国梦是当代中国人民共同理想和价值追求的形象表达,是中华民族团结奋斗的最高理想。价值观作为一种社会意识,集中反映着社会的经济、政治、文化,代表了人们对社会生活的总体认识、基本理念和理想追求。现阶段,我国正在发生广泛而深刻的变革,社会思想更加多样、社会思潮更加多变、社会价值更加多元,这就更加需要践行和加强社会主义核心价值体系教育。要把培育和践行社会主义核心价值观的要求体现到制度设计、政策法规制定和社会管理之中,从政策环境、体制环境、社会环境等多方面给予有力支撑,形成培育和践行社会主义核心价值体系的强大合力。

四 社会主义核心价值体系的价值

1. 社会主义核心价值体系是对当前世界潮流发展趋势的科学认识。纵观当今国际环境,世界多极化逐渐加深,网络全球化不断扩大,不同文化相互渗透,相互交融,各国综合国力激烈竞争,意识形态错综复杂。特别是以美国为首的西方资本主义妄图把资本主义国家的意识形态、价值观念、价值取向和生活方式通过各种各样的方式灌输到人们的头脑中,麻痹人们的神经,摧毁人们的意志,扰乱人们的价值观念。除了资本主义观念的侵蚀,还有国际恐怖主义、霸权主义的弥漫,使当今世界主题"和平与发展"受到威胁。在复杂变化的国际环境和网络全球化的时代背景下,面对纷繁的价值取向,我们必须立足国内现实,把握时代脉搏,汲取人类优秀的文明成果,坚定不移地走中国特色社会主义的发展道路和加强社会主义核心价值体系教育。社会主义核心价值体系是社会意识形态的本质体现,面对这些多样的意识形态和价值观,社会主义核心价值体系体现出了更多的自信与气魄,能够理性面对,有效应对各种风险和挑战,维护我国的意识形态安全,从而实现中华民族的伟大复兴。

2. 社会主义核心价值体系是社会和谐、有序发展的必然要求。建设和谐文化,是构建社会主义和谐社会的重要任务,社会主义核心价值体系是建设和谐文化的根本,是构建社会主义和谐社会的精神动力。当前,我国社会主义改革和发展进入了关键时期,经济体制深刻变革、社会结构深刻变动、利益格局深刻调整、生活方式深刻变化,在给我国发展带来黄金期的同时也带来矛盾的凸显期,包括食品安全、入学就业、看病就医、社会保障、收入分配差距扩大、腐败现象、住房问题和非法收益等一些关系人们切身利益的问题亟待解决,这一切给人们的价值观念和思想意识带来极大的冲击,难免会有少数人对中国共产党执政产生怀疑,甚至会动摇社会主义和共产主义信念。社会主义核心价值体系的提出、深化,正是我们党积极正视矛盾、逐渐成熟的表现,减少了可能出现的不和谐的因素,提高了社会认同,增进了思想共识,有效地推进了和谐社会的构建。

3. 社会主义核心价值体系是增强民族凝聚力、提高国家竞争力的迫切需要。当今世界,各国经济既相互依靠又相互竞争,不同文化既相互借鉴又相互冲击。网络全球化不断深入,挑战着国家的主权,冲击着人们的爱国情怀、民族认同感和社会共识。国家之间的竞争,既表现在科技、军事和经济方面的较量也表现在文化软实力上。在文化软实力方面,最重要的就是社会主义核心价值体系建设,它直接反映着民族的凝聚力和国家的核心竞争力。面对网络全球化,社会主义核心价值体系的提出,有利于进一步增强人民的自尊心、自信心和自豪感,提高国家的核心竞争力,在全球一体化的生存平台上捍卫国家的利益和民族的荣誉。

第四节 社会主义核心价值观的内容与特征

一 社会主义核心价值观提出的过程

面对世界范围思想文化的交流、交融以及较量,西方的普世价值观正在积极不断地渗透。我国社会主义市场经济不断深化,改革已进入攻坚期和深水区,文化价值多元,各种社会思潮纷繁,主流意识形态受到严重挑战,我国必须倡导具有中国民族特色的、体现社会主义本质的、符合时代发展的主流价值来引领我们社会的价值取向。中央适时地提出了社会主义核心价值观,就是要大力宣传和实践社会主义核心价值观,促成社会全面发展与进步,在意识形态领域充分发挥马克思主义的指导作用,把团结奋斗的思想扎根于国人的心中,对于凝聚实现中国梦的巨大能量具有重要现实意义和深远历史意义。

党的十六届六中全会第一次明确提出了"建设社会主义核心价值体系"的重大命题和战略任务,明确提出了社会主义核心价值体系的内容。2011年10月,党的十七届六中全会强调,社会主义核心价值体系是"兴国之魂",建设社会主义核心价值体系是推动文化大发展大繁荣的根本任务。提炼和概括出简明扼要、便于传播践行的社会主义核心价值观，对于建设社会主义核心价值体系具有重要意义。

2012年11月，党的十八大报告明确提出"三个倡导"，分别是：倡导自由与平等、法治与公正；倡导富强文明、民主和谐；倡导诚信友善和爱国敬业，形成社会主义最根本的价值观。三个倡导全面概括了社会主义核心价值观。之后，各级各类新闻媒体通过理论文章、言论评论、专家访谈、专题节目等多种形式，加强对"三个倡导"的宣传阐释。各级宣传部门积极指导农村、社区、企业、学校、机关等，开展各具特色的社会主义核心价值观宣传教育活动。2013年12月，中共中央办公厅印发《关于培育和践行社会主义核心价值观的意见》，明确提出，以"三个倡导"为基本内容的社会主义核心价值观，与中国特色社会主义发展要求相契合，与中华优秀传统文化和人类文明优秀成果相承接，是我们党凝聚全党全社会价值共识作出的重要论断。"三个倡导"的内容就成了社会主义核心价值观的基本内涵。2014年2月24日，习近平在中央政治局第十三次集体学习的讲话时强调把培育和弘扬社会主义核心价值观作为凝魂聚气、强基固本的基础工程、战略工程，继承和发扬中华优秀传统文化和传统美德，广泛开展社会主义核心价值观宣传教育，积极引导人们讲道德、遵道德、守道德，追求高尚的道德理想，不断夯实中国特色社会主义的思想道德基础。

二 社会主义核心价值观的基本内容

《关于培育和践行社会主义核心价值观的意见》（中共中央办公厅印发）中提出：社会主义核心价值体系的根本是社会主义核心价值观，它反映出该体系的主要性质和特征，包含了该体系的丰富内涵与践行要求，是该体系的高度凝练与表达。

社会主义核心价值观用12个词概括："富强、民主、文明、和谐；自由、平等、公正、法治；爱国、敬业、诚信、友善。"体现在三个层面，首先是整个国家层面的价值追求：富强、文明、民主以及和谐；然后是社会层面的价值定位：公正与法治、自由与平等；最后是个人层面的价值要求：诚信、爱国、友善和敬业。

1. "富强、文明、民主、和谐"是将我国建设成为社会主义现代化强国的主要目标，是从国家大局的层次对社会主义核心价值观的高度浓缩，是最高层次的社会主义核心价值观，全面引导着其他层面的价值观理念。

价值观其实是人们内心的一种坚定信念，要想不断增强在世界范围内的影响力与汇聚力，就要保证核心价值观紧跟时代步伐。因此，中国计划用十年的时间（2010—2020年）使城乡居民的平均收入以及国家的生产总值翻倍，中国人民实现小康生活的目标让世界瞩目，国人的爱国情怀不断凝聚和升华，把中国建设成为文明与和谐、富强与民主的强国成为中华儿女的共同愿望。

党的十八大报告表明：道路好比党的生命线，影响着个人的幸福、民族的兴衰以及国家的前景。只有达成共识才能形成合力，而获取共识的主要途径就是把创新的理念和伟大的实践转变成国人心中的共同价值观。富强、和谐、文明、民主，虽然只有八个字，但是却包含了丰富的内容。实现"富强"，是社会主义初级阶段国情的集中体现，具有现代和传统的双重价值。"和谐"吸取了中华民族"和"的优良传统，同时具有重要的时代意义。"文明""民主"是中国人民千百年以来一直所追求的目标。

核心价值观直接影响着我们对事业的追求。具有中国特色的社会主义已经形成了"五位一体"的格局，并且有机结合了"富强、和谐、文明、民主"。如我国的建设是以经济建设为核心，追求的目标是实现国家"富强"，而"富强"正是我国核心价值观的重要组成因素。此外，"和谐""文明"和"民主"的价值观理念不是机械对应着各大建设，而是进行了融会贯通，对思想认识和社会实践起着辩证统一的作用。

2. "公正、法治、自由、平等"是人们对社会的一种美好期待，从社会层面阐述了社会主义性质的核心价值观，体现了中国特色社会主义所具有的主要属性，也是我党必须坚持和付诸行动的核心价值理念。

三十多年前所进行的改革开放给具有"板结化"趋势的社会提供了很大的发挥空间，使沉积的智慧得到了施展的机会，从此以后，中华儿女不断创造出各种各样的奇迹。经过十年的努力，社会建设从最初的提出到最终的完善，演变为"五位一体"格局的关键环节。同时，各种问题和矛盾在社会转型期纷纷涌现。由于当今时代的文化、思想和利益都具有多元、多样、多变的特点，所以我们迫切需要达成价值观的"共识"。

充分的空间和自由是社会活力产生的源泉，人类对于自由的追求是没有极限的。马克思在《共产党宣言》中就指出："代替那存在着阶级和阶级对立的资产阶级旧社会的，将是这样一个联合体，在那里，每个人的自由发展是一切人的自由发展的条件。"[①] 匈牙利诗人裴多菲的："生命诚可贵，爱情价更高，若为自由故，二者皆可抛。"法国思想家卢梭说："人生而自由，却无往不在枷锁之中。打碎枷锁，冲破牢笼，追求自由，这是人类永恒的追求。人类追求自由，就像享受阳光呼吸空气一样，与生俱来。"当前，我国进行的各项改革和制定的各种制度都始终建立在"自由"的基础之上，无论是最开始的"大包干"改革，还是当前的社会主义市场经济体制改革和政治体制改革；无论是保护人民的基本权益，还是在社会主义的政治发展道路上发挥更加充分、健全以及广泛的民主权利。因为有了自由的充分保障，从而挖掘出了人类社会的巨大活力与创新精神。所谓的"平等"就是人生而平等，就是法律面前人人平等，平等已是人类文明进步的重要价值标准，恩格斯曾指出："一切人，或至少是一个国家的一切公民，或一个社会的一切成员，都应当有平等的政治地位和社会地位。"[②] 我国宪法在规定公民的基本权利和义务中明确提出："中华人民共和国公民在法律面前一律平等。"从宪法和法律角度保障公民同等地依法享有权利和履行义务。我国中国特色社会主义的发展，改革开放取得重大成就，就是要让全国人民平等分享改革的胜利果实，它是构建法律体系意义上的平等，就是要达到权利平等、机会平等、规则平等，这种平等的实现需要依靠法治作为后盾，需要政策的保障，由此成为社会主义核心价值观的关键因素。如果说平等是一杆秤的话，公正就是那个掌秤的人。公正有着公平、正义的含义，公正是对人与人之间的社会关系的度量，是社会执法机关维护人们利益的代名词，是社会和谐稳定的重要因素。"天无私覆，地无私载，日月无私照。"公平正义如同日月光华，朗朗乾坤，让每一个人都平等地受惠。习近平同志要求让人民群众在每一个司法案件中都感受到公平正义。自由、平等、公正都离不开法治，法治就是依法治国。法治是人类政治文明的重要成果。"国无常强，无常弱。奉法者强则国强，奉法

---

① 《共产党宣言》，人民出版社 2014 年版，第 51 页。
② 《马克思恩格斯文集》第九卷，人民出版社 2009 年版，第 109 页。

者弱则国弱。"① 实施依法治国基本方略、建设社会主义法治国家,既是我国经济发展、社会进步的客观要求,也是巩固党的执政地位、确保国家长治久安的根本保障。

3. "诚信、爱国、友善、敬业"是从个人行为层面对社会主义核心价值观的阐述,属于我国公民的基本道德规范。它涵盖了公民道德生活的各个领域,是衡量公民道德行为选择的标尺,对公民的道德行为起着指导与约束的作用。爱国承担时代赋予的使命,当前,就是要把爱党、爱祖国、爱社会主义与爱集体、爱岗位、爱本职工作结合起来,积极投身到社会主义的伟大实践中去;敬业才能创造更大的人生价值,诚信才能赢得良好的发展环境,友善才能形成和谐的人际关系。

人民群众是价值观最主要的践行主体。践行社会主义核心价值观需要三个主体,分别是人民群众、国家以及执政党,其中人民群众(即个人)是最重要的主体。十八大所提出的"三个倡导"分为个人、社会和国家三个层面,其中的个人是根本,人与社会要汇聚成一股合力,才能实现最高层次的"富强与民主、文明与和谐"目标。

"爱国、敬业、诚信、友善"这八个字代表着对人们的更高、更新的要求。实现个人价值的前提是尊重所从事的职业,只有热爱自己的工作岗位、一心一意投入工作中、尽最大努力做好本职工作,才能为社会和国家做贡献,才能使家庭幸福美满,才能实现自我的人生价值。

我们应该提倡人与人之间的互相关爱。企业应当热爱国家、关爱员工,进而员工才会热爱企业、报效国家。这种爱的循环充分体现了"友善",能够凝聚人心,酝酿巨大的动力。"友善"最能缩短人与人之间的距离,是最基本的道德要求,没有特定的人群限制,具有普遍的适用性,是最应该被广泛传播的最基本的价值观教育。

三 社会主义核心价值观的基本特征

一个社会的核心价值观即该社会的主要价值理念和取向,可以反映出它的本质特点以及追求目标。核心价值观不仅取决于社会经济基础的发展,也在很大程度上引导、规范和促进社会的发展。核心价值观因社会的不同而不同,作为社会主义核心价值体系内核的社会主义核心价值观,体

---

① 《习近平用典》法治篇 http://theory.people.com.cn/n/2015/0316/c394175-26697262.html。

现着该体系的本质属性和根本特点，反映着该体系的所有内容和践行准则，对该体系进行了高度凝练和集中表达。①

社会主义核心价值观是一个社会基本与稳定的社会关系和价值取向的集中体现，是在社会主义改革进程中不断形成和发展起来的，对社会主义的价值理念以及目标具有指导作用。我国的核心价值观有如下特点：

1. 坚持为了人民，具有人民性

社会主义核心价值观在我国的价值体系中处于核心位置并起着主导作用，是我国社会价值观的真实写照，是需要人民一致认同和付诸行动的价值理念和原则。我国社会的核心价值观是由马克思主义这一指导思想决定的，马克思主义最大的特点就是人民性与阶级性的高度统一，它将阶级本性从剥削阶级理念这一囚笼中解救了出来，向社会大肆宣传其阶级性，无产阶级被哲学当作一种物质上的武器。我国社会主义核心价值观具有社会主义的性质，从而也就决定了它具有人民性。人民当家做主是我国社会主义的本质属性，于是人民群众就理所当然成了我国价值观的实践主体，一切行动均以人民的利益为准则。人民性与社会主义能够高度融合，人民性代表着社会主义的根本性质和基本标识，而社会主义为人民性的实现打下坚实的基础，两者紧密相连，缺一不可。实现共同富裕和全面发展是社会主义的本质，它的价值取向都是针对人民群众，都是为了促进人类社会的全面发展并把增强人们的幸福感作为目标。

2. 坚持社会认同，具有普遍性

核心价值观是一个国家、一个民族价值体系中最重要、最关键的元素，其影响着并在一定程度上决定着价值判断，因此，核心价值观应内含着对人的发展和社会前进走向的概括。因此社会主义核心价值观的构建，必须彰显社会主义最本质、最永恒的灵魂，不仅应避免为短期目标服务，也要切实考虑到群众的最根本利益。可以说，社会主义核心价值观的目标来源于人民大众的需求、现实理性的积淀和对未来走向的判断。如果缺少对时代的把握和对人民群众现实需求的了解，核心价值观将缺少最现实的基础，也缺少进一步培育与践行的基本动力。社会主义核心价值观作为社会主义精神文明和价值体系中最根本的重要内核，其效用的产生与发挥必

---

① 郝永平、黄相怀：《引领中国特色社会主义的发展方向——论社会主义核心价值体系的地位和作用》，《求是》，2013年第5期。

须与现实相衔接，才能使其更为丰满、更为系统化，才能在润物无声中成为人们共同遵循与维护的价值准则，从而成为中华民族长期稳定的价值标准，为中华民族的发展发挥着积极的作用。

3. 坚持中华特色，具有民族性

当前社会主义核心价值观的构建，应适应中国改革与发展的新形势，即社会结构从封闭逐渐变为开放、政治上趋于民主化和法制化、经济的进一步市场化、文化从农业文明转向工业文明，但我们必须清醒地意识到中华民族是一个历史悠久、文明从未中断过的民族。构建核心价值理念，不能人为地割裂过去与现在的价值传承，其核心价值观的构建必须以优秀的民族传统文化为根基，在传统文化的价值积淀上，结合社会发展和时代进步的要求进行创造性地传承。对于传承千年的传统文化，我们必须用马克思主义的世界观和方法论对其进行科学扬弃，对有益的东西、好的东西予以继承和发扬，对负面的、不好的东西加以批判和摒弃，取其精华、去其糟粕，既要克服全盘否定和抛弃传统文化的历史虚无主义，也要防范力求复古、开历史倒车的民粹主义思潮，努力在古今平衡中，实现传统美德与现实价值相衔接的社会主义核心价值观。

4. 坚定理想信念，具有崇高性

一种价值观是否具有崇高性，取决于其是否可以反映社会的发展的方向和长远利益，并发挥着激励和鼓舞人们不断前进的作用，因此，价值观的崇高性主要表现在其中所蕴含的高尚的、值得人们为之献身的合理价值追求。习近平指出："崇高信仰始终是我们党的强大精神支柱，人民群众始终是我们党的坚实执政基础。只要我们永不动摇信仰、永不脱离群众，我们就能无往而不胜。"[①] 这就告诉我们核心价值观必须具备崇高的精神元素。纵观历史实践，崇高的价值观才能成为一个民族价值理念的支撑，并具备极强的号召力和凝聚力。社会主义核心价值观的构建源自建设社会主义先进文化和弘扬民族精神，其本质既是社会主义先进文化的重要环节，又指引着社会主义先进文化的建设方向和目标，具备极强的崇高性。

---

① 《深入学习习近平同志重要论述》选摘，http://news.xinhuanet.com/book/2013-10/22/c_125580282.html。

第五节　社会主义核心价值体系与社会主义核心价值观的关系

《共产党宣言》中指出:"人们的观念、观点和概念,一句话,人们的意识,随着人们的生活条件、人们的社会关系、人们的社会存在的改变而改变。"① 建设中国特色社会主义,凝聚社会主义的精神力量,需要大力构建、弘扬社会主义核心价值体系,大力弘扬社会主义核心价值观。

社会主义核心价值体系是建立在社会主义经济基础之上、反映社会主义经济、政治和文化制度要求、体现社会主义发展趋势的核心思想意识和价值观念,它体现了社会主义意识形态的本质属性,集中体现了当代中国共产党领导下的人们的社会主义的理想、信念和追求,特别是代表了当代中国最广大人民群众的根本利益。党的十七大报告在十六届六中全会基础上,也重点强调:"社会主义核心价值体系是社会主义意识形态的本质体现。要巩固马克思主义指导地位,坚持不懈地用马克思主义中国化最新成果武装全党、教育人民,用中国特色社会主义共同理想凝聚力量,用以爱国主义为核心的民族精神和以改革创新为核心的时代精神鼓舞斗志,用社会主义荣辱观引领风尚,巩固全党全国各族人民团结奋斗的共同思想基础。"②

社会主义核心价值体系作为一个科学的价值体系,其内涵深刻而丰富,其内容全面而系统,并具有很强的思想理论价值。从社会主义核心价值体系中总结和凝练出准确、简明、通俗的社会主义核心价值观,有助于使社会主义核心价值体系更好地融入群众、引领群众,推动其在现实生活中的宣传、教育与践行。核心价值观在一个社会价值理念中居于核心地位,具有较强的稳定性,成为社会成员广泛认可并遵循的价值准则。近年来,一些新闻媒体和学术刊物发起和推动社会主义核心价值观凝练问题的大讨论,使社会主义核心价值观逐步成为热议主题。随着社会主义核心价值体系建设持续推进,党的十八大报告从建设社会主义文化强国的战略高度,深刻论述了社会主义核心价值体系建设的重要意义

---

① 《共产党宣言》,人民出版社 2014 年版,第 48 页。
② 《高举中国特色社会主义伟大旗帜,为夺取全面建设小康社会新胜利而奋斗》,人民出版社 2007 年版。

与战略要求，提出我国现阶段应该倡导什么样的社会主义核心价值观，指出："倡导富强、民主、文明、和谐，倡导自由、平等、公正、法治，倡导爱国、敬业、诚信、友善，积极培育和践行社会主义核心价值观。""三个倡导"的提出表明，中国共产党明确提出了当前应培育和践行的社会主义核心价值观的内容，是中国共产党人探索社会主义核心价值体系的最新理论成果和理论贡献，展现了中国共产党和中华民族的高度价值自觉和价值自信。

就社会主义核心价值体系与社会主义核心价值观二者的关系而言，中共中央办公厅于2013年12月印发的《关于培育和践行社会主义核心价值观的意见》中明确指出，"三个倡导"是社会主义核心价值观的基本内容，其契合了当前中国特色社会主义的发展要求，承接了中华优秀传统文化和人类文明成果，是党凝聚全党全社会价值共识所做出的重要论断。"社会主义核心价值观是社会主义核心价值体系的内核，体现社会主义核心价值体系的根本性质和基本特征，反映社会主义核心价值体系的丰富内涵和实践要求，是社会主义核心价值体系的高度凝练和集中表达。"《关于培育和践行社会主义核心价值观的意见》明确指出了社会主义核心价值体系和社会主义核心价值观的辩证关系。可见，社会主义核心价值体系，是社会主义核心价值观形成和发展的必要条件、存在基础和重要载体，社会主义核心价值观渗透于社会主义核心价值体系之中，通过社会主义核心价值体系表现出来；社会主义核心价值观，是社会主义核心价值体系的内核、高度概括和最高抽象，体现社会主义的价值本质，决定社会主义核心价值体系的根本性质、基本方向和基本特征，引领和主导社会主义核心价值体系的建构，两者是相辅相成、相互依存、辩证统一的有机整体。

社会主义核心价值观与社会主义核心价值体系从根本上来讲是一致的、统一的，从价值层面体现了社会主义的实质，是建设和发展中国特色社会主义所不可或缺的价值元素。但从一定程度上来讲，二者又是相互区别的。社会主义核心价值体系是社会主义在价值层面的系统反映，不仅仅是社会主义制度下思想意识和价值观念层面的总和，也体现着社会主义的经济、政治和制度要求；社会主义核心价值观则是对社会主义核心价值体系的科学概括与高度凝练，其主要体现在社会主义制度下的价值理念追求。就具体内容而言，社会主义核心价值体系是一个由马克思主义指导思想、中国特色社会主义共同理想、以爱国主义为核心的民族精神和以改革创新为核心的时代精神、社会主义荣辱观等多方面内容所构成的科学价值体系;社会主义核心价值观则是实现这一体系的具体目标和要求,包括"倡导富强、民主、文明、和谐,倡导自由、平等、公正、法治,倡导爱国、敬业、诚信、友善。"由此可见,社会主义核心价值体系的内容全面而具体,社会主义核心价值观的内容概括而抽象,确立社会主义核心价值观与构建社会主义核心价值体系,是一个相辅相成、有机统一的过程。

第四章　网络发展对社会主义核心价值教育的影响分析

以网络为代表的信息科技，是具有跨时代意义的新兴事物，它已经并将持续有力推动着人类社会的发展进程。互联网已经成为人们生活的重要组成部分，人们在网上交流思想、交往感情、交易买卖，真可谓"话在网上说，钱在网上花，事在网上办。"这种网络生活已经成为一种习惯和新常态。互联网快速传递信息、双向互动、及时沟通的特点，为社会主义核心价值教育提供了有效的平台，同时，互联网平台上传播的各种良莠不齐的信息，加之不完善的网络法规制度和网络虚拟的道德失范行为等，对人们的学习、生活和教育产生了重大影响。在当前复杂的网络环境下，社会主义核心价值教育面临着网络社会与现实社会的双重考验，如何遵循网络传播规律，弘扬主旋律，让社会主义核心价值观在网络互联时代成为"入脑、入心"的精神力量，成为人们心灵的指引，必须在宣传教育的实效性上下功夫，真正使互联网弘扬正能量，发挥积极向上的文化作用，使人们形成文明健康的网络生活方式。

第一节　网络发展为社会主义核心价值教育带来的机遇

一　从培育社会主义人才的角度分析

虚拟的网络环境为人类的生活、学习、工作提供了极大的便利。互联网的广泛性、多主体和时效性极大地拓展了社会主义核心价值教育的范围、提高了传播速度。远程教学、慕课、虚拟图书馆、e班等新形式的教育方式有利于社会主义核心价值教育资源的传播，它不但节省了大量的人力、物力和财力，而且能够起到春风化雨，达到较好的交流效果，对培育社会主义新人有很好的平台作用。

（一）通过互联网弘扬中国特色社会主义共同理想，增强社会主义核心价值教育的说服力和战斗力

我们知道互联网社会是现实社会的延伸，互联网社会网民的生活自然反映出现实社会的特征。中国特色社会主义的共同理想是社会主义核心价值体系中的重要组成部分，是全国各族人民的共同愿望和根本利益所在。在互联网高速发展的时代，中国特色社会主义的共同理想应该在互联网中也有所反映，社会主义核心价值观的教育也应成为网络思想政治教育的重点。

中国特色社会主义是立足于中国国情的社会主义。在不断探索中国特色社会主义的进程中，中国特色社会主义的内涵也不断得到丰富和发展。它包含在明确坚持社会主义本质、尊重中国国情的基本前提下，紧紧围绕"五位一体"总体布局和"四个全面"战略布局，牢固树立创新、协调、绿色、开放、共享的发展理念，贯彻以人民为中心的发展思想，统筹国内国际两个大局，统筹发展安全两件大事，坚持走中国特色信息化发展道路。解放生产力和发展生产力是建设中国特色社会主义的核心任务，是对中国特色社会主义本质的深化和丰富。要通过网络平台传播这些真理性的思想价值，使人民群众特别是网络受众深刻地理解和认识中国特色社会主义道路的优越性，认同中国特色社会主义共同理想。

中国特色社会主义反映了我国最广大人民的共同利益。人的利益是多方面的，但所有的利益需求的满足都要以生产力的发展为基础和前提。没有生产力的提高和发展，就不可能创造出丰富的物质财富，精神财富的发展也没有相应的社会基础。所以以经济建设为中心，大力发展生产力，抓住了中国社会发展的根本问题。另一方面，中国特色社会主义共同理想作为我国最广大人民愿望、利益的反映，还在于它深刻地体现了社会主义以人为本的价值关怀。发展生产力是为了实现人民群众的利益，目标是实现共同富裕、促进社会主义公平、实现社会和谐发展。社会主义和谐社会，既是中国特色社会主义的本质，也是社会主义的价值追求和理想目标。

中国特色社会主义能够成为全民族的共同理想和奋斗目标，就在于它真正代表了广大人民群众的利益。只有人民群众成为中国特色社会主义事业的主体，充分发挥人民群众的积极性和创造性，中国特色社会主义事业才有了可靠的基石和成功的保证。尊重人民的愿望，发挥人民群众的首创

精神和创造才能，既要不断提高人民群众的物质生活水平，又要不断提高人民群众的科学文化素质；既要考虑人民群众的长远利益，又要重视人民群众的眼前利益；既要真正保障人民群众的公民权利，还要以人的全面发展作为社会发展和文明进步的根本目的。只有实现了人民群众的愿望，满足了人民群众的利益需求，人民群众才能始终以饱满的热情投身到建设中国特色社会主义的伟大事业中来，我们的事业才能获得最坚实的群众基础。

（二）发展积极向上的健康网络文化，提升社会主义核心价值教育的实效性

互联网是传播人类优秀文化、弘扬正能量的重要载体。网络的发展对传统的纸质媒体造成了巨大冲击，一般的纸质媒体以天甚至以周为单位计算，而作为超越传统文化的网络科技发展使信息更新的周期以分钟来计算，为传统媒介的发展带来了挑战的同时也注入了新的活力。从信息的内容来看，互联网上的信息不仅容量巨大，而且可以同时覆盖遍布全球的用户。一种全新的传播载体在互联网上蓬勃发展起来，比传统媒介更具竞争力，促进了信息、科学和文化的交流，从而推动我国文化事业的发展进程，进而提升社会主义核心价值教育的发展。

在进行社会主义核心价值教育过程中，遵循网络传播规律，弘扬社会主义先进文化，用积极向上的理论武器武装人们的头脑，正确对待网络世界中纷繁复杂的思潮，积极推进丰富健康的网络文化建设，完善网络思想政治教育体系，以社会主义核心价值教育为主线，充分发挥网络育人的特点，积极培育网络社会主义先进文化建设，提高社会主义核心价值教育的实效性。

1. 网络文化是全球性的信息共享文化。信息资源是人类社会的重要生产要素和战略资源，是当代经济竞争的制高点。信息资源的开发利用已越来越引起人民的重视。目前，在国与国的竞争中，对信息资源的争夺和利用是决定性的、战略性的。因此，信息化已成为当今世界经济与社会发展的大趋势。以互联网为代表的信息技术已经广泛应用于社会经济的各个领域，对当代社会产生巨大的影响，改变着人们的工作方式、学习方式、生活方式以及思维方式，引发了经济社会的一系列变革。互联网最大的优势之一就是超越时间、空间的限制，有效地打破国家和地区之间各种有形和无形的壁垒。而这些特点也决定了网络文化只有在开放的网络上广泛传

播才能体现其自身的价值和活力。① 无论你在世界哪个角落，只要电脑和电话线相连，有手机，你就可以通过文字、声音、图像在这个网络上把自己和别人连接起来。同时，可以把各种信息网和数据库并入这个网络，从而形成了一个和物理空间相对应的信息空间。网络文化的这种特性正是社会主义核心价值教育所需要的，通过对知识和信息的共享，使中国故事讲得越来越精彩，使中国声音越来越洪亮，积极高效地推动社会主义核心价值教育的效果。

2. 网络文化是平等的交互性文化。传统媒体一直被认为是单向交流的渠道，一个最重要的特点就是信息交流由信息的发布者单方面主动制作提供，不能够根据接受者用户的需求来提供，用户只能作为被动的接受者，提供方也不能立即从用户那里得到宝贵的反馈信息。这体现在我国传统的政治社会化过程中，存在着只重视社会教化而轻视个人学习的倾向，这经常限制了个人在政治社会化过程中主观能动性和积极性的发挥，使得受众往往只能被动接受教育而无法主动参与思想交流。②

在互联网上进行的信息传播，单向信息交流变为双向、多向度传播，呈现出圆规式不断放大。加之，信息资源的浩瀚，储藏量之大是传统的文本资料无法比拟的。人们在浏览网页、查阅电子文档、获取需要资源等能够根据自己的要求选择信息来阅读。用户可以主动获取信息，这样可以节省时间，提高效率，降低成本，信息的提供方也能及时准确地从用户那里得到反馈。这种交互性的特点是其他媒体所无法与之相比的，因而它是一种平等互动的个性文化。网络时代的交互性提升了教育的互动性。网络交往没有权威，从而为人类的个性释放创造了契机，能使人获得交往的成就感与满足感。性格内向、缺乏自信的人有可能通过网络互动变得开朗、自信，在交往中获得满足，并且把这种开朗和自信带到现实交往中。在现实交往中受挫的青少年，可以通过网络交往获得精神上的满足，增强生活中的自信心。网络在融合报纸、电视等原有方式优点的同时，超越了这些原有的方式。传统媒体大多是单向地传播，传播者与接收者相对分离。从中央到地方，有一个传播控制中心，进行信息处理和单项式传播，保证了信

---

① 杨立英、曾盛聪：《全球化、网络化境遇与社会主义意识形态建设研究》，人民出版社2007年版，第219页。

② 杨丹华：《论传播社会主义核心价值体系的网络阵地建设——从网络的政治社会化功能谈起》，《湖北社会科学》2010年第8期。

息生成、维护、扩展的统一性，使人们的价值、观念易趋于统一。在这种单项式的传播中，群众总是被动地接受、执行信息。而网络时代使人们可以在网络上索取、选择自己所需要的信息，并表达自己的建议与意见，在更为开放、平等的环境下表达自己的意愿，这对于弱势群体来说，意义重大。① 人人都可以通过网络，对社会热点问题进行评述，展现自己的观点，让社会其他成员、媒体了解自己的态度。因此，在以网络为载体的平台上，社会各个群体既可以进行观点看法的交流，也可以进行观点的辩论，增强群众的参与意识，从而无意识地塑造全民共同的内在需要和价值准则。

3. 网络文化是虚拟的创新性文化。互联网所谓的虚拟是指互联网的存在状态是无形的，它以知识、消息、信息、声音、图像、文字等作为自己的形式。形成所谓的"虚拟现实"，这种"虚拟现实能使人造事物像真实事物一样逼真"。② 随着 4D 技术及虚拟显示技术的不断完善，面对加速向我们走来的"互联网+"时代，社会主义核心价值教育就要充分利用好"互联网+"这个平台，提升工作效率，扩大覆盖范围，精准宣传人群。必须将"互联网+"思维贯穿培育和实践社会主义核心价值观的始终，插上信息化翅膀，实现培育和践行社会主义核心价值观能力的现代化。在"互联网+"大数据时代，加强网站、微博、微信、APP 等各种媒体平台建设，发挥及时性、多媒体、移动性、互动性特点，从网民关注的热点问题和创建工作的难点问题着手，精心打造文明微品牌，精心设计话题，开展网上活动，以活动带动人气，形成黏着力和影响力，引导广大网友利用各级文明网微信矩阵，依托手机移动终端，真正了解和认识社会主义核心价值的积极意义。

（三）积极运用互联网信息技术，全面推进文化现代化发展和文化强国建设

1. 依托网络为载体，以社会主义核心价值来引领我国现代化文化发展

社会的信息化，给人们提供全新的社会交往工具以及交往方式的网络，正在形成一种新的文化，即"网络文化"。网络文化是一种依附于

---

① 张光慧：《大学生网络思想政治教育机制创新研究》，中国言实出版社 2009 年版。
② ［美］尼葛洛庞帝：《数字化生存》，胡泳等译，海南出版社 1997 年版，第 140 页。

现代科学技术特别是多媒体信息技术的现代层面的文化。信息和知识的非排他性、共享性决定了以其为主要内容的网络在数字化的传播技术作用下,具有传播的高效性、使用的方便性和最大的普及性等特点。而这些特点也决定了网络文化只有在开放的网络上广泛传播才能体现其自身的价值和活力。网络文化的这种开放性正是人类社会发展进步的重要动力,只有实现知识和信息的共享与开放,才能更有效地推动社会的发展和进步。

在信息化网络化时代境遇中,社会主义核心价值建设已经进入了一个全新的时代,步入一个崭新的领域。如何发挥网络文化中社会主义核心价值教育的价值,引领网络文化的发展,是社会主义文化强国建设中的重大理论命题。核心价值规范是反映和体现某一文化价值的行为规则,价值和规范共同塑造了一个文化成员在其环境中的行为举止。网络已经成为全球发展的新潮流,是信息社会先进生产力的标志,互联网以其特有的功能渗透到社会的各个角落,改变人们的生活方式、生产方式以及财富的分配方式。社会主义核心价值是作为上层建筑的文化的重要元素,是中国特色社会主义的"兴国之魂"。在网络的推动下,这一价值体系正在发挥着积极和深远的影响。因而要以互联网为载体,大力弘扬社会主义核心价值,主动占领互联网阵地,引导网络文化的健康发展。

2. 加强本土优秀的文化挖掘保护,在传统文化中汲取丰厚营养

每个时代都有其时代的精神,都有其时代的价值观。每个时代的精神和价值观都有其传统文化的深厚渊源和思想基因。文化是一个民族的灵魂,价值观是核心。对任何一个社会或国家来说,文化是它的精神存在,凝聚民族精神的文化能够发挥出巨大的精神整合和教化的功能,起到维护社会秩序和稳定国家的作用,而且能够作为一种准则帮助人们在现实生活中做出正确的价值判断。在当今信息化、网络化的社会,通过一条电话线、电缆、有线电视网、手机等方式,可将整个人类交往连接在一起,视频、微信、微博、QQ等让人与人之间的距离跨越国界,彼此更近。但是,互联网技术发明、规则,造就了美国网络国际文化霸权主义的猖獗,西方发达国家利用信息技术优势大力推进西方文化价值和意识形态的传播,特别是强势民族语言、文化的渗透和价值的抢占,使网络语境中发展中国家民族语言、文化日益的失落和权力消解。一个无可否认的事实是,目前英语主导着互联网,人们常被网上大量的英文信息弄得眼花缭乱,无

所适从。正是在人们的茫然中，西方英语文化的影响得以大行其道，加快其渗透与扩张的步伐。因此，出于保障网络安全、维护社会稳定的需要，我们迫切需要建设中国特色的、为社会主义事业服务的网络核心价值观。①

语言是一个国家的文化屹立于世界民族之林的标志，一个国家的民族语言消失，那将无所谓民族文化和民族意识，对一个民族国家的占领，落到最后就是文化的颠覆，民族文化的消亡，语言是一个关键的因素。因此，为了抵御外来强势文化的入侵，发展中国家必须坚持维护和弘扬本国固有的民族文化，从而实现本国民族文化的传承和发展，这个民族的基因才能遗传。当前，挖掘社会主义核心价值就是要在我们的社会，特别是互联网语境中弘扬主旋律，讲好中国故事，用我们中国特色社会主义文化来教育民众，坚持正确的社会价值观念与价值追求，形成具有伟大的民族精神和时代创新发展的价值。

3. 采取技防、人防手段，进行多维化的我国文化安全保护

网络暴力、色情、种族歧视、宗教分歧已经成为困扰世界各国的一个难以根除的问题。由于互联网传播速度的快速性、范围的广泛性使这些问题利用互联网充斥着我国网络文化市场，阻碍我国社会主义核心价值的弘扬，并进一步影响着我国社会主义文化事业的稳定。虽然我们已经发明出防火墙技术、开发出防毒软件，堵住了大量不安全的缺口，但它们不是灵丹妙药，并不是可以"防"所有有害信息和犯罪行为，我们不仅要制造"技术防火墙"，而且要建立"法律防火墙"。针对这些问题，胡锦涛同志早在 2007 年年初的讲话中就强调：要坚持依法管理、科学管理、有效管理，综合运用法律、行政、经济、技术、思想教育、行业自律等手段，加快形成依法监管、行业自律、社会监督、规范有序的互联网信息传播秩序，切实维护国家文化信息安全。② 2014 年 2 月 27 日，习近平主持召开中央网络安全和信息化领导小组第一次会议，指出：没有网络安全就没有国家安全，没有信息化就没有现代化。建设网络强国，要有自己的技术，有过硬的技术；要有丰富全面的信息服务，繁荣发展的网络文化；要有良

---

① 宋希永：《网络核心价值观：构建社会主义核心价值体系的题中之义》，《理论界》2010 年第 11 期。

② 胡锦涛：《在中共中央政治局第三十八次集体学习时的讲话》，《人民日报》2007 年 1 月 24 日。

好的信息基础设施，形成实力雄厚的信息经济；要有高素质的网络安全和信息化人才队伍；要积极开展双边、多边的互联网国际交流合作。建设网络强国的战略部署要与"两个一百年"奋斗目标同步推进，向着网络基础设施基本普及、自主创新能力显著增强、信息经济全面发展、网络安全保障有力的目标不断前进。[①] 可见，我们必须建立起我国的网络安全技术支撑体系，针对一些文化"毒瘤"信息进行拦截，不断加强互联网安全建设。重点要做好以下几方面工作：

第一是采用数据加密和防火墙等技术，加强网络安全。一是建立技术的防火墙。"防火墙过滤技术"是有效防止国外有害信息侵入的技术手段之一。根据中共中央办公厅、国务院办公厅印发《国家信息化发展战略纲要》，就是要提升全天候全方位感知网络安全态势的能力，做好等级保护、风险评估、漏洞发现等基础性工作，完善网络安全监测预警和网络安全重大事件应急处置机制。在内部网和外部网之间的界面上构造一个保护层，使所有的内外连接，都要强制性地接受这一保护层的检查过滤，未经授权的信息不准通过，从而达到净化网络空间的目的。二是安装专门的技术软件。这种方法是通过建立一个与有害信息相关词语的词库，将通过网络关口的信息都与词库中的关键词进行比较对照，若发现想进入网络的信息是有关有害信息的词，则这些信息自动会被拒之千里。在西方发达国家，非常重视技术防范措施建设。如日本政府在2000年度拨款24亿日元，以通产省和邮政省为主，加紧研究开发提高计算机系统保密和安全性能的技术，其中，主要包括检测和消除计算机病毒及把数据变成密码的技术。美国国务院总会计师办公室发布的一份报告称，美国开发一种被称为"公共解密基础架构"的技术，以求在接入性和安全性中间取得平衡。发达国家的这些举措都值得我们借鉴。

第二是加强网络安全人才建设。在实际工作中，积极开展全民网络安全教育，提升全民网络媒介素养，增强全社会网络安全意识和防护技能。我们应根据有关的网络法规加强对网络行为的管理和监控，加大对网络违法行为的惩罚力度。所有网络方面的建章规制，对于形成良好的网络环境、规范网络主体行为起了积极作用。处理网络事件的工作人员和打击网络犯罪的执法人员必须加强网络教育培训，以适应飞速发展的

---

① 《习近平谈治国理政》，外文出版社2014年版，第198页。

网络世界。如果不掌握计算机知识和网络技术，就不能有效打击网络犯罪，遏制问题的发生。因此，必须加强对相关人员的技术培训，在发展中国家，特别是网络技术发展欠发达的国家，网络执法人员的教育问题尤为突出。

第三是加强政府和商业组织的交流合作。进入知识经济时代，网络与商业化活动紧密连接。近年来，微博、团购网站、Facebook、各类视频网站成为网民新的瞩目焦点，这些平台的繁荣是与商业动机和消费文化的刺激离不开的。这些平台所展示的内容和表现的思想为大众文化所占据。不可否认的是，大众文化在客观上释放人的欲望、回归人的本性、观照现实生活，是时代发展的一种进步。但是，大众文化往往是在商业动机的刺激下所推动的，往往推销一种"低水平的满足"，新闻媒体的消费主义倾向，在客观上释放人的物质欲望，烘托着一种奢靡的享乐主义氛围。同时，它与人的生理感官的刺激结合在一起，又难免庸俗、粗糙、浅薄。①

对网络内容的监管，仅仅依靠互联网管理人员和执法人员是远远不够的，互联网信息的传播不受时间和空间的束缚，这就需要全体社会成员的共同努力，做到全网全程管理。第一，从互联网行业管理来讲，落实网络身份管理制度，把微信十条、账号十条、约谈十条等规范落到实处，建立网络诚信评价体系，健全网络服务提供者和网民信用记录，完善褒奖和惩戒机制；政务网站要跟上时代步伐，提高网站质量和工作人员网络素养，发挥网络媒体重要作用，主动引领抢占网络舆论动向，通过互联网了解群众所思所愿，积极回应网民关切、解疑释惑。正如马克思当年针对报纸作为大众传媒和舆论引导作用时指出的："报刊按其使命来说，是社会的捍卫者，是针对当权者的孜孜不倦的揭露者，是无处不在的耳目，是热情维护自己自由的人民精神的千呼万应的喉舌。"② 当前，作为为民的组织应充分发挥新兴媒介的"喉舌"作用，及时掌握主流意识形态在虚拟空间中的主导权，积极与网民在网上对话交流，发布信息，让知情权落到实处，为网民做好服务。及时准确地掌握网络舆论的阴晴变化，面对突发事件发生后社会各方严重关切和诸多质疑，

---

① 项家祥、王正平：《小康社会与都市文化建设》，上海三联书店2004年版，第316页。
② 《马克思恩格斯全集》第六卷，人民出版社1961年版，第275页。

信息发布必须"领跑不跟跑""领唱不跟唱",下好先手棋,打好主动仗。①同时政府及官员要切实官本位思想,以开放平等的心态和直面的勇气,以包容的胸怀与网民交流,回应网民的利益诉求,各级官员要主动运用微信、微博等公共社交平台,与网民进行交流,主动回击网络谣言,还原事实真相,大力修复和提升政府公信力。就像习近平要求的:"各级党政机关和领导干部要学会通过网络走群众路线,经常上网看看,了解群众所思所愿,收集好想法好建议,积极回应网民关切、解疑释惑。对广大网民,要多一些包容和耐心,对建设性意见要及时吸纳,对困难要及时帮助,对不了解情况的要及时宣介,对模糊认识要及时廓清,对怨气怨言要及时化解,对错误看法要及时引导和纠正,让互联网成为了解群众、贴近群众、为群众排忧解难的新途径,成为发扬人民民主、接受人民监督的新渠道。"②第二,网络主流媒体必须担起主体责任,做网络舆论的净化器、稳定器。要有网络媒介人自律意识,建好责任规范,"穿越"虚拟空间与现实社会,在大是大非的问题上敢于发声、及时发声,敢于亮剑,在移动互联网的舆论场当好"定海神针"。第三,商业网站要加强自律意识,坚持正确处理社会效益与经济利益的关系,始终把社会效益放在首位,依法办网、履行义务、坚守节操,自觉做到不制作发布危害国家安全、危害社会稳定、违反法律法规、违背社会公德的有害信息,不为淫秽色情、诈骗、赌博、暴力等有害信息提供传播渠道;不发送垃圾短信、垃圾邮件、庸俗广告;不运行违法游戏,不提供危害信息安全的网络工具;不传播谣言和虚假信息。第四,加强网民法治教育,做到守法上网,实现网络立法者、执法者和广大网民共享共治。可见,通过政府和商业组织互相配合,强化了网民的自身素养,各方在互联网文明建设中取长补短,共同应对互联网不良信息、网络违法犯罪行为,展现我们的互联网是为民、文明、诚信、法治、安全、创新的网络空间,营造一个风清气正、天朗气清、生态良好的网络空间。

---

① 钟开斌:《突发事件信息发布应把握好六个"度"》,《光明日报》2015年9月21日。
② 习近平:《二论学习习近平在网络安全和信息化工作座谈会重要讲话》,《人民日报》2016年4月22日。

二　从可持续发展的角度分析

（一）优化网络内容，丰富和发展社会主义核心价值教育优质信息资源

"数字革命范式声称，新媒体将改变一切。"① 第 38 次《中国互联网络发展状况统计报告》显示：通过手机聊天、社交、看新闻、网购、理财、打车、订外卖、旅游、听音乐、看视频、看直播……互联网在引领传统产业巨大变革的同时，也渗透到我们生活的每一个角落，大幅扩展了我们的生活空间。② 中国网民规模增长很快，已成为名副其实的网民超级大国。可以说，庞大的"网络人口红利"必然带来全方位辐射发展，"互联网+"国家战略实施，促进了互联网和经济社会融合发展，各种微商拉动中国人消费、生活娱乐方式的大变革；国家治理现代化也必然是网络社会治理的现代化，营造安全文明的网络环境；互联网络发展也造就了自媒体和网络自组织的产生，"人人都是通讯社、个个都有麦克风"。网络新闻、评论跟帖、论坛、博客、邮件、微博……网络新媒体迅速发展，舆论信息随时随地互动传播，规模庞大的中国网民早已不再满足于从网上获取资讯，他们已经成为信息的创造者和传播者。③ 现在青少年被称为"网络的原住民"，是引领互联网发展的一代人，他们运用网络是最熟练的，而且他们的网络生活也是最丰富的，因此学习、践行社会主义核心价值必须有网络的参与，要注意培育能够引领社会主义核心价值的网络先锋，建设、巩固好社会主义核心价值观的网上传播阵地。

互联网发展至今，硬件软件设施都取得了长足的进步，这使得社会主义核心价值教育工作的网络化进程也日渐步入正轨。网络化的核心价值教育工作就是要通过互联网信息的广泛性使社会主义核心价值被更多的互联网用户所了解和掌握，要不断地在网络学习、工作、生活中进行渗透，使网上活动唱响主旋律，传播正能量，并在现实生活中自觉践行，也逐渐影响周围的人。在网上网下一定要主题鲜明，使社会主义核心价值思想、内容就在身边，还要创建以"社会主义核心价值"为价值引领的各类学术、

---

① ［美］亨利·詹金斯：《融合文化》，商务印书馆 2012 年版，第 34 页。
② 中国互联网络信息中心（CNNIC）：第 38 次《中国互联网络发展状况统计报告》，http://www.cnnic.net.cn。
③《5 亿中国网民期盼网络速度快服务好》，《新华日报》2011 年 7 月 20 日。

学习网站，从理论、教育上下功夫，提升国民对中国特色社会主义道路自信、理论自信、制度自信、文化自信的认知、认同和坚守。

《中共中央关于制定国民经济和社会发展第十三个五年规划的建议》中指出，要"牢牢把握正确舆论导向，健全社会舆情引导机制，传播正能量。加强网上思想文化阵地建设，实施网络内容建设工程，发展积极向上的网络文化，净化网络环境"。《国民经济和社会发展第十三个五年规划纲要》进一步强调"实施网络内容建设工程，丰富网络文化内涵，鼓励推出优秀网络原创作品，大力发展网络文艺，发展积极向上的网络文化。创新符合网络传播规律的网上宣传方式，提升网络舆情分析和引导能力。加强互联网分类管理，强化运营主体的社会责任。推进文明办网、文明上网，引导广大青年争当'中国好网民'，倡导网络公益活动，净化网络环境"。可见，互联网社会主义核心价值教育必须重视网络舆论阵地建设。目前我国主要依托各报纸杂志、电台、电视台等传播媒体建立新闻网站来吸引和凝聚网民，如人民网、新华网、光明网、求是杂志网等，但从整体上看，思想理论网站建设面临着专题网站数量不多、规模不大、影响力弱、虚拟现实技术的应用少、内容单薄、活力不够、形式单一、缺乏互动等发展瓶颈。因此，有必要对网络思想教育资源进行整合开发，按"善待、善用、善管"的思路综合利用，建立思想政治教育主题网站，研发大众喜爱的网络文化产品，提高网络文化先进内容的访问率，提高受教育者对社会主义核心价值等主流意识形态的吸引力和认同感。

当前，在我国的互联网上已初步建立了一批有关主流价值的网站，其内容丰富、形式多样，有一定的影响力。这些学术网站通过各种形式将我国社会主义核心价值的研究成果在全球范围内传播和推广。比如：将理论宣讲和新媒体传播相结合，为广大网友提供理论学习和自我内涵提升的宣讲家网（http：//www.71.cn）以及积极自觉宣传社会主义核心价值的中国高校人文社会科学信息网（www.sinoss.net）、中国社会科学网（http：//www.cssn.cn）、中国思想政治工作网（http：//www.cnzgw.org）、高校思想政治理论课程网（http：//www.sxz.edu.cn）、中国文明网（http：//www.wenming.cn）、社会主义核心价值观网（http：//shzyhxjzg.com）、七一网（http：//www.12371.gov.cn/）以及人民网的"签过论坛"、新华网的"发展论坛"等专题性专业性网站，还有国家地方、各行各业有关主旋律的网站有效地发挥了价值导向功能，积极占领网络舆论思想传播的高地，自觉践行社会主义核心价值观。这些学术网站都在一定程度上推动了社会主义核心价值教育的网络化进程，发挥了先行者的价值引领作用，为今后的社会主义核心价值工作网络化的全面展开起到了借鉴作用。

除了设立专题性、专业性的社会主义核心价值学术网站以外，可以通过设立符合时代特点或与重大事件相呼应的主题网站来实施教育。主题网站的创设是为特定的重大事件或特定的时期而进行信息宣传教育的平台，并伴随着重大事件或特定时期的结束而注销网站。在我国这样的网站也不胜枚举，这些网站充分弘扬了我国的民族精神，是我们宣传社会主义核心价值的新形式、新平台。在社会主义核心价值教育的过程中，充分借鉴这一类主题网站的优势。如在全国人民代表大会召开期间，设立相关主题网站，将会议中的精神及时发布在网络上，让全国人民参与其中，也有利于普及社会主义核心价值宣传教育。

在网站建设中，要以各类政府网站、教育网站、学术网站、商业网站、服务性网站的思想教育资源为基础，实现信息资源共享，下大力气搞好理论网站的建设与推广，提高理论门户网站的知名度，真正形成一个覆盖范围广、影响力深远的马克思主义网络传播阵地。加大资金投入进行红色资源理论网站建设，增强网络思想教育的历史性。红色资源是我们党留下的极其宝贵的资源，对于坚定网络思想教育价值主体马克思主义信仰，树立其崇高的理想信念等有重要的教育意义。目前，清华大学的"红色网站"[①]产生了广泛的影响，要在高校系统等大力推广这一成果做法，促进思想教育理论网站优化升级，建设和发展一批具有鲜明民族特色又让人喜闻乐见的理论网站，为网络社会主义核心价值教育提供坚实的平台。

现代科技的发展使得网络的功能日益拓展，这为网络社会主义核心价值教育的实施提供了良好的基础和条件。因此，要提高网络社会主义核心价值教育工作的感召力和渗透力就必须有效地开发运用网络载体，如网站建设时，要避免单纯地把思想教育的理论知识生搬硬套到网页上，进行机械的纯文字的教育宣传，充分利用文字、图像、声音等多种方式在网络上表达思想教育的内容。在语言风格上多用幽默诙谐的、充满艺术魅力的语

---

① http://www.chinaredweb.com/redweb2011/.

言表达网络社会主义核心价值教育的内容，以卡通、漫画、戏剧、游戏、音乐、影视作品、小品等多种形式表达情感和思想。从技术层面上拓展网络社会主义核心价值教育主体的交互性，根据网络思想议题的特点，综合运用电子邮件、论坛、讨论群、电子新闻组、实时聊天系统、博客等交互工具，通过网上教育与网下教育有效的互动，实现网络社会主义核心价值教育虚实和谐统一。同时，对于新开发的网络技术，要予以及时推广运用，如进一步将声音、文字、影像、图表、视频等信息资源融汇其中，在信息数据处理和传输的过程中整合在一起的"数字现实"、3D影像技术、高级虚拟现实技术。可以根据网络社会主义核心价值教育的需要，通过创造性教育活动，营造良好的网络社会主义核心价值教育的情境。

当然，仅仅依靠设立专题性、专业性的学术网站和主题网页网站来达到宣传教育社会主义核心价值的目的是远远不够的。社会主义核心价值教育工作不是单纯地读几篇文章、听几次党课、开几次座谈会就能够领悟其中精华的，同样的，网络时代社会主义核心价值教育工作也不是简单地设置几个网站就能够激发人民学习积极性的。随着互联网的迅猛发展，各类门户网站如雨后春笋一般涌现，核心价值教育在此类网站中以隐性的形式出现也是宣传教育的方式之一。仅以新浪微博为例，微博上信息丰富，且时效性强，传播效率高，微博在网民中的渗透率超过50%，拥有较大的用户规模，有九成以上的微博用户在微博上搜索过信息，且28%的微博搜索用户每天都在微博上搜索。相比这些网站[1]，宣传我国社会主义核心价值的学术网站的点击率、阅读率较低。面对这些高点击率、阅读率的商业网站，学术网站应当适应它、利用它、学习它的方法，并在此过程中实现对自身主题网站的升级、改造。

此外，在传播学的角度上，"传播的效果常常是取决于传播在多大程度上威胁到每个人极力要保持的信仰和态度的内在一致。"[2] 如果网络中的核心价值取向与网民的价值追求相去甚远，那么每个人的信仰就会受到极大的威胁，并导致其态度的转变。相反，如果网络中的核心价值取向与网民的价值追求相接近，那么社会主义核心价值教育传播的效果就越好。因此，要充分利用互联网，将社会主义核心价值教育的成果发扬光大。

---

[1] 中国互联网信息中心（CNNIC）：《2012年中国网民搜索行为研究报告》，http://www.cnnic.cn/hlwfzyj/hlwxzbg/ssbg/201209/P020120904438285391543.pdf。

[2] [美]威尔伯·施拉姆、威廉·波特：《传播学概论》，新华出版社1984年版。

（二）培养具有专业知识能力的计算机及网络知识的人才，为信息网络技术发展做好人才储备

要在互联网空间实现社会主义核心价值的网络化，必须有互联网专业知识和技术的计算机网络人才的支持。中共中央办公厅、国务院办公厅印发《国家信息化发展战略纲要》也指出了我国信息化发展存在比较突出的问题，第一个就是核心技术和设备受制于人。目前，我国网络技术人才数量缺口较大、能力素质不高、结构不尽合理。在实际中我国的网络服务水平还不高，网上信息的数量和质量还不能满足广大互联网用户的需要。而且，现有的网站网页大多缺少专业化、个性化服务，不能满足人民多样化的需求，当互联网逐渐渗透到社会生活各个方面的时候，计算机网络战很可能发展成未来的无硝烟的战争。因此，我们更要重视中文网站建设的质量，并从政策、资金等方面重点扶植若干知名网站，增加信息数量，提高信息质量，扩大信息品种，改进服务态度，为社会主义核心价值体系教育工作的网络化架设好信息平台，大力推进社会主义核心价值建设。这一切的工作都离不开计算机专业人才。

计算机专业人才的培养，是中国网络发展的一个突破口。网络人才队伍既包括网络文化建设人才也包括网络文化管理人才，当前网络人才队伍建设的一个重点是加强网络社区管理人才的培养。以互联网超级大国的美国为例，全世界互联网的基础设施一半以上设在美国，美国国内的互联网，通过太平洋、大西洋的海底光缆和通信卫星与世界相连。美国互联网使用的高速线路，每秒钟的通信能力达到10G字节，相当于每秒可传送2300卷百科全书。全球共有顶级域名服务器13台，而其中10台就在美国。美国在网络上的垄断是全面的，美国拥有世界上最大的软件公司、最大的接入系统供应商、最大的ISP，全球主要的网络安全公司在美国，并拥有众多的互联网专业人才。而我国的互联网教育工作才刚刚起步，社会主义核心价值教育工作才步入互联网时代。

随着互联网的迅速发展，网络时代更加需要具有互联网专业知识的新型人才，这种新趋势的发展，催生了一个新的职业——"网络师"。不同于传统的硬件维护和数据管理，网络师的任务是计算机联网以及为互联网上的通信建立技术基础。网络师既负责硬件管理，也要懂得网络操作系统，对诸如HTML和Java等流行的编程语言也需了如指掌；既要有计算机的专业知识，又要熟悉网络法律和世界网络动态。这又是对中国的计算

机人才提出的要求和挑战。①

美国围绕着自己对计算机技术人才的垄断优势，对全球的社会需求进行计算机技术的研发。而我国计算机网络人才则面对着这样的困境，即我国花费巨大人力、物力、财力培养出的顶尖计算机专业人才一大半去了美国，而在我国充其量只剩下了一半。有学者指出，软件业是优化产业结构、加速传统产业改造的基础产业，也是体现国家竞争力的战略性产业，但是软件人才的外流与匮乏限制了经济的发展。与其他国家相比，目前我国软件与网络人才奇缺，人才流失不容乐观，培养和留住人才十分重要。与此同时，人才的"自由贸易"又是全球化的优势。据统计，目前在美国接受"高级训练"的人有50%来自世界各地，对于提供这些科技人才的"出口国"来说，是人才的外流。而更多人认为，实际上科学已随着计算机时代的到来而更趋国际化，限制科学人才"自由贸易"是不现实的。全球人才流动从整体上讲，对社会进步和经济发展都有积极影响。而且，人才的全球化自由贸易，对世界范围内的互联网建设也是利大于弊的。这也对我国计算机专业人才培养提出了挑战。

从我国目前网民的调查统计数字中了解到：从网民年龄结构来看，我国网民仍以10—39岁群体为主，占整体的74.7%。其中20—29岁年龄段的网民占比最高，达30.4%，其次是30—39岁和10—19岁的群体，分别占比24.2%、20.1%。与2015年年底相比，10岁以下儿童群体与40岁以上中高龄群体占比均有所增长，互联网继续向这两个年龄群体渗透。② 新增网民和占比比较大的网民，使用网络的主要用途是娱乐、交流，青少年网民对互联网非常依赖或比较依赖，有的网民患有网络综合症，网络成瘾，低质量的网络人际关系便自然而然地取代了高质量的现实的人际关系。可见，信息素养提高和科技教育的普及率是影响我国互联网健康发展的因素之一，也直接影响着社会主义核心价值教育有效性的实现。为了使互联网产业在中国得到快速、健康的发展，人们关注的不仅仅是专业技术人员素质的提高、网民数量的增长，更重要的是关注网络空间天朗气清、生态良好。固然，计算机专业人员会从根本上提高我国互联网的质量，但是，作为"受众"的互联网用户是否接受网络上的信息，将成为衡量互

---

① 谢海光：《互联网与思想政治工作概论》，复旦大学出版社2000年版，第191页。
② 中国互联网络信息中心（CNNIC）：《第38次中国互联网络发展状况统计报告》，http://www.cnnic.net.cn/hlwfzyj/hlwxzbg/hlwtjbg/201601/t20160122_53271.htm。

联网实际效果的主要标准。于是，在此层面上，提高互联网用户的素质，使他们更多、更好地接受网络信息是加快中国互联网发展的另一重要方面。

　　提高全民特别是青少年的文化和科技素质是发展中国互联网的基础。据《第 38 次中国互联网络发展状况统计报告》显示，截至 2016 年 6 月，我国网民中农村网民占比为 26.9%，规模为 1.91 亿。城镇地区互联网普及率超过农村地区 35.6 个百分点，城乡差距仍然较大。报告调查认为，"不会上网"和"不愿上网"仍是农村人口上网的主要障碍，68.0%的农村非网民因为"不懂电脑/网络"不上网，认为"不需要/不感兴趣"的农村非网民比例为 10.9%。[①] 由于经济条件和文化水平的限制，互联网在这些地区使用率有一定提升，但是农村青少年互联网使用质量不高，游戏娱乐化成为主流，而严重冲击农村中小学教育发展。这种情况在一定程度上制约我国互联网的发展，更会降低社会主义核心价值教育工作网络化的实际效果。因此，我们在发展互联网产业的过程中，要十分关注互联网知识的普及和互联网技术的"扶贫"，使互联网不只是少数人的特权，而成为提高广大人民群众文化和科技素质的新型工具。

　　（三）加强互联网管理队伍建设，为提升社会主义核心价值教育实效性提供人力支撑

　　随着网络的日益发展，人们越来越认识到互联网对于日常生活的重要性。但是，在网络给我们带来诸多便利的同时，也带来了信息污染等各种弊端。一方面，某些西方国家和一些反华势力纷纷成立相关机构，通过收集、整理、分析正当的网络中传播的敏感信息，从而得到自己所需信息；另一方面，组织专门人员，通过网络，利用计算机系统漏洞、黑客技术等直接窃取信息。中国互联网的发展形势与前景虽然较好，但是在网络安全方面仍存在不少的隐患，而这必定会对中国的互联网发展带来不利，对中国互联网主权造成侵害。没有安全的网络环境，如果网络被虚假、诈骗、攻击、谩骂、恐怖、色情、暴力等所充斥，对一个社会是相当有危害的；没有网络的管理权，就必定没有制网权。具体到社会主义核心价值教育工作的网络化这个问题，

---

　　① 中国互联网络信息中心（CNNIC）：《第 38 次中国互联网络发展状况统计报告》，http：//www.cnnic.net.cn/hlwfzyj/hlwxzbg/hlwtjbg/201601/t20160122_ 53271.htm。

如果没有一个安全的网络环境，在无制网权的前提下，社会主义核心价值教育工作的网络化也就无从谈起。于是，制网权便成为现今网络的首要问题。

在加强互联网的硬件技术，培养互联网人才以确保中国网络安全的同时，中国的互联网法制建设应成为加强中国制网力度的重要组成部分。虽然，网络管理还处在探索阶段，所制定的法律还不能满足实际需要，有些法规具体实施时也有一定的难度，但是，随着党的十八届四中全会对依法治国问题的相关战略部署，依法治网逐渐成为社会的共识，互联网法律法规的建设是加强中国互联网管理的有效方法，中国的互联网应该从原有的人治逐步走向法治轨道。

在进行互联网法制建设的同时，我们还必须形成一支有组织、有能力的队伍。这支队伍不仅是互联网法制的捍卫者，是互联网法制实施的监督者，更是在网络硬件技术方面强有力的支持者。不同于互联网人才的培养，这支队伍的成员除了要拥有过硬的计算机专业知识和互联网专业技能，还要有较强的社会主义核心价值教育工作的能力、敏锐的政治意识、大局意识和强大的责任心。他们将担负起强化制网力度、管理中国互联网的重任，坚持中国互联网发展的政治方向。

第二节 网络发展使社会主义核心价值教育面临的挑战

美国社会学家曼纽尔·卡斯特在《网络社会的崛起》一书中认为在以信息技术为中心的网络革命中，传统的社会概念受到了挑战，并指出："在网络社会中，'信息'和'知识'首次成为社会发展的核心要素……社会的个体之间、个体与组织之间、组织之间，通过网络沟通而更加频繁地互动起来，从而形成已初具雏形的网络社会。"[1] 网络深刻地影响着人们的生活，成为网民学习生活的重要组成部分。网络是一把锋利的双刃剑，网络给人们带来众多方便的同时，在运用的过程中稍有差池，其危害后果就难以估量。2014年5月21日，约瑟夫·奈在巴西最近举办的首届互联网治理全球会议上指出："互联网

---

[1] [美]曼纽尔·卡斯特：《网络社会的崛起》，夏铸九等译，社会科学文献出版社2000年版，第5页。

用户开始时是个相互认识的小社区,因此无须进行代码验证,制定准则也并非难事。但随着它的快速发展,一切都改变了。网络空间让越来越多人更容易掌握信息及相互沟通,但也逐渐成为滋生犯罪、黑客攻击的温床,并对政府构成威胁。"可见,在社会主义核心价值教育学习的过程中,互联网信息技术给人们的学习带来更多的有利渠道,但更应注意的是互联网同时也给人们社会主义核心价值教育有效性提出了新的问题和挑战。

一 从社会发展的角度分析

（一）网络话语垄断、信息霸权对社会主义核心价值教育有效性实现提出挑战

何谓"话语权",就是"讲话权",自己在一定场合把控麦克风的权利。谁掌握话语权,就决定了社会舆论发展的走向,在当代国际事务中,经济、军事、科技的强势决定着国际社会发展的方向。在信息传媒越来越发达的时代,话语权早已不是仅仅借助口舌和笔墨发挥作用了,其平台很多,除报纸、杂志、图书、学校讲台、研讨会、论坛、电台、电视台等传统媒体外,互联网和手机微信等新兴媒体已经成为非常重要的话语平台。互联网和手机微信具有分散、多点、互动、海量、无界等特点,为话语权的辐射提供了十分巨大的空间。[1] 在互联网社会,话语权就是在互联网社会每个国家或者个体拥有表达个人意愿并能使他国、受众认可接受的权利,这种权利通过一定的外在条件得到保障。

在互联网上,西方国家利用其发达的娱乐产品输出系统传播西方世俗生活方式和实用主义价值观,很多网民在无意识状态下接受并宣传着西方文化和价值观,从而产生对本民族文化的怀疑和不认同感,网络客观上所起到的价值观念的传输作用,很大程度上动摇了网民既有的生活方式和行为准则,并造成人们价值标准混乱和精神困惑。

全球范围内的互联网发展技术的参差不齐,成为西方发达国家用于互联网话语垄断和信息霸权的优势平台,各国网民以各种形式表达的网络诉求在互联网中显出极大的差异性。从国家来看,在当代国际互联网发展中,发展中国家与发达国家进行比较,发展中国家的互联网话语权明显处

---

[1] 张国祚:《关于"话语权"的几点思考》,《求是》2009年第5期。

于劣势，西方发达国家具有绝对的强势话语权。西方的互联网话语权从网络话语垄断、技术强大支持和信息霸权等方面显示出来。我国是发展中国家，作为互联网的后续参加者，网络话语权较弱。西方国家就是充分利用互联网话语霸权，通过互联网在意识形态、普世价值、政治制度等方面对我国施加影响、间接渗透，试图从思想上影响、操纵和欺骗我国网民。如果我们任由西方话语垄断和信息霸权发展蔓延，不采取有效技术手段和文化软实力提升来进行遏制，我国社会主义核心价值体系和核心价值观的教育在互联网社会就会大大的受到消解，降低教育的有效性。因此，我们要争取网络社会的话语主动权，提升我国网络文化的表达力，进而在庞大的网络社会中拥有自己强大的影响力。

互联网本质上的确具有一种能够让不同文化均处于同等地位的特性，但是，由于它发端于美国并兴盛于美国，其技术构造方式乃至所有的编码和程序都是以英语书写和开发的。曾在好望角任职的英国官员约翰·巴罗说："假如所有的官方文件都用英语书写，那么这里的下一代就会变成英国人。"[①] 目前凡是英语说得好的，除母语国家外，都是曾经被英国征服、其殖民化程度比较高的国家和地区。英语作为互联网信息的主要传播语言，随着互联网的高速普及，英语信息在世界范围内传播开来。由于互联网中英文网页数量目前仍占80%以上，在整个网络中，少数使用英语的发达国家仍然牢牢占据着网络世界中话语权的制高点，全球80%以上的网上信息和95%以上的服务信息由美国提供。而中国目前在互联网信息输入与输出的流量中，只占0.1%和0.05%，在宏观上就形成了信息来源的严重不对等。[②] 话语权垄断使西方发达国家的新闻媒体在全球媒体界具有绝对的优势，在这种话语权不平衡的客观条件下，青少年道德主体的人生观、世界观和价值取向尚未成熟，很容易放松意识形态的警惕性和对自身思想行为的把握能力，从而导致主体性的迷失，也使我国核心价值教育的传播面临前所未有的局限性，针对这种情况，必须加快建立自己的网络体制，在顺应社会发展形势的同时，努力争取属于自己的网络话语权利，将社会主义核心价值体系、核心价值教育工作落到实处。

[①] 胡文涛、招春袖：《英国文化外交：提升国家软实力的成功之路》，《太平洋学报》2010年第9期。

[②] 江潜：《数字家园：网络传播与文化》，复旦大学出版社2001年版，第213页。

（二）网络病毒的侵袭已侵害了网络社会健康运行，冲击了社会主义核心价值教育的有效进行

目前，网络空间已成为与陆、海、空、天同等重要的人类活动新领域。互联网安全就像其发展问题一样受到世界各国的重视，网络安全威胁和风险日益突出，并日益向政治、经济、文化、社会、生态、国防等领域传导渗透。由于网络空间的秩序尚未完善，挑战日益增多，网络攻击、网络恐怖主义活动等成为全球公害，侵害个人隐私、侵犯知识产权、网络违法犯罪等时有发生。互联网受到来自全球各个角落黑客和病毒的侵扰，其危害性极大，迫使各国政府通过各种途径采取一系列有效措施将互联网安全危机遏制在萌芽状态。

网络作为一种新的技术，自身还有许多不完善的地方，其受到技术发展程度的限制，网络的安全水平远不够成熟，解决技术上的难题是网络面临的首要问题。在许多的网络道德问题中我们可以看到，由于网络的防御机制存在问题，给许多心怀不轨的人以可乘之机。比如，网络黑客大多数是出于对网络安全的挑战，网站与黑客一直玩着猫和老鼠的游戏，如果在网络自身的安全建设中能够走在技术的前面，有效地阻止"有害数据"的入侵，就可以避免许多不必要的麻烦。由于互联网遍及全球各个角落，来自全球的病毒和黑客仍将威胁着互联网的健康发展。有学者指出，目前中国国内80%的网站存在安全隐患，20%的网站有严重的安全问题；当今世界上平均每20秒钟就有一起黑客事件发生。[1] 猎豹移动安全实验室（原金山网络）2015年发布的《2014—2015中国互联网安全研究报告》显示，中国已成为被安卓病毒危害最严重的国家，中国网民的网银安全遭遇钓鱼网站及手机病毒双重攻击，大量网民沦为受害者。[2] 通过互联网的传播，病毒的形成和感染速度更快，影响范围也越大。一个小的木马程序、病毒就可以让电脑瘫痪，并可造成不可估量的经济损失。

网络黑客是网络安全最大的祸首，黑客攻击技术升级也是网络安全最大的隐患。网络中存在着的大量黑客及他们的"事迹"，无形中也影响着青少年网民的思想和行为。提及"黑客"，人们的感受是不同的，对于遭受黑客猛烈攻击的受害对象来说，黑客是网络安全的破坏者；而对那些崇

---

[1] 谢海光：《互联网与思想政治工作概论》，复旦大学出版社2001年版，第58页。
[2] 猎豹移动安全实验室：《2014—2015中国互联网安全研究报告》，2015年1月22日。

尚黑客高超计算机技术的人来说，黑客却是网络空间的主宰者。在调查中，由于木马、流氓软件都和一些色情类、娱乐类网站紧密相关，这些网站是病毒滋生的温床，因该类网站更吸引男性网民，导致男性是最容易中毒的用户群体。对于青少年来说，黑客是那么的神秘莫测，充满着神奇的色彩。青少年具有积极探索的先锋精神，他们对于网络技术的掌握较其他人群迅速，而且他们喜欢挑战自我，喜欢编写高难度的程序，更喜欢破译各种密码。可以说，他们对网络技术浓厚的好奇心和占有欲是黑客群体年龄年轻化的重要原因。青少年黑客从事攻击他人网络、窃取他人网络信息的犯罪行为从根本上说，他们并不是有明确的犯罪动机，往往出于恶作剧的因素而不考虑他们的行为可能造成的社会恶果，他们只求通过这种方式满足自己的虚荣心、征服欲和成就感，黑客主义行动日益频繁，对国家网络安全带来了威胁，对社会主义核心价值教育有效实施带来了危害。

（三）"网络拜物教"、网络信用危机会消解社会主义核心价值教育效果

在当今社会大力宣传个人信用、消费信用的同时，信用危机却在互联网上悄然蔓延。社会的道德建设和法律建设是社会主义核心价值教育工作的两大基石。道德和法律本质上都是一种社会规范，其目的在于建立特定的价值标准和行为准则以约束人的行为，从而平衡社会关系。特定的价值标准和行为准则产生于特定的社会环境，只能适用于特定的社会形态。正如农业社会的封建道德和法律会被工业文明的道德与法律所更新、替代一样，工业社会的道德、法律也不可能完全适用于网络文明。

随着互联网社会快速发展，在网络虚拟社会中的网民的数字化生存就是现实生活的移植，人们在现实社会中的各种需求、各种交往在网络上都可以实现，无形中形成了网中有人、人中有网。我们的生活充满着网络社会色彩，有的人过度依赖网络、崇拜网络，出现许多网络"宅男宅女"，对网络信息及网络的拜物教甚嚣尘上。一些人受低级趣味、色情不良影响的刺激后而产生了"网络拜物教"一样的期待心理，受到诱惑而失去理智，以为网络能够满足自己这种不良的需求，而成为被骗对象。特别是现在移动互联网下智能手机的运用，"世界上最遥远的距离莫过于我们坐在一起，你却在玩手机。"这是盛传于网络时代的朴素哀叹，这就是对我们这个时代人们依赖网络而失去传统的感叹。建立微信群、成为好友已成为人际交往中最热的网络活动，不停地添加朋友链接，不断地发微博，每天

要花费大量的时间去阅读那些一点价值都没有的信息,心理学家把这种不断加新友的活动称为"网络社交成瘾症"。

在我们的传统社会中,人们以自己的生活圈为基础,建构了朋友、亲人、单位共有的紧密交往关系和情感依赖群体,这些成为大家自我责任感、友爱和痛恨、亲近和疏远的基础,而互联网颠覆了这种关系,正在重新确定传统人与人之间的情感交流与距离远近的关系。互联网到移动手机互联网所勾勒出的交往世界如此之大,如此具有吸引力,让现实中的人成为网络的囚徒。还有一些网民沉迷于网络游戏、网络聊天,似乎感受到只有在虚拟空间,自己才可以得到现实社会有些得不到的东西,解决自己思想上的空虚和心理满足。在《互联网时代》电视片中有这样一个场景,肖恩是一个风趣而富有创造力的男孩,希望自己能成为喜剧演员,而一款名为《无尽的任务》的游戏改变了25岁的他和这个家庭的命运。他玩了三个月游戏后,开始将他的家人拒之门外,也不再参加外出活动,陷入了抑郁,最后模仿游戏,坐在电脑前杀死了自己。[1] 在现实中,有很多因痴迷网络而导致身体、心理受伤害的案例。

学习践行社会主义核心价值观,就是要建立一个网络诚信社会。如果网络社会没有诚信,没有网络安全,我们将没有了现实社会对于个人隐私的必要遮蔽,人的活动无时无刻不陷入被窥视和被算计的危险之中,真正是"人在干、天在看"。辨别网络信息真伪的难度大,网络的虚拟性容易引发大学生的诚信危机。网络快速传播大量真实信息的同时,也会有各种虚假信息掺杂其中,或多或少地放大了不良社会问题的负面效应。[2] 网络的隐蔽性使其内容极大丰富,但往往伴随着大量虚假信息,内容具有欺骗性,经常经过传递者、二传手有心和无意地进行内容加工、煽情、美化,使信息更加难辨,进而诱导人们产生错觉、误判,导致互联网中对主流倡导价值的干扰,使人们对社会主义核心价值没有认同,更无法去坚守。网络平台中,部分人通过虚拟身份进行活动,若其出现欺诈或不诚信行为,势必会造成一些人在网络和现实中都不敢再轻易相信别人,待人接物充满怀疑的情绪,引发互联网信用危机。网络谣言主要分布于微博、微信、网络视频及与人身健康有关的商业网络平台上。2015年6月11日,人民网

---

[1] 《互联网时代》主创团队:《互联网时代》,北京联合出版公司2015年版,第161—162页。
[2] 夏婷:《网络文化背景下大学生价值观教育研究》,新疆大学2008年。

发布的"你遭遇了哪些网络失信"调查结果显示：九成网民遭遇过网络失信行为。网络失信行为，主要集中在个人信息泄露、网络谣言泛滥、电商购物欺诈、网上虚假广告、软件强制捆绑、婚恋网站违规6个方面。"电商购物"、"移动通信"和"搜索引擎、互动社交"居网络失信现象发生最多的前三个领域，"个人隐私被泄露""发布谣言，传播不实信息"等现象高居网络失信类别前列，网络安全仍有不少漏洞待补。① 例如：针对一些婚恋网站屡现违法违规和严重失信行为的问题，国家网络信息办公室联合有关部门在全国范围内启动开展"婚恋网站严重违规失信"专项整治工作，重点查处内容为：利用婚恋网站欺骗敲诈、骗取财物的；利用婚恋网站充当"酒托""饭托"的；利用婚恋网站开展色情活动的；婚恋网站恶意泄露用户注册信息的；婚恋网站默认、纵容用户违规失信行为发生的；婚恋网站涉嫌假网站、假广告等弄虚作假行为的。可见，因为网络热衷，引发的互联网诚信缺失现象多种多样。

在互联网上各种陷阱层出不穷，使人们的学习和生活面临诸多隐患，网络信用卡盗窃就是其中之一。众所周知，信用卡消费在我们日常生活中已是十分普遍的事。曾几何时，刷卡消费成为一种时尚，因为它是体现人们社会地位的一种表现。然而，信用卡消费在网络上却未能像现实生活中那样受到追捧，最主要的问题便是技术不过关，其次是产品质量、售后服务、厂商信用等问题。由于互联网安全达不到银行财务系统那样完备，使得不法分子有可乘之机，利用网络的隐蔽性趁顾客刷卡之际窃取相关信息，使消费者的个人信息安全及财产安全受到威胁。从国家近几年严厉打击秦火火、刘虎、薛蛮子、立二拆四等网络谣言制造者案件来看，网络虚假信息已成为网络健康有序运行的一大危害。可见，在网络社会普遍存在的信用危机面前，推进社会诚信教育和社会主义核心价值教育面临着巨大的挑战。

二 从政治发展的角度分析

（一）西方在网络平台上利用"民主"思潮进行文化渗透易导致我们主流价值缺失

互联网的快速发展，消除了时间和空间的距离，其信息传播的广泛性

---

① 《"六大骗局"污染网络生态 九成网民遭遇过网络失信行为》，《人民日报》2015年6月11日。

将网络信息传播到世界各地的每一个角落。但是一些西方国家,凭借自己的技术垄断地位,借助互联网信息传播的特点,控制了网络信息的话语权,通过网络肆意地传播其意识形态和有害的价值观,特别是一些极端的个人主义、无政府主义思想,极大地影响了思想薄弱的青少年群体,对这些青少年的身心健康造成极大危害。一些西方国家,为了冲击社会主义国家的政治文化,加速和平演变进程,通过互联网络提供给用户大量的关于世界政治动态的看法,宣传自己的政治价值观念、政治信仰和政治理想等意识形态。[1] 这些会冲击我国社会主义主流价值的教育效果,使青少年对我国社会主义核心价值认同感降低。

网络已成为美国对中国输出美国政治价值观的主要途径。阿尔温·托夫勒在《权力的转移》中说:"世界已经离开了暴力和金钱控制的时代,而未来世界的魔方将控制在拥有信息强权人的手里,他们会使用手中掌握的网络控制权、信息发布权,利用英语这种强大的文化语言优势,达到暴力金钱无法征服的目的。"[2] 以美国为首的西方发达国家凭借其强大的经济实力和先进的科学技术,充分利用网络优势,将文化侵略作为征服他国的手段,极力推行文化霸权,极力输出自己的价值观念、政治制度和生活方式,同化其他国家的思想文化,进而达到自己的政治经济目的。美国前国务卿奥尔布赖特曾说:"中国不会拒绝互联网这种技术,因为它要现代化。这是我们的可乘之机,我们要利用互联网把美国的价值观送到中国去。"2010 年年初,时任美国国务卿希拉里在乔治·华盛顿大学就美国的全球互联网战略发表演讲,进一步阐述"互联网自由"理念,并以突尼斯、埃及事件为例,渲染所谓"互联网具有的变革性力量",明确表示美国将采取"外交与技术手段相互配合的方式推进互联网自由"。希拉里在讲话中明确表示将加大资助翻墙软件的研发和推广,训练网络活跃分子。美国大谈"互联网自由",是其顺应资讯时代新特点,推广美式价值观、进行意识形态渗透的新手段。[3] 美国以所谓的西方普世价值向我们进行文化渗透,通过招揽各种文人搞所谓"还原历史真相""告诉你一个真实中国",对我们的英雄人物、伟人进行丑化,妖魔化中国,让所谓"自由、

---

[1] 刘福州:《信息网络化与社会主义核心价值体系建设》,《学术界》2008 年第 5 期。
[2] [美] 阿尔温·托夫勒:《权力的转移》,中共中央党校出版社 1991 年版,第 56—57 页。
[3] 互联网时代的意识形态渗透与反渗透 [EB/OL] . http://kaiwind.com/llyt/201110/t135243.htm。

民主和人权"的理想化美国人价值渗透到中国的话语中，这是多么用心险恶。网络已经成为美国对华、其他民族发展中国家实施制度改变的有力武器。2011 年美国决定美国之音停止对华中文卫星电视广播，但中文网站将被保留，其普通话节目移植到了互联网。2010 年，时任美国国务卿希拉里公开表示，美国要利用互联网推进世界一些国家的"民主化进程"，希望各网络公司来实施这样一个目的。当前，阿拉伯世界中东的一些国家政治制度的颠覆，社会的动荡，都与西方利用网络进行文化殖民与侵略有一定关系。

同时，西方国家借助语言与信息技术手段优势，通过现代电影工业的产品等将其文化从信息中心渗透到相对不发达的国家和原有的封闭地区，并通过创造一种所谓的全球文化经验与普遍价值，将西方的文化价值观和意识形态以"普世价值"等形式强加给其他国家，以文化上的一致性来压制文化上的差异性，削弱单个民族国家的文化凝聚力。"今天有越来越多的社会成为包含不止一个文化共同体的多元文化社会，这些共同体全都要求保存其自身的特性"[1]，这必然会引起外来价值观念与本土价值观念的冲突。如对于我国 2008 年发生在西藏拉萨的打砸抢烧事件，西方通过网络等媒体进行连篇累牍的报道似乎成了达赖集团的传声筒，一些媒体为了渲染所谓的"中国镇压"进行不顾事实、张冠李戴地捏造和报道，在全世界引发了对西方媒体"偏见压倒客观"的质疑。

可见，近年来，发展中国家意识形态危机引发的国家政权危机，互联网发挥了众多作用。网络是很多发展中国家的新事物，它的西方标准的言论自由与这些国家的转型社会特征形成一定反差，并对这些国家的政治产生一定压力。西方各种思潮随着互联网的产生和发展，迅速地在网络上掀起了一番新的意识形态斗争。在互联网王国里，美国是绝对的霸主。根服务器主要用来管理互联网的主目录，全世界只有 13 台。其中大部分都放置在美国，英国、瑞典、日本各一个。所有根服务器均由美国政府授权的互联网域名与号码分配机构 ICANN 统一管理，负责全球互联网域名根服务器、域名体系和 IP 地址等的管理。全球 13 个根域名服务器以英文字母 A 到 M 依序命名，其中有 9 个在全球多个地点设立有镜像站。[2] 各国都要

---

[1] Charles Taylor. "The Polities of Recognition", Princeton, New Jersey: Princeton University Press. 1994: 61.

[2] 刘扬:《中国证实互联网故障源于根服务器遭攻击》,《环球时报》2014 年 1 月 23 日。

由美国商务部授权的互联网域名与号码分配机构来统一管理全球互联网根域名服务器、域名体系和 IP 地址,美国政府实际上控制着这些根服务器。而且,包括电子器件、高端用芯片、基础软件产品的核心技术也多掌握在美国手中。作为互联网的发源地,美国掌握着互联网核心技术和全球互联网运行的主动脉,是全球互联网的监控者,在互联网领域拥有他国无可比拟的优势。网络消除空间和时间的局限性的特点为西方思想观念在全球各地的传播提供了便利的条件,使发展中国家,特别是网络技术较落后的国家,原有的价值体系面临前所未有的冲击,这对思想尚处于生长发育阶段的青少年的价值观念的形成产生了重要影响。

西方意识形态利用网络优势大肆渗透、抢占思想阵地,主流价值观受到冲击。在网络世界里,良莠并存的各种思想相互交错、相互激荡,会对人们尤其是青少年网民的思想价值观念产生深刻的影响,尤其是西方敌对势力一直以文化手段对我国青少年实施"西化"、"分化"的影响和诱惑,因此,网络意识形态领域里渗透与反渗透的斗争不仅没有减少,反而更加复杂,这也就使得网络思想教育在具体的教育理念、教育方法、教育手段等方面不同于一般意义上的思想教育,在坚决抵制不良网络思想文化内容的同时,充分发挥网络的积极作用,引导人们树立正确的价值观念,激发人们的主体性、能动性和创造性。

(二)网络社会价值取向多元放大易导致社会主义核心价值教育效果弱化

网络的开放性、平等性和竞争性等特点,决定了网络空间就是一个大熔炉,各种思想文化信息在这里交汇和冲撞,供人们自由选择和认同。这种网上多样化、多元化的文化信息往往就是不同国家、不同社会制度、不同思维方式、不同生活习惯的反映。互联网文化所呈现的文化的泛娱乐性,甚至导致一定的数字化崇拜,势必导致核心价值缺失,多元文化泛滥的局面,也就验证了莫拉夫斯基痛心疾首的观点:"后现代主义在压抑人类对于生存的富有悲剧色彩的复杂性的敏感方面,在消灭人类对于超验与改善的追求方面,在把快乐主义的工具性提高到最高的、事实上是唯一的价值的立场方面,犯下了罪孽。"[1] 在网络社会,科学技术的飞速发展与

---

[1] 阚乃庆:《后现代语境下中国电视的传播特征及其文化悖论》,《现代传播》2008 年第 3 期。

人们的道德水平、法律意识、文化素质产生巨大落差，给人们价值观念的形成、发展造成多元影响，使得主导价值与多元思想的冲突更加直接、更加公开和复杂。网络虚拟与现实的网络矛盾，增加了价值观建设的难度，网络里存在着多样的信息知识和不同国家多元的文化观念，既相互冲突、对抗又相互融通。受网络文化长期影响的网民，易形成多元化、复杂化的思想理念和思维方式。具有网络社会特征的文化活动及文化产品正对我国的政治、经济、文化以及社会生活产生着深刻影响，使我国思想文化领域多元、多样、多变的特点更加凸显。当前，一些宣扬享乐主义、拜金主义、个人享乐主义、历史虚无主义等错误思潮信息不断被渲染，误导价值判断，严重腐蚀人们的心灵，真善美和假恶丑在网络中是非界线混淆，主流价值、传统文化、社会道德的底线不断被逾越、践踏。

可见，网络是当今世界不同社会意识形态和思想文化进行交锋和竞争的主要场所和渠道。作为一种全球化、开放性的虚拟系统，网络不仅为不同社会意识形态和核心价值文化形式扩展自己的空间和影响提供了便利，而且也为不同社会意识形态和核心价值文化的斗争提供了便利。近年来一些西方发达国家已经开始通过互联网，向我国输出其政治制度、意识形态、价值观念乃至腐朽的文化和生活方式等，这在一定程度上对我国的精神文明建设构成了干扰和冲击。在这种情况下，加强网络文明建设，用社会主义核心价值占领网络主阵地具有紧迫性。我国是社会主义国家，正处在社会主义初级阶段，在我国的社会价值体系中，其多元化是社会主义初级阶段这一不可逾越的历史阶段多种经济并存的必然结果，是我国多党合作的政党政治、社会阶层变化、人们现实思想文化水准不一、个人行为准则导向、价值评价观念差异的必然表现。随着彼此交往的增多，这些处于经常性冲突和碰撞之中的多元化道德规范，一方面使相互之间增进了理解和同情，从而在经历了冲突和碰撞之后达到了融合。另一方面，即便彼此无法融合，冲突和碰撞仍旧带来了核心价值的颠覆和解构，冲击着社会稳定的根基，削弱了我国社会主义核心价值教育的有效力，降低了其应有的社会效果。

（三）网络大量渲染不实信息易导致社会政治不稳定

互联网已成为思想文化信息的集散地和社会舆论的放大器，给公众的意见表达和舆论监督提供了便捷平台。网络传播的发散性和自由冲击，使得公众舆论的蝴蝶效应进一步放大，侵蚀着传统的知识体系和价值体系，形成的网络舆论场给政府执政、社会管理带来巨大压力，使舆论引导和监管受到制约，网络的"去中心化"的传播功能，让过去比较有效的信息控制因为网络的匿名性、虚拟性、易操作性和网络思维颠覆性而面临把关失效的可能。任何非理性的观点、情感宣泄会导致网络理性公共讨论停滞不前，各种虚假信息传播会诱发社会不安定，导致社会治理成本不断加大。在网络社会中每一个网民都可以成为网络信息的来源。网民们可以通过各种网络方式，如网络论坛、微博、QQ 聊天等传播信息。同时，网络传播信息交流容易呈现非理性化、情绪化倾向，如在微博平台上大量未经证实的假消息被频繁转发，降低了信息本身和传播平台自身的准确性和客观性。这些信息传播的速度很快，容易聚集社会各方的快速反应，聚焦社会公众关注，形成舆论旋涡，刮起舆情风暴，使事件成为人们讨论的焦点和热点。从阿拉伯世界的动荡、利比亚、乌克兰、叙利亚、埃及、也门的政治危机，以及国内发生的网络群体性事件引发社会不稳定来看，网络在这些事件中充当着重要的发酵地、串联者、信息载体的作用。网络虚拟化特征对人的思维方式、沟通方式、表达方式和交往方式带来了诸多新的变化，其世界观、人生观、价值观的形成都被深深地打上网络烙印。

伴随着我国市场经济深化，互联网技术的普及，信息化社会的到来，我们的核心价值建设更加频繁地与世界各国不同的价值观念相互接触、碰撞、融合。以美国为首的西方发达国家正是利用发展中国家在网络上的弱势，来大量"推销"甚至是"倾销"他们的思想文化和价值观念，甚至把自己的政治标准、价值理念推广成互联网上的全球标准。

网络的社会价值主要体现在网络对当代社会发展的意义和作用上，并着重反映网络对人们实现跨时空交往以及对社会群体组织方式上的变革。

网络社会价值多元化对社会主义核心价值的作用主要体现在两个方面：一是主权至上与霸权主义之间的价值矛盾。由于信息技术发展的不平衡性，信息的无界性以及网络语言使用的差异性，使得少数西方发达国家利用其首先建立和控制的网络，并借助网络的全球化和自由化特性，不负责任或别有用心地发布对我国国家安全和社会稳定不利的信息，或者推行该国文化、信仰、制度和价值观念，实现其霸权主义的图谋和野心。这与我国的现行制度、核心价值体系形成了强烈的冲突。二是网络民主与国家集权之间的价值矛盾。网络化的信息处理、创造和传播方式与由国家集权之间控制下的单向式、自上而下的方式截然不同，易导致社会政治的不稳定。

三 从文化发展的角度分析

（一）互联网中低俗文化不断蔓延，无形中消解着社会主义核心价值的传播力

网络文化对网络受众有较大的影响力，如网络术语或者代码被网民频繁地使用，而这些术语或代码背后承载的是一种文化。截至2016年6月，我国IPv6地址数量为20781块/32，我国域名总数增至3698万个。不同类型的网站体现出不同的文化底蕴。综合类和文化娱乐类网站以其内容的丰富多样性和突出的个性往往能吸引更多网民的点击。此类网站上的低俗文化也往往占有较高的比例。2009年12月至2010年5月期间，公安部、新闻出版署等九部委在全国范围内联合开展整治互联网和手机媒体淫秽色情和低俗信息的专项活动。2009年6月，谷歌中国网站因传播低俗信息被中国互联网违法和不良信息举报中心公开曝光。在互联网上，个人信息容易成为"公开的秘密"，信息泄露风险很大，伴随着信息泄露就会有各色各样的广告、杂志、宣传品等信息垃圾涌入。互联网提供了前所未有的言论自由，但是并不是所有的内容对每个人来说都是适合的，在保护言论自由的同时也要杜绝有害内容。网络作为一种世界共享的公共资源，与以前的所有载体都不同。网络低俗文化主要是指网络上一些趣味低级、庸俗不堪，使人萎靡、颓废的内容。在现实中，网络平台也成为一些网民发泄对主导意识形态不满的渠道，出现了嘲讽、愚弄、指责主流价值的信息和段子，有的借机传播嘲弄历史英雄、楷模榜样和理想信念的错误思想，网络中的文化内容和话语体系不断消解主流价值的影响力，误导网民对组织的不信任，进而产生迷茫。由于网络特有的共享平台和网络文化传播的低门槛，使得网络中低俗、媚俗和粗俗文化容易迅速蔓延、传播。加上目前互联网还缺乏相应的管理机制和措施，导致这种低俗的文化迅速被转帖并直接被广大的青少年接受，而使他们的思想游离于社会主义核心价值的要求之外，无形中使青少年的负能量增强，冲淡了社会主义核心价值观影响力。

（二）长期"碎片化"的网络阅读会使青少年的知识积累能力弱化

在互联网时代，知识的更新传递越来越快，瞬息万变；加速着知识的爆炸、知识的应用、知识的创新，加速着知识的增长速率。这就必然会影响人们接受、处理、应用、积累知识的方式和方法。有学者指出，将令人惊奇的发现和以互联网、计算机为主体的信息技术的力量相结合，必将成为改变未来人生的力量。既然是一场革命，就必然会产生积极和消极的双重影响。"碎片化"已成为网络时代学习的一个语境词语。"碎片化"（Fragmentation）一词，在20世纪80年代常见于"后现代主义"的有关研究文献中，原意是指完整的东西破成诸多零块。网络语境下人们的阅读很难对某一事件、某一理论拿出完整的时间系统地关注，往往都是用小块精力进行"碎片"了解，"碎片化"导致了"快餐文化"。

在互联网环境下，许多"快餐文化"导致阅读泛化，人们钟情于网络、微信、微博等新潮媒体上"快餐文化"的现象比较普遍，其已经成为不少年轻人阅读的一种潮流。快餐文化的广泛性，迎合大众，符合大众口味，其发展之快、影响之深已经显现，对人们传统阅读方式产生了颠覆性的破坏，这种不系统的、碎片化的知识极大地冲淡人们知识的积累。"快餐文化"是一种商业文化，大众通过电视、网络、杂志等途径进行娱乐，具有速成、短期、流行的特征，并借助商业发展的浪潮迅速影响到人们生活的各个领域。"快餐文化"的泛化，给中国传统文化带来很大的冲击与影响。"快餐文化"不注重厚重积累和内在价值，通俗易懂，没有缜密逻辑思维，追寻的短平快，具有娱乐性，易于生成和扩散，迅速在社会治理、文化娱乐、教育教学中生根发芽。由于快餐文化往往带有商业性质，追求的是利益最大化，好大喜功、追求政绩、不切实际、盲目发展的建设与扩张，产生了新的不同利益诉求，也引发了一些社会冲突与矛盾，信息制作者会借助网络媒体传播快、影响广、内容监督不完善的缺陷，使一些猎奇和谣言信息快速蔓延。而网游、网络小说、网络社交平台、网络选秀等以新鲜、刺激为核心的纯娱乐节目迎合了人们释放生活与精神压力的需求，一些主流媒体也受其影响，出现了大量商业包装的电视选秀、造星运动、以明星绯闻为噱头的电视节目。这些"快餐文化"对求知欲旺盛和没有相对成熟的信息筛选能力的青少年而言，无疑是"火中送炭"，熊熊燃烧起他们的娱乐之火，占用了大量的黄金学习时间，对他们的学习习惯构成强烈的冲击。

互联网的普惠、便捷共享特征，彻底改变着人们的学习方式。比如：人们获取信息的渠道越来越广泛，越来越丰富，他们利用报纸、网络、电视、手机等现代传播工具足不出户就可以了解到天下事。各国各行各种文化模式、文化理念、道德标准,都在这些信息载体上迅速传播扩散,形成许多"知识碎片"。"知识碎片"无法承载和体现出系统的知识结构,会造成未成年人对于某一领域一知半解,会减弱他们对于事物的分析能力,可能做出错误的判断,或者将碎片化的知识引为谈资,沾沾自喜,容易造成华而不实。

可见,在网上人们阅读知识的形式可以是多样的,但是这毕竟不能取代人与人之间的交流。人们通过互联网的交流总是间接的,虚拟的交流并不能取代直接的、自然的、面对面的交流,依赖互联网的知识交流并不能实现人类价值观念的真正的提高。虽然人们努力使网络技术为自己所用,但是网络技术的发展不可能替代人类自身的知识积累能力。

(三) 过度依赖网络易导致人们特有的思辨能力、原创能力退化

随着网络环境的日益完善、移动互联网技术的发展,各类移动互联网应用的需求逐渐被开发。从基础的娱乐沟通、信息查询,到商务交易、网络金融,再到教育、医疗、交通等公共服务,移动互联网塑造了全新的社会生活形态,潜移默化地改变着移动网民的日常生活。[①] 计算机及其网络技术为无生命的环境输入了智慧。一方面,极大地提高、扩大了个人乃至社会的记忆能力和范围,而且可使其记忆的信息筛选自如、转接自如、下载自如,使人们不必为大量的信息堆积而感到困惑,人们可以利用计算机去答疑解惑,满足自身的求知需要。另一方面,信息化和网络化为人类社会的记忆内容和形式提供了新的储存方式、传递方式和交流方式,其表现形式也比以往的任何记忆工具更具丰富的演示性,从而扩大了人类显示天然记忆的能力,丰富了人类重现记忆的表现方式,使人类的社会记忆更加多彩。

然而,过分依赖于网络的思辨能力和记忆能力,将所有应由人类自身完成的工作交由计算机网络处理,人们自以为是地认为可以通过互联网的交互性达到人与计算机的无缝交流,显然是不可能实现的。正所谓:"互联网让人不会思考,让人类进入低智商时代。"正如英国伦敦大学教授斯蒂夫·琼斯在《科学导报》上载文指出,在电脑全面普及的年代,人脑退化的速度已经超乎想象。电脑等科技产品的发明目的是让人们生活更方

---

① 中国互联网络信息中心(CNNIC):《第 37 次中国互联网络发展状况统计报告》,http://www.cnnic.net.cn/hlwfzyj/hlwxbg/hlwtjbg/201601/t20160122_53271.htm。

便快捷。这个初衷电脑已经达到了，但不可否认，科技越发达，人类似乎越懒惰，身体机能越退化。英国在一项长期的计算机应用跟踪研究中表明，在普及电脑之后，儿童的"高层次思考能力"明显降低，孩子越来越笨。北京大学社会学系夏学銮教授指出，用惯了电脑，导致很多人只会用零散的语言交流；用游戏和电视节目取代了传统阅读，以至于2010年我国国民年人均阅读图书只有4.25本，而这个数字在发达国家是10本以上。读得少，分析能力就会减弱，于是造成思考能力下降。"传统文化可能就在这些闪光的屏幕中渐渐消失。"[1] 面对互联网信息的庞杂性，阅读时间的随机无规律必然带来思维的碎片化。当信息知识是以爆炸式和碎片化供应给人们的时候，这种碎片化必然对人的大脑信息分析和加工能力构成影响，人们对经典阅读兴趣越来越低，对较长的各种文本信息会产生抵触情绪，长时间的不系统碎片化、快餐化的阅读方式使人们的阅读能力降低，让人变得浅薄。

网络使用的娱乐化和成瘾性，会造成青少年学习自律性降低。2010年孙亮在《青少年网络成瘾的原因及对策研究》[2]的调查中表明，中学生上网群体中，60.7%的人玩游戏，34.1%的人聊天，排在后面的选项依次是影视娱乐和浏览文体新闻等，而据一项针对大学生的互联网应用调查的不完全统计，66%的被访者表示上网目的就是娱乐和消遣，而在上网时间的花费上，每天上网5个小时以上的被访者居然达到28%以上。[3] 中国青少年网络协会在2012年发布的《2011年中国网络青少年网瘾调查数据报告》显示，2011年我国网络青少年网瘾的比例高达26%，网瘾倾向比例高达12%。[4] 可见，计算机和网络的出现在很大程度上减轻了人们工作学习的负担，但它并不是人类自身的思辨过程。人们在过分依赖计算机强大存储能力的同时，特别是青少年可能形成一定的网络依赖，网络使用使人

---

[1] 《电脑如何毁了我们的健康》，http：//news.xinhuanet.com/tech/2011 - 07/05/c_121625770_2.htm。

[2] 孙亮、孙殿武：《青少年网络成瘾的原因及对策研究》，《政府管理创新理论与实践研讨会论文集》2011年。

[3] 韩二磊：《大学生网络责任意识缺失问题及其对策研究》，西南大学硕士学位论文，2014年。

[4] 中国青少年网络协会：《2011年中国网络青少年网瘾调查数据报告》，2012年8月7日，http：//d.youth.cn/shrgch/201208/t20120807_2337374.htm。

们的自我控制退化,思维能力常常会依赖网上现有的知识和逻辑结构而失去独立思维的习惯,有可能丧失质疑权威和思辨的能力,从而导致人们创新能力特别是原创能力的退化。

(四)基于西方科学技术发明的网络易导致文化霸权

在当今信息化、网络化的时代,通过一条电话线、通过光缆、通过有线电视网、通过卫星传送等方式,可将全世界连接起来,拉近了人们之间的距离,这些是西方科技文明发展的重要成果。在文化上,互联网的广泛性使文化交流范围在全球不断扩大,使国与国之间文化交流的更加频繁,导致一些核心价值相对薄弱的国家民族文化的衰退,从而形成了文化上的霸权主义。因为英语是计算机网络应用发展中的最主要的语言,以英语为语言载体的全球网络文化随着信息网络的延伸而扩大,而网络文化中所携带的西方价值观、意识形态观点冲击着非英语国家和民族的人们原有的思想观念和文化素养,最终形成一种以西方文化为主的全球网络文化。①

正是这种科学技术发明的背景和网络语言体系的霸权,使文化的侵蚀就有了新的发展空间。由于网站建立的背景不同,它所依附的政治、经济、文化和价值观也不同,在网络中传播表达现状差异非常大。2010年1月21日,美国时任国务卿希拉里发表题为"网络自由"的演讲。指出:"新技术本身不会在自由和进步的过程中选择方向,但是美国会。我们主张一个所有人都可以平等接触到知识和思想的单一互联网。我们认识到这个世界的信息平台将由我们和他人共同打造。""我们还鼓励正在以全球互联网倡议形式在做的工作——这是一个由技术型公司、学术专家和社会性投资基金自愿组成的非政府组织推动的,致力于对抗政府要求进行内容审核的项目。"② 赤裸裸宣扬美国互联网强大及美国主导。可见,以美国为代表的西方国家,仰仗强大的经济实力、依托先进的信息技术、利用语言和网络文化方面的优势,把符合本国利益的价值观念和意识形态通过网络强加于其他国家,推行文化霸权。在向他国输出网络信息时,西方国家同时会把所谓的自由平等价值观念依附于互联网技术信息中输出,使信息输入国的人们不知不觉地受到他国价值观念的诱导。西方发达国家用强势的网络技术占领信息输入国的主流文化价值市场,并将其价值观念在该国

---

① 王志萍:《网络伦理:虚拟与现实》,《人文杂志》2000年第3期。
② 金民卿等:《矛盾与出路:网络时代的文化价值观》,经济科学出版社2013年版,第29页。

推行开来,从而在该国形成文化壁垒。

四 从伦理道德的角度分析

(一) 网络道德失范削弱了社会主义核心价值教育实际效果

当前,社会主义道德建设就是要把社会主义核心价值内化为自己的道德观念和价值取向,就是要弘扬社会主义道德观,这也是中华民族传统美德的规范在当代的具体体现,也是中国共产党领导中国人民在长期的艰苦斗争中逐渐形成的革命品德,明确了构建社会主义和谐社会的道德目标,为和谐社会的构建提供了基本的价值取向,是社会主义核心价值追求的目标。

新兴媒体互联网与传统的平面纸质媒体相比,虽然具有较大优势,但还有很多不足之处。由于网络媒体行业缺乏严格的监管机制,一些网络媒体将效益放在首位而忽视了社会效益,其行业过度追求网站点击率和浏览数量,追求更多的商业利润,因此,放松了对网络信息道德内容的要求,出现了大量低俗、媚俗、粗俗的网络信息;还有一些网民主体,在网络上攻击、谩骂别人,或者散布谣言,造成人心恐慌而不承担责任。作为引领社会道德文明发展的传媒行业,其降低自身的道德标准会导致网民的道德行为失范,甚至是整个网络社会的道德失范。由离散结构组织起来的网络决定了处于每一个节点上的成员都是一个网络道德重要的组成部分,他们既是网络信息的接受者,也是信息的创造者、传播者,他们的道德意识、道德发展水平如何都会影响到整个网络道德的状况。青少年长期沉浸在这种失德的网络传媒中,过多摄入其传递的错误有害信息,造成道德自律缺失,缺少正能量,导致自我控制能力减弱,影响他们的健康思维,进而抵制现实社会中的伦理道德规范的约束,导致辨别道德行为最基本的价值标准丧失,进一步诱发各种越轨行为,甚至极端行为的发生。比如:参与暴力、政治煽动、情感欺骗、虚假信息、经济诈骗、攻击谩骂、色情暴力等。这些思想、行为不仅影响青少年身心健康,影响自身正常的学习、生活和人际交往,甚至给社会造成不稳定和巨大危害。

可见,网络作为一个文化大剧场,是青少年形成自己的亚文化、边缘化价值观散播的一个重要场所,网络虚拟社会所表现的自主性、开放性和多元性的特点一切都呈开放状态,体现着不同意识形态、价值观念的信息在网络大行其道,网络内容丰富复杂,良莠不齐。过度沉迷网络,易导致青少年价值观向着不同的方向发展，潜移默化中影响儿童青少年正确的人生观和价值观的形成，难免有一些不良的亚文化甚至是反社会文化的产生和蔓延，对于弘扬社会主义文明道德是不利的。可见，网络道德的失范使人们自觉主动地践行社会主义核心价值的动力大大减弱，使其教育不能达到预期的效果。

（二）互联网扩大了人们之间的交往范围，同时引发人的情感缺失危机

人们的交往方式总是无时无刻地随着人类的发展而发生着巨大的变革，正如生产工具的变革是生产方式变革的历史标志一样，人类交往工具的变革也可以看作交往方式变革的历史标志。人们在实践活动中创造了不同的生产交往工具和不同的生产方式，这种方式深深地影响和推动着人类社会的发展和进步的方向。人与人的交流是维系人际情感的主要方式。人们的传统交往活动不存在一点的虚幻，也不存在隐匿性，是实实在在地存在且发生在现实生活中，人与人之间面对面的交往是有着特定的身份和背景的，就算不是面对面交往的形式，在传统交往过程中的书信、电话等的交往方式也是有着身份的限定的，脱离了社会存在与背景基础的交往是不存在的。

网络以它本身的开放性、潜伏性、虚构性，构建起了一座"网络社会"。在"网络社会"的人，利用各种通信工具交流，这种交流方式是一种新的革命性的变化。当今最为流行的聊天类、虚拟社区类、电子邮件类在青少年的人际交往中比较流行，其他像聊天室、QQ、微信等也有较高的使用率，更多虚拟的交流工具如社区、聊天室等也正在被无限的开发和利用。互联网为参与社会交往提供了新的平台，互联网直接介入"交际"领域，为人类创造了独具特色的网上空间，为现代人的交往提供了一个全新的场所。网民上网的方式也发生了很大变化，从 PC 端的门户网站、搜索引擎到如今的智能手机、APP。利用上网设备，网民可以定向抵达一点，也可以同时抵达多点，从而形成颇具规模的"交际圈"，为人们更大范围的交友提供了前所未有的便利。但正是由于互联网的这一特点，致使现实人际交往减少，人与人之间的关系逐渐疏离，群体纽带逐渐松弛，群体结构濒临瓦解，道德情感联系也日趋淡漠。① 已经发现，青少年对网络

---

① 高磊、吴涛：《透视网络伦理的危机及其对策》，《商场现代化》2009 年第 34 期。

的依赖性逐渐增强，出现了"网络依赖症""网络综合症"等现象，青少年对手机、电脑的依赖，处处展现"网罗天下"的生活样态，网络交流战胜了现实人际交流，进而导致人和人之间真实情感变得疏远。第 38 次《中国互联网络发展状况统计报告》显示：手机从通话工具成为上网终端，手机上网催生的"低头族"，随时随地碎片化上网时间的不断累加，也让国人的上网时长不断增加。报告调查显示，2016 年上半年，中国网民的人均周上网时长为 26.5 小时，比 2015 年提高 0.3 小时。这相当于 7.1 亿网民，平均每人每天上 3.8 小时的网。① 青少年"粘屏"的"低头族"，他们在课堂上、宿舍里经常看着手机屏幕刷微博、玩微信、打游戏、看视频，对身边的世界和人漠不关心，这影响着他们的社会交往和身心健康。可见，网络交往挤占部分人们的现实交往时间，给人际交往带来便捷的同时，也使人际交往活动产生了一定异化，这与现实社会中人际间的交往相比，人际间交往的鸿沟越来越大。网络环境的不可控性从信息质量上污染了道德环境，大量信息垃圾对人们的思想造成了严重的侵蚀，电脑技术带给人们的一些娱乐游戏使辨别能力差的青少年沉浸其中，而游戏中充斥着暴力以及色情的东西，无时不在教唆网民尤其是青少年亵渎人类的文明，消解社会主义核心价值教育的效果。

（三）互联网发展也冲击着社会道德建设，网络道德建设凸显出巨大的复杂性

互联网在我国大发展普及时期正是当代中国社会各方面转型的时期，社会责任制度体系的不成熟与社会秩序的重构，对公民传统价值观念产生了巨大的冲击，造成了部分个体角色的迷茫和安全感的不足，主体的责任感弱化，独善其身的个人主义人生观大行其道，造成了以自我为中心思想的普遍流行，消解了互帮互助、集体主义精神等传统伦理道德。在这种大背景下成长起来的青少年难免存在社会责任感的普遍缺失。责任精神一旦丧失，在现实中尚且可为法律法规和社会伦常所支撑的礼义廉耻等价值体系，在较为自由的网络中崩塌却不足为奇，正可谓冰冻三尺非一日之寒。网络世界充斥着各种信息：社会信息、教育信息、文化信息等，甚至是具有暴力煽动性的信息混杂

---

① 中国互联网络信息中心（CNNIC）:《第 38 次中国互联网络发展状况统计报告》, http://www.cnnic.net.cn。

在一起，毒害人们的心灵。网络中不道德、反道德的内容，侵蚀着人们的道德信仰，抑制了健全道德人格的形成，导致个体道德和群体伦理道德水平下降。① 信息产生的多元性，尤其是互联网容纳的信息生产者数量的极其庞大，信息的产出已无法由法律加以有效地控制，而且法律的控制还处于自身提倡言论自由却又要控制言论自由的两难境地之中。这样就更增加了无意自律的信息生产者向社会大众倾泻逆伦理道德、反伦理道德的内容，并借此以牟利。在现实的社会中，规范人们言行的法律道德标准很难在网络社会中得以施展，计算机程序编制的非道德性原则，易使人在不自觉中患上了精神麻木，丧失有效的道德判断力。

网络社会的"双刃剑"效应不仅为人们带来了社会进步和经济增长以及文化的繁荣，也对传统道德造成了巨大冲击。网络中前所未有的自由不仅带来了思想解放，也潜移默化地侵蚀着正处在社会转型期大背景下学习生活的青少年。主流的伦理观念被淹没于茫茫的网络世界之中，个体伦理无法使个人的行为保持全方位的确当性，公共伦理无法使社会维持相互协调的人心秩序。信息时代人们的伦理道德决断力确实面临许多考验，只能靠自身的自觉性来约束，这样网络上人们的行为，就难以被约束，与此相比现实社会中的法律规范约束、社会媒体舆论、道德观念信仰共同维护了伦理道德的规范，由此网络中的伦理道德规范相对较弱。

由于网络社会的虚拟性、自由性、匿名性，使人的个性得到了极大释放，现实不能做的需要在网络中实现。在网络社会，网民可以自由地获取信息，发表言论，进行交流，等等，网民在这里所受到的约束力、法律威慑力等相对较小。有的网民认为网络应该是纯自由的、无国界的、无拘束的，不应该受法律管制的，因而网络的负面效应也逐渐显现出来。

网络社会规范体制的不健全，人们完全不必使用真实身份便可以在社会中畅所欲言，而且不需要对自己的言行负责，并无须承担任何法律后果。传统的伦理道德约束方式在互联网世界中完全行不通，人们必须通过自律使互联网社会的秩序得以维持。因此，网络道德建设应引起社会广泛

---

① 关友杏：《网络道德失范与网络伦理的构建》，《学术交流》2006年第4期。

的关注与重视，网络伦理学的建立也就成为一个迫切需要解决的问题。①

五　从法律规制的角度分析

（一）网络的开放性、快速发展使得立法工作相对滞后、不能有效对接

互联网具有巨大的开放性。互联网是属于全人类的共有财富，跨越国界，在信息化的推动下，呈现出了全球性的色彩，任何一个国家和个人都不能将其据为己有，彰显出了极强的开放特点。互联网使国家、地区之间的壁垒被打破。所有的人都可以通过文字、声音、图像在网络上和别人连接起来，所有的人都可以使自己成为领导者和管理者。在互联网上任何人都可以按照自己的思维和逻辑说任何话、做任何事。互联网的开放性的特点使得它成为一个信息量复杂庞大的集合体，无论是国家机关的网络还是公民个人的网络都难以逐一检查，网络中信息的传递可以超越时间、空间和地域的限制，相比现实社会出入境的复杂手续，网络社会不需要办理任何手续，在给网民带来便利的同时，也使一些不法分子有了可乘之机，导致色情泛滥、经济犯罪、版权侵犯、赌博业猖獗、计算机黑客骚扰、个人信息泄露等。这就需要借助一定的法律规范，对网络实施有效地管理和控制，调整网络国家与国家、地区与地区、人与人之间的关系，以维护正常和谐的网络秩序。针对这些问题，为了适应计算机网络健康有序发展的需要，我国已经加快了网络立法的步伐，我国立法机关、政府部门根据网络快速发展相继出台了一些针对性的法律法规以及规章要求。比如近年来我国相继出台了《计算机信息网络国际联网管理暂行规定》、《计算机信息网络国际联网安全保护管理办法》、《互联网信息服务管理办法》、《互联网站从事登载新闻业务管理规定》、《网络交易管理办法》、《关于办理利用信息网络实施诽谤等刑事案件适用法律若干问题》、《信息网络传播权保护条例》、《关于加强网络信息保护的决定》、《网络游戏管理暂行办法》、《通信网络安全防护管理办法》、《国家安全监管总局网络运行和信息安全保密管理办法》、《关于进一步加强网络剧、微电影等网络视听节目管理的通

---

① 刘绍斌：《建立网络伦理学加强网络道德问题研究》，《湖北大学学报》（哲学社会科学版）2002年第3期。

知》、《关于开展打击网络传销违法犯罪专项行动的通知》、《关于进一步推进网络购物领域打击侵犯知识产权和制售假冒伪劣商品行动的通知》、《关于清理违规网络音乐产品的通告》、《关于办理网络赌博犯罪案件适用法律若干问题的意见》、《关于加强网络游戏市场推广管理制止低俗营销行为的函》、《关于加强中小学网络道德教育抵制网络不良信息的通知》等网络法律规章要求，我国也针对网络出台了一系列法律法规，但是翻开这些法律法规，不难发现大部分的立法都只是各个部门颁布的行政法规和部门规章，缺乏高层次的立法保障。而网络发展迅速，这些法律法规是不是还能够适应网络，或者还有多少操作性都值得商榷。

日新月异的网络发展引发的新问题，需要有效的法规进行规范引导，而实际上无论是立法工作、行政执法，还是政策引导都赶不上网络发展的需要，引发了一系列新的违法犯罪现象。我国的互联网立法多是在出现问题，利用传统法律规范无法加以管理之后，才加以回应，呈现出明显的被动性、滞后性，很多法律制定后很快又落后于网络发展的实际。① 一些不法分子正是利用这一弱点和自己高超的计算机技术优势，实行网络犯罪。一些违法犯罪分子利用网络病毒等高科技手段进行犯罪，不留痕迹，给破案带来了严重的挑战，有的即使被发现，也会因为缺乏证据或者其他因素而使不法分子逍遥法外。对于上述这些问题，能够处理的现行法律法规还不够健全，网络立法还不够完善。网络社会的不断发展使违法行为不断翻新，必须加强法律法规的正确引导，逐步确定在公民网络著作权侵犯问题和网络信息盗取的确定等问题上的认定。

(二) 网络立法、执法工作权威性、体系性有待提升

网络自身的开放性、自由性、虚拟性等特点给网络具体案件的界定带来了极大的困难，同时也给立法带来了挑战。对网络社会进行管理，有多种方式，包括宗教管理、道德管理、制度管理等，但是放眼世界来看，各个国家对网络社会的管理最终落脚在法律上，使法律成为最终的管理机制。在网络社会中制定相应的法律，使网民能够明白自己该做什么，不该做什么，如果人人能够在网络社会中守法，那么就能够减少网络社会中的

---

① 余秀才、徐颖：《我国互联网的法制管理问题及其完善》，《三峡大学学报》（人文社会科学版）2010年第1期。

恶习，化解一定的社会矛盾，保证了网络社会的良好秩序，最终能够促进现实社会的和谐稳定。

我国亟需出台一部网络基本法成为网络社会法律建设的"网络宪法"，树立网络的权威大法，来科学宏观地指导网络社会健康发展。通过法律的形式明确网络执法主体的人员配置以及责任和义务，划分各网络执法主体的执法领域，详细规定各部门统一执法的协调机制以及法律责任，以基本法的形式授权公安机关网络执法的权限，使公安机关网络执法"名正言顺"。在基本法的基础上，尽快建立配套的单行法律，以此调整多而杂乱的法律规范文件，避免立法冲突。即针对我国公安机关以及其他网络执法主体面临的困境，积极推动个人信息保护法、电子证据法、网络知识产权法等专门性法律的出台，为公安机关提供明确的执法对象，且更好地规范公安机关的执法手段。还要不断地梳理相关法律规章的时效性，对明显过时的和与法律有冲突的法规规章尽快废止与修改，为公安机关提供及时、准确、具有可操作性的执法实施细则。在现实网络法律建设中，针对网络犯罪，在《刑法》第217条第1项、第285条至第287条对网络犯罪行为进行了规定。尽管这些规定填补了我国刑法在计算机犯罪领域的空白，为打击计算机犯罪提供了有效的法律依据，但是，法条太少，远远不能适应网络虚拟世界的新变化、新的犯罪情况。另外，从行政、经济、社会管理的一些法律法规而言，原则性、口号性表述多，内容不周严，赶不上网络健康发展的需要，缺乏可操作性，亟需一套行之有效的网络管理机制和对网络信息的生产、监督、预警以及违规的处理办法，特别是能有效处理垃圾信息、"打擦边球"的信息和间接渠道出现的国外非健康信息等，来抵制网络病毒、色情、暴力、犯罪等不良思想传播的负面影响。同时，要完善行政法规，加快出台相关管理法规，规范商业网站和网吧经营者的行为，取缔清除黑网吧。

加强网络科学立法工作，必须掌握网络社会技术层面的新变化，体现网络社会发展规律。第一，要有信息化思维。以多媒体计算机技术和网络通信技术为代表的信息技术，已经广泛应用到社会经济的各个领域，对当代社会产生巨大的影响，改变着人们的生活、学习、工作方式，这对一国的国内法构成了一定程度的威胁。第二，要有全球化理念。互联网最大的优势就是超越时间、空间的限制，有效地打破国家和地区之间各种有形和无形的壁垒，同时，还可以把各种大大小小的信息和数据并入这个网络，从而形成了一个和我们的地球空间相对应的信息空间，这对追查恶意传播网络淫秽信息调查工作带来极大的难度。第三，要有高效化思想。互联网通过全球的信息资源和150多个国家的数百万网点，向人们提供了浩如烟海的信息技术，进而生成一个扩散式社交传播媒体网群，给具有利益诉求的草根网民进行信息发布、意见表达提供重要资源，并进行自我"技术赋权"，实现了网民线上线下网络联动，使人们与世界同步，了解全球最新的科技动态、新闻热点，互联网信息交换的可靠性也远超常规通信方式，正是由于网络的这一特点，使现实社会中相对稳定的法律受到了冲击。

第五章　网络时代社会主义核心价值教育的问题聚焦

毛泽东同志指出："什么叫问题？问题就是事物的矛盾，哪里有没有解决的矛盾，哪里就有问题。"① 矛盾是无时不有又无刻不在的。从这个意义上说，我们所处的世界就是一个问题世界。特别是今天的世界处于经济全球化、信息化、知识经济时代，科学技术迅猛发展给社会带来繁荣和发展的同时，也给理想、信念与价值观传播等带来诸多问题。因此，要提升网络时代社会主义核心价值教育实效性就必须具有强烈的问题意识和集中的问题指向。本章把网络时代社会主义核心价值教育的问题分为有关理论问题和实践存在问题两部分进行分析。

第一节　网络时代社会主义核心价值教育的有关理论问题

一　网络时代推进当代中国马克思主义大众化价值实现问题

马克思主义具有与时俱进的理论品质，实现大众化是马克思主义自身的价值诉求。随着网络的日益普及，网络世界已成为马克思主义大众化的新兴场域和重要阵地。在网络境遇下当代中国马克思主义大众化的主体与客体、载体与环体面临着转换变化，要围绕着中国马克思主义大众化价值实现的实质，以社会主义核心价值体系引领网络思潮，加强马克思主义大众化网络灌输的力度；强化网络参与者自主意识和主体精神，以健康繁荣的网络文化提升马克思主义大众化的影响力；充分发挥价值主体间的互动性，不断激发他们开展马克思主义大众化实践的创造力；增强网络媒介与

---

① 《毛泽东选集》第3卷，人民出版社1991年版，第839页。

传统大众媒介的传播互动，不断推进马克思主义中国化、时代化、大众化的融合与创新，从而不断焕发马克思主义的生命力。

党的十七大报告指出要"开展中国特色社会主义理论体系宣传普及活动，推动当代中国马克思主义大众化。"马克思主义大众化是马克思主义诞生以来由马克思主义理论工作者、知识分子传播并在工人阶级和劳动人民这一实践主体中被认知、掌握和运用的过程，它也是一个由深奥到通俗、由抽象到具体、由被少数人理解到被广大群众掌握的过程。马克思认为："批判的武器当然不能代替武器的批判，物质力量只能用物质力量来摧毁；但是理论一经掌握群众，也会变成物质力量。理论只要说服人，就能掌握群众；而理论只要彻底，就能说服人。所谓彻底，就是抓住事物的根本。而人的根本就是人本身。"[①] 马克思主义理论是广大人民群众认识世界、改造世界的精神武器，自诞生以来就开始了寻找自身物质武器即实现其自身大众化的征程。在马克思主义理论自身科学化与马克思主义理论工作者的不断探索中，马克思主义不仅实现了其基本原理与中国社会实际相结合的伟大目标，而且在中国逐渐获得了广大人民群众的认同、信仰，成为中国立党立国的根本指导思想和全国人民团结奋斗的共同理论基石。邓小平指出："如果我们不是马克思主义者，没有对马克思主义的充分信仰，或者不是把马克思主义同中国自己的实际相结合，走自己的道路，中国革命就搞不成功，中国现在还会是四分五裂，没有独立，也没有统一。对马克思主义的信仰，是中国革命胜利的一种精神动力。"[②] 到了中国特色社会主义建设的今天，我们在各个领域都取得了非凡的成绩，这都是与马克思主义理论的科学指导及其大众化分不开的。

随着网络技术的发展，新兴的网络媒体已经融入人们的日常工作和生活，成为时代变革中最活跃的生产力要素。作为新兴媒体的网络，对人们的思想观念、政治态度、道德伦理、行为方式已发挥着重要作用，网络成为马克思主义大众化的新阵地，这极大地拓展了马克思主义大众化新空间，也催生了新的马克思主义大众化的实践要求。从目前学界的研究来看，网络作为马克思主义大众化的阵地研究，这一新兴领域越来越受到多学科的关注，但是对马克思主义大众化的价值分析和阐述极为缺乏，这不

---

① 《马克思恩格斯文集》第一卷，人民出版社 2009 年版，第 11 页。
② 《邓小平文选》第三卷，人民出版社 1993 年版，第 63 页。

利于把握网络时代马克思主义大众化的实质。因此，从网络时代马克思主义大众化的主客体分析出发，探究其本身的价值实现及路径，致力于为提高网络时代马克思主义大众化的实效性提供学理支撑，这对于通过网络推进马克思主义大众化具有极为重要的现实意义和历史意义。

网络时代马克思主义大众化是以现代信息网络为中介，以价值导向、平等互动、平台建设、有害规避、制度完善等为基本方式、方法，对社会成员和广大网民进行有目的、有计划、有组织地开展教育和施加影响，促使社会成员在网络活动中自觉、不自觉地受到显性和隐性教育，促进社会成员符合社会时代要求，促使主体形成对马克思主义理论的高度理论与实践自觉。

（一）网络时代当代中国马克思主义大众化的主体与客体范畴

价值不是反映某种独立存在的实体范畴，也不是反映某一独立存在物的状况的样式范畴，而是反映人与外物的关系范畴。马克思主义大众化网络传播作为当代马克思主义大众化的最新形态和重要组成部分，是网络和马克思主义大众化联姻所产生的重要实践活动，因此网络时代马克思主义大众化的价值反映了一种特定的主客体关系，包含网络时代马克思主义大众化主体和客体两大基本要素。从价值论看，实践是对象性的活动，实践的主体和客体构成实践的两个关系项，主体和客体正是通过实践活动相互作用，发生主体客体化和客体主体化的双向过程。受网络时代马克思主义大众化活动超越时空性、开放共享性、平等交互性、虚拟现实性等特性的影响，网络时代马克思主义大众化价值实现过程中也呈现出一定的特殊性。

在价值论中，价值正是在主体与客体发生关系，因客体满足了主体的需要而产生的。网络时代马克思主义大众化的实践满足了个人和社会、教育者和受教育者的共同需要。因此，网络时代马克思主义大众化的价值主体应该是处于网络这一特定的马克思主义大众化情景中的教育者与受教育者，这里的主体具有多维度和空前广泛性，包括个体、组织和社会，从政治学分析，主要包括中国广大的工人、农民在内的一切赞成、支持和参加中国特色社会主义事业的阶级、阶层和社会力量，但是碍于网络技术发展和教育水平等现实因素，目前中国仍然有相当一部分马克思主义大众化主体无法通过网络学习、理解、掌握和接受马克思主义理论。

网络时代马克思主义大众化的价值主体具有地位平等性和参与多样性

等特征。和传统马克思主义大众化相比，网络的开放性、平等性等特性，打破了教育者和受教育者之间的"权威—依存"关系，网络形态的虚拟性进一步模糊了教育者与受教育者之间的身份，网络传播活动的交互性使教育者和受教育者的身份不断相互转换。教育者不再是以传统的"灌输"为主的教育方式发挥作用，而是提供丰富的价值客体对受教育者进行显性和隐性"引导"，教育者与受教育者更多的是平等交流，教育者既主动地传播信息，也被动地接受信息。因此，在网络时代马克思主义大众化中，作为主体的教育者和受教育者通过网络达到马克思主义大众化的资源的共享，可以自由地在网上交流和讨论，进行交互教育，具有平等的地位。同时，在开放的网络平台中推进马克思主义大众化时，主体具有不确定性、多样性，这使网络时代马克思主义大众化价值实现更为复杂和困难。

马克思主义大众化价值客体是马克思主义、毛泽东思想和中国特色社会主义理论体系，它不仅包括马克思主义科学理论，还包括马克思主义中国化、时代化的最新理论成果。

马克思主义大众化价值客体具有内容丰富性等特征。从马克思主义大众化的内容上看，除了包含传统马克思主义大众化活动中的客体外，还应包括主体的新的价值创造，主要是对马克思主义理论的新认识和新观点。从教育内容资源量看，在网络时代马克思主义大众化中，网络所承载的超大信息量，使传统马克思主义大众化中贫乏的教育内容转变为丰富而全面，具有动态性和可选择性的教育内容格局，如在网络上可以轻易地搜寻并列举出大量生动丰富的例证。此外，具有极高的历史文化知识和现代科技含量的信息，其政治性本质内蕴在其中，有待马克思主义的发展而进一步予以挖掘。

（二）网络时代当代中国马克思主义大众化的载体与环体变化

网络时代的虚拟环境克服了各种时空障碍，马克思主义大众化的载体和环体发生了变化。

第一，马克思主义大众化的载体具有灵活性。马克思主义大众化的载体主要是网络。网络采用多媒体技术，使马克思主义大众化内容形成了从平面化走向立体化，从静态变为动态的新形态，其结果集声、色、光、画等多种现代手段的多媒体技术，使马克思主义科学理论和中国特色社会主义理论体系这些政治性内容，从抽象转化为具体，从枯燥走向情趣，既能让价值主体真正理解和把握，又能激发起他们的积极性和主动性。在互联网时代的马克思主义大众化传播，新媒体技术维度使传播进入一个开放而自由的公共平台，这个平台能够创造自由的信息空间，形成形式多样、功能各异的思想图式，也能够将新媒体技术作用于信息的制作、传送、疏导和把关，提高马克思主义大众化传播效率。[1] 网络具有交互性和平等性特质，促使马克思主义大众化过程作为价值主体的教育者和被教育者之间产生双向互动、交流，引起网络马克思主义大众化的途径和方法由单向的强制屈服式向双向的引导教育式转变。此外，具有开放性的网络资源，促使受教育者在潜移默化中接受教育和感染，使其效果更为理想，使得网络马克思主义大众化的方式由封闭性向开放性转变，使得当代中国马克思主义的宣传普及途径和平台多样化。

第二，马克思主义大众化的环体具有复杂性。马克思主义大众化的环体发生变化，传统马克思主义大众化过程的教育环境是相对封闭的、可控性较强。网络的高度开放性、全球性和思想文化的多元性使马克思主义大众化面临着开放的、不可控的教育环境。在拥有海量信息的网络空间中，存在不同国家丰富多样的文化观念和知识，他们之间既相互冲突、对抗又相互融会贯通，长期受网络文化影响的价值主体，往往就会形成多元化、复杂化的思想观念和思维方式，各种思想文化之间产生出激烈碰撞和冲突，形成承载真、善、美正面信息与承载假、恶、丑的负面信息内容共存并生的格局，易造成马克思主义理论与社会主义先进文化的"信息淹没"。进一步看，发达资本主义国家由于其技术上的优势使得在网络"信息战"中处于强者地位，欠发达国家处于弱势位置，这种态势造成网上意识形态领域的斗争异常激烈。一些反马克思主义的、反科学的不负责任的言论和观点会不时出现，不同程度地影响网络受众，形成网络的"无归责性"[2]。网络的链接化、碎片化传播方式使得人的思维方式发生变化，主体进行系统深入的思辨变得极其困难。所有这些，都使网络时代马克思主义大众化面临着十分复杂的教育境况。

（三）网络时代推进中国马克思主义大众化价值实现的路径

网络时代马克思主义大众化价值关系的主客体双方存在一定的特殊性，网络时代推进中国马克思主义大众化价值实现的实质是价值客体主体

---

[1] 吕治国：《略论新媒体环境下马克思主义大众化的传播路径》，《思想理论教育导刊》2011年第9期。

[2] 段海超，元林：《论马克思主义大众化网络传播》，《高校理论战线》2011年第6期。

化，即通过网络这一媒介将当代中国马克思主义理论普及于大众，使马克思主义理论由"潜在价值"向"现实价值"转变，价值客体被价值主体所接受并外化为一种现实的心理能量以及个体意识及行为习惯，不断增强广大人民群众的主体意识和主体力量，进而转化为他们在当代中国马克思主义理论指导下开展中国特色社会主义建设实践的价值功能。

第一，以社会主义核心价值体系引领网络思潮，加强马克思主义大众化网络灌输的力度。

在网络时代马克思主义大众化实践过程中，既面临着交流的互动性、空间的拓展化、方法的便捷化和时空的灵活性等机遇，也经历着交往的隐匿性、价值观的多样化、环境的复杂性和文化的多元性等挑战。因此，在这样的教育情境中，就必须旗帜鲜明地坚持以马克思主义为指导的社会主义意识形态属性。为此，党的十七届六中全会通过的《中共中央关于深化文化体制改革推动社会主义文化大发展大繁荣若干重大问题的决定》指出，要"坚持推进社会主义核心价值体系建设，用马克思主义中国化最新成果武装全党、教育人民。"① 列宁指出："最高限度的马克思主义＝最高限度的通俗化。"马克思主义大众化的表达方式要通俗化和具体化，善于以浅显易懂、明白通畅、平实质朴的群众语言把深邃的道理说清楚，从而使马克思主义走出书斋、走进大众，更好地为大众理解、掌握、认可和接受。② 马克思主义大众化实践活动要以社会主义核心价值体系引领网络思潮，通过适当的网络语言以及对信息的图像化表征和修辞化处理，把马克思主义理论灌输到人们头脑中去，使它内化为人们的认识、情感、意志、信念，并体现在人们的行动中。努力使广大受教育者网民成为马克思主义理论体系的深入学习者、坚定信仰者、积极传播者和模范践行者。

第二，强化网络参与者自主意识和主体精神，以健康繁荣的网络文化提升马克思主义大众化的影响力。

文化是推动社会发展的重要精神力量，也是推动马克思主义大众化的重要前提和因素。要尊重网络参与者的自主性、选择性和创造性，培养受教育者网民思想认识和自主选择观念的能力，这样才能使主体在各种价值

---

① 《中共中央关于深化文化体制改革推动社会主义文化大发展大繁荣若干重大问题的决定》，人民出版社2011年版，第3页。

② 潘世伟：《上下求索九十年：中国共产党建党以来马克思主义中国化、时代化和大众化的探索历程》，学林出版社2011年版，第124页。

观、生活方式或并行不悖或相互冲突的网络时代里,通过辨别、分析与比较,从而选择正确的思想观念,使人们自己去逐渐以马克思主义这一科学理论为指导,将主动接受的马克思主义理论内化为个体意志和动机并外化为行为,从而提升马克思主义大众化价值实现的实效性。同时,网络文化在推进我国马克思主义大众化中有重要作用。人民群众是网络文化发展与消费的主体,也是社会管理服务的主体。因此,要在网络文化建设中充分坚持尊重人民群众首创精神,高度重视发挥人民群众的积极性、主动性和创造性,充分发挥网络文化原创性、多元性、广泛性等优势。强化对网络流行语的生产与传播,发挥"微时代"的意见领袖的作用,在转发和分享中致力于搭建一个时代的认同、话语与人际关系。① 要推动网络文化大发展大繁荣,大力传播先进文化,培养和提高全体网民的科学文化素养,普及马克思主义世界观,提升马克思主义大众化的影响力。

第三,充分发挥价值主体间的互动性,不断激发他们开展马克思主义大众化实践的创造力。

网络时代马克思主义大众化价值的实现是一个主客体相互作用的客体主体化的过程,其实现过程不是简单的客体作用于主体的过程,而是主体根据其自身素质、知识、能力、情感等方面的需求而对客体的属性加以筛选、吸收、改造,使之成为对主体的发展有意义的东西。探寻以往马克思主义大众化的历史,可以发现以非此即彼的思维范式或浓厚的先验理性把马克思主义绝对化、神圣化、教条化是马克思主义无法很好地与大众融会的重要原因。② 因此,要充分发挥马克思主义大众化主体间双方的互动性,通过文字、声音等符号进行传输和交流,促进教育者和受教育者的对话、互动与沟通,使教育者更加深入了解和分析研究受教育者的思想状况和发展特点,把握其内在的积极和消极因素,从而在肯定其积极因素、启发其内在需要的基础上引导其开展自我教育,更有效地实现马克思主义大众化的引领实践的价值。同时,网络时代的马克思主义大众化实践中,以马克思主义为指导思想并用于引领大众、指导实践,本身就是一个双向互动的过程。只有让广大受教育者网民在实践中进一步印证马克思主义的真

---

① 刘基:《当代中国马克思主义大众化的网络传播途径》,《电化教育研究》2011 年第 7 期。

② 王振民:《哲学视域下邓小平马克思主义大众化思想探析》,《西北大学学报(哲学社会科学版)》2011 年第 6 期。

理性,才能不断丰富和发展中国马克思主义大众化的实践与创新。

第四,增强网络媒介与传统大众媒介的传播互动,不断推进马克思主义中国化、时代化、大众化的融合与创新。

网络媒介与传统大众媒介在推进马克思主义大众化的表现方式、议程设置、传播效率、互动反馈等多个方面存在着差异。"随着互联网应用的不断拓展,其他传媒纷纷退缩。互联网通过信息包和信息流正在展现出日益增强的霸权。"[1] 从某种程度上,网络媒介的可检索、超链接、交互性以及多媒体等优势使得传统媒介的马克思主义大众化传播效果被弱化,其舆论导向功能受到挤压。与此同时,作为商业化推动的时代产物,网络媒介传播也存在着过度商业化,信息垃圾化、谣言化,思维方式盲从化、过激化、失控化倾向等非理性现象,需要传统大众媒体的权威引领。传统大众媒介也需要网络媒介提供更多的信息来源和快捷便利的新闻传输手段,提高其内容与形式的吸引力。因此,网络媒介与传统大众媒介二者相互补充。要实现马克思主义思想和理论的有效传播,只有依靠传统与现代相结合的传播载体和技术支持,才能将理论宣传与大众生活联系起来,实现政治话语与生活话语的对接与转换,深入渗透到社会主义建设和人民群众生产生活的各个方面。传统大众媒介要重新定位,改变以往碎片化传播方式,围绕马克思主义中国化、大众化、时代化这一主题,以色彩、图片、超链接、设计风格等现代传播方式调动受众的多种感觉,以切合时代的选题、丰富多彩的内容和别出心裁的形式对马克思主义理论进行深入浅出的宣传和阐释,多推出受众愿看、爱看的文章、书籍和广播、电影、电视节目,提升受众的专注力与参与度。要健全文明管理和网络信息传播体制和手段,打破传统媒体内部的议程建构,快速跟进重大的网络议题,发挥党报党刊的舆论引导主阵地作用和社会话题阐释的影响力,实现网络媒体与传统媒体的议程互动。通过二者的传播互动满足广大群众的理论需求,使马克思主义中国化、时代化、大众化的研究与宣传三者融为一体,从而焕发马克思主义的生命力。

总之,网络时代马克思主义大众化面临着机遇与挑战共存的局面,要抢占网上马克思主义阵地,大力培养理论功底深厚、信息素养高的复合型理

---

[1] [美]尼古拉斯·卡尔:《互联网如何毒化了我们的大脑》,刘纯毅译,中信出版社 2010 年版,第 98 页。

论传播人才，通过网络这一介质和阵地，不断提升马克思主义大众化的深度和广度，把马克思主义理论的普遍真理转化为全国各族人民的共同信念和理想，凝聚和团结全国各族人民的共同力量，激发人民群众对马克思主义的理论兴趣和实践热情，共同致力于建设中国特色社会主义的伟大事业。

二　网络时代边缘化价值观对青少年网民的冲击侵蚀问题

我们的时代，互联网已成为思想文化信息的集散地和社会舆论的放大器，网络虚拟化特征给青少年的思维、沟通、表达和交往方式带来了诸多新的变化，其世界观、人生观、价值观的形成和发展都被深深地打上了网络的烙印。据人民论坛杂志调查，"主流价值观边缘化危机"被列为未来10年的严峻挑战之一，在一定程度上反映了我国当下意识形态领域面临的复杂情况和人们的复杂心态。[①] 在虚拟空间，各种非主流、非传统的边缘化价值观通过网络这一平台扩散和蔓延，甚至发酵，不断影响和侵蚀着青少年网民的思想行为、价值取向，导致社会主流价值观出现了边缘化危机状态，出现了一些青少年价值理念层面上对现实生活中所倡导的主流价值观念的不认同和漠视。边缘化价值观消极负面的思想观念在网络上传播蔓延，不仅对社会主流价值观形成冲击，而且也与社会主义核心价值体系教育相悖，会严重影响到青少年的道德认知、价值判断、理想信念和行为追求。

（一）网络时代边缘化价值观对青少年成长的负效应

互联网既为青少年学习和生活提供了极大便利，也为青少年思想政治教育工作提供了新的平台。但同时也给西方价值意识形态的渗透、各种有害信息的传播提供了可乘之机。一些消极负面的边缘化价值思想在网络的传播蔓延，已经对青少年健康成长产生不利影响。

第一，虚拟空间里的有害信息和不良价值观，易对缺乏自律能力的青少年产生错误导向。

进入网络时代，网络信息改变了青少年获取知识的方式，能使人们以最快的速度获取新知识，以最便捷的方式进行交流、通信与消费。而青少年成为这种新兴传媒快速发展的弄潮儿，通过论坛、博客和聊天工具等平台自由表达自己的观点与想法，一方面信息交流的范围大大增加，另外一方面也在培育自己民主意识、创新精神和平等价值理念。但网络的自由

[①] 李德顺：《价值观的"主流"与"边缘"》，《人民论坛》2010年第5期。

性、开放性以及网络虚拟空间不受任何团体和个人的强制约束性,对各种信息不做价值评判,导致青少年获取信息的随意性。网络虚拟空间极度自由性,在一定程度上为各种不良信息、不良资源和边缘化价值观念提供了生存和发展空间。这就让社会经验欠缺、辨别能力弱而又充满幻想、好奇的青少年,难以抵挡互联网上存在的形形色色的边缘化价值观念以及不良信息的诱惑,丧失了正确的价值判断而走向误区。有的青少年大量阅读各种低级趣味的不良信息,甚至还积极参与制作、复制和传播有害信息,成为不良信息的传播者和边缘化价值观的推动者,其行为、价值取向与主流价值背道而驰。

第二,网络的极端自由和监管不力,会导致边缘化价值蔓延,易造成青少年价值虚无和行为失范。

网络形成了一种全新的、全球性的社会组织形式——虚拟社会,在这个虚拟的环境和仿真的世界中,时空重新得到统一。对于在其中进行交流、联系的主体人们而言,其性别、年龄等信息都可以被隐匿或者进行虚构,人与人之间不必像传统的那样进行面对面的交流与沟通,而是跨越地域和时间限制,虚拟的面具使网络中的人与现实中的人完全两重性。在这个虚拟的网络环境中,匿名使得人们摆脱了现实世界中的道德监督和法律约束,忘掉自己的社会角色、地位和社会责任、后果,道德感趋向弱化。在网络游戏世界中,一方面许多网络游戏具有对现实世界社会组织架构的高模仿性;另一方面,大多网络游戏中所存在的"竞争"和"升级"机制使得游戏参与者在一些暴力游戏中为了"生存"会尽可能多地去实施"暴力",而这一切都不必承担任何后果和责任。这种虚拟社会的竞争方式会被有的未成年人带到现实生活中来,伤害别人后表现出的是某种亢奋快乐、精神空虚、行为失范,有的甚至走上违法犯罪的歧途。2009年上海发生的以青少年网络帮派的"尊龙名社"案就是典型的通过网络社团所发起并实施的违法犯罪行为的案例。网络使得本来陌生的未成年人结为犯罪团伙成为可能,实现了"网上吸纳扩展、网下深化联络,网上交流思想、网下共同行动"的虚实整合,使其行为效应被快速扩大。① 这种在现实生活中成立的"网络社团"带有明显的网络游戏"现实化"的痕迹。

---

① 麻国安:《"尊龙名社"——未成年人犯罪团伙新动向》,《青少年犯罪问题》2010年第2期。

（二）网络时代边缘化价值观在互联网上扩散的诱因

以消极、颓废、玩世不恭、游戏人生和追求低俗文化为主要特点的边缘化价值观之所以能在互联网上受到一些青少年的青睐，既有技术手段滞后、法律法规不健全以及网络管理不力等外部原因，也包含了青少年在成长过程中缺乏基本的自律精神和正确价值观的引导。

第一，青少年自我鉴别防范的意识薄弱和正确判断能力不足。

处于转型期的中国社会，思想文化、价值取向多元，传统的价值观受到越来越大的挑战，马克思主义思想和非马克思主义思想并存，正确与错误，先进与落后思想相互交织。而以美国为首的西方国家凭借高科技优势，以普世价值观为幌子，借助网络信息传播自己的价值观理念，肆意进行文化的侵略。而在互联网环境中，保守者有之，浮躁者有之，激进者有之，媚俗者有之……种种文化形态组成了一个众声喧哗的世界。① 加上网络虚拟空间监管滞后，法律的刚性要求显得如此脆弱，道德规范也流于形式。而猎奇是未成年人发育成长过程的特点，在网络世界道德价值表现为二重性，即随心所欲，又防范意识差，是非判断和行为选择的能力失衡，对于什么是真善美、什么是假丑恶产生认识上的模糊，造成青少年主流道德价值的虚无和责任感降低。

第二，网络监管不力，虚拟空间价值泛自由化，权威价值标准受到严峻的挑战。

德国哲学家霍克海默曾说："各种精密观测仪器正在使语言本身失去其表现特征，并越来越排他地显现出一系列符号特征，在这样一个时代里，甚至每个个体灵魂的无限意义和价值观念也已经变得陈腐过时。"② 网络的普及，使整个社会划分为虚拟空间和现实空间两种截然不同的生存环境。在现实空间中，人们的社会交往、活动方式受制于各种客观条件，一定程度上容易规范和控制。对于尚未涉世的青少年来说，他们对现实空间存有迷茫和恐惧，既希望步入社会，体味社会，而又难以适应当代社会的快速发展和复杂程度，只有在网络这个虚拟的没有年龄准入界限的空间中，青少年可以抛弃现实世界中的各种真实身份和角色，仅仅借助符号实现人与人之间的交流与沟通，在体味个人自由的同时，可以体会到社会的

---

① 胡秀丽：《网络失范的文化根源及控制》，《中共山西省委党校学报》2009年第9期。
② ［德］马克斯·霍克海默著：《批判理论》，李小兵译，重庆出版社1989年版，第242页。

感觉，甚至可以做出许多现实中不敢做或者不可能做的事情。然而，在这种虚拟空间中，由于网络运行的数字化、虚拟化等特点，造成网络道德的约束机制与现实空间中的许多道德观念、价值规范的约束机制不同，而新的适合网络道德的价值规范尚未完善，为各种不良信息资源的衍生提供了生存空间。这种数字化、虚拟化的符号式交流彻底改变了基于血缘、地缘、业缘关系的传统人机交往，这种"沙皇退位，个人抬头"的人机交流、符号对话模式易导致现实社会中人与人之间关系的冷漠，边缘化价值观依托网络载体，在网络上大肆传播，并在青少年网民的网络生活中留下烙印，冲击淡化了传统价值观和主流价值观教育。

第三，网络虚拟空间极度自由，极具娱乐性、刺激性，成为青少年个体宣泄的平台，造成在虚拟空间中寻求归属感和成就感。

在网络虚拟空间中，缺乏传统社会道德力量的约束和外界监督、法律规制管制，许多在现实生活中被压抑的负面行为在网络环境中就会充分暴露出来，网络的娱乐性，网络游戏的刺激性，给青少年在网络中任意冲浪提供了场所。在一些上网场所，青少年热火朝天的娱乐生活、网络游戏活动随处可见。有的人在网络中可以不顾及自己的社会角色和社会责任，放纵自己的欲望，产生出极端自由的感觉和为所欲为的冲动，真可谓达到了只有演奏，没有指挥，想说就说、想演就演，可以随意把未经证实的知识观点发布到网上，而不计后果。比如成立的一些网络社团，一些被主流社会摒弃的边缘价值观，可在网络社团成员中获得一致认同。参加网络社团的青少年在学校一般学习成绩不好，或者厌学离校，既得不到老师的认可，也融不到同龄人的生活圈子，有的还经常受到父母的责骂。还有一些家长对孩子的教育的方式只知道在物质上不断满足，在思想上和情感上缺乏沟通、交流和正确引导。当这些缺少关心的孩子在学习和生活中遇到困惑、挫折时，他们只有靠在网络这个虚拟社会中张扬个性以获取情感上的满足。因此，很多"问题少年"在虚拟的网络世界中，寻求归属感和成就感。在一些网络社团中，机构设置和组成中形成了帮派组织的设计等级制度，不难看出是模仿港台黑帮电影、武侠小说、网络游戏的痕迹，经过网络的强化使其价值理想虚拟化，虚拟空间中的行为不当直接影响到青少年价值观念行为方式，导致网络中价值取向转化为现实需要，导致青少年人生观和价值观的扭曲。

第四，传统的思想政治教育内容与现实脱节，主流的价值教育满足不了青少年的价值需求，而虚拟社会中的边缘化价值观粉墨登场，影响青少年的价值选择。

中国的传统文化和主流意识形态，一直将楷模式的道德标准作为普通人群的价值标准，在战争年代和贫困建设时期发挥了很好的引导示范作用。改革开放的今天，人们的物质生活得到了极大发展，过分强调物质发展和市场经济的负面效应已经显现出来。在现实社会中，市场化的利益倾向、功利化的思维模式，使人的道德追求弱化。当前，价值观教育的观念和方法存在误区，给未成年人教育带来新的问题。在竞争不断激烈的社会压力下，一方面是高等教育的"大众化"，一方面是从幼儿园到大学都在追逐"精英化"。从小青少年接受的教育是"进好的小学、上好的中学、考好的高中、入重点大学"。80后、90后青少年正是在这样一种家庭期望与社会变革中成长，从小有竞争意识、"第一"意识。整个社会在选择人才时，学历成为第一选择。家长所做的是"望子成龙"，不断对处于青春发育期的青少年施加学习压力。成长中的苦楚、茫然甚至心理问题又常常被大人、社会忽视，道德价值教育不能适应时代发展的要求。青少年需要找到一个释放情绪、缓解压力、满足个性化需求的途径，网络正好成为学生宣泄的平台，那些营造轻松气氛、虚拟和多样化文化空间的"非主流"价值往往就轻而易举地"俘虏"了青少年，导致青少年远离传统价值观，追求功利化的道德价值观。

第五，以网络为载体的新型媒体飞速发展，竞争加剧，利益需求感不断增强，社会责任感降低，导致主流价值体系的弱化。

一些社会传媒包括网络媒体，在利益驱动下，有意打造一些和传统价值观背道而驰的人物典型，如"芙蓉姐姐"、"凤姐"等，有些青少年就是利用这些网络宣传媒体走红，一夜出名；有些栏目，缺乏媒体人的社会责任，将一些带有"庸俗、低俗和媚俗"的节目推上舞台，如有的网络媒体经常用一些内容格调低下的广告来不断吸引网民的眼球，一些人体模特利用网络大量发布所谓的裸体艺术摄影照片，使人体艺术摄影向低俗化发展，偏离了健康向上的文化品位。这些新兴媒体大量制作和传递低级趣味的文化形态，造成大量有害信息通过网络传播，导致亚健康文化价值观在青少年中流行，腐蚀未成年人的心灵，严重影响青少年的健康成长。

任何新事物在发展过程中其"双刃剑"的作用都会显露，在互联网技术逐渐成为人类乃至青少年生活中必不可少的工具时，我们难免会遇到科学与人文、工具理性与人文理想、人的自由发展与人性异化疏离的冲突和两难。互联网中边缘化价值观对青少年的侵蚀归根结底是社会问题，是青少年在现实生活中人格修养不足和面对现实无可奈何的逃避。对此，我们应该有一种危机感和忧患意识，并采取积极的措施，全社会应共同努力，以社会主义核心价值体系为指导，引导青少年知荣辱、明是非、辨善恶、分美丑，加强青少年自我修养，增强"免疫力"，不断提高自律能力，在思想上真正建立起一道牢不可破的"防火墙"。

三　网络时代社会主义核心价值大众化问题

马克思主义理论从来是来自实践、服务于群众的。网络时代社会主义核心价值大众化就是要增强社会责任感，把核心价值的思想导向、理论品质同广大网民的价值追求、精神需要结合起来，网络作为一种受众面广、参与度高的大众媒介，已经深刻影响到社会生活和人们精神文化生活的各个方面。网络时代教育实效性主要解决的是社会主义核心价值大众化问题，这是适应网络信息时代发展的必然选择，也是建设先进网络文化的内在基本要求，二者是统一的。目前，网络时代社会主义核心价值大众化存在着较多的困境，要从多个方面突破这些大众化困境。

（一）网络时代社会主义核心价值大众化是弘扬主流价值观的必然选择

互联网作为信息时代先进生产力的代表，它相对于工业时代的技术而言是一种"后现代"技术。与工业时代的报纸、电视等大众传媒相比，在技术特性、传播手段与方式上，网络传播与之相比都有较大的不同，它以图片、文字、视频等丰富的传播方式，融合了传统媒体的优势，打破了传统媒介的信息准入特权，使网民的意见获得有力传播，加之其自身独特的互动性，使其在全球传播系统中逐渐成为最强势的媒体，并对人们的思维方式、行为模式与价值观念等产生了重大影响。而网络媒介的社会属性并没有消失。"它（网络）具有反映舆论和引导舆论的社会功能，担负着向社会和向公众负责的社会责任。受到一定的社会制度，包括政治制度、经济制度、法律制度和思想文化制度的控制和制约。"[①] 网络媒介是融合

[①] 赵志立：《网络传播学导论》，四川人民出版社2009年版，第95页。

工具性与价值性的有力平台，能在弘扬主流意识形态、维护国家统治的合法性等方面履行社会控制职能。

社会主义核心价值的建设体现了先进性、科学性和自洽性，是我国优秀文化传统与时代发展的先进文化的结晶。社会主义核心价值体系大众化是通过这一体系的"通俗化""具象化""普及化""生活化"达到社会主义核心价值体系"化大众"和"大众化"社会主义核心价值体系的目的，使这一体系的科学内容和价值观念为大众认知理解、认同内化和实践外化。[①] 它集中体现了社会主义意识形态的本质，必然要求在网络媒介这一新兴载体进行传播，实现网络媒介的社会价值。党的十七届六中全会提出了将社会主义核心价值体系融入国民教育全过程的战略任务，《关于培育和践行社会主义核心价值观的意见》强调了要："紧紧围绕坚持和发展中国特色社会主义这一主题，紧紧围绕实现中华民族伟大复兴中国梦这一目标，紧紧围绕'三个倡导'这一基本内容，注重宣传教育、示范引领、实践养成相统一，注重政策保障、制度规范、法律约束相衔接，使社会主义核心价值观融入人们生产生活和精神世界，激励全体人民为夺取中国特色社会主义新胜利而不懈奋斗。"[②] 网络空间成为社会主义核心价值大众化的重要前沿阵地。同时，在网络这个多元社会意识形态传播的新兴平台，社会主义核心价值大众化只有顺应信息时代发展要求，拓展其现代传播载体，才能获得广泛的生命力和认同。坚持开放包容的心态开展核心价值教育活动，"开放"是我国的发展理念，在网络社会中更应当体现出来，互联网引发了人们价值观的重大变化。"当人生活在一个不允许对既定的态度和信仰提出质疑的封闭世界里，没有人会感觉他是依据一套'价值'而行动。他不过是做他该做的事而已。今日的情势正好相反。当代的人们遭遇到'他者'从根本上的挑战。他们知道，世上有种种不同的规范与价值引导人们的行为和态度，因不同的历史、社会和文化背景而不同。因此，对许多人来说，发现'他者'的存在使得他们认为价值完全是相对的。"[③] 只有坚持包容、开放，积极以社会主义核心价值来引领网络文化建设，促进网络社会健康、有序、积极发展。

---

① 周玉：《社会主义核心价值体系大众化研究》，人民出版社2012年版，第68页。
② 《关于培育和践行社会主义核心价值观的意见》，人民出版社2013年版，第5页。
③ [法] 魏明德：《全球化与中国———一位法国学者谈当代文化交流》，商务印书馆2002年版，第35页。

(二) 网络时代社会主义核心价值大众化的困境

有关网络的研究方法，遵循着从网络现象中归纳总结分析的思路，我们认为网络时代社会主义核心价值体系的大众化实践中存在着如下一些冲突与困境。

第一，社会主义核心价值的价值性被网络交往话语的娱乐性稀释。

社会主义核心价值体系、核心价值观建设的内涵丰富、语言精练，深刻地传承了中华民族传统价值智慧，规定了新时期社会共同的奋斗目标和当前社会的基本道德尺度，具有鲜明的指向性。然而，目前，网络社会价值生态表现出了一定的解构主流、逃避崇高形态，客观上造成了网络交往话语"贬值"和价值虚无主义，稀释了核心价值的价值性。特别是当前网络中浅薄、低俗词汇泛滥，这些词汇以情绪化表达或贴标签的形式显现，削弱了主体理性精神和判断力，造成人盲目的、非理性的情感呼应和价值判断，导致一些网民形成了非此即彼、二元对立的极化思维方式。同时，不少网民追求网络娱乐恶炒、权威视频的恶搞、娱乐与狂欢，误导着公民的价值取向与精神追求。情绪化的叙事话语和无聊文化在网络上流行，挤占了具有真理性的核心价值的资源传播空间。

第二，社会主义核心价值的权威性被网络舆情的非理性消解。

面对世界范围思想文化交流、交融、交锋形势下价值观较量的新态势，面对改革开放和发展社会主义市场经济条件下思想意识多元、多样、多变的新特点，迫切需要我们积极培育和践行社会主义核心价值观，扩大主流价值观念的影响力，提高国家文化软实力。从推进国家治理体系和治理能力现代化要求看，培育和弘扬核心价值观，有效整合社会意识，是国家治理体系和治理能力的重要方面。全面深化改革，完善和发展中国特色社会主义制度，推进国家治理体系和治理能力现代化，必须解决好价值体系问题，加快构建充分反映中国特色、民族特性、时代特征的价值体系，在全社会大力培育和弘扬社会主义核心价值观，提高整合社会思想文化和价值观念的能力，掌握价值观念领域的主动权、主导权、话语权，引导人们坚定不移地走中国道路。[①] 党中央提出了社会主义核心价值作为社会主流价值形态，深刻地把握和阐释了当代社会发展的精神文明建设问题，具

---

① 刘奇葆：《在全社会大力培育和践行社会主义核心价值观》，《人民日报》2014 年 3 月 5 日。

有权威性。但是从网络舆情发展来看，社会各个阶层积淀的各种情绪、态度反映到网上，这种多元化也是正常的，显现出多元化的利益对立和互相博弈的格局。网络突发事件频发、网络泄愤事件和网民的偏激情绪与语言暴力屡见不鲜、虚假信息放大社会风险等，这些极端化、非理性的舆情削弱了社会对核心价值观的认同，导致公众认知的盲目性、片面性，对网民形成正确价值观非常不利，也消解着网络时代社会主义核心价值体系的大众化的权威性。

第三，社会主义核心价值的公共性被网络传播文化的个体性削弱。

个体性是公共性的基础，公共性寓意于个体性之中，两者相互促进。社会主义核心价值代表最广大人民的根本利益，契合了人民群众的根本要求，具有公共性。网络传播文化的突出特征是个体性。网络社会中，"真正的个人时代已经来临了……我就是我。"[①] 网络传播文化中人与人的交往呈现"去中心化"等特点。但由于网络空间虚拟性等特点，庸俗、低俗、媚俗文化较容易在网络中传播，严重阻碍了网络媒体健康发展。网络社会中自我中心主义、个人主义的膨胀与泛滥，冲击了具有公共性的核心价值。网络传播中价值主体自我化、价值取向功利化、价值观念多样化，削弱了核心价值的理解与信仰的公共性基础，使社会主义核心价值的大众化出现了"边缘化危机"。

第四，社会主义核心价值的民族性被网络传播环境的开放性淡化。

社会主义核心价值蕴含着中华民族的精神、文化基因与荣辱伦理准则，体现了中国特色、民族特性、时代特征的价值体系。但目前网络空间中各种社会思潮涌动、西方文化糟粕涌入国内。在一些境外反华势力的推动下，推行"网络殖民化"和通过"脸谱""推特"等各种网站、新媒体进行文化渗透，导致历史虚无主义、无政府主义、超国家主义、包装的"普世价值"、享乐主义、消费主义文化在网络空间流行，形成了多元价值体系林立的局面，以"自由""民主""平等"等假象魅惑网络受众，侵蚀和消解了公民的国家意识、淡化了价值体系的民族性。

（三）网络时代社会主义核心价值大众化的实践消解

社会主义核心价值建设最终要落实到虚拟社会实践中去，在实践中不断探索和创新社会主义核心价值大众化建设的机制、内容、方式与途径，

---

① ［美］尼葛洛庞帝：《数字化生存》，胡泳等译，海南出版社 1997 年版，第 191 页。

从而消解网络时代社会主义核心价值大众化困境。

第一，转化与创新网络话语。社会主义核心价值网络传播要兼具内容与形式。网络话语是承载核心价值体系的符号体系。网络传播者要优化言说方式，将社会主义核心价值的学术话语、政治话语转化为网络受众日常生活话语，使之易识、易记、易于传播，努力消弭网络话语鸿沟，增强话语表达的吸引力、表现力、说服力、亲和力，促使核心价值更好地在广大网民受众中入耳、入脑、入心。

第二，把握与引导网络舆情。社会主义核心价值的传播者要善于把握网络舆情，构建多层次的网络舆情分析与研判机制，挖掘论坛、微博等活跃的网络平台数据，保证信息收集的准确性、全面性。要了解网民大众心理变化的特点和趋势，最大限度地寻求对核心价值体系的社会共识。要加强网上舆论引导，官方网站要走"诚信信息"道路，及时发布权威信息，提升政府信息的网络透明度。善于将一大批先进人物、时代楷模的正面典范转化为网络热点议题，弘扬他们的感人事迹，发挥网络舆论的正能量和引导力，最终凝聚成全民族强大精神力量。

第三，适应与超越网络文化。网络文化需求具有层次性，社会主义核心价值的网络传播需要与网络传播方式适恰，对网络文化进行适应和超越，与网络文化相融。此外还要引领网络文化建设，发展健康向上的网络文化。从网民日常网络生活文化入手，将核心价值体系融入健康优秀的网络文化产品与日常生活方式中，回归人的本性、观照现实生活，实现"润物细无声"的效果。加强网络思想理论文化阵地的信息源开发和利用，发挥如人民网等知名站点的品牌效应，引领受众构建积极健康文明的生活方式，在不断提升网民综合素质与人文精神中传播核心价值体系。

第四，净化与营造网络环境。社会主义核心价值的网络传播要经历一个由发送者、中介、接收者等组成的多级网状传播过程。因此，要坚持依法、科学与有效管理，建立多方、透明的互联网管理机制，完善网络法律法规，控制和约束传播的各个环节，把关和过滤网络传播信息，净化网络环境。证伪和批判西方"普世价值"，抵制敌对势力"丑化""分化""西化"中国特色社会主义制度、道路和理论体系的企图。加强对互联网重要门户网站的网络社会责任建设，推进网络新闻领域的行业自律和职业道德教育，弘扬良好的网络社会风气，共同创建一个生动活泼、诚信文明、积极健康的网络家园和传播秩序，不断增强核心价值的辐射力和感染力。

四 社会主义核心价值教育中主客体性问题分析

社会主义核心价值是当代中国共同的价值规范和行为准则，是社会主义文化软实力的核心，是社会主义制度的精神之魂。弘扬和践行社会主义核心价值是一项系统工程，这也是有效整合社会意识，使社会系统得以正常运转、社会秩序得以有效维护的重要途径，也是推进国家治理体系和治理能力的重要方面。社会历史和当今现实都表明，构建具有强大感召力的核心价值，关系社会和谐稳定，关系国家长治久安。社会主义核心价值教育的有效性主要取决于教育与受教育主体、教育客体、教育环体以及教育介体。由于每个人的个性不同，所处的社会环境不一，而个人所追求的人生目标与价值取向也不尽相同，从而对社会主义核心价值教育的有效性造成了一定的困难。① 要把社会主义核心价值变成广大人民群众的自觉追求和实际行动，就要分清楚社会主义核心价值教育中主客体关系，就是要充分发挥主体能动性，推进客体建设的有效性。

（一）社会主义核心价值教育中主体的实效性分析

社会主义核心价值教育作为一项人的主体实践活动，具有主体性与主体间性，主体性体现的是人所具有的自觉能动性，主体间性则体现人与人之间的平等交互性。由于教育主体与受教育主体在价值追求、功能设置、职责安排等方面均存有差异，从而使得两种主体具有不同的基本素质。教育主体的基本素质主要是教育方式方法、教育水平能力等，而受教育主体的基本素质主要是对知识的接受能力、认知水平等。在中国特色社会主义伟大事业建设中，实现全面小康与伟大复兴进程中，在一定程度上，教育主体与受教育主体的素质状况将直接影响到社会主义核心价值建设的效果。尤其在网络社会里，教育主体与受教育主体都可能成为网络社会中的主体，不仅需要经受现实社会的考验，也更需要面对网络社会的诱惑，这就为社会主义核心价值的有效性增加了不确定的因素。

一般而言，社会主义核心价值的主体可以包括教育主体与受教育主体，而两种主体共同构成了社会主义核心价值有效性的主体要素。其中，

---

① 高文苗、宣裕：《网络环境下社会主义核心价值教育有效性研究》，《人民论坛》2014年第23期。

受教育主体即一般意义上的教育对象。教育的主体就是教育者，是教育力量的核心和基础。教育者自身的素质和水平，对受教育者有着直接的影响作用。如果一个教育者的知识水平很低，他就不能甚至无法承担教育的工作。也就是说，教育者的知识水平会直接影响受教育者的思想水平；教育者的言行举止会潜移默化地影响学生。"身教甚于言教"的道理就在于此。教育者的知识水平会影响受教育者，渊博的知识会征服受教育者，激发受教育者学习的兴趣和求知欲。"受教育者可以容忍教育者的苛刻，但不能原谅教育者的无知。"教育主体在对教育客体进行社会主义核心价值体系的教育工作中，教育主体是前提和基础，教育客体是教育的结果的体现，是对教育主体教育效果的侧面反映。只有基础牢固，方可建造高楼，才可能有好的结果。失去了教育主体这个前提和基础，结果就无从谈起。

从社会主义核心价值体系到社会主义核心价值观的建设是我国精神文明建设重要的软实力工程。教育者就是完成这项宏大工程的基础和主体。只有打好基础，才能谈效果和结果。所以，在网络全球化的形势下，网络信息的海量性和即时性，要求作为教育者即教育的主体，必须提高自身的计算机应用能力，要及时阅读、学习有关网络语言，了解受教育者的心理接受模式和话语体系，不断提高教育者话语的说服力和感染力。只有贴近受教育者的社会和知识背景，关注受教育者的心理状况、情感所需、利益所求和关注的兴奋点，教育者的话语才能深入人心，形成思想共鸣，并取得教育实效。

进入互联网时代，受教育者需要在教育者的指导下利用网络更好地学习、继承、吸收、发扬和传播中国传统文化，弘扬社会主义先进文化，积极倡导、践行社会主义核心价值为指导的思想文化。面对西方文化冲击，社会各种思潮干扰，非主流意识影响，受教育者要明辨是非，化解非主流社会思潮对自身世界观、人生观、价值观的影响，就需要教育者的指导和帮助，使受教育者在"信息垃圾"中不断提升自我辨别、选择和调节行为的能力，灌输和引导任何时候都是贯彻正确路线的重要措施，只有在教育者的精心关怀和正确指导下，受教育者才能不断汲取营养，开阔眼界，增强学习动力，解除思想困惑，逐渐成熟和壮大起来。

就目前来说，意识形态中价值导向问题是一个全球性的热点话题，西方普世价值的主导、泛化，已经深深影响到世界一些国家意识形态的建设，影响到国家软实力的提升。面对西方的价值输出，如何建设我们的主流价值观，这就是当前加强社会主义核心价值体系、核心价值观的必然要求。就是在马克思列宁主义、毛泽东思想、中国特色社会主义理论体系的指导下，在文化意识形态领域积极推进的社会主义核心价值建设。马克思主义是社会主义核心价值建设的灵魂，这是作为主体的教育者对受教育者进行社会主义核心价值的首要任务和基本要求，这也是教育者、受教育者共同坚守的正确方向、基本原则，在互联网社会，在社会主义核心价值建设中，如何保证马克思主义的指导地位，弘扬主旋律，发挥正能量，是思想政治教育工作者必须关注的问题。党的十七届四中全会提出，"全党学习践行社会主义核心价值体系的重中之重就是理想信仰教育，要教育引导党员成为共产主义远大理想和中国特色社会主义共同理想的坚定信仰者。"①《关于培育和践行社会主义核心价值观的意见》中强调的基本原则："坚持以人为本，尊重群众主体地位，关注人们利益诉求和价值愿望，促进人的全面发展；坚持以理想信念为核心，抓住世界观、人生观、价值观这个总开关，在全社会牢固树立中国特色社会主义共同理想，着力铸牢人们的精神支柱。"②中国特色社会主义共同理想是社会主义核心价值体系的主题，是能够代表广大人民根本利益、为社会各个阶层广泛认可和接受、能有效凝聚各个方面智慧和力量的共同理想。这个共同理想，把党在社会主义初级阶段的目标、国家的发展、民族的振兴与个人的幸福紧密联系在一起，把各个阶层、各个群体的共同愿望有机结合在一起，有着广泛的社会共性，具有令人信服的必然性、广泛性和包容性，具有强大的感召力、亲和力和凝聚力。这个共同理想自然而然就成了教育者、受教育者的共同信仰，"马克思主义是从实践中产生并被实践证明了的科学理论，只有联系实际，才能真正掌握，也只有真正联系实际，才能真正用好。"③教育者对受教育者进行社会主义核心价值的教育时要注意对马克思主义的基本理论、基本观点和基本立场进行透彻讲解，将马克思主义理论运用到生活中，找准与人们思想的共鸣点、与群众利益的交汇点，做到贴近性、对象化、接地气，让受教育者觉得社会主义核心价值很实用、有号召力和感染

---

① 胡锦涛：《中共中央关于加强和改进新形势下党的建设若干重大问题的决定》，《人民日报》2009年9月28日。

② 《关于培育和践行社会主义核心价值观的意见》，人民出版社2013年版，第5—6页。

③ 江泽民：《努力建设高素质的干部队伍》，《人民日报》1996年6月21日。

力。在全民社会主义核心价值教育中，教育者在对受教育者讲解社会主义核心价值体系、核心价值观的方法上要改进、要创新，避免照本宣科，要利用马克思主义中国化最新成果解释社会现象，不能和社会实践脱离。只有和社会实践相结合，受教育者才能理解得更透彻、更清楚，教育的效果才能更明显、更持久。如果和实际脱离，就等于纸上谈兵，没有实际的意义，而且受教育者更不易理解社会主义核心价值。因此，教育者进行社会主义核心价值的教育时要理论联系实际，用理论来解释实际，教育内容来源于实际，立足实际，运用科学的方法，帮助受教育者有效认清国情，提高政治觉悟和自身的素质，增强社会责任感，服务于人民。比如，教育者可以让受教育者参加社会实践，让受教育者在实践中接受教育，接受新知并运用新知解决实际问题，促进受教育者更好地了解国情、了解社情，增强社会责任感。还有，在高校思想政治理论课中，社会主义核心价值教育体现在实践教学上。课内实践教学可以通过"案例教学""热点新闻""影像点评""主题演讲""师生互动教学"等形式；课外实践分别采用"参观考察""社会实践""素质拓展活动""参观爱国主义教育基地"等形式。

在态度上，引导受教育者认识社会主义核心价值。态度决定了事情的成败，态度决定了结果的好坏，决定人们成功的高度。首先，从对受教育者接受核心价值教育的态度上分析。我们不能不看到，对社会主义核心价值体系、核心价值观的认识，不论是理论界还是社会各界，还有一个认知、认同和坚信的问题，这既是一个理论思辨问题，也是一个教育贯彻问题。社会上一些人认为社会主义核心价值体系的提出、核心价值观的凝练是党的一种口号，是一种独立的思想政治教育或者说道德教育，是课堂上、讲座上等的一种宣传，和实际没有或者说联系不大，是一种空洞无味的说教。有的学者用怀疑的眼光，甚至是攻击的视角来否定社会主义核心价值的建设问题。一些共产党员，尤其是共产党的各级官员，如果出现了信仰危机，就会影响到人们对马克思主义的真理性的认识，对中国特色社会主义的认同，对党的路线、方针、政策正确性的信任。社会主义核心价值的提出，就是要解决人们的世界观问题，提升人们的精气神，就是要加持社会主义意识形态的主流价值。价值观的影响犹如空气一样，无处不在、无时不有，它涵化于生活的点点滴滴，落脚在人的一言一行。当前，就是要把社会主义核心价值的教育渗透于各种教育活动之中，与其他教育是相互联系、相互渗透的，要成为其他教育进行的方向和基础。假如社会主义核心价值独立于各种教育，则社会主义核心价值就会成为空洞、枯燥的说教，无任何实际意义可言，当然也就激不起受教育者学习的兴趣。所以，在进行其他教育的时候，让受教育者更好地认识社会主义核心价值建设的意义，在进行社会主义核心价值教育的时候，运用其解释其他教育问题。

在社会实践中引导受教育者领悟社会主义核心价值的内涵。实践是检验真理的唯一标准，社会主义核心价值建设也需要实践的检验。所以，受教育者就要在实践中运用、弘扬和宣传社会主义核心价值。当前，宣扬、践行社会主义核心价值的最好方式是唱响主旋律、弘扬正能量，特别是用先进模范人物、典型事迹进行示范引导，榜样宣传。

开展社会主义核心价值教育关键是青少年，他们是宣传践行社会主义核心价值的主要对象。习近平同志在视察北大演讲时，不仅给听课师生们解读核心价值观，而且强调指出：青年的价值取向决定了未来整个社会的价值取向，而青年又处在价值观形成和确立的时期，抓好这一时期的价值观养成十分重要。这充分说明，培育社会主义核心价值观，必须坚持从学校抓起。青少年阶段是价值观形成阶段，生理和心理还不太成熟，是可塑性最强的时期，思想活跃，容易受外界的"享乐主义""拜金主义""普世价值"和"历史虚无主义"等各种腐朽的错误的思想影响，加之网络的快速发展，他们又是网络使用者的主要群体，热点和敏感话题就成为他们普遍关注的焦点，新思想、新观念成为他们的追求。因此，在加强社会主义核心价值学习践行中，需要社会主义核心价值发挥其引导作用，使受教育者在教育的过程中领悟社会主义核心价值体系的内涵，更深刻地理解社会主义核心价值体系，并将其运用在反对庸俗化、清除精神垃圾、辨别是非善恶的社会实践中。重视把青少年价值观教育摆在突出位置，抓好了青少年思想道德、价值观教育，也就抓住了未来、管住了长远。

（二）社会主义核心价值教育中客体的实效性分析

提升社会主义核心价值教育的有效性，必须关注教育的客体。从教育客体的角度来看，主要取决于客体的明确度与可认度以及主体对客体的熟悉度与认同度。一般而言，教育主体对客体的理解与掌握程度，将直接影响主体的教育引导能力，进而影响到教育的成效；受教育主体对客体的理解与掌握程度，将直接影响主体教育引导的最终效果。因此，把握教育客体的实质内涵，是主体实施教育引导、取得教育实效的基本要求。作为教育客体——社会主义核心价值，是我国历史发展的必然要求，是当代中国特色社会主义发展的必然选择，更是全社会的主导价值，是坚定人的理想信念以及形成人的社会共识的内在精神驱动力。这种客体分为两个层面，社会主义核心价值体系和社会主义核心价值观。社会主义核心价值客体目的实现需要多层次建设，主要包括：

1. 目的的指向性：满足人的政治文化需求，塑造社会化的人。

核心价值教育作为人们的一项教育活动，必然有其目的性。这一目的不仅仅是指核心价值体教育的价值指向，更是引导核心价值体教育发展的最根本的目标与灵魂。教育作为人们发展进步的一种社会活动，永远不会是一种独立存在的过程，不可能脱离时间、空间，脱离社会的发展而独立进行，它是人类文化进步的组成部分，具有深厚的社会目的性。作为肩负重要任务的社会主义核心价值，教育的目的性在它那里依然有效，它是人类发展的必然要求，以满足人们对政治和文化的需要，是人类的精神指引。政治需要是一个人在政治社会中的自然反映，是内在的必然的规定性。不管人们是否真正地想接受某种教化，人们的政治需求无疑是人类生存与发展的必然。当前，人的政治文化的需要是社会主义核心价值教育产生的重要原因之一。不但人的政治社会化需要是核心价值教育产生的动因，而且人的不断增长的政治文化需要又在不断地推动着核心价值教育的发展。

当然，如同教育一样，社会主义核心价值的教育对人的政治需要的满足，需要在社会的发展中进行，要按照人的社会化演变过程发展。这样，社会主义核心价值才能为民众所自愿接受，并自觉地将其作为生活的一部分，贯穿生活的始终。总而言之，社会主义核心价值不是单纯地塑造公民价值观的工具，也不是可以使公民个人自由发展的根据，它的教育依托于社会的发展，是在瞬息万变的社会中塑造适应社会发展的人的价值观。只不过它是满足人的政治经济文化的需求，从意识形态的角度实施对人的社会化塑造而已。

2. 目的的表现性：思想上把握人，精神上塑造人。

思想是有生命力的，使思想在人的意识中获得生命力，是社会主义核心价值的重要任务。核心价值教育固然有显性化、工具化的倾向，但从根本上来说它的功能"是一种文化性的功能,是一种思想性的把握人的功能。"① 其根本目的还在于对人的关怀,这一关怀"主要是着眼于处在当代诸种矛盾之中的人,反思社会发展对人的生存与发展的基本意义与基本价值,寻求人在经济、文化、社会发展中得到全面发展的道路和真正的精神归宿。因此,社会主义核心价值工作对人的关怀在这个层次上就体现了整个时代的发展。由于核心价值体系教育工作对人的关怀注重了人的精神内部生活对外部世界的适应、补充和调节,因此,它在价值取向和方式方法上都有其独特的表现。"②

社会主义核心价值教育要取得成效,关键在于对人的思想的影响。这种思想的影响不仅要求我们对所接受的教育内容要充分理解、灵活运用并不断内化为自身意识。这种通过思想影响的过程,就是人的不断自我塑造的过程。人们通过这种过程不仅决定着如何创造自己,而且还决定着创造一个怎样的自己。"这不仅只是任意的理论的思索,它源于人必须塑造自己并需要理想模式为榜样这一级深刻的必要性。人类的不完善靠自我领会而得到了补偿,这种自我领会告诉我们如何完善自己。"③ 核心价值教育的特性决定其并不是全方位地引导人们实现自我塑造的过程,而是侧重于精神的塑造。人的一生并不是一般的存在物而纯天然地存在着,人的一生是不停地解释和塑造自己的过程。人对自身的这一塑造过程通过简单的知识叠加是不能实现的。由于人们在接受教育的过程中只接受知识的教育,而非心灵上的教育,从而不可能真正实现质的发展。社会主义核心价值带给人们的不仅仅是知识的简单积累,而是通过政治思想和价值观念使人们能够重新认识自己,从而发展自己,并最终达到实质的飞跃。借用雅斯贝尔斯的话来说就是:"通过现存世界的全部文化导向人的灵魂觉醒之本源和根基,而不是导向由原初派生出来的东西和平庸的知识。"④

人类实现精神成长的过程实质上就是人的社会化与政治化不断发展的过程。核心价值教育所传递的是一种精神生活,其传递的内容以价值观念、政治思想等精神方面的内容为基础辐射整个价值领域。"教育意义的本身就在改变人性以形成那些异于朴质的人性的思维、情感、欲望和信仰

---

① [德] 雅斯贝尔斯:《什么是教育》,邹进译,生活·读书·新知三联书店1991年版。
② 杜金亮、孙红霞:《思想政治工作的着眼点是人的发展》,《理论学刊》2002年第4期。
③ [德] 兰德曼:《哲学人类学》,彭富春译,中国工人出版社1988年版,第11页。
④ [美] 约翰·杜威:《人的问题》,傅统先译,上海人民出版社1966年版,第155页。

的新方式。"① 在精神文化教育发展的过程中，社会主义核心价值建设发展关注的不只是教育传递的过程，更是如何使人们接受这些核心价值的教育。核心价值不仅引导人们价值观念的形成，而且满足了人们的基本精神文化需要。人们在接受思想道德、精神文化等层面教育的过程中，使整体素质不断地提升。核心价值教育是对人的行为、思想、观念的塑造，通过对人的价值观念的建构，摆脱不切实际的空想，但也不是个性的自由放任。纵观社会历史与现实生活的发展，核心价值教育探索出一种引导人们充分认识自我、正确理解自身价值观念的目的，进而使人的价值观念得到升华。

（三）社会主义核心价值教育内容和方法的实效性分析

社会主义核心价值教育通过共同的价值观念的形成和精神的塑造培育，需要引导人们在学习的过程中达到主动认同的共识，并保持持之以恒的不懈努力，共同培育和践行社会主义核心价值。教育是社会发展的基础，更是社会主义核心价值发展强有力的根基。作为社会主义核心价值体系教育，必须以马克思主义的指导思想为崇高信仰，以中国特色社会主义的共同理想为前进动力，以爱国主义为核心的民族精神和以改革创新为核心的时代精神为奋斗目标，不断坚持践行社会主义荣辱观，这一系列内容都必须通过核心价值教育的不懈努力去完成。江泽民同志曾经说："正确的世界观、人生观、价值观的确立，民族优良传统的发扬，共同理想和精神支柱的形成和巩固，科学文化水平的提高，都离不开教育工作。"② 而社会主义核心价值观三个层面的价值要求，互为条件、相互融合，共同构成了一个不可分割的有机整体，统一于中国特色社会主义建设实践。习近平在视察北京大学同师生座谈时指出："我国是一个有着13亿多人口、56个民族的大国，确立反映全国各族人民共同认同的价值观'最大公约数'，使全体人民同心同德、团结奋进，关乎国家前途命运，关乎人民幸福安康"③，为此他强调必须"把培育和弘扬社会主义核心价值观作为凝魂聚气、强基固本的基础工程。"④ 在2016年7月1日建党95周年纪念大会上习近平进一步强调："我们要弘扬社会主义核心价值观，弘扬以爱国

---

① ［美］约翰·杜威：《人的问题》，傅统先译，上海人民出版社1966年版，第155页。
② 江泽民：《江泽民文选》第二卷，人民出版社2006年版，第331页。
③ 《习近平谈治国理政》，外文出版社2014年版，第168页。
④ 同上书，第163页。

主义为核心的民族精神和以改革创新为核心的时代精神,不断增强全党全国各族人民的精神力量。"①

因此,为使社会主义核心价值建设的成果踵事增华,并结合我国教育工作的现实情况,作为教育将社会主义核心价值真正融入国民教育的各个环节,从而被我国国民所接受、认可并一以贯之,成为每个公民坚定不移的奋斗目标和精神信仰,这也是我们接下来进行社会主义核心价值工作的基础和重点。

1. 把社会主义核心价值教育同教育目标有机融合起来

教育的目标,归根结底就是培养什么样的人的问题。不同的国家体制、不同的时代背景,其教育目标也是不同的。经济基础决定上层建筑,一个国家或地区一个时期教育事业的发展变化,是由该国家或地区的经济的发展情况所决定的,同时,也影响着该国社会核心价值的变化。《国家中长期教育改革和发展规划纲要(2010—2020年)》指出:到2020年,基本实现教育现代化,基本形成学习型社会,进入人力资源强国行列。这一纲要明确地提出要推进教育现代化,努力建设学习型社会,就必须重视核心价值教育,进一步实施人才强国战略。比如:从社会主义核心价值体系来看,我们的教育培养的人必须具备以马克思主义重要思想为价值观念和行为准则,以中国特色社会主义的共同理想为奋斗目标,以爱国主义为核心的民族精神和改革创新为核心的时代精神为依托,以践行社会主义荣辱观为道德标准。只有这样的人才是社会主义核心价值所培养的人。从社会主义核心价值来看,把培育和弘扬社会主义核心价值观作为凝魂聚气、强基固本的基础工程,继承和发扬中华优秀传统文化和传统美德,广泛开展社会主义核心价值观宣传教育,积极引导人们讲道德、尊道德、守道德,追求高尚的道德理想,不断夯实中国特色社会主义的思想道德基础。同时,为使社会主义核心价值体在教育过程中发挥重要作用,并使其在整个社会发展中发挥积极影响,为使教育工作、教育对象在评价形式上有完备的标准,必须经过教育的不懈努力,使社会主义核心价值深入人心,成为全体社会成员自觉追求的价值准则。因此,只有将教育的创新发展和核心价值体系的建设有机融合起来,才能达到教育的根本目的。

---

① 习近平:《在庆祝中国共产党成立95周年大会上的重要讲话》,《人民日报》2016年7月2日。

2. 把社会主义核心价值教育同教育内容有机融合起来

由于我国教育事业起步较晚，当前我国的教育还处于向全面素质教育发展的探索时期，这是我国教育事业发展的关键时期，是发展我国人才战略、实现强国之路的重要途径。全方位发展的教育包含着多重含义，其中最为基础和根本的就是核心价值（社会主义核心价值、价值观）的教育。学校是人们接受教育的启蒙阶段，也是主要阶段，在学校教育过程中融入社会主义核心价值，使社会主义核心价值能够较早地融入受教育者的日常生活，使学校能够将核心价值教育贯穿整个基础教育阶段的始终，肩负起社会主义核心价值的主要任务，为人们的全面协调发展打下坚实基础。

3. 把社会主义核心价值教育同教育环节有机融合起来

教育事业能够长足发展，离不开家庭、学校、社会各个方面的努力。传统的应试教育发展思路已严重落后于社会突飞猛进的发展和知识日新月异的更新速度。社会主义核心价值也要融合到各个方面中。江泽民说过"一个人的一生，要接受家庭教育、学校教育、社会教育，这些教育都很重要，对于自己世界观、人生观、价值观的形成和巩固都会起重要作用。"[①] 2013年4月28日习近平在同全国劳动模范代表座谈时，指出：青年要把正确的道德认知、自觉的道德养成、积极的道德实践紧密结合起来，自觉树立和践行社会主义核心价值观，带头倡导良好的社会风气。要加强思想道德修养，自觉弘扬爱国主义、集体主义、社会主义思想，积极倡导社会公德、职业道德、家庭美德。无论是家庭教育、学校教育还是社会教育，都对人的核心价值观的形成及发展起着至关重要的作用。当今社会，人们只有不断学习、终身学习，才能适应社会的变迁和知识的发展水平。家庭作为一个国家乃至一个民族最基本的组成形式，是人们工作生活最基本的社会单位。而家庭教育，特别是社会主义核心价值教育在社会生活中起着举足轻重的作用。家庭是社会的基本细胞，是人生的第一所学校。不论时代发生多大变化，不论生活格局发生多大变化，我们都要重视家庭建设，注重家庭、注重家教、注重家风，紧密结合培育和弘扬社会主义核心价值观，发扬中华民族传统家庭美德，促进家庭和睦，促进亲人相亲相爱，促进下一代健康成长，促进老年人老有所养，使千千万万个家庭成为国家发展、民族进步、社会和谐的重要基点。

---

① 江泽民：《江泽民文选》第二卷，人民出版社2006年版，第302页。

社会教育作为社会核心价值教育中不可或缺的一环，在教育中起着必不可少的作用。教育的发展离不开社会，社会也从不同方面影响着社会主义核心价值的发展，社会主义核心价值同样也是以社会为背景展开的教育活动。身处当今社会，由于社会背景、教育经历的相似性，使人们逐渐形成了统一的价值观念。然而，随着社会发展的日新月异，网络技术涌入人们生活，使人们既定的价值观念逐渐发生变化，不能形成统一的价值观，这样就越来越需要通过核心价值体系的教育来使人们在各种纷繁复杂的社会因素中形成统一的、符合社会发展的、正确的价值观念。当前，我国正处于社会结构转型及经济利益调整的关键时期，更加需要核心价值体系的教育对人们进行正确的价值引导。将社会教育与社会主义核心价值二者有机融合，并结合社会发展实际丰富其内涵，引领社会教育成为社会主义核心价值的主要渠道。

第二节　网络时代社会主义核心价值教育实践存在的问题

《国家中长期教育改革和发展规划纲要（2010—2020 年）》指出："坚持德育为先，立德树人，把社会主义核心价值体系融入国民教育全过程。"社会主义核心价值体系和社会主义核心价值观已上升为国家意志，起着统领我国社会价值理念、社会价值尺度的核心和灵魂的作用，社会主义核心价值体系的确立是我国有效地整合价值冲突，积极寻求国民价值共识，应对外来价值影响的现实需要，也是社会主义市场经济深度发展，社会主义先进文化建设和现阶段思想道德文明建设的必然要求。

互联网发展造就了一个新的信息时代，成为一种新的生活方式，唱响网上思想文化主旋律，已成为加强和改进网络文化建设和管理的重要责任，加强网络时代社会主义核心价值体系教育的有效性建设，已成为网络思想政治教育的核心内容。在高校中，互联网深刻地影响或改变了大学生的行为模式、价值取向、心理发展和道德观念，高校肩负着保护、传授和丰富知识与文化的重要使命，肩负着培养社会主义接班人的重要使命，社会主义核心价值体系教育能否取得良好的效果，关键就是看大学生对社会主义核心价值体系的理解度、认可度和接受度。

大学生是网络使用者的重要组成部分，也是社会主义核心价值体系传承和发扬的重要群体。为准确了解和把握学生对学习、践行网络时代社会主义核心价值观的思想动态，提升思想政治教育的针对性，特在陕西省部分高校开展了网络时代大学生社会主义核心价值体系调查研究工作。

一 网络时代大学生社会主义核心价值调查方案设计

根据社会主义核心价值体系、核心价值观的内涵和本质体现，考虑到大学生处在特殊的心理、生理时期，结合大学生所在学校、性别、年级、生源地的差异性，针对影响大学生价值观形成和发展的主要因素以及大学生对社会主义核心价值观的认识、态度和实践行为的状况，开展了此次调查，并进行分析，提出一些建议和意见，从而帮助大学生树立正确的世界观、人生观和价值观，促进其身心健康发展，为社会主义现代化建设培养出全面发展的合格人才，为我国社会主义事业的长足发展、国家的富强和民族的复兴培养出更多高端人才。

本次实证分析采取了调查问卷、随机访谈和座谈会的方式进行。对陕西省7所高校的3300名大学生的有关社会主义核心价值体系、核心价值观进行问卷调查和50名学生进行访谈。

（一）调查对象

本研究以西安市普通高等学校本科生为例，对大学生的价值观进行调查研究。调查对象为：西北工业大学、西安理工大学、陕西理工学院、西安科技大学、西安理工大学高科学院、西安交通职业学院、西安电路职业技术学院和西安美术学院等在校大学生。调查对象确定时充分考虑到学校、专业、年级、性别、独生与非独生子女、城乡差异等因素，力求调查的客观准确，能够较为全面地反映西安市普通高等学校大学生的基本状况。

（二）调查分析方法

1. 问卷调查法。本次调查的调查问卷主要根据高校大学生核心价值体系教育研究调查课题组编写的《2009年高校大学生核心价值体系调查问卷》而自编的《网络时代大学生社会主义核心价值体系调查研究问卷》，题目为30道，主要是针对调查大学生对社会主义核心价值体系的认知、态度和实践行为以及网络环境对大学生的价值观的影响。

2. 访谈法。在随机访谈过程中，本研究选择不同年级、性别、生源地、政治面貌等的大学生，以座谈和个别访谈的形式，了解他们价值观状况。在研究的过程中，共访谈学生 50 名，其中大一学生 15 名，大二学生 15 名，大三学生 10 名，大四学生 10 名；城镇学生 17 名，农村学生 23 名，独生子女 23 名，非独生子女 27 名，男生 28 名，女生 22 名，中共党员 11 名，共青团员 35 名，群众 4 名。

3. 举办学生座谈会。本次调查主要通过举办学生座谈会，主要让学生谈谈对社会主义核心价值体系的理解程度以及在网络环境下怎样辨别信息的真伪以及更好地传播社会主义核心价值体系的正能量。

4. 分析方法。将此次问卷调查统计的数据、访谈、座谈材料以及相关研究文献联合起来以理论与数据相结合的方式进行分析和研究，力图使研究做得丰满、真实、全面。

(三) 调查的整体结论

此次调查总发放问卷 3300 份，收回问卷 2805 份，剔除有缺失问卷 131 份，有效问卷 2374 份，占总发放问卷的 71.9%；其中大城市 219 份，占有效问卷的 9.2%，中小城市 495 份，占有效问卷的 20.9%，乡镇 391 份，占有效问卷的 16.4%；农村 1269 份，占有效问卷的 53.5%。男生 1383 人，占有效问卷的 58.3%，女生 991 人，占有效问卷的 41.7%，基本比率达到 1∶1；大一 873 份，占有效问卷的 36.8%，大二 986 份，占有效问卷的 41.5%，大三 367 份，占有效问卷的 15.5%，大四 148 份，占有效问卷的 6.2%；中共党员 489 人，占有效问卷的 20.6%，共青团员 1464 人，占有效问卷的 61.7%，民主党派 74 人，占有效问卷的 3.1%，群众 347 人，占有效问卷的 14.6%。

近年来，随着政府等主体在网络平台上强化社会主义核心价值体系与社会主义核心价值观的宣传与教育，学校等教育机构围绕着增强社会主义核心价值体系与社会主义核心价值教育实效性进行了多方面、全方位的实践创新，取得了较大的实践成效，但仍然存在一些不足。

二　网络时代大学生社会主义核心价值教育存在的问题

通过对调查问卷的统计结果分析，我们可以发现网络时代大学生对社会主义核心价值体系、核心价值观的认识表现在以下几个方面：

(一) 大学生对网络环境不良信息认识不清

第一，大学生对网络环境认识不清。

从表 5-1 我们可以看出大学生对网络环境中信息的认知度不高，辨别能力不强,认为网络环境中存在虚假、色情、暴力等不良信息的占到80%,认为网络环境中不存在虚假、色情、暴力等不良信息的接近16%,而剩余同学对此表示不清楚,没有关注。因此,研究者对不清楚网络环境中是否存在虚假、色情、暴力等不良信息的几位同学进行访谈,被访谈的同学告诉研究者平时他们每天花3—4小时甚至更多的时间主要用手机上网,也没有注意辨别网页或信息质量,只是随便看看热闹或者偶尔关注下,更多的是玩玩微信、腾讯QQ、微博、QQ游戏、关注微信平台、看看电子书或电影,等等,只有在职业资格考试时关注下有关此类的信息。以上更说明了,大学生对网络环境认识不清。

表5-1　　　　大学生对网络环境中的信息的认知度

项目	人数(频次)	百分比(%)	有效百分比(%)	累计比例(%)
存在	1911	80.5	80.5	80.5
不存在	372	15.7	15.7	92.6
不清楚	91	3.8	3.8	100
共计	2374	100	100	

第二,大学生对网络环境中的不良信息的认同度较低。

从表5-2我们可以看出大学生对网络环境中不良信息的不认同数据相对来说比较高。大学生对网络环境中不良信息的不认同和不清楚分别占到64.9%和20.3%,这说明大学生对网络信息的自我辨别能力相对来说较差。为此,研究者对几位大学生进行访谈,被访谈学生说在日常生活中他们也没有更多地去关注提高自身对信息的辨别能力。

表5-2　　　　大学生对网络环境中的不良信息的认同度

项目	人数(频次)	百分比(%)	有效百分比(%)	累计比例(%)
认同	351	14.8	14.8	14.8
不认同	1541	64.9	64.9	79.7
不清楚	482	20.3	20.3	100
共计	2374	100	100	

第三,大学生对网络环境中的不良信息接触度较高。

从表 5-3 中我们可以看出大学生对网络环境中的不良信息的接触度较高，通过调查分析可以得知，大学生经常接触和偶尔接触网络中不良信息的分别占到 24.3% 和 62.6%，而从未接触过网络中的不良信息的仅仅占到 13% 左右。研究者也访谈了经常接触网络中不良信息的同学，被访谈的同学有的告诉研究者，有时他们知道有些信息是不健康的、不良的，而且可以分清网络信息中有的是不好的信息，比如说有的是黄色信息或者有时突然跳出的色情网页，但明知道是不良的，仍好奇想要看一看，有的同学则告诉研究者，他自己不知道，就试试看看，没想到是不良信息。这说明大学生对网络信息的利弊分辨能力和自我控制能力较差。

表 5-3　　　　大学生对网络环境中不良信息的接触度

项目	人数（频次）	百分比（%）	有效百分比（%）	累计比例（%）
经常接触	577	24.3	24.3	24.3
偶尔接触	1486	62.6	62.6	86.9
从未接触	311	13.1	13.1	100
共计	2374	100	100	

（二）大学生对社会主义核心价值体系的理解程度不深刻

第一，对社会主义核心价值体系内容的了解程度不高

根据表 5-4 我们可以看出，大学生对社会主义核心价值体系的内容非常了解并且能够流利地回答内容的只有 4.6%，仅仅存在表面认识的层次上的，不能完全说出内容的只有 16.8%，而基本了解和完全不了解的分别占到 55.3% 和 23.3%。这可以看出大学生对社会主义核心价值体系的认识还处在一个相对较低的层面。众所周知，我们学习教育的最低要求就是知道、了解，如果都不知道、不了解，何来理解，何来实践，不知如何用社会主义核心价值体系来引导自己的价值观念和思想境界，就更谈不上社会主义核心价值体系的教育效果。

表 5-4　　　　大学生对社会主义核心价值体系的了解程度

项目	人数（频次）	百分比（%）	有效百分比（%）	累计比例（%）
非常了解	109	4.6	4.6	4.6
了解	399	16.8	16.8	21.4

(续表)

项目	人数（频次）	百分比（%）	有效百分比（%）	累计比例（%）
基本了解	1313	55.3	55.3	76.7
完全不了解	553	23.3	23.3	100
共计	2374	100	100	

第二，对社会主义核心价值体系的重要性认识不高。

当前，在经济全球化和网络全球化的浪潮中，社会主义核心价值体系的教育要贯彻在社会生活的方方面面，显得越来越重要。但是从表5-5我们可以看出，对社会主义核心价值体系的重要性非常认同的占30.1%，基本认同的占32.8%，不太认同和不关心的分别占到24.6%和12.5%。可见，只有60%左右的大学生认为社会主义核心价值体系比较重要，这就意味着我们必须从大学生的思想上引导大学生重视社会主义核心价值体系教育，要把大学生的社会主义核心价值教育融入日常生活，让学生在实践中感知它、领悟它，为大学生的发展提供目标和尺度。

表5-5　　　　　　大学生对社会主义核心价值体系的认同度

项目	人数（频次）	百分比（%）	有效百分比（%）	累计比例（%）
非常认同	714	30.1	30.1	30.1
基本认同	779	32.8	32.8	62.9
不太认同	584	24.6	24.6	87.5
不关心	297	12.5	12.5	100
共计	2374	100	100	

第三，对社会主义核心价值体系观点和理论掌握不足。

我们从表5-6可以看出，部分青年学生对社会主义核心价值体系基本观点掌握不牢固，认识比较模糊，没有以正确和科学的态度对待马克思主义理论和观点。对社会主义核心价值体系提出的背景及观点问题，有4.5%的学生非常了解，有75.2%的学生基本了解社会主义核心价值体系的背景和观点，有15.5%还是不太了解社会主义核心价值体系的背景和观点，但还有4.8%的学生对社会主义核心价值体系的背景及观点一无所知。可见，加强青年学生社会主义核心价值体系基本观点以及社会主义核心价值体系提出的背景、理论教育的任务艰巨,用社会主义核心价值体系基本理论、观点武装学生头脑、教育学生仍是一项艰巨的任务。

表 5-6　　　　　对社会主义核心价值体系的观点掌握程度

项目	人数（频次）	百分比（%）	有效百分比（%）	累计比例（%）
非常了解	107	4.5	4.5	4.5
基本了解	1784	75.2	75.2	79.7
不太了解	368	15.5	15.5	95.2
不了解	115	4.8	4.8	100
共计	2374	100	100	

第四,对共产主义理想信念不足。

共产主义社会是人类所追求的最高社会形态,它的实现需要全人类共同的努力。正是由于共产主义理想的远大,才更需要强大的理想和信念。从表 5-7 的调查数据可以得知大学生对共产主义能够实现的信念不足。有 24.5%的同学认为共产主义理想一定能够实现,42.1%的同学认为共产主义理想不一定能实现,而 18.9%同学认为这与自己没有关系,不关心,14.5%的同学认为一定不能实现。这说明加强共产主义信仰教育已经成为大学生社会主义核心价值教育的迫切任务。

表 5-7　　　　　大学生对共产主义理想实现的信念

项目	人数（频次）	百分比（%）	有效百分比（%）	累计比例（%）
一定能实现	582	24.5	24.5	24.5
不一定能实现	999	42.1	42.1	66.6
说不清,和我没关系	449	18.9	18.9	85.5
一定不能实现	344	14.5	14.5	100
共计	2374	100	100	

(三) 大学生的自我认识水平、交往能力欠缺

第一,网络环境下大学生的自我认识不高。

大学生的自我认识包含了对自我能力、品德、行为等方面社会价值的评估,它能代表一个人的自我认识水平,这也在某种程度上决定了社会主

义核心价值体系教育的适用度和针对性。从表5-8可以看出，只有20.5%的大学生想靠个人奋斗，努力实现自己的人生价值和目标，绝大多数是想靠自己努力和别人的帮助来实现人生价值。而想靠亲戚朋友来实现自己的人生价值的占到23.8%，12%的同学对此也没想好。从调查数据我们可以看出，大学生的自我认识水平较低。

表5-8　　　　　　　　　　大学生的自我认识

项目	人数（频次）	百分比（%）	有效百分比（%）	累计比例（%）
靠个人努力	487	20.5	20.5	20.5
自己努力为主，别人帮助为辅	1037	43.7	43.7	64.2
靠家人或亲戚朋友	565	23.8	23.8	88
没想好，到时再看	285	12	12	100
共计	2374	100	100	

第二，大学生的交往能力相对较差。

交往能力指的是妥善处理组织内外关系的能力。大学生的交往能力主要指大学生处理与老师、同学以及亲戚朋友之间关系的能力。包括表达理解能力、人际融合能力和解决问题的能力。从表5-9可以看出，大学生中有超过31%的同学认为自己的人际交往能力一般。从访谈中，也可得知，现在处在一个"无处不网、无时不网、无人不网"的时代，通过手机、QQ、飞信、微信、微博等相互沟通代替了传统的交往形式，但这导致当面对面交往时，尤其是考试面试，就显得没有经验，能力不足。

表5-9　　　　　　　　　　大学生的人际交往能力

项目	人数（频次）	百分比（%）	有效百分比（%）	累计比例（%）
很好	477	20.1	20.1	20.1
较好	966	40.7	40.7	60.8
一般	750	31.6	31.6	92.4
较差	124	5.2	5.2	97.6
很差	57	2.4	2.4	100
共计	2374	100	100	

第三，了解社会主义核心价值体系的途径单一。

当前，在网络全球化发展的情境下，我们要想了解或者知道一件事情不是没有可能，我们只需在网页中查询即可。所以，作为大学生来说要想了解一件事情的途径那更是多种多样。但从表5-10可以看出大学生了解社会主义核心价值体系的途径相对来说较为单一。因此，我们应该在大学生的日常生活中，比如：餐厅文化、宿舍文化以及学校校报等时刻宣传社会主义核心价值体系，增加大学生了解社会主义核心价值体系的途径。

表5-10　　大学生了解社会主义核心价值体系的途径

项目	人数（频次）	百分比（%）	有效百分比（%）	累计比例（%）
报纸、杂志	342	14.4	14.4	14.4
电视	316	13.3	13.3	27.7
网络	793	33.4	33.4	61.1
课堂	344	38.9	38.9	100
共计	2374	100	100	

（四）大学生的价值取向和价值选择出现误差

由于我国现在正处在社会转型期，在市场经济、网络开放环境、西方价值观、多元社会思潮与文化等多重因素共同影响和冲击下，一些思想道德与价值观念尚未成熟的大学生在价值取向和价值选择上出现一些偏差。

第一，部分大学生信仰缺失或是信仰模糊。马克思主义是完备而严整的科学世界观，是社会主义核心价值观的灵魂。习近平总书记深刻的指出，理想信念不坚定，精神上就会"缺钙"，就会得"软骨病"。根据下表5-11，在回答"你认为当代大学生信仰马克思主义吗？"时，我们可以看出有38.6%的受访者认为大学生没有明确信仰，认为"小部分有"的占到了29.2%，而只有近三分之一（32.2%）的受访者认为大部分大学生信仰马克思主义。因此，当代大学生在理想信念方面出现了信仰模糊与缺失、"精神缺钙"、"软骨病"问题，亟待加强马克思主义理想信念教育，坚定大学生的马克思主义信仰。

表 5-11　　　　你认为当代大学生信仰马克思主义吗？

项目	人数（频次）	百分比（%）	有效百分比（%）	累计百分比（%）
大部分信仰	764	32.2	32.2	32.2
小部分信仰	693	29.2	29.2	61.4
没有明确信仰	1157	38.6	38.6	100
共　计	2374	100	100	

第二，大部分大学生能够处理好个人价值与社会价值间的关系，价值取向积极向上，但也有部分大学生更注重个人价值。从表 5-12 中我们可以看出，11.5%的大学生表示自己"更重视社会价值的实现"，70.5%的大学生表示会"在实现个人价值与实现社会价值之间寻求平衡"，但也有 15.3%的大学生表示自己"更重视个人价值的实现"，并有 2.7%的大学生对如何处理个人价值与社会价值之间的关系表示"说不清楚"。

表 5-12　　　　你如何处理个人价值与社会价值之间的关系？

项　目	人数（频次）	百分比（%）	有效百分比（%）	累计比例（%）
更重视社会价值的实现	273	11.5	11.5	11.5
在实现个人价值与社会价值间寻求平衡	1674	70.5	70.5	82
更重视个人价值的实现	363	15.3	15.3	97.3
说不清楚	64	2.7	2.7	100
共　计	2374	100	100	

第三，大学生对道德体系认知度较高，也较为认同，但部分大学生的道德行为意识有待加强，出现了知行不一、知行脱节的情况。根据访谈和调查，大多数大学生能从理论上认同社会主义核心价值观对人的道德要求，但是并没有将其内化为自身的道德信念且与日常学习和工作结合起来，在行动上有比较大的差距，出现了知行不一。根据下表 5-13，在回答"在公共场合发现有人偷东西等违法乱纪行为时会如何处理？"时，我们可以看出高达 38.9%的大学生选择"默默忍受"。此外，大学生考试作弊等诚信问题也时有发生。因此，当代大学生在道德价值观上存在着知与行脱节的问题，亟待将社会主义核心价值观融入到大学生的日常生活中并为大学生践履。

表 5-13 在公共场合发现有人偷东西等违法乱纪行为时会如何处理？

项目	人数(频次)	百分比(%)	有效百分比(%)	累计百分比(%)
呵斥并制止	90	3.8	3.8	3.8
会想办法提醒	1360	57.3	57.3	61.1
默默忍受	924	38.9	38.9	100
共计	2374	100	100	

第六章　网络时代社会主义核心价值教育的时代使命

提升网络时代社会主义核心价值教育实效性，首先必须审视网络时代社会主义核心价值教育的时代境遇。从国内情况看，当前我国正处在改革的攻坚阶段和社会发展的关键时期，也是发展的重要战略机遇期，同时又处于社会矛盾、社会问题凸显期，原有的社会利益格局深度调整，原有的社会秩序和结构也发生了变化，人的社会道德出现滑坡、人与人的信任危机、人的精神危机等问题逐渐凸显。这些又为社会主义核心价值教育设置了诸多障碍。从国外情况看，国际经济形势错综复杂，一些地区局势动荡，风险挑战增多，世界文化思想交流、交融、交锋出现了一些新态势、新情况，以美国为首的西方国家运用其网络社交平台对苏联解体后的独联体国家、中东某些国家和地区进行了所谓的"民主"宣传和文化渗透，鼓吹"颜色革命"，给我国的意识形态安全和国家安全造成了新的挑战和威胁。网络时代的社会主义核心价值教育必须有忧患意识和大历史观，准确把握全面建成小康社会和实现中华民族伟大复兴的历史进程，准确判断和定位网络时代社会主义核心价值教育的时代诉求、现实要求和目标指向，真正做到"因势而谋、应势而动、顺势而为"，承担起全球化时代激发中国崛起和中华民族伟大复兴精神动力的新使命。

第一节　坚持马克思主义指导地位的意识形态诉求

任何一个有组织的行动，都要受一定的思想、观点或理论的指导和支配。"任何一个阶级，如果不争得或保持它在政治上的统治，就无法保障其在经济上的权益。意识形态的各种形式都不能不关心政治，发挥其为一定阶级的经济利益服务的作用。在还存在着阶级的社会中，政治思想始终是社会意识形态的灵魂。"① 网络社会是现实社会的延伸，因而作为统治阶级或集团决不能忽视运用网络传播本阶级或集团的价值观念和主张，否则就容易形成统治阶级或集团对网民的影响力缺失、阶级内部价值观念模糊、凝聚力不足等不利的情况。社会主义核心价值体系和社会主义核心价值观是社会主义意识形态的本质体现。习近平同志指出，意识形态工作是党的一项极为重要的工作。网络时代社会主义核心价值教育就必须坚持正确的指导思想，体现和回应社会主义意识形态诉求。在正确指导思想的指引下，积极探索网络环境下社会主义核心价值教育工作的有效途径。

加强网络时代社会主义核心价值教育，必须高举中国特色社会主义伟大旗帜，以马克思主义中国化的理论成果为指导，凝聚网络核心价值共识，积聚健康向上正能量，扩大主流声音的覆盖面和影响力。马克思主义指导思想是社会主义核心价值的灵魂，决定社会主义核心价值的性质和方向，它为我们提供科学的世界观和方法论，决定着社会主义核心价值体系、核心价值观的性质和方向。

一 马克思主义是我们立党立国的根本指导思想

任何一个政党，都有昭示自己奋斗目标和行动纲领的理论。这种理论，马克思、恩格斯称为政党的"旗帜"。中国共产党的旗帜就是马克思主义。把马克思主义确立为我们立党立国的根本指导思想，是历史的选择、人民的选择。近代中国，面对空前深重的民族危机和社会危机，中国人民进行了不屈不挠的斗争，无数仁人志士苦苦探索救国救民的真理。各种主义和主张都出场了，也都破灭了；各种组织和政党都登台了，也都退出了。只有在中国人民找到了马克思主义这一科学理论后，才从根本上解决了中国的前途和命运问题。

九十多年来，中国共产党坚持把马克思主义基本原理同中国革命建设实践相结合，勇于理论创新，不断取得了马克思主义中国化的理论成果，指导中国革命、社会主义建设和改革发展不断走向新胜利。在新民主主义革命时期，中国共产党人以星星之火燎原之势，领导人民进行了艰苦卓绝的革命斗争，取得了一个又一个胜利，彻底推翻了长期压在中国人身上的帝国主义、封建主义和官僚资本主义的反动统治。实现了中华民族独立和

---

① 肖前、李秀林、汪永祥主编：《历史唯物主义》，人民出版社 1983 年版，第 276 页。

人民解放的伟大事业,建立了人民当家做主的新中国。在社会主义革命和建设的伟大时期,中国共产党人带领全国人民确立了社会主义基本制度,在旧中国留下的"烂摊子"上建立起能够解决中国人口大国发展的相对完整的工业、农业和第三产业经济体系,使有着中华文明的中国以崭新的姿态、充满自信的状态展现给世界。在改革开放历史发展时期,中国共产党人,坚持实事求是、与时俱进,不断在理论上创新,实践上发展。坚持"以经济建设为中心",坚持"四项基本原则、改革开放"两个基本点,建立和完善社会主义市场经济体制,积极推动政治、经济、文化、社会和生态建设,开创了中国特色社会主义道路。随着我国综合国力大幅提升,人民生活水平得到极大改善,全面建成小康社会的目标也即将实现,这一切都为实现中华民族伟大复兴奠定了坚实的经济基础和精神支柱。历史经验告诉我们,如果没有马克思主义的指导,没有马克思主义中国化的伟大实践,这一切伟大成就都是不可能实现的,也是无法想象的。我国新民主主义革命、社会主义革命建设和改革开放的伟大实践、光辉历程,充分展现了马克思主义思想的伟大,马克思主义理论的强大动力,也进一步论证了马克思主义中国化的科学性和中国人民选择马克思主义的正确性。

20 世纪 80 年代末 90 年代初,随着东欧剧变、苏联解体,社会主义阵营进而瓦解和破灭,社会主义社会制度遭受重创,世界社会主义运动遭受严重挫折和社会主义事业遭遇了重大挫折进而跌入低谷。面对国际风云变幻,国内也出现了严重的政治动乱风波,中国共产党领导中国人民,坚持没有社会主义就没有新中国。以为人民服务为最高宗旨,始终坚持马克思主义指导地位,继续坚持改革开放。坚持发展是第一要务,维护了国家稳定,团结全国人民,实现了我国经济持续快速发展。综合国力大大提升,人民生活水平大幅度提高,文化事业不断繁荣,社会主义制度和马克思主义思想在中国大地上焕发出勃勃生机。基于中国实践的历史雄辩地证明,是历史和人民选择了马克思主义,是改革开放发展了马克思主义。马克思主义是我们立党之基,治国之本,只有坚持马克思主义,不断发展马克思主义,中国才能实现国家富强、民族振兴的伟大梦想。

二 马克思主义指导思想是社会主义核心价值建设的灵魂

毛泽东在《唯心历史观的破产》一文中指出:"自从中国人学会了马克思列宁主义以后,中国人在精神上就由被动转入主动。从这时起,近代世界历史上那种看不起中国人，看不起中国文化的时代应当完结了。伟大的胜利的中国人民解放战争和人民大革命，已经复兴了并正在复兴着伟大的中国人民的文化。这种中国人民的文化，就其精神方面来说，已经超过了整个资本主义的世界。"① 中国共产党人是社会主义核心价值观的发现者和倡导者。作为我国的执政党，中国共产党提出和倡导社会主义核心价值观是在一定的思想指导下进行的。这种指导思想，就是作为其命脉和灵魂的马克思主义。正如习近平同志指出的："马克思主义、共产主义信仰是共产党人的命脉和灵魂。"因此，马克思主义是社会主义核心价值的命脉和灵魂，决定社会主义核心价值的根本性质、基本内容、功能作用和发展趋势。

马克思主义作为立党立国的根本指导思想，这是我们党的本质性规定。当前，国际国内形势正在发生深刻变化，意识形态领域的斗争尖锐复杂，要团结和凝聚全国各族人民应对前进道路上的各种风险和挑战，更要毫不动摇地坚持马克思主义的指导地位，不断巩固全党全国人民团结奋斗的共同思想基础。有了马克思主义科学理论的指导，就有了科学的世界观和方法论，也就有了正确的前进方向。网络社会是现实社会的延伸，网络社会开展社会主义核心价值教育就必须坚持马克思主义的指导地位，这是我们的理论指导。胡锦涛同志曾指出："我们说要建设社会主义核心价值体系，马克思主义指导地位是最根本的。要坚持不懈地用马克思主义中国化的最新成果武装全党、教育人民，使之真正深入头脑、扎根于心，转化为广大干部群众的自觉行动。"② 当代中国的马克思主义理论的最新成果，也就是中国特色社会主义理论体系，包含了邓小平理论、"三个代表"重要思想和科学发展观，也包括习近平总书记系列重要讲话精神。在中国，失去马克思主义的伟大指导，就不可能有马克思主义中国化的最新理论成果，社会主义核心价值体系和核心价值观就失去了灵魂、方向，也不可能铸就中国特色社会主义的共同理想。坚持马克思主义的指导地位是历史的选择，也是社会主义发展的必然规律，必须坚持把马克思主义基本原理同中国改革开放的伟大实践相结合，在思想上与时俱进，在理论上不断创新，为全面建成小康社会做好坚实的理论支撑。

---

① 《毛泽东选集》（第 4 卷），人民出版社 1991 年版，第 1516 页。
② 《十六大以来重要文献选编》下册，中央文献出版社 2008 年版，第 684—685 页。

我们建设社会主义核心价值体系、价值观来源于中国特色社会主义的伟大实践，是对当代社会主义先进文化的价值认识，是我们坚持马克思主义为指导，全面建成小康社会思想智库对时代任务和时代问题的价值阐释。网络社会必须重视指导思想建设，把马克思主义的指导思想贯穿到网络社会教育和实践中，弘扬正能量，提升网民是非判断能力，分辨什么是光荣，什么是耻辱，以及善恶标准，聚成网络社会健康发展的精神动力，建设文明和谐的网络社会。巩固马克思主义指导地位，就必须坚持不懈地用马克思主义中国化最新成果武装全党、教育人民，用中国特色社会主义共同理想凝聚力量，用以爱国主义为核心的民族精神和以改革创新为核心的时代精神鼓舞斗志，用社会主义荣辱观引领风尚，巩固全党全国各族人民团结奋斗的共同思想基础。

当前，我国正处于历史发展转型期，呈现出经济体制改革深度变化、社会结构深度变动、利益格局不断调整、思想观念多元多变的状态。在文化发展中，表现出思想异常活跃、观念相互碰撞、文化形式复杂多样，先进文化与落后文化、健康文化与腐朽文化、高雅文化与低俗文化并存；主流价值和非主流价值、正确观点与错误观点、进步思想与落后思想等相互交织；各种思想观点、文化思潮相互博弈，吸纳与排斥、融合与对抗、渗透与防范。在网络空间出现了"利用网络来传播作为思想文化商品的意识形态"的"网络意识形态营销"。[1] 这严重破坏了网络意识形态生态，严重威胁了主流意识形态安全，造成了相当程度的网络"塔西佗陷阱"，形成了一定数量的负面意识形态组织。这种思想文化的态势对于社会主义核心价值学习、践行是不利的，如果出现整个社会的文化乱象，引导不力，易导致思想混乱，就有可能导致社会不安定，甚至出现大的乱子。可见，当前，做好社会主义核心价值教育就是要旗帜鲜明地弘扬主旋律，坚持马克思主义为指导，实施一元主导多元发展的文化模式。

历史发展和社会现实明示一种道理，那就是一个国家意识形态领域越是纷纭复杂，就越要有主旋律，需要提升正能量的主心骨；一个社会文化越是多样，就更要主导文化来引领。当前，我国就是要牢牢坚持马克思主义在思想文化领域的指导权，占领文化主阵地，把握马克思主义中国化的主动权、话语权。马克思主义是我们的指导思想，必须坚持深化社会主

---

[1] 孙夕龙：《网络意识形态负面营销的危害及应对》，《红旗文稿》2016年第15期。

核心价值体系建设，深化社会主义核心价值观的认识，形成人民广泛认同，社会各界广泛认可，使受教育者能够在复杂多变的社会现象中分清是非、明确方向、坚定目标，为实现全面建成小康社会的目标而最大限度地形成社会思想共识。

三 马克思主义指导思想决定社会主义核心价值的性质和方向

在社会主义核心价值建设中，其灵魂思想就是马克思主义指导思想。马克思主义理论是人类社会科学，是指导社会主义建设的指南针，对社会主义核心价值体系、核心价值观其灵魂作用表现在：马克思主义为社会主义核心价值体系、核心价值观提供了正确的立场、观点和方法；对社会主义核心价值体系、核心价值观发挥着理论基础和支撑作用。当前，只有始终不渝地坚持马克思主义指导地位，才能正确把握建设社会主义核心价值体系和践行社会主义核心价值观的历史方位、基本要求和客观规律，努力解决影响我国社会价值观念变化的现实问题、发展问题，促进中国特色社会主义建设快速发展。只有坚定马克思主义思想的指导地位，有了正确的理论武器，我们才能有效抵御、防范各种错误思想观点渗透。在复杂多变的经济全球化、网络信息化和文化多元化面前坚定目标，坚持正确思想，不迷失方向。如果忽视、弱视或者放弃马克思主义的指导，马克思主义主流意识就会弱化，社会主义的正能量就会被边缘化，个人主义、历史虚无主义以及拜金主义等各种错误思潮就会泛滥，西方"民主、自由、博爱"的价值观念就会堂而皇之地进入到主流价值中，我国社会主义主流意识形态就会被颠覆，我们的优秀民族文化和文明传统就可能被消解，社会主义核心价值体系建设、核心价值观践行失去指导，缺少正确理论指导的精神家园会出现新的危机。

在社会主义核心价值体系、价值观建设中，马克思主义指导思想是贯穿其中的一条主线。共同理想是立足于马克思主义中国化的具体实践，是以马克思主义历史唯物论为依据作出的历史抉择。当代，在党的领导下，我国人民就是要不断深化马克思主义中国化的新思考、新判断，就是实现马克思主义理论转化，来提升人民对美好未来社会向往、价值认同和理想追求。

在互联网社会主义核心价值教育中，指导思想是首要问题。坚持马克思主义为指导，才能把中国特色社会主义共同理想的目标建立在科学的理论基础之上，才能把握正确的理论方向。以爱国主义为核心的民族精神和以改革创新为核心的时代精神既是中华民族精神的传承，也是马克思主义创新发展的必然选择。这些都是涵盖在马克思主义的民族观和时代观理论价值之中。马克思主义的民族观科学地揭示了民族本质文化的发源、民族文化的实质和各个时代的民族文化本质特征，赋予了社会主义核心价值体系中民族精神和时代精神的科学内涵，为弘扬培育社会主义核心价值观提供了有力指导。社会主义荣辱观是社会主义道德观的集中体现，是马克思主义指导下的我国公民道德建设的基本内容，体现了社会主义的本质，彰显了马克思主义道德观与我国优秀传统道德和社会主义思想道德建设实践相结合形成的道德规范指导准则，是马克思主义指导思想在我国思想道德伦理建设中的生动体现。互联网社会主义核心价值教育在指导思想上必须把马克思主义放在第一位，这也是社会主义核心价值建设的首义，最根本的就是坚持马克思主义指导地位。

四 坚持用当代中国特色社会主义理论体系武装头脑和指导实践

习近平同志在庆祝中国共产党成立 95 周年大会的讲话中指出，我们要建设的是中国特色社会主义，而不是其他什么主义。中国特色社会主义理论体系是当代中国的马克思主义，是马克思主义中国化的最新理论成果。中国共产党是高度重视理论指导、善于进行理论创新的政党。中国共产党在领导中国革命、社会主义建设、改革开放的长期伟大实践中，运用马克思主义基本原理同中国具体实践相结合，和中国革命建设的时代特征相结合，不断推进和丰富马克思主义理论的中国化品格，实现了马克思主义中国化理论的巨大飞跃。在新民主主义革命时期，以毛泽东为代表的中国共产党人把马克思主义革命理论运用到中国的革命实践中，不断探索、勇于创新，敢于反思。在失败中吸取教训，在成功中总结经验，探索出了工人阶级为领导、工农联盟为基础，农村包围城市，最后夺取全国伟大胜利的，有中国气派、中国特色的革命道路；中国共产党人认真总结延安时期局部执政经验，认真思考在革命胜利后如何建设社会主义问题，积极探索适合我国国情的社会主义建设道路，形成了被实践证明了正确的马克思主义中国化第一个重大理论成果，毛泽东思想，是关于中国革命和建设的正确的理论原则和经验总结，是一个伟大的科学理论体系。马克思主义中国化的第二次理论成果就是中国特色社会主义理论体系。中国共产党是一个勇于承认错误、敢于担当、锐意进取的政党。十一届三中全会以后，中国共产党人系统总结了我国社会主义建设时期的经验教训，正确分析我国社会的基本矛盾，把发展作为第一要务，把人民群众日益增长的物质文化需求作为第一要素，以经济建设为中心，积极推进改革开放；在社会主义建设初级阶段实现了从有中国特色的社会主义到中国特色社会主义的发展历程。

可以说，对国内外形势的准确把握，使我国经济长时期高速增长，人民生活不断改善，同时开辟了中国特色社会主义道路，形成了符合时代特征的社会主义建设、巩固和发展正确的理论原则和经验总结理论体系。这就是中国特色社会主义理论体系。中国特色社会主义理论体系具有鲜明的解放思想、改革开放的特征，是当代全国人民普遍认同、乐于坚守的思想理论体系，包括了邓小平理论、"三个代表"重要思想以及科学发展观等重大战略思想在内的科学理论体系。这个理论体系坚持和发展了马克思列宁主义，是对毛泽东思想的继承和发展，凝结了几代中国共产党领导人带领人民勇于探索，不断实践的智慧和结晶。中国特色社会主义理论体系是马克思主义中国化的最新成果；是我们最宝贵的政治和精神财富；是全国各族人民团结奋斗的共同思想基础；是扎根于当代中国的科学社会主义。可见，坚持中国特色社会主义理论体系就是坚持马克思主义。

当前，网络时代开展社会主义核心价值有效性教育，首要是把马克思主义融会贯通，特别是中国特色社会主义理论体系的学习实践。用中国特色社会主义理论体系武装广大人民头脑、指导社会实践，在互联网中不断深化中国特色社会主义理论体系宣传普及、主题实践活动；引导广大干部群众注意在互联网中善于运用、领会中国特色社会主义理论体系精神实质，广泛运用马克思主义立场、观点、方法，分析问题，解决问题，指导主观世界和客观世界的不断改造。

用中国特色社会主义理论体系武装头脑、指导实践，就要积极推动当代中国马克思主义大众化。大众化是马克思主义的内在要求。积极推进马克思主义大众化要坚持贴近实际、贴近生活、贴近群众，运用群众喜闻乐见的形式和生动活泼的语言，深入浅出地解答人们普遍关心的问题。增强人们对中国特色社会主义理论体系的政治认同、思想认同、价值认同、情感认同，让理论更好地走进群众，让群众更好地掌握理论。实践是不断发展的，人们的认识是不断深化的。在我国改革开放和社会主义现代化建设的进程中，不断会有新的实践课题需要研究回答，新的实践经验需要总结提炼，新的热点难点问题需要解疑释惑。要把推进当代中国马克思主义大众化作为一项长期任务，不断拓展理论宣传的内容和形式、手段和渠道，努力增强理论教育的针对性、说服力，使理论在指导实践、推动工作方面发挥更大作用，取得更好的效果。

互联网时代，虽然人们的信息素质和交往信息化水平有所提升，但是在互联网乃至整个社会坚持的指导思想没有变。今天，只有共产党的领导，只有社会主义才能发展中国，只有高举中国特色社会主义旗帜才能够最大限度地团结凝聚群众，才能把不同社会阶层和利益群体团结起来，引领中国发展进步。只有坚持中国特色社会主义伟大旗帜、坚持中国特色社会主义理论体系不动摇，实现中国特色社会主义道路不动摇，才能真正实现中华民族的伟大复兴。

第二节　网络时代社会主义核心价值教育的现实要求

随着我国社会主义市场经济的发展和国门进一步打开，当前我国社会发展的阶段性矛盾涌现，城乡发展差距进一步拉大，社会贫富差距较大、官员腐败问题层出不穷，人们的思想观念多元多样，网络中一些错误的社会思潮流行泛滥，这些问题的存在对社会主义核心价值教育带来了不利的影响和较大的冲击。网络时代所产生的文化多元化使人们的思想状态呈现出多元化的状态，从而导致人们的行为和价值观产生巨大的差异，并对当下的思想政治教育工作和价值观教育工作带来了一定的挑战。因此，要增强网络时代社会主义核心价值教育的实效性就必须立足现实，积极采取针对性的措施回应实践的需要。

一　引领网络社会思潮和凝聚社会共识

随着网络的进一步发展，信息的开放化和自由流动化不断加强，各种观念交相杂陈、各种社会思想暗潮涌动——新自由主义、民主社会主义、"普世价值"论、历史虚无主义、质疑改革开放和中国特色社会主义的社会主义性质等错误思潮在网络上甚至在现实生活中都进一步滋生并传播。[①] 主

---

① 左鹏：《意识形态领域挑战社会主义核心价值体系的几种主要社会思潮》，《思想理论教育导刊》2014年第4期。

张西式民主的"普世价值"和新自由主义,主张"民主社会主义"以及主张"重新评价历史"的历史虚无主义等错误思潮,因为其理论伪装的迷惑性强,在人们思想上造成了混乱。从网络社会思潮的发展动向上看,主要呈现出以下几个特点。即"在形态层面,网络社会思潮相比现实社会思潮更为多元和庞杂。在主体层面,网络社会思潮主体摆脱了传统思潮主体单一化精英格局;在指向层面,网络社会思潮更为现实化、具体化和极端化。在传播层面,网络社会思潮集文字、图片、影像等为一体,注重利用各种新载体进行传播。"[①] 社会主义核心价值观所具有的真理性品质会揭露出这些错误社会思潮政治上的反动性及其理论本质的荒谬性,从根源上揭露其思想危害;对社会主义核心价值观的教育也将帮助人们廓清思想上的迷雾、解决思想上的困惑、提高明辨是非的能力。因此在用社会主义核心价值观对意识形态领域进行引领性整合,引领多元价值观念,对错误社会思潮进行批判和斗争的同时引导社会思潮,在多样化观念中寻求最大共识。在用社会主义核心价值观引领社会思潮、凝聚社会共识的进程中,社会主义核心价值教育必须不断适应国际、国内形势,回应和引领社会思潮,不断满足当代人的精神文化需要。为进一步适应当前意识形态发展的需求,需要一定的标准、原则和方法来评价教育的实效性,进而衡量当前公众对各种社会思潮的理解,评价对社会主义核心价值观的认可与接受程度,从而摸清网络时代公众在意识形态领域的状况,有利于总结社会主义核心价值教育的规律,并把握网络时代社会主义核心价值教育的主动权,增强社会主义核心价值教育的实效性。

二 自觉弘扬和传承中华优秀传统文化

一种核心价值观并不是无本之木、无源之水,而是源于历史文化的深厚积淀,中华优秀传统文化是涵养社会主义核心价值观的重要源泉,而社会主义核心价值观不是无本之木、无源之水,而是源于历史文化的深厚积淀。弘扬社会主义核心价值观必须立足中华优秀传统文化。社会主义核心价值的核心与灵魂,反映着中华文化所蕴含的价值与取向,正如习近平同志指出的,"核心价值观,承载着一个民族、一个国家的精神追求,体现着一个社会评判是非曲直的价值标准。""如果我们的人民不能坚持在我

[①] 方付建:《网络社会思潮的发展动向与引导策略》,《光明日报》2015年7月30日。

国大地上形成和发展起来的道德价值，而不加区分、盲目地成为西方道德价值的应声虫，那就真正要提出我们的国家和民族会不会失去自己的精神独立性的问题了。如果没有自己的精神独立性，那政治、思想、文化、制度等方面的独立性就会被釜底抽薪。"[1] 社会主义核心价值传承发展了中华文化的优秀传统，是国家和民族精神独立性的体现。因此，进行社会主义核心价值教育是传承和弘扬中华民族优秀的传统文化的重要途径。在互联网时代，新传媒不仅引导文化发展方向，而且是一种传播，同时也表现一种传承创新。不论是传统的报纸、书刊、广播、电影、电视，还是新兴的互联网，在知识与文化的传承创新中具有更强的广泛性和普及性。这种传承创新具有历史时代感，在社会主义核心价值教育中得到贯彻。中华民族的传统美德就是勤劳勇敢、自强不息；中华民族精神的精髓就是爱好和平，渴望统一；时代精神是锐意进取、敢于创新。因此，我们只有对中华民族传统的美德和悠久的历史文化的深刻体验，才能内化并自觉践行社会主义核心价值观。互联网上的价值观教育博弈更要重视民族的、历史的和时代的文化传承。我们应该站在传统文化和历史的制高点上，对传统文化进行审视，提取其中符合社会主义核心价值理念的东西，创造出具有时代精神的新的文化，对于社会主义核心价值教育有着不可忽视的作用。[2] 但源远流长、博大精深的中国传统文化中既有精华，也有糟粕，我们应立足于现阶段具体国情和历史任务的客观需求，按照古为今用的原则，自觉全面审视传统文化，剥离其中各种杂质，提炼出与现代社会发展相适应的优秀传统文化，并自觉加以继承和弘扬。因此，为了更好地传承传统文化，进行社会主义核心价值教育，就应积极对其予以评价，对在教育过程中所掺杂的渣子予以剔除，将正确的价值观更好地传递给公众，建立起真正的文化自信。

三 实现教育"立德树人"的根本任务

"为什么培养人、培养什么人、怎样培养人"一直是党高度关注的问题，也是事关中国特色社会主义事业长远发展的重大问题。党的十八大报告把"立德树人"作为教育的根本任务。这一概况体现了党对社会主义

---

[1] 中共中央文献研究室：《习近平关于全面深化改革论述摘编》，中央文献出版社 2014 年版，第 88 页。

[2] 乔健、潘乃谷：《中国人的观念与行为》，天津人民出版社 1995 年版，第 289 页。

教育本质和规律的深刻理解，深刻诠释了网络时代的社会主义核心价值教育的本质规定和根本属性。网络时代的社会主义核心价值教育也要围绕着"培养德、智、体、美全面发展的社会主义建设者和接班人"这一重要的现实任务来展开。

　　教育是一种培养人的事业和活动，而培养人不仅包括知识技能的传授，还包括健康个性以及正确价值观的培养。如果说知识技能的培育是为个体生存和发展提供手段的话，那么，价值观教育就是为个体应该如何更好地生存和发展提供方向。面对"互联网+"等浪潮的严峻挑战，教育不能无所作为、坚守避战或者"坐以待毙"，不能任由网络"肆意妄为"，网络时代社会主义核心价值教育首先要从网络受众的真正需求出发，使受教育者提升素质并获得智慧的发展，通过交往实践活动使得受教育者能够或者反思自身存在的问题的能力，能够意识到自己在中国特色社会主义建设和中华民族伟大复兴的历史进程中的主观作用，能够在适应社会的过程中勇于超越、摆脱被动局面的能力，使他们树立创新意识，挖掘创新潜力，提高创新能力。

　　当前活跃在网络社会的主要是青少年、知识分子等群体，信息服务的网络化、娱乐资讯的网络化以及社交的网络化满足了这些群体的各种需要。与此同时，网络所传播的价值观念、文化内涵迅速地融入他们的日常生活之中，在开阔视野、促进学习、丰富知识的同时，也对他们的理想信念、价值取向、道德观念和行为方式等产生了一定的负面和消极的影响。在高校课堂上频频出现玩手机的"低头族"现象尤其需要我们重视。有教师描述道，青年学子几乎每人一部手机，无论是出行、聚会、餐饮、睡觉之前、晨起之后，还是上课、参加各类活动等，均爱不释手、手不离机，总是表现出一副对周围事物熟视无睹、低头长久浏览信息或者把玩手机的模样。"无论是什么样的课程、哪位教师任教，这已不仅仅是发生在思想政治理论课课堂上的普遍现象。"[①] 网络空间中各种思想文化、意识形态、价值观念、生活准则、道德规范等对于正处在世界观、人生观、价值观形成阶段的青年大学生具有重大的影响，他们社会阅历不深、充满好奇心，网络中的价值观无疑具有极大的诱惑力和影响力。青年学子这些未

---

　　① 唐洪森：《思想政治理论课"低头族"现象及其化解途径探析》，《思想教育研究》2014年第8期。

来承担中国特色社会主义事业建设重任的群体如果在网上长期得不到先进思想文化的正确引导，大量接受西方文化影响和不良思想的侵害，就会因为丧失正确的世界观、人生观和价值观而误入歧途。[①] 因此，高校等要加强网络思想政治教育的阵地建设，用马克思主义主流意识形态占领校园网络阵地。网络时代社会主义核心价值教育者需要紧紧围绕着弘扬主旋律、传播正能量这一主线，转变观念、正视现实、顺势而为，分析和把握网络环境和网络话语，研判网络舆情环境尤其是校园网络环境的特点及其对大学生的影响，从而增强大学生思想政治教育的针对性和实效性，促进思想政治教育育人功能的发挥，圆满完成高校立德树人的根本任务。

第三节 网络时代社会主义核心价值教育的目标指向

目标是人们想要达到的高度或标准。人的本质特征之一就是确定一定的目标去进行实践。网络时代社会主义核心价值教育作为一种培养人的社会实践活动也有着明确的目标，社会主义核心价值教育目的的最终实现，有赖于目标体系的建立。互联网是传播人类优秀文化、弘扬正能量的重要载体。要始终坚持社会主义先进文化前进方向，坚持正确舆论导向，遵循网络传播规律，弘扬主旋律，激发正能量，大力培育和践行社会主义核心价值观，发展积极向上的网络文化，把中国故事讲得越来越精彩，让中国声音越来越洪亮。[②] 网络时代社会主义核心价值教育的目标，应不仅仅局限于在网络平台中开展社会主义核心价值体系和社会主义核心价值教育，而应具有延伸和发展国家意志、社会精神与文化软实力的宏大视野，将网络时代的社会主义核心价值教育置于当代中国道路、中国理论体系和中国制度发展的伟大历史实践之中进行考量。社会主义核心价值观的"三个倡导"的内容，实现了国家发展目标、社会价值导向与个体行为准则的有机统一，根据这一建构，我们将网络时代社会主义核心价值教育的目标也定位为国家、社会与个人发展三个层面的目标。

一 国家发展层面的目标

习近平同志指出："如果一个民族、一个国家没有共同的核心价值

[①] 李旭炎：《立德树人实践论》，中国文史出版社2014年版，第219页。
[②] 中共中央办公厅、国务院办公厅印发《国家信息化发展战略纲要》。

观,莫衷一是,行无依归,那这个民族、这个国家就无法前进"。① 因此,网络时代社会主义核心价值教育应该立足于中国特色社会主义的社会性质和实践特色,树立国家发展的精神旗帜,积极主动地去占领价值观的制高点。

(一) 唱响中国精神促进实现中国梦

习近平同志在国家博物馆参观《复兴之路》展览时提出了实现中华民族伟大复兴的中国梦。实现中华民族伟大复兴,就是中华民族近代以来最伟大的梦想。这也确立了中国特色社会主义建设的总任务。实现国家富强、民族振兴和人民幸福的中国梦离不开文化的复兴,而中国精神则是实现中华民族伟大复兴的思想动力和价值基础。华夏文明生生不息,中国精神薪火相传。中国精神是生发于中华文明悠久的历史传统、贯穿于中华民族崛起和复兴的全过程,具有强大凝聚力、生命力和感召力的思想观念体系。鲁迅先生指出,"惟有民魂是值得宝贵的,惟有他发扬起来,中国人才有真进步"。这就是以爱国主义为核心的民族精神和以改革创新为核心的时代精神。这种精神是凝心聚力的兴国之魂、强国之魄。爱国主义始终是把中华民族坚强团结在一起的精神力量,改革创新始终是鞭策我们在改革开放中与时俱进的精神力量。②

习近平同志在庆祝中国共产党成立95周年大会的讲话中指出,我们要弘扬社会主义核心价值观,弘扬以爱国主义为核心的民族精神和以改革创新为核心的时代精神,不断增强全党全国各族人民的精神力量。社会主义核心价值体系与社会主义核心价值观有着深厚的中华优秀传统文化积淀和涵养,也是中国精神在当代的重要体现和时代概况与总结。实现中国梦需要社会主义核心价值体系和社会主义核心价值观等当代中国精神的正确引领。同时,通过网络时代的社会主义核心价值教育必然能为中国梦的实现提供强大的精神动力。"每个中国人都是'梦之队'的一员,都是中国梦的参与者、书写者,大家心往一块想、劲往一处使,就能够汇聚起实现中国梦的强大力量。"③ 网络时代的社会主义核心价值教育要从精神层面凝聚最广大的社会共识,使网上和网下、线上与线下实现良性互动,同心

---

① 《习近平谈治国理政》,外文出版社2014年版,第168页。
② 中共中央文献研究室:《十八大以来重要文献选编(上)》,中央文献出版社2014年版,第235页。
③ 刘云山:《推动形成实现中国梦的强大精神力量》,《人民日报》2013年4月9日。

协力，弘扬伟大的民族精神和时代精神，为中国当代社会发展提供方案和贡献智慧，不断振奋全民族的精气神，激励人们在中国特色社会主义伟大实践中同心共筑中国梦。

(二) 弘扬和推动社会主义先进文化的发展

在当今世界，文化作为软实力是一个国家综合实力的有力组成部分，其在提升一国内部的社会凝聚力、推动国家发展和在国家间的交往中发挥着越来越重要的作用。在 5000 多年文明发展中孕育的中华优秀传统文化，在党和人民伟大斗争中孕育的革命文化和社会主义先进文化，积淀着中华民族最深层的精神追求，代表着中华民族独特的精神标识。[①] 中国特色社会主义的文化，是凝聚和激励全国各族人民的重要力量，是综合国力的重要标志。当前我国网民规模已稳居世界第一，是名副其实的"网络大国"，而互联网作为现实世界的虚拟延伸，自然而然在其特质基础上形成了网络文化。而网络文化是以网络信息技术为基础，在网络空间形成的文化活动、文化方式、文化产品、文化观念的集合。网络文化是现实社会文化的延伸和多样化的展现，同时也形成了其自身独特的文化行为特征、文化产品特色和价值观念和思维方式的特点。[②] 在网络文化中，我们必须唱响"网络大国"思想文化主旋律，用富有吸引力的正能量的主流理论来引领网络文化建设，在互联网复杂的信息文化环境中，必须积极发挥社会主义核心价值观的导向作用，进一步弘扬先进文化。习近平指出："做好网上舆论工作是一项长期任务，要创新改进网上宣传，运用网络传播规律，弘扬主旋律，激发正能量，大力培育和践行社会主义核心价值观，把握好网上舆论引导的时、度、效，使网络空间清朗起来。"[③] 以马克思主义科学世界观为指导的先进文化，体现了社会主义制度的先进本质，反映了对事物和世界的正确的合乎人类历史发展规律的认识，它引导人们用正确的立场、观点和方法开展实践。"社会主义先进文化是代表时代发展潮流、社会发展方向和人类文明进步的理性升华，是引导和促进历史进步的精神力量，也是人的全面发展和健康文明生活的有机组成。"[④] 社会主义先进文化也是社会主义核心价值的主要载体。社会主义核心价值涵盖社

[①] 《习近平谈治国政理（第二卷）》，外文出版社 2017 年版，第 36 页。
[②] 上海社会科学院信息研究所：《信息安全词典》，上海辞书出版社 2013 年版。
[③] 《习近平谈治国理政》，外文出版社 2014 年版，第 198 页。
[④] 张巨功：《中国现代化建设的理论与实践》，中国文联出版社 2008 年版，第 599 页。

发展的指导思想和价值取向，决定着社会意识的性质和方向，影响着人们的思想观念、思维方式、行为规范，引领着社会思潮，是推动社会前进的精神旗帜。

由此可见，网络时代社会主义核心价值教育也是推动社会主义先进文化建设的必然要求。随着互联网的发展和普及，网络文化已然成为我国社会主义文化的重要门类，并成为推动社会主义文化繁荣和发展的重要动力，在推动包括网络文化在内的社会主义文化发展的进程中，我们一方面要坚持为人民服务、为社会主义服务的方向和百花齐放、百家争鸣的方针，大力弘扬体现并能促进国家发展和社会进步的思想文化；另一方面要通过多种方式把中华民族优秀文化传统与新时期文化发展成果结合起来，倡导积极、健康、向上的网络文化，鼓励高尚的思想道德。在此过程中要进一步唱响主旋律，使我们的精神产品符合人民的根本利益，促进社会的进步，不断满足人民群众日益增长的精神文化需求，这是发展社会主义文化的主题。[①] 我们必须从战略高度认识互联网形态下西方价值渗透的危害，以社会主义核心价值为导向，积极弘扬正能量，自觉抵制西方文化霸权主义、个人主义、享乐主义及其各种不良思想的侵蚀，特别是对于网络传播的西方文化中损人利己、唯利是图、金钱至上的错误价值观，挥金如土、追求享乐的腐化思想，以及色情、暴力、吸毒和赌博等社会丑恶现象，我们必须坚决予以抵制。也要坚持取其精华，去其糟粕，传承发扬民族优秀传统，创新发展积极健康向上的主流文化。要善于运用大众媒体传播社会主义核心价值，最大限度地发挥网络正能量，使得社会主义核心价值为内核的社会主义先进文化在互联网社会广泛传播。具体网络先进文化建设中，坚持正确文化导向，以社会效益为第一的原则，通过技防人防等措施坚决过滤网络社会中媚俗、低俗、庸俗的内容，自觉抵制腐朽文化和低俗之风在网络中的传播和蔓延，发挥文化育人、思政育人的功能，塑造公众的理想人格，讲好网络中国好故事，做好中国好网民，让我们的网络新媒体展现出"以科学的理论武装人，以正确的舆论引导人，以高尚的精神塑造人，以优秀的作品鼓舞人"的精神风貌，推进社会主义精神文明建设，推进社会主义网络先进文化大发展。

---

① 高建中：《简论马克思主义中国化的三大理论成果》，中央文献出版社 2007 年版，第 179 页。

(三) 促进人的个性发展与全面发展

如前所述，中国特色社会主义建设事业是以马克思主义思想为指导的，因此网络时代社会主义核心价值教育必须高举马克思主义真理的旗帜，引领网络社会的发展。网络空间是亿万民众共同的精神家园。互联网在中国的发展充分印证了"发展为了人民、发展依靠人民、发展成果由人民共享"的人民中心观点，这也是网络时代在社会主义中国发展的基本理念。网络的飞速发展为人们表达观点、释放个性提供了广阔的平台，也为人的全面发展提供了可能。个性是指一个人在活动中经常表现出来的、比较稳定的、带有一定倾向性的个体心理特征的总和，是一个人区别于其他人的独特的精神面貌和心理特征。每个人都应有自己独特的个性，这也是个人区别于他人的外在标志之一，个性的全面发展，对于促进人的聪明才智的发挥提供保障，只有个性获得释放，才有可能最大限度地挖掘出人的潜能，实现人的全面发展。马克思主义关于人的全面发展理论是马克思主义的核心价值观念之一。马克思主义关于人的全面发展理论认为，个性的发展与人的全面发展是相互统一的，这为网络时代社会主义核心价值教育提供了理论支撑。个人在成长过程中应该注重个性的培养与发展，教育实践也表明，社会性与个性是相辅相成、辩证统一的，社会的全面发展为个性的充分发展奠定了基础，没有社会性就没有个性，个性的发展推动社会的发展并为社会发展提供动力。

网络在快速发展的同时，其虚拟性也对人的各种实践活动提出了新的挑战，因此需要主体进行不断调节、适应，提升人的综合素质，避免网络成为"异己的力量"而陷入自身"异化"的境地，实现个性发展与全面发展的统一。同时，人的品德发展和价值观的形成是一个连续不断的教育过程，因此需要经历由低级到高级，由点到面的教育阶段。网络时代社会主义核心价值教育的实施应该遵循个人身心成长的规律与特点，丰富教育内容和形式，完善教育方法和手段，促进互联网使用者的个性成长。突出个人发展的作用，就要改变传统的思想教育过程中有所偏废的教育方法，不可重智轻德，也不可重德轻智，要依照个体的工作、生活环境与经验对其"量体"而行。我们要按照新世纪新阶段我国社会主义现代化建设的需要对人的素质提出新的要求，结合社会主义核心价值教育内容组织思想政治教育活动，发挥网络环境下公众自组织的主动性与灵活性。自组织是互联网发展的新样态，正如曼纽尔·卡斯特所言："扩展性及多样化网络不仅是一种具体的组织目标,它自身还是具有高度价值观的文化目标。自我产生、自我发展、自我管理的网络成为一种广泛传播的文化思想。不仅提供有效的正字组织模式,而且从整体上还提供一种社会重组模式。"① 这种自组织在社会主义核心价值教育活动中,要重视,要积极引导公众运用网络进行自主学习、自我教育的能力,激发公众价值品质的自我调节能力,使社会主义核心价值教育内容具有时代性、针对性、开放性,适应社会主义现代化建设的需要。

二 社会发展层面的目标

"任何社会,为了能存在下去,必须紧密地围绕保持其制度完整这个中心,成功地把思想方式灌输进每个成员的脑子里。"② 网络时代社会主义核心价值教育要以人的现实社会发展为基础和前提,适应当代信息社会和知识经济时代的要求,体现社会存在与发展的目标。

(一) 弘扬时代主旋律,培育具有时代特征的网络精神

网络的快速发展是当前社会时代发展最为显著的标志之一,它的快速发展与人的自身的不断解放和发展密不可分。随着网络技术的发展,人们可以通过虚拟的空间进行网络交流、互动及信息的传播交流、价值观点的发表与传播等,创造出更多的文化成果。精神文化生活的互联网化,孕育出了具有时代精神的网络文明,网络成为社会主义精神文明建设的新阵地。尽管人们对于网络文化的内涵和范畴还存在争议,但不可否认的是,网络文化的出现对传统文化在内容、形式等多个方面都进行着内涵与外延的扩充,表现出之前文化所不具有的新的特点。网络文化具有突出的开放性和宽容性,一方面,网络文化可以全球共享,共同进行多种文化的交流与讨论。同时,可以拓展人们的交往,使处在不同国家、不同民族的人们通过网络进行交流,加深对彼此的了解和情感上的沟通,可以推动多元文化之间的碰撞。网络文化具有普遍性和平等性,可以促进人的自由与全面发展。一方面,网络平台内的文化可以实现人人共享,它的覆盖和传播具有普遍性,人人都可以享用和接收同样的资源。另一方面,网络平台内的文化传播是自由的,相对于现实社会,信息与多元文化的传播在网上具有

---

① [美] 曼纽尔·卡斯特:《网络社会——跨文化视角》,社会科学文献出版社 2009 年版,第 389 页。

② [美] 安东尼·奥罗姆:《政治社会学》,上海人民出版社 1989 年版,第 317 页。

更小的约束性,更自由,这种共享性和自由性会激发网络主体的参与热情,发挥他们的主动性和创造性进行能动的网络互动,这种自由、平等、开放、共享、创造和能动的网络精神正是当下我们社会所需要的。

网络时代社会主义核心价值教育要帮助网络受众认识"何谓网络时代"和引导网络受众思考"网络时代应何为"的问题。网络的分散化、匿名性技术特征,使整个社会发展趋于"碎片化",人们在信息接收方式、价值观选择上都不断显现出"碎片化"特征,因而在网络社会中标新立异、追求个性成为其价值选择。网络个性化是指一个人在网络活动中经常表现出来的、比较稳定的、带有一定倾向性的个体心理特征的总和,是一个人区别于其他人的独特的精神面貌和心理特征。网络个性化特征对当代公民社会的培育具有一定的积极意义,可以使人在现有条件下最大限度地追求个人自由,使社会趋于自由人的联合体,但在此过程中应通过社会主义核心价值教育,促进公众公民意识的建立,促使其成为对国家、民族、社会有责任感的现代公民。网络技术的迅速发展、群体的不断扩大都为网络空间中社会主义核心价值观念的培育奠定了良好的基础。这就要求我们不断推进网络社会主义核心价值观精神的建设,以培育适应我们社会主义国家需要的网络精神。

(二)突出素质教育,塑造中国特色社会主义建设的合格人才

坚持以人为本、全面实施素质教育是教育改革发展的战略主题,是贯彻党的教育方针的时代要求,其核心是解决好培养什么人、怎样培养人的重大问题,重点是面向全体学生、促进学生全面发展,着力提高学生服务国家服务人民的社会责任感、勇于探索的创新精神和善于解决问题的实践能力。《中共中央国务院关于深化教育改革全面推进素质教育的决定》明确要求:"大力提高教育技术手段的现代化水平和教育信息化程度。国家支持建设以中国教育科研网和卫星视频系统为基础的现代远程教育网络,加强经济实用型终端平台系统和校园网络或局域网络的建设,充分利用现有资源和各种音像手段,继续搞好多样化的电化教育和计算机辅助教学。"据《第37次中国互联网络发展状况统计报告》统计,截至2015年12月,我国网民结构中低龄(19岁以下)、学生群体的占比分别为24.1%、25.2%,这说明青少年已成为我国网民的重要组成部分,而青少年正处于价值观形成的重要时期,对于青少年群体而言,我们必须将其作为网络时代社会主义核心价值教育的重要对象,同时在此过程中必须突出

素质教育的原则。

　　素质教育是一个与应试教育相对应的概念，它是以提高人的思想素质、道德素质、文化素质、身体素质、心理素质等全面素质为目的的教育，它不仅是各项素质全面发展的教育，还是各项素质协调发展的教育。① 素质教育是一场从教育思想到教育观念、内容、方法、体制的深刻变革，真正体现和接近了教育的本质。而素质教育的重点应当以培养创造思维能力为中心，抓好自我设计和自我实现的能力，独立分析和解决问题的能力，科学研究和探索未知的能力这三个能力的培养。② 社会主义核心价值观分别从国家、社会和个人三个层面对当前我们所面临的价值追求予以阐释。对青少年群体而言，必须继续保持改革创新的勇气和魄力，积极挑起"二次创业"的重担，为建设富强、民主、文明、和谐的社会主义现代化国家而奋斗，为实现中华民族伟大复兴的"中国梦"而不竭努力，必须积极利用好和平发展的机遇期，充分利用自身优势，挥洒青年人的激情与汗水，进一步倡导自由、平等、公正、法治的社会氛围；必须完善个人行为准则，以务实的态度参与到学习和生活中，进一步践行爱国、敬业、诚信、友善的公民道德准则。由此可见，青少年素质教育的核心内容与社会主义核心价值观的基本内容是相契合的。

　　因此，网络时代青少年社会主义核心价值教育不是要机械的文本宣读，更不是要扼杀青少年网民的创新与创造的活力，恰恰相反，网络时代社会主义核心价值教育正是要通过素质教育来激发、培养学生的专业兴趣，通过网络在线课程、教育资源共享，加强学生的专业意识和科学研究精神，为他们成为中国特色社会主义建设的合格人才提供精神动力和灵魂滋养。同时激发青少年对于网络道德规约的内在认同与自觉践行，在尊重网络主体的主体性和主动精神、注重开发他们的智慧潜能的基础上，因材施教，加强青少年的人文教育，提升他们的审美品位和艺术修养，提高青少年的媒介素养、自我保护和净化能力，把社会主义核心价值观内容贯穿在素质教育的全过程和教育活动的各个环节，促使青少年树立科学的世界观、健康的人生观和积极向上的社会主义核心价值观，全面提高网络主体的基本素质，从而营造良好的数字化生存环境，使网络成为他们实现全面

---

① 黄朝阳：《素质教育教什么》，《人民日报》2011年12月8日。
② 刘道玉：《创造教育新论》，武汉大学出版社2009年版，第162页。

发展的重要手段和工具。网络时代社会主义核心价值教育要合理利用现有资源，从而有力地引导整个教育体系设定自身目标，并根据现状的发展对整个过程予以积极地修正，进而提升教育系统各部门的协同效率，有效地提升网络时代社会主义核心价值教育的实效性。

(三) 创造健康积极和有利于受众全面发展的网络文化环境

事物的发展是内因外因共同作用的结果，外因具有加快或延缓事物发展速度的作用。人们的社会道德和价值品质的形成过程、社会主义核心价值教育的全过程都是在一定的环境中进行和完成的，并受到环境的影响和制约。习近平同志在网络安全和信息化工作座谈会上的重要讲话中指出："网络空间天朗气清、生态良好，符合人民利益。网络空间乌烟瘴气、生态恶化，不符合人民利益。"① 这就要求充分利用互联网开展社会主义核心价值教育，坚持正面宣传，培育积极健康、向上向善的网络文化，用社会主义核心价值观和人类优秀文明成果滋养人心、滋养社会，让网络空间正能量充沛、主旋律高昂。对于网络境遇下的社会主义核心价值教育而言，网络环境和社会环境、家庭环境、工作学习环境一致成为重要的外部环境因素，积极、健康的网络环境将有利于提高社会主义核心价值教育的实效性。同时，互联网使用者作为网络社会发展的参与者，其高尚道德情操的建立和人文素养的提高将有利于推动网络文化的健康发展。

互联网使得文化生产、传播、接受、反馈的载体、形式和内容发生了复杂而多样的变化，改变了传统文化产业的生产方式，大大降低了文化产业的门槛，使文化产业的生产和创造得到了前所未有的提升。网络文化作为一种全新的文化样态，其彰显了网络技术所暗含的自觉自主特性，碎片化、快餐化、表面化的网络文化产品大量产生，其一方面丰富了文化形式，使文化样态更"接地气"，但不可否认的是大量暗藏边缘化价值观的文化也不断滋生，并吞噬和挤压意识形态文化产品，减缩了主导文化的数量和范围，并通过改变主导文化作品的意义，误导大众对主流意识形态的理解。但文化有其特殊的发展形式，既不能对其予以放纵，放任其发展，也不可对其施加过分的管制，使得万马齐喑。我们可以从一个纪录片《苍穹之下》看互联网的传播力。2015年2月28日，柴静自费筹拍的纪录片《苍穹之下》在国内视频网站上线。借助社交媒体之传播，很快就

---

① 人民日报评论员：《让网络空间天朗气清》，《人民日报》2016年4月23日。

引起全国范围的关注和讨论，截至 3 月 2 日，该片在国内各大视频网站的总播放量突破 2 亿次，并引发全民对诸如"PM2.5"、系列"PX"事件、"APEC 蓝"等环境议题的关注、讨论，也成为当时网络舆论热度最高的"新闻事件"，政府、网民、商业组织等社会多元化主体在一起"聚焦"。我们也应当考虑，积极借鉴这个事件的手段，利用网络舆论平台，开展网络社会主义核心价值教育活动，积极在好的题材、视角、风格等方面下功夫，制作网民喜闻乐见的好作品，引发网民关注、反思，塑造核心价值的网络舆论平台，提高其渗透力。因此，对于当前网络文化所存在的多样性功能和多重性价值形态的客观现实，我们既不能漠视其负面影响，也不能因噎废食而限制其发展，关键是要用社会主义核心价值观引导其沿着正确的方向发展，使之真正成为社会主义文化的重要组成部分，传递文化正能量，为繁荣当代中国文化做出贡献。

网络境遇下的社会主义核心价值教育，将对网络文化的发展树立一个价值标准。网络文化所存在的价值观良莠不齐问题，是当前社会转型进程中人们价值观复杂化的体现，面对社会利益和社会结构的深刻变化，人们的价值取向呈现多元化的趋势，这就突出地需要加强社会主义核心价值观的培育和践行。因而，我们应站在推进社会主义制度发展的高度，站在维护和发展中国最广大人民利益的高度，站在适应人类文明发展总趋势的高度，进一步推进社会主义核心价值的教育工作，从而厘清普适性文明与制度性要求、民族性文化与全人类共识的关系，不断认清中国特色社会主义的制度特征和实践要求，构建富有特色的网络文化，使网络文化的创作、传播和消费成为社会主义核心价值建设的重要载体，既体现了中国传统优秀文化，又彰显了共产党人先进思想，积极借鉴世界各民族优秀的文明成果，体现当代中国文化的发展规律和基本趋势，使网络文化主阵地真正地反映当代中国人的共同愿望和理想追求。

三　个体发展层面的目标

社会是由单个个体组成的，从这个意义上说，个体以何种素养进入社会公共生活，社会公共生活就会呈现出个体"拼图式"的何种面貌。"爱国""敬业""诚信""友善"的个人幸福梦，"自由""平等""公正""法治"的社会和谐梦，"富强""民主""文明""和谐"的国家振兴梦，以及"和平""发展""合作""和谐"的世界大同梦才能在我们每个人的身体力行中逐步实现。① 因而在网络时代社会主义核心价值教育过程中，每个人都是当事人，没有旁观者，每一个人都有成为教育者的可能。

（一）促成社会主义核心价值的内化于心

网络时代社会主义核心价值教育的目标不仅仅停留在让网民牢记社会主义核心价值体系的四个方面的主要内容或者社会主义核心价值观的 24 个字之上，换言之，不能只灌输社会主义核心价值教育的内容，最重要的是使网民在深刻理解和认同社会主义核心价值的基础上形成符合社会主义核心价值规范的行为素养，并在实践中一以贯之地践行。只有掌握核心价值教育的基本要求，了解其建设的价值与意义，才能在认知的前提基础下，做到理论认同和情感认同。做好网络时代社会主义核心价值教育关键就是在网民认知、认同上下功夫，既要重视现实社会的社会主义核心价值宣传教育活动，也要进一步掌握网络时代社会主义核心价值教育的基本规律。以数量庞大的大学生网民为例，既要矫正大学生对网络价值的错误的、歪曲的看法和观点，又要通过长期强化知识和价值观引导，日积月累、久久为功，培育大学生正确的社会主义核心价值观念，使得社会主义核心价值体系和社会主义核心价值观内化为个人自觉的思想和行为并转化为现实的个性和人格，使他们对社会主义核心价值的主观认识与客观行为实现统一。为此，需要探寻和拓展其认同和传播、灌输、渗透、教育的有效路径，增强社会主义核心价值教育内容的渗透力，通过消除误解、增进理解、聚同化异的学习认知和交往过程，使社会主义核心价值内化于心，使社会主义核心价值成为数以亿计的网民自觉的价值追求，成为网络虚拟社会中多元主体的价值共识，不断增强人们的中国特色社会主义的道路自信、理论自信、制度自信和文化自信。

（二）促成社会主义核心价值的外化于行

"培育和践行社会主义核心价值观，关键要使国民能够潜移默化地运用社会主义核心价值观提升个人的价值观并自觉转化为行为实践。"② 促成社会主义核心价值外化于行，使得社会主义核心价值规范的要求成为广大网民的自觉行为，这些主体能够坚持知行统一，勇于不断实践，从自身

---

① 张晓明：《对社会主义核心价值观"内化于心外化于行"具体过程的理性思考》，《昆明理工大学学报（社会科学版）》2015 年第 2 期。

② 周浩：《培育和践行社会主义核心价值观学习读本》，国家行政学院出版社 2014 年版，第 97 页。

做起，在个体的身体力行中带动周边，推动全体社会成员成为社会主义核心价值观的践行者。

培育和践行社会主义核心价值观关键是知行统一。知，其基本含义有知道、知识、认识等意思，它主要指主体对某一领域所涉及的内容的认识、体验及内化，通常指人的道德意识和思想意念。行，其基本含义有道路、行为、行动、践履等意思，通常指人的道德践履和实际行动。我国古代特别重视"行"。孔子说："性相近，习相远也"，强调"笃行"。墨子在《修身》中说"行为本焉"，强调的是身体力行。荀子的"知之不若行之"等都强调行为实践的重要性。在本研究语境中，"知"主要是指对社会主义核心价值的认知，它主要包括对社会主义核心价值体系、价值观基本内涵的认知以及一种积极向上的价值观和追求真善美的道德品格的认知。"行"主要是对社会主义核心价值的践履和实践活动，它是公众知、情、信、意的外在表现和结果。

网络时代社会主义核心价值教育必须重视知行统一，将认知与行为二者紧密结合起来，不断提升公众的道德行为能力。道德本身是人的实践理性的体现，受教育者在道德认知教育中获得的道德理论知识，不仅只有在生活实践中才能形成真正的道德能力，而且也只有在生活实践中才能得到检验、确证、巩固和完善。[1] 而当前青少年确实存在"知行不一"的现象，主要表现有：奋斗目标过于功利和现实、敬业奉献意识差、实用主义、拜金主义、个人主义、不讲诚信、理论知识与实践运用能力脱节等。[2] 因此，要通过社会主义核心价值教育实践活动，进一步提升公众理性思考的能力，提高道德认知与行为能力，从而实现思想教育的目标。要坚持"从实践中来，到实践中去"的思想政治教育方法，注重公民公益性自组织的培育，注重将社会主义核心价值观的宣教和公民的自身行动相结合，开展以公民自组织为主题的志愿者服务和社会调查、"学雷锋"公益活动、义务劳动、主题实践等社会实践。进一步培育公众网络素养，培育公民积极参与和理性参与网络公共事务的能力，包容多元价值观，尊重他人发言权利，塑造网络"理想畅谈环境"，在此基础上，将一些公共事务移至互联网环境中商谈与处理，使网络成为发扬我国社会主义协商民主和构建社会主义和谐社会的重要平台。

---

[1] 葛畅：《论学生道德能力的培养》，《道德与文明》2008年第3期。
[2] 鲁宽民、杨尚勤：《当前大学生"知行不一"的理性审视》，《社会科学家》2010年第1期。

第七章　网络时代社会主义核心价值教育的内在要求

加强网络时代社会主义核心价值教育实效性是我们国家社会主义文化建设的重要内容，为了把这项工作落到实处，就需要提炼和总结网络时代社会主义核心价值教育的有效原则，归纳网络时代社会主义核心价值教育的基本理念，分析网络时代社会主义核心价值教育的基本规律，并使得这些原则、理念和规律成为社会主义核心价值教育工作者自觉信守的工作信条，采取富有成效的途径和方法，尊重并善用网络特点，特别是用好移动互联网终端的技术，把广大网民从旁观者变成践行社会主义核心价值观的积极参与者，点赞真善美，谴责假恶丑，曝光不文明现象，充分发挥群众力量和智慧，建立起社会主义核心价值传承的强大网军，使社会主义核心价值教育落实到国民教育全过程、落实到经济发展实践和社会治理全过程、落实到思想政治工作全过程，达到思想上自觉接受"培育"和行为上自觉融入"践行"的双重效果。

第一节　网络时代社会主义核心价值教育的有效原则

"原则"是一个频繁使用的词语。所谓原则，就是在一定条件下，人们观察问题和处理问题的标准或准则，也是人们在做具体工作中应遵循的基本要求与规定，它是人们实现预定目标的有效保证。原则是从客观存在的本质和规律概括出来的一般原理，以指导人的实践活动。恩格斯在《反杜林论》中指出："原则不是研究的出发点，而是它的最终结果；这些原则不是被应用于自然界和人类历史，而是从它们中抽象出来的；不是自然界和人类去适应原则，而是原则只有在符合自然界和历史的情况下才是正确的。"① 在网络时代，思想教育存在的物质基础与生存环境，发生了很大的变化，网络时代社会主义核心价值教育的原则与传统思想教育的原则也有了发展变化。因此，要提升网络时代社会主义核心价值教育实效性，就必须在总结过去思想政治理论教育实践经验的基础上，适应当今社会思潮的新变化、新特点。网络时代社会主义核心价值观进程中原则的制定，应遵循思想政治教育工作规律，并遵循一定时期内对核心价值教育活动实践经验的科学抽象和概括，其来源于社会主义核心价值观内部诸要素以及教育系统与外部诸系统之间本质的、必然的联系性。凝聚全民族的精神力量，巩固马克思主义在意识形态领域的指导地位，必须坚持以下基本原则。

一 坚持以人为本的原则

作为科学发展观的核心，以人为本是中国共产党人坚持全心全意为人民服务的党的根本宗旨的体现。坚持以人为本进行社会主义核心价值教育，要求我们以服务人民为荣，以背离人民为耻，做到尊重人、理解人、关心人、爱护人，把教育的对象作为自己的知心人，采取民主的教育方法，平等地对待教育对象，真正沟通思想，只有这样才能收到好的效果。② 首先，要正确处理以情感人与以理服人的关系，这是做好社会主义核心价值教育工作的前提。社会主义核心价值教育工作，说到底是做人的工作，要动之以情、以情感人，又要晓之以理、以理服人，做到入情入理、情理交融，亲切可信，拒绝教条式的说教，做到与被教育者之间心与心相通，真正体现出一种情感效应。第二，要正确处理身教与言教的关系，这是做好社会主义核心价值教育工作的基础。早在延安时期，我党就坚持言教与身教相结合的原则，提出"共产党员的先锋作用和模范作用是十分重要的。共产党员在八路军和新四军中，应该成为英勇作战的模范，执行命令的模范，遵守纪律的模范，政治工作的模范和内部团结统一的模范"，"只要我们党的作风完全正派了，全国人民就会跟我们学。党外有这种不良风气的人，只要他们是善良的，就会跟我们学，改正他们的

---

① 《马克思恩格斯选集》（第三卷），人民出版社1995年版，第374页。
② 石云霞：《社会主义核心价值体系教育的基本原则》，《思想理论教育导刊》2007年第3期。

错误，这样就会影响全民族。"① 坚持身教重于言教，通过言教，运用马克思主义真理的力量说服群众、团结群众；通过身教，以自身的模范行为和人格力量来感化群众、带动群众，切实发挥党员领导干部以身作则的模范带头作用。在今日，教育者必须率先垂范，为人师表，为真正提高和发挥社会主义核心价值教育工作的说服力、吸引力和感染力而贡献力量。

坚持以人为本也是在网络时代进行社会主义核心价值教育的根本要求。"网络思想政治教育说到底是做人的工作，最终目的是促进网络环境中人的全面发展。"② 在网络化生存的境遇中，网络社会主义核心价值教育是提高人的思想道德品质与精神素质的工作，在运用网络开展核心价值教育的过程中，要做到关注"人"这个主体，盯着人做工作，牢固树立"以人为本"的工作理念。这才是我们网络社会主义核心价值教育所应有的正确的价值取向与目标方位。

马克思认为，人的自由全面发展的主体是"每一个现实的人"。按照马克思的理解，"现实的人"是指在一定的物质条件和社会联系中从事实践活动的有生命的存在。网络社会是人的本质力量外化的产物，是"现实的人"的主体性张扬的结果。网络主体是比其他形态的主体更现代、更高的主体，它表明主体已掌握了上网的技术、文字等。其他方面主体性强的人在网上可能主体性也强，更需要主体性也更容易消解主体性。所以，网络社会是人的主体性不断增强的历史的延续，必将是人的主体性更加张扬的时代。人的主体性在网络时代的彰显，使得网络社会与传统现实相比更具有现代性意义。

在网络社会主义核心价值教育中，坚持以人为本原则就是在思想教育活动中，坚持一切从人出发，以调动和激发人的积极性和创造性为手段，达到使人不断发展的目的。网络社会以数字化、网络化、信息化为标志的生存状态，以交互性、虚拟性、学习性为标志的运作模式，以多边性、全时性、共享性为标志的机制物质，使人类实践的主体、客体、手段及结果均呈现出新的特点，并为人的自由全面发展提供了更广阔的舞台。网络强

---

① 王东维：《延安时期思想政治教育有效性的经验及其启示》，《思想理论教育》2009年第15期。

② 徐建军：《大学生网络思想政治教育理论与方法》，人民出版社2010年版，第142页。

化了人们的自主意识、独立意识、平等意识,人与人之间的关系一般表现为平等互利。网络主体性是比其他形态的主体更现代、更高的主体。传统的思想政治工作的这些做法在当今的网络社会不仅暴露出种种不足与局限,而且已显得不合时宜了。开展社会主义核心价值教育必须凸显以人为本的价值取向,使核心价值观引领网络生活,融入网络生活。在网络社会社会主义核心价值教育中,必须关注在实施过程中教育者与受教育者的地位,注意把发挥教育者的主导作用与激发受教育者的主体性作用结合起来,教育者的主导作用不能削弱,受教育者的潜能要有效发挥。网络开放性、虚拟性、平等性的特点,对传统的教育和受教育关系会有颠覆性影响,互联网正迫使我们实际地重新考虑和重新评价每一个被视为当然的思想、行为和习惯。网络社会社会主义核心价值教育既要由教育者(包括组织)去引领、主导,在互联网社会弘扬主旋律;又要尊重受教育者的主体性,激发受教育者的积极性、主动性、创造性,提升人们对社会主义核心价值认知度和认同感,使其在虚拟空间能够做到内化于心、外化于行,凸显受教育者的个人价值和尊严。

"人的自由全面发展"是我们社会主义核心价值教育,乃至整个教育的目标。"从深层根源看,任何人类活动总是为了一定的需要和利益,并在一定目标驱动下以一定的方式展开的。"① 在网络社会社会主义核心价值教育中,教育者、教育组织要注意区分受教育者的思想认识、认识水平。目前,我国互联网发展呈现出发展快,但整体水平质量不高,青少年的思想素质、文化素养和科技能力亟须提升,加之每个人教育背景、个人兴趣和努力方向不同,每个网民的思想道德修养素质存在客观差异。网络社会中社会主义核心价值教育一定要从受教育者的实际情况出发,科学制定核心价值教育的目标、内容、方法,达到有的放矢、因材施教。在网络社会主义核心价值教育中,还需要重视广大网民的自我教育功能。我们党、社会各级组织积极开展的社会主义核心价值教育必须通过内因去实现,这样才能组织可行,教育有效。网络社会主义核心价值教育目标的实现,是教育组织者引导、传授教育与广大网民的自我教育共同作用的结果,受教育者必须认清互联网开展社会主义核心价值教育的意义,并身体力行。

---

① 项久雨:《利益逻辑与思想政治教育价值的生成》,《思想理论教育》2008年第1期。

二 坚持务求实效的原则

网络时代社会主义核心价值教育实效性即展开网络时代社会主义核心价值教育所取得的实际效果，主要包括直接效果和潜在效果。在网络世界中培育和践行社会主义核心价值观，说到底是一项树立正确的世界观、人生观、价值观的精神教育实践活动，也是一项系统工程，必须不断挖掘网络核心价值教育的方式方法，尊重网络主体地位，激发广大网民正能量，有效提升核心价值教育的科学化、知识化水平，把网络时代社会主义核心价值教育落到实处。社会主义核心价值教育作为一种教育活动，必须遵循思想政治课教育的基本规律，在互联网状态下符合基本规律的同时，要注意虚拟空间和现实社会的差异，也就是具体问题具体分析，提高网络教育的实效性。由于网络主体人的思想意识、道德观念、生活方式、交往方式等方面的变化，人们的信息素养水平各有不同，思想道德层次也呈现出多样化的特征，因此受众是分群体和分层次的。这就要求我们在进行社会主义核心价值教育实践时，必须发挥网络的优势，及时地了解受众的思想状况和不同的需要，根据受众不同的思想特点和主体人需要的不同层次，从而及时地调整教育内容、方法和手段，通过有针对性的教育，切实有效地提升受众的信息素养水平和思想道德层次，增强网络时代社会主义核心价值教育的针对性和实效性。

网络时代开展核心价值教育必须运用网络手段，向教育对象传授先进思想，传递核心价值体系、核心价值观，强化正确的舆论导向，弘扬正能量。在对青少年开展正面的宣传思想教育时，要将传统思想政治教育方法中的有效做法与网络新媒体紧密结合，不断优化教育形式、教育手段，努力提高宣传思想教育的实效性。

这种实效性原则也符合马克思主义教育价值实现的基本要求。马克思主义认为，人的需要是一个与人的本性联系在一起的多样性的复合体，并且进一步区分了合乎人性的真实客观需要与不合乎人性的虚假臆造的需要。人是生活在现实中的个体，人要更好地生存和发展就必须处理好人与社会、人与他人以及人与自身这三种关系，这是人生存和发展的客观需要，而思想政治教育的个体价值则很好地回应了这一需要。如前所述，网络核心价值教育的个体价值是网络思想教育满足个体的生存和发展过程中的需要所产生的效益关系，其核心内容是围绕怎样促进人的生存和发展来展开的,是网络核心价值教育对处于网络境遇中的作为价值主体的个体的生存发展需要的满足。

从人的生存维度来看,"人的社会化过程就是作为一个'社会学习者'和'社会参与者'的人的全面发展的过程。"① 在这一社会化的过程中,主体人学习社会生存技巧和生活经验,参与社会活动,塑造健全人格,构建和谐的人际关系,而思想政治教育则在这些提升个体的社会适应能力活动中发挥了重要作用,也是提升这些能力的重要途径。就网络时代核心价值教育而言,人的数字化生存也要经历这一过程,网络时代核心价值教育主体有意识地把人的社会化引导到特定社会要求的方向上去,从而能有力地保障个体社会化的正确方向。在网络时代人的社会化生存中,网络时代核心价值教育受众的上网的主要目的是有所不同的,学习知识有之、获取信息有之、娱乐休闲有之、沟通交流有之。网络为人的社会化提供了宽广的路径,每一个计算机终端都可以是一个新思想的发源地,每一个网页都可能成为信息传播源,每一个QQ账户、博客、微博平台都可能成为思想、文化交流对象,网民通过网络学习,了解过去传统资源远远达不到的新知识库藏,丰富自己参与社会生活的素质和能力,培育自己的民主精神,有效地在社会管理和建设中充当社会成员的各种角色,根据自身的诉求和渴望,发挥自己的参与才能,发表个人的观点和意见,积极实现自身的社会化。可见,我们在加强社会主义核心价值教育的过程中,要勇于实践,不断开展调查研究,准确把握受众的思想脉搏。根据受众不同的上网目的,在满足这些不同层次需要的基础上开展网络思想教育,体现尊重差异的层次性,实现教育内容的多样性和形式的灵活性,有针对性地对主体进行个性化的引导和帮助,潜移默化地实现网络思想教育价值。这种价值的体现,还应从教育内容、形式与方法入手,找准切入点和着力点,既要把握网络思想教育价值实现的原则性,又要考虑灵活机动的教育方式,做到方法灵活,成效显著;否则,采用简单、教条,缺乏创新教育的方式,将会诱发受众极大的反弹、逆反和抵制,从而导致网络思想教育价值难以实现。

从人的发展的维度看,马克思说"交往是人类的伴侣","社会关系

---

① 鲁洁:《德育社会学》,福建人民出版社1998年版,第129页。

实际上决定着一个人能够发展到什么程度。"① 网络交往拓展了人的社会关系，主体的差异性也导致人的需求多种多样。主体人的需要总是当一定的需要达到满足时，新的更高层次的需求也就会自发产生。随着全球化浪潮的到来、科技的迅猛发展、多元文化的冲击、价值观念的碰撞，我国出现各种道德滑坡和信仰危机，主体人所接触到的各种自然灾难与人为破坏信息越来越便捷，安全感大幅度降低，风险意识凸显，生存意义的失落，价值体系的崩溃，产生诸如焦虑、迷茫、孤独、愤怒、受挫、相对剥夺感等负面情绪和心理失衡问题，甚至产生精神危机。因此，网络思想教育价值的实现必须回应并满足主体在安全感及精神层面的需要，建构网上精神家园。同时，网络带来了人的生存方式的改变，注重彰显独特个性是网络时代的重要特征，尤其是面对新新人类②，他们的生活方式多元化，要注重他们的个性发展需要，在此基础上促进人的全面发展。在网络思想教育价值实践中，要充分利用好互联网这个社会共同拥有的信息平台，利用好传播者和受众之间完全平等的地位，加强沟通，相互学习和促进，在即时交互中实现思想价值观的引领。同时，网络的开放性和平等性要求网络思想教育主体要满足受众情感交流方式的需要。要改变以往教育者说教者和灌输者的形象，树立关心人、亲近人的教育理念，使用网民喜闻乐见的语言，与网民展开真诚的对话和交流。尊重他们的自发首创精神，在互动中潜移默化，达到润物细无声的功效，建设一个和谐健康向上的网络和谐环境。

此外，网络并不是万能的，也有它的局限性。由于其匿名性和隐蔽性，网民在网上发表任何言论都无须承担责任，更由于网络传播易复制的特点，很多诸如色情、暴力、迷信以及其他有害信息和思想容易在网上传播，网络的无国界使得网络思想教育所处的环境异常复杂。因此在开展网络时代社会主义核心价值教育实践时，要有重点地加强社会主义核心价值教育和意识形态安全教育，积极引导广大受众进行自我教育，克服网络自身的弊病，提升他们的道德意识、法制意识、责任意识、自律意识和安全意识。同时，紧密联系生活实际，加强主体间网上与网下、虚拟与现实的互动，注重现实问题的解决，最终增强社会主义核心价值教育的针对性。

---

① 《马克思恩格斯全集》（第三卷），人民出版社1960年版，第295页。
② 新新人类的提法，主要是关于代际的划分，指随着网络成长起来的"80后"、"90后"。

三 坚持引导与管控相结合的原则

引导与管控相结合，引导为主、管控为辅是对我国社会治理的历史经验总结的借鉴。习近平曾指出："历史是最好的老师"。在漫长的历史进程中，中华民族创造了独树一帜的灿烂文化，积累了丰富的治国理政经验，其中既包括升平之世社会发展进步的成功经验，也有衰乱之世社会动荡的深刻教训。我国古代主张民惟邦本、政得其民、礼法合治、德主刑辅，为政之要莫先于得人、治国先治吏、为政以德、正己修身、居安思危、改易更化等，这些都能给人们以重要启示。治理国家和社会，今天遇到的很多事情都可以在历史上找到影子，历史上发生过的很多事情也都可以作为今天的镜鉴。中国的今天是从中国的昨天和前天发展而来的，要治理好今天的中国，需要对我国历史和传统文化有深入了解，也需要对我国古代治国理政的探索和智慧进行积极总结。① 互联网社会治理也应强调礼法合治、德主刑辅的基本原则，具体就是引导为主、管控为辅原则。就是在网络时代进行社会主义核心价值教育的过程中，对其他的社会思潮、价值观念和意识形态主要通过发挥主体能动性进行积极引导，同时要注意网络舆情，强化管理为辅助手段，从而形成社会主义核心价值观引导其他价值观念发展的良好局面。

第一，以引导为主，增强主导作用。网络时代进行社会主义核心价值教育的同时，也需要加强对其他社会价值观的引导。在新时期，信息化大发展的趋势下，传统封堵式的方法已经无法适应，只有加强对其他社会思潮和价值观念的有效引导，才能不断丰富和发展社会主义核心价值的主要内容，保证社会主义道路毫不动摇。首先，坚持引导内容，保障社会主义核心价值的引领作用。历史教训表明，西方国家意识形态的渗透随着网络的普及在不断加强。在意识形态互相冲突的情况下，需要坚持社会主义核心价值的主导作用，用社会主义核心价值引领社会思潮的发展，从而在舆论上形成社会主义意识形态的引领优势，把握意识形态对网络文化引领、渗透和灌输的技巧，积极在社会中确立社会主义核心价值的引领地位和话语领导，使社会主义核心价值渗透到人们的生活方式、交往实践和信仰层面。其次，坚持引导培养，确立社会主义核心价值的指导地位。引导教育

---

① http://news.china.com/domestic/945/20141014/18855321.html.

方式是在社会成员中传播社会主义核心价值观的重要方式。引导要更注重让社会成员自主地接受社会所传播的思想和价值观念,让人们在社会实践中充分体会到社会主义主流价值的内涵之所在,并将社会主义主流价值内化为人自身的行为规范,将内化的思想外化为社会行为,在社会成员中发挥示范作用,通过示范提高引导教育的作用。再次,坚持引导发展,丰富社会主义核心价值的基本内容。重视引导发展,就是用马克思主义引领各种社会思潮的发展,吸收其先进内容,不断充实和完善社会主义核心价值观的基本内容。网络媒体在网络上拥有其他任何组织或个人所无法比拟的舆论主导权。人们在网络上更愿意相信由网络媒体或通过网络媒体信息平台所发布的相关信息。这正成为社会主义核心价值通过网络媒体引导社会思潮的重要因素。

第二,管控为辅,巩固引导地位。历史经验告诉我们,强行阻碍社会思潮的兴起和发展,不仅影响社会主流思想和价值观念的丰富和发展,甚至还将动摇社会发展的基石。因此,面对反马克思主义,诋毁社会主义或者对社会成员的价值观造成极端负面影响的错误思潮时,必须对其进行有效的管控,尽可能减少和削弱这些思潮所带来的消极影响。首先,必须严守传播的源头,坚定传播的正确方向。网络媒体严守"源头关",将极端思想在其萌芽前就过滤掉,是积极投入到社会主义和谐社会建设中的具体表现。只有在源头上把握住了方向,才能在网络时代进行社会主义核心价值教育的传播过程中不会出现偏差。其次,严控传播过程,保障传播的先进性。在当前的信息网络时代,西方国家试图利用网络传播西方的"自由""民主""平等"等思想,从而动摇社会主义意识形态的主导地位,撼动我国社会主义现代化建设的思想基石。为此我们必须严控传播过程,将这些极端思想过滤掉,大力宣传社会主义核心价值观,巩固马克思主义的指导地位。再次,严控网络平台,提升传播的有效性。网络平台是广大人民群众在网络上自由表达言论的主要阵地。由于人们个体差异的存在和社会因素的变化,导致人们在接受网络信息时很难甄别其中的优劣。因此,我们在注重对网络平台严格管理的同时,更应该加强对信息传播过程的监控,用马克思主义引导社会思潮的发展,在网络上唱响社会主义主旋律。

第三,引导与管控携手发展。引导与管控并举原则是提升网络时代社会主义核心价值教育有效性的重要原则。引导和管控密切联系、紧密相关。只抓引导不顾管控的传播是不协调的传播。在当今人们追求自由发展的时代，引导作为宣传和教育的重要形式，为巩固马克思主义指导地位、传播社会主义核心价值观发挥了重要作用。在传播社会主流价值观的过程中，对出现的不同声音，应该通过引导的方式，消除其产生的负面影响，但是一味地只讲求引导也可能使社会主流思想的传播陷入僵局，从而丧失主导地位。然而只重视管控，放弃有效的引导，也会使社会主义核心价值观失去活力，同样最终丧失主导权。管控作为引导的辅助手段，是将对社会稳定、主权统一、民族团结、领土完整和社会发展产生极端负面影响的信息、思想、价值观念等，通过行政、技术手段进行有效的屏蔽。管控是引导的前提，在为引导消除阻碍的同时，又维护网络环境的纯净，保障了利用网络媒体传播社会主义核心价值观的有效性。为了使社会主流思想和价值观的传播更有活力，我们必须注重管控和引导的携手发展。管控和引导相结合，就是为了使网络媒体在一个和谐的环境中更有效地传播社会主义核心价值观。

当前，世界形势风云变幻，特别是在网络上，各种社会思潮竞相涌现，必须以马克思主义为指导，把社会主义核心价值观体现到网络宣传、网络文化、网络服务中，用正面声音和先进文化占领网络阵地。只有这样才能扩大社会主义核心价值观的影响力，才能不断增强社会主义核心价值教育的实效性，才能不断地抢占意识形态传播的制高点。

四 坚持科学严肃性与通俗易懂性相结合的原则

坚持教育内容科学严肃性与通俗易懂相结合原则，是新媒体条件下社会主义核心价值教育的基本原则。坚持科学严肃性和通俗易懂性相结合原则的具体要求为：

一是要掌握好社会主义核心价值观与其他国家价值观的本质区别。社会主义核心价值观是社会意识形态的本质体现，这就决定了其内容上的严肃性，对其解读必须与党中央保持高度一致，特别是在互联网时代，各种意识形态、价值观念通过媒介平台相互碰撞、相互影响，一方面带来了新的信息传播方式，为社会主义核心价值观理论传播提供了新的阵地，但另一方面，也造成了价值观的认同危机，一些西方庸俗价值观通过各种渠道冲击着我国的主流意识形态，加剧了社会主义核心价值教育的复杂性。传播社会主义核心价值，必须按照中共中央办公厅印发的《关于培育和践行社会主义核心价值观的意见》进行宣传教育，掌握社会主义核心价值教育的主动权，以实事求是的态度正确传播社会主义核心价值观的主要内容。因此，必须保持社会主义核心价值观宣教传播的严肃性，掌握舆论引导的话语权和主动权。

二是通过大众化的传播方式，合理利用新媒体资源传播先进的价值观念，使广大人民群众形成符合社会发展规律和中国特色的社会价值观和共同意识。新媒体的草根性，注定了它是一种通俗、大众的传播媒介。即以一种人民群众喜欢的方式，在内容上满足群众的根本利益，在形式上符合群众的接受心理，最大限度地掌握民意，有效地传播社会主义核心价值观。新媒体的时代性，又赋予了它适应社会变化的快速反应机制，能够随时扩大传播范围，深化传播内容，提高传播效率。在两者的关系中，一味地强调严肃性，忽视通俗化，会使社会主义核心价值观的教育失去鲜活力和吸引力，甚至遭到人民群众的排斥和反感；而只注重通俗化的传播，没有严肃庄重的内容，社会主义核心价值教育就会逐渐失去方向。要注意把社会主义核心价值观日常化、具体化、形象化、生活化，在现实中已经出现，在互联网、电视媒体中出现了大量的以社会主义核心价值观为主要内容的公益广告，既生动又活泼，真正体现了寓教于乐，得到受众欢迎。坚持教育内容严肃性与通俗易懂相结合，既注重内容的严肃性，又实现传播的通俗化，才能更好地推动社会主义核心价值观的深入人心。

以上所阐述的四个方面，是我们搞好网络时代社会主义核心价值教育必须坚持的基本原则。这些基本原则，也是我们党长期以来进行思想理论教育行之有效的基本经验，也是随着互联网的发展不断需要深化的具体原则。只有坚持这些基本原则，才能在内容和方法上不断创新，使社会主义核心价值教育体现时代性，把握规律性，富有创造性，增强实效。当今世界，科技文化、知识经济高速发展，随之而来的是各种社会思潮的产生，先进的、落后的文化相互冲击，对人们的价值观形成和巩固带来影响。要科学地实施社会主义核心价值教育，就必须有一套有效的评价原则和方法作为指导，才能有效地促进社会主义核心价值教育的发展。

第二节　网络时代社会主义核心价值教育的基本理念

理念是一个抽象的概念，但却对实践起着指导性的作用。网络时代社会主义核心价值教育的理念是引导网络思想文化的第一价值使命，其贯穿于网络时代社会主义核心价值教育的全部实践当中，正确的理念体系是网络时代核心价值教育实效性的保证，鲜明的理念体系是创新网络时代核心价值教育实践工作的基础，因此，必须牢固树立互联网思维、采取互联网手段构建网络时代社会主义核心价值教育的理念体系，从而增强核心价值观在网络世界的吸引力，提升核心价值体系的发声力。

一 系统化工程理念

系统工程理论是一门高度综合的现代科学理论。我国系统科学专家钱学森指出："在现代一个组织起来的社会里，复杂的系统几乎无所不在。任何一种社会活动都会形成一种系统，这个系统的组织建立，有效地运转就成为一项系统工程。"[①] 系统工程的本质是用系统的观点来考察和分析问题，研究如何提高办事情的效率和可靠性。网络时代社会主义核心价值教育是一种系统工程，它是以研究互联网受众的思想动态为基础，从而进一步研究网民对社会主义核心价值观的认知问题，从而做好网络境遇下以公众思想工作为目标的系统化工程。

但与传统的实践性系统工程相比，以人类思想为标的物的系统工程则显得更为复杂。伴随着多网融合、媒介互动，人们想要知道的信息都可以在新媒体上加锁查阅，事件的信息、专家评论和网友意见一览无余。网络中，公众以极其分散化、个体化的形式存在，其思想也表现出极为活跃、敏感和复杂，观点陈杂，内容丰富，使得社会主义核心价值教育不再单一，网友的价值观也处于变动之中。如何实现主流价值观的高度认同，形成立体式、交叉式的主流价值观传播态势，解决好网络思想传播这一复杂系统工程所面临的问题，必须将有关网络时代社会主义核心价值教育的各种因素加以最优组合，以"点"、"线"、"面"、"网"的形式将其系统化。"点"是指开展社会主义核心价值教育的突破口和切入点，如在社会上广泛开展爱心活动、充分利用地方历史资源进行民众性爱国主义教育、丰富红色网络文化生活等。"点"的不断丰富和拓展，纵向密集便成了"线"，将原先认定的教育切入点针对社会公众不同年龄、不同学历、不同地区而提出不同的行为要求，形成合理梯次，根据不同人群的身心发展

[①] 钱学森等：《论系统工程论》，湖南人民出版社1982年版，第182页。

特点和认知接受规律，安排由浅到深的核心价值教育内容，环环相扣、内容层层递进，采取不同的教育方法，不断地增添和补充新颖的、灵活的教育内容，尊重差异，以形成自身的序列。"面"是线的横向排列，网络时代社会主义核心价值教育系统的运作绝对不可能是单线的。管理育人、活动育人、文化育人等是相互联系的，家庭生活、社会活动、工作时间是紧密相连的，社会主义核心价值教育与个体业务实践是相互促进的，不能是"各行其政"和人为割裂，系统化工程理念要求我们要充分利用这种联系，对社会背景不同、学历不同、生活地域不同的人群做出不同要求的同时，还要针对同一背景人群的不同专业素养做出横向的教育规划，实现"线"上的分与"面"上的合的有机统一。"网"则是根据不同生活领域人群社会主义核心价值教育不同要求所编织的网络。每个人的生活是在家庭、工作岗位、社会三大空间的不断变换中进行的，因此涉及社会的方方面面。因此，要进一步遵循思想教育与思想管理的特点和规律，做好目标管理等每一个过程与环节的工作，创造良好的社会环境和舆论氛围，使各环节之间相互有机地衔接起来，既体现出社会主义核心价值教育过程的阶段性，又表现出社会主义核心价值教育动态过程的整体性，从而最终形成网络时代社会主义核心价值教育的合力。

二 主体间性教育理念

主体间性哲学思想是在现代哲学，尤其是在当代西方哲学中凸显出来的一个理论范畴。主体间性概言之是指主体之间的平等性、互动性与统一性。20世纪30年代，现象学大师胡塞尔首次提出"主体间性"这一概念。它后来被运用到思想政治教育领域，成为指导和推动现代思想政治教育发展的重要理论思想。思想政治教育的主体间性是指教育者与受教育者在教育实践基础上的有机联系，对思想政治教育主体性的积极扬弃，是教育者和受教育者在交往实践过程中的相互影响。[①] 这一理论认为，教育者和受教育者都是思想政治教育的主体，他们都有主体性，这是他们的共同之处，但他们又是两个有区别的主体，同时他们的主体性也是有差别的主体性。教育者的主体性在对学生进行思想政治教育时体现在制定教育计

---

① 张耀灿、刘伟：《思想政治教育主体间性涵义初探》，《学校党建与思想教育》2006年第12期。

划、确立教育方案、选择教育手段、内容与方法上,还体现在实施教育前和进行教育过程中。具体地说教育者的主体性表现为主动性、主导性、创造性和超越性等属性,而受教育者是自我教育的主体,其主体性主要体现在积极参与思想政治教育活动和接受思想政治教育这一环节上。

主体间性教育理念是要克服传统教育存在的弊端,实现教育者、受教育者之间的多向互动。它把教育者和受教育者的积极性和主观能动性充分调动起来了,又明确指出两个不同的特指概念——教育者和受教育者,不能一概而论地对待他们。教育者和受教育者不仅是主体,而且又互为客体,他们这种身份的确定要以具体的时间、条件、对象为转移,教育者和受教育者之间的关系是多向互动的,这种多向互动包括了教育者与教育者之间(如老教师与青年教师之间)、受教育者与受教育者之间(如大学文科生与理科生之间),也包含教育者(教师)和受教育者(学生)与教育环体、教育中介、教育方法之间的多向互动关系。同时他们对对方的主体性要加以正确理解,作为教育者(如教师)来说,要意识到和切实尊重受教育者的主体地位,改变迫使青少年机械、被动地接受核心价值体系教育的做法,来发掘受教育者的潜在能力、激发受教育者的主体意识和能力、培育和塑造受教育者的主体人格,使受教育者的自学自治能真正实现。对受教育者(如大学生)而言,前提是要尊重教育者的主导地位,没有教育者的主导性,教育就不是严格意义上的教育。

将主体间性教育理念作为网络时代社会主义核心价值教育重要理念,凸显了网络境遇下不同主体趋于平等化的趋势,广大互联网用户与广大思想教育工作者都处于网络时代社会主义核心价值观的主体地位,因此构建网络时代社会主义核心价值观体系,就应努力使核心价值教育成为广大网民的内在需求,把核心价值教育变成网民的自觉行动和自主行动,在教育方法上应坚持以理服人、以情动人,思想教育工作者应广泛利用网络平台开展与网民的对话与交流,使他们能够正确剖析社会问题,科学定位自我,准确把握自我价值与社会价值,从而切实解决广大互联网使用者在思想上的困惑与茫然,使社会主义核心价值教育成为一种双方共享知识、情感共鸣、智慧共建、意义生成、精神觉醒的过程。

三 虚实和谐共建理念

网络空间是以数字化形态存在的,在网络上开展核心价值教育,其本质具有以虚拟形式展开的实践活动。"虚拟实践是指人们运用计算机技术、网络技术和虚拟现实技术等现代信息技术手段，在赛博空间或电脑网络空间中有目的、有意识地进行的一切能动地改造和探索虚拟客体的客观物质活动。"[1] 因此，网络境遇下社会主义核心价值教育的载体则依附于网站或是QQ、微博、微信等虚拟社交软件，在这个由代码所构建的物理空间中，思想教育工作者和网络受众所进行的交往活动变成一种假定的虚拟行为，双方有时并不确定对方的真实信息，除非对方愿意透露其真实身份，因此，这种教育实践活动具有很强的"虚拟性"和"隐蔽性"。而与此同时，网络的虚拟性并没完全彻底地超越和脱离现实生活，它是对现实生活本身进行加工处理后，形成对现实生活直接的或者间接的反映，其本质是现实生活在网络上的虚拟性延伸。因此，网络境遇下的社会主义核心价值教育的一切并不是在网络上凭空产生，而是来源于现实生活的，可以说，它是虚拟性与现实性的统一。

　　虚实和谐是与虚实冲突相对的一个概念。我国学者冯务中认为，所谓的"虚实冲突"指的是网络虚拟世界与现实世界之间存在着严重的相互否定、相互排斥的倾向和状态。虚实冲突具有相互性，它既表现为虚拟对于现实的侵蚀，也表现为现实对于虚拟的控制。而所谓"虚实和谐"，就是现实与虚拟二者处于和谐相处的状态，包含虚实二者的各自共同存在、共同发展、互不对抗、相互促进这四个层次。[2] 尽管网络世界是现实社会的虚拟延伸，但是网络技术所拥有的隐蔽性和匿名性使一些现实社会中无法正常传播的讯息在网络上"畅行无阻"，颠覆着现实社会的知识体系和价值体系，造成文化生产和传播的混乱，侵蚀我们的文化传承机制，导致每个网民可以更自由地讨论个人禁忌以及负面的东西，把自己可能错误的认识与观点转化为文字，通过网络进行传播，这样的结果就是各种讹言谎语、知识谬论不断在网络流传，影响现实人特别是青少年的知识体系。比如："维基百科"的知识点词条，很多知识词条都是错误的，许多网民参与了修改。牛津大学互联网研究所根据词条被反复修改、撤销的次数，发布了一项世界各地维基百科最具争议的词条排行榜，以此观察各国最具争议的话题是否具有文化地域上的独特性。就分类而言，与宗教或宗教人物

---

[1] 杨富斌：《虚拟实践的涵义、特征与功能》，《社科纵横》2004年第1期。
[2] 冯务中：《网络环境下的虚实和谐》，清华大学出版社2008年版，第244页。

相关的词条在各国都普遍具有争议性,尤其在伊朗和阿拉伯国家,前十名中有7个都与伊斯兰教有关。尽管强化网络管理,积极推进网络的绿色化和健康化,但由于商业生产、媒介技术和文化语境利益驱动,赋予了网络新的价值内涵,数字娱乐、购物享乐与社会思潮、价值追求的感性互动成为互联网发展不容忽视的潜流。网络中含有大量宣扬暴力、色情、反动以及非理性的讯息,一些群众为了追求一时的享乐,或是追求猎奇所带来的感官刺激,特别是网络游戏的价值立场是杂乱而多变的,极少数创作游戏的价值观与主流意识形态相一致。英国学者阿兰·斯威伍德针对信息网络发展下人们生活方式的改变,指出了:"19世纪的阅读大众,嗜读恐怖、言情与暴力刊物,一般来说,这样的口味一如今天人们对于电视及电影等娱乐素有癖好的情形,如出一辙。"① 虚拟空间社会对网络游戏的管控能力非常弱。游戏中激烈的冲突、极度的夸张、另类的时尚和超负荷的感觉,偏离了理性化的常态现实,显示出对新奇和异质性的追求。身体被当成了商业道具,异化为"性感"的物体,高度性感化的影像是吸引玩家投入的重要因素。在网络游戏中,大多贯穿了男权价值观和审美视角,女性被表现成了图像、景观,成了男性欲望的对象。② 可见,青少年长期沉迷于网络游戏,在互联网中追求财富、权利、荣誉、美色,寻求暴力刺激,会导致身心、性格异化,也会影响到现实学习生活中,造成工作和学习成绩下滑、精神状况萎靡不振等不良状况,有的甚至产生越轨行为。因此,在网络时代开展社会主义核心价值教育,就必须正视公众在现实工作与学习过程中所存在的虚拟冲突,落实"解决思想问题同解决实际问题相结合"的要求,加强网上教育与网下教育的结合,构筑网上网下联动、全时关注、全程覆盖的青少年社会主义核心价值教育系统。"虚实和谐"应该成为网络时代重要的价值理念。既要防止现实世界对于网络世界不正当的控制,也要防止虚拟世界对现实世界不健康的侵蚀,只有将二者做出很好的协调与整合,使社会主义核心价值教育更好地服务于广大群众的工作、生活与发展需要,才能实现其虚实共生、和谐互动的良性循环。

---

① [英]阿兰·斯威伍德:《大众文化的神话》,冯建三译,生活·读书·新知三联书店2003年版,第153页。
② 陈伟军:《社会思潮传播与核心价值引领》,人民出版社2015年版,第267页。

第三节　网络时代社会主义核心价值教育的规律遵循

作为事物内部固有的、内在的、本质的联系，规律具有客观性、普遍性和多样性的特点。认识和把握规律是遵循和利用规律的基础。网络时代社会主义核心价值教育有三个关键词，即"网络""教育""社会主义核心价值"，为此，在网络时代社会主义核心价值教育的进程中，我们就必须了解和尊重与之相对应的规律，主要有新闻传播规律和新兴媒体发展规律、网络思想教育价值的实现规律和社会主义核心价值建设规律。

一　遵循新闻传播规律和新兴媒体发展规律

网络时代社会主义核心价值教育的过程也是社会主义核心价值体系和社会主义核心价值观传播、说服受众的过程。因此，网络时代社会主义核心价值教育要遵循新闻传播规律和新兴媒体发展规律。习近平同志先后在《把握好新闻工作的基点》一文（收录在《摆脱贫困》一书中，福建人民出版社1989年5月）、在2009年中央党校春季开学典礼上的讲话中先后谈到了新闻工作是有规律的，不能忽视新闻工作的规律性。2014年8月8日，习近平同志在主持召开中央全面深化改革小组第四次会议并发表的重要讲话中指出，要"推动传统媒体和新兴媒体融合发展，要遵循新闻传播规律和新兴媒体发展规律，强化互联网思维，坚持传统媒体和新兴媒体优势互补、一体发展，坚持先进技术为支撑、内容建设为根本，推动传统媒体和新兴媒体在内容、渠道、平台、经营、管理等方面的深度融合，着力打造一批形态多样、手段先进、具有竞争力的新型主流媒体，建成几家拥有强大实力和传播力、公信力、影响力的新型媒体集团，形成立体多样、融合发展的现代传播体系。"① 随后出台了《关于推动传统媒体和新兴媒体融合发展的指导意见》，2016年2月19日，习近平同志密集调研了《人民日报》、新华社、中央电视台三家中央媒体，在主持召开党的新闻舆论工作座谈会并发表重要讲话中再次强调指出："党的新闻舆论工作是党的一项重要工作，是治国理政、定国安邦的大事……尊重新闻传播规律，创新方法手段，切实提高党的新闻舆论传播力、引导力、影响力、公

---

① 《习近平关于网络发展与治理的重要论述（摘编）》，《国家治理》2015年第Z1期。

信力。"新闻传播作为人类认识世界、把握世界、了解自我的一种特有活动方式,有其自身相对稳定的特点和规律,尊重新闻传播规律和新兴媒体发展规律是网络时代合理、科学进行社会主义核心价值教育活动的内在要求。网络时代社会主义核心价值教育活动只有遵循新闻传播的规律和新兴媒体发展规律,才能收到良好的传播效果。如果违背这些规律,就必然使得社会主义核心价值教育失去受众,难以取得良好的社会效益。

对于新闻传播规律和新兴媒体发展规律,理论界有不同的认识。有学者认为,新闻传播规律揭示的是传播主体如何通过传递新闻满足收受主体新闻需求的内在关系。传受互动是新闻传播的总规律,在新闻传播过程中体现为选择律、效用律和接近律三种基本规律。新闻传播规律以自发作用和自觉运用两种主要方式对新闻传播发挥影响。① 还有学者通过分析"关系"视域中的新闻传播规律,找到影响传播规律的内在关系与外部关系,从而找到新闻传播中包含的内在规律和外部规律。内在规律揭示的是传播者与事实、受众、媒体三者之间的关系,而外部规律则包括政治、经济、文化等因素对新闻传播的影响与制约关系。② 依据互联网,新媒体运作规律可以总结为:"以用户和市场为导向,以技术为驱动,以平台为基础。"③ 在此不一一而足。

概而言之,信息化时代新闻传播的特点和规律主要有:"内容为王"律、新闻发现律、新闻选择律和策划制胜律等。④ 所谓的"内容为王"律是指新闻传播要锚定当前社会现实的要情和实情,意谓新闻事实的可靠性、重大性、接近性和第一时间性,意谓新闻信息的完整性、充足性和有用性,也意谓十足的报道创意;新闻发现律是指向发现新闻事实和事实的新闻信息价值,发现新闻角度和报道方式,包括首度发现与再度发现,坚持发现再发现等;新闻选择律是源于传播者特定的传播意图及由此确定的新闻事实"标准"和新闻媒体容量的有限性与新闻事实的大量性。进行新闻选择必须坚持新闻价值标准,同时考虑事实的宣传价值和报道的宣传效果,务必遵循新闻法规和传播政策;策划制胜律是指报道策划通常是大

---

① 杨保军:《试论新闻传播规律》,《国际新闻界》2005年第1期。
② 丁柏铨:《"关系"视域中的新闻传播规律》,《新闻与写作》2015年第5期。
③ 郭全中:《传统媒体的新媒体转型:误区、问题与可能的路径》,《新闻记者》2012年第7期。
④ 彭菊华:《新闻学原理》(第2版),中国传媒大学出版社2014年版,第103—108页。

策划套小策划，由其间的各个短过程完善整个过程，往往由肯定到否定，再否定之否定，成于众志成城，运筹帷幄。报道策划能加快新闻的速度，增强新闻的强度，提高新闻的精度。

"无论哪种制度下的新闻媒体，它所承载的文化形态都有着极其鲜明的政治倾向性。党和政府主办的媒体必须坚持党对新闻舆论工作的领导，在从事新闻舆论工作的过程中坚持党性原则，这是新闻传播事业的突出特点，也是新闻传播规律的必然体现。"[①] 作为社会主义核心价值教育的主体特别是对新闻舆论工作者来说，要尊重和善于把握新闻传播规律与网络新媒体传播规律，在马克思主义新闻观的指引下，坚持党性原则，遵守和践行党的新闻舆论工作的职责和使命，以传播体现和弘扬社会主义核心价值为导向的作品来丰富人民精神世界，增强人民精神力量。同时，要认识和把握网络新媒介的信息传播方式和传播效果，树立用户思维、跨界思维等，能够知道社会主义核心价值教育服务的对象是谁，受众的需求是什么，用什么样的平台，如何不断地满足网民多样的精神文化需求，在满足的过程中不断地改进社会主义核心价值教育服务。此外，教育传播者要从每一件新闻舆论作品和每一项具体工作做起，既要重视传播的信息量，又要重视传播的信息质，将社会主义核心价值的要求和精神落实和体现在每一件具体的新闻舆论工作当中。

二 尊重网络思想教育价值的实现规律

网络时代社会主义核心价值教育是思想政治教育和网络思想教育的具体内容，深刻把握思想政治教育规律和网络思想教育价值实现规律是增强网络时代社会主义核心价值教育实效性的前提。在利用互联网这一新技术创新思想教育工作的同时，我们应充分认识到以互联网为代表的新兴媒体所带来的教育思想、教育模式、学习内容和方式的全面变革，以及对网络参与者的价值观念、价值判断、价值评价、价值选择、价值实现等方面产生的深刻影响。网络思想教育使传统的思想教育发生了重大的变化，拓宽了受教育者接受教育信息的渠道，使教育者和受教育者互为主体成为可能。因此，应根据网络时代的特点，发挥网络的优势，把握传统思想教育

[①] 王宇、童兵：《事事处处都要尊重新闻传播规律——学习习近平在党的新闻舆论工作座谈会上讲话的体会》，《新闻记者》2016年第4期。

的规律,并充分认识和尊重网络思想教育价值实现的规律,实现网络思想教育功效的最大化,提高网络思想教育的有效性。

我们曾在《网络思想教育价值论》一书(鲁宽民著,社会科学文献出版社2014年版)中,根据思想政治教育的基本规律与具体规律的划分,结合网络思想教育规律发挥作用的性质,将网络思想教育价值实现规律分为基本规律和具体规律。[①] 网络时代社会主义核心价值教育工作者等主体应尊重网络思想教育价值实现的规律性,遵循价值观念传播的客观规律,充分尊重网络参与者的主体意识,研究受众的价值需要,以社会主义核心价值体系为引领,唱响主旋律,不断提升网络思想教育的实效性。

网络思想教育价值实现的基本规律主要包括两个,即网络思想教育价值实现必须遵循主体间交往互动规律和虚实和谐统一规律。第一个规律:价值主体间交往互动规律是基于网络思想教育过程中教育者与受教育者这两个基本要素,通过二者之间的交流、沟通中对网络思想教育各方价值主体进行影响,发挥着教育的作用。在互动过程中,两者共同发挥主体性作用,形成一种双向互动的辩证关系。在网络思想教育价值实践活动中,要在肯定人的主体性的基础上,立足于网络信息技术平台,在网络情境中教育者与受教育者普遍交往的关系基础上,通过主体对主体的交互式活动,对各个主体产生影响,进行思想教育,从而改变传统思想教育的单一主体中心性。它要求我们加强网络思想教育主体间的互动,教育者应充分利用网络即时交互的特性,与受教育者进行思想沟通、交流,以达到网络思想教育的目的。第二个规律:虚实和谐统一规律是在充分认识现实社会和虚拟社会的关系和作用并把握网络思想教育中教育主体、客体与环境之间关系的基础上总结出的规律。只有在虚拟与现实之间处于和谐相处状态,才能有效开展网络思想教育活动。这一规律要求我们要全面落实"解决思想问题同解决实际问题相结合"的要求,应加强网上教育与网下教育的结合,构筑网上网下联动、全时关注、全程覆盖的网络思想教育系统。尽可能地抑制虚实冲突并尽可能地促进虚实和谐。

而网络思想教育价值实现的具体规律则是从思想政治教育过程的角度出发,将其概括为三个方面的规律,具体包括"施教过程的规律、受教过程的规律和互动过程的规律"。

---

① 鲁宽民:《网络思想教育价值论》,社会科学文献出版社2014年版,第199页。

第一个方面:"施教过程的规律"是从教育内容、教育方法和教育载体三个方面出发,主要包含"内容决定规律、方法适应规律、载体拓展规律。"所谓"内容决定规律"是指教育内容是否具有科学性、现实性、新颖性、针对性和吸引力,是否符合受教育者的心理需求,贴近受教育者的实际,引起他们的情感共鸣,决定了网络思想教育效果的好坏。所谓"方法适应规律"是网络思想教育活动中教育者传递给受教育者的有效方式。选取适当的教育方法和手段,网络思想教育接受效果会事半功倍;反之,则事倍功半。所谓的"载体拓展规律"是指丰富多彩的网络媒介的运用能有效地增强受教育者的主动性和积极性,声影兼备和图文并茂的网络载体能有效增强受教育者的吸引力和注意力,从而了解到网络环境中网民的思想动态,掌握自己相关专业领域的研究动态、科学技术的发展情况及技术应用成果,扩展自己的思想视野,从而发挥网络载体思想知识库的作用,最终提升网络思想教育施教活动的有效性。

第二个方面:"受教过程的规律"是主要涉及"主体内在需要驱动规律、环境制约规律、自律与他律统一规律和知行统一规律"四个子规律。"需要驱动规律"是指在网络思想教育的受教过程中,把握好、激发好网络思想受教育者内在需要,有的放矢,充分调动受教育者的主体性,就能极大地促进网络思想教育的接受效果。"环境制约规律"是指网络思想教育的受教育活动的组织和实施是以自然环境、社会环境和精神环境等一定的客观环境作支撑的,在教育过程中,要围绕有利于网络思想教育受教育活动开展的环境这一目标,从宏观、中观和微观三个层次来优化和开发网络思想教育环境,以收到更好的教育效果。"自律与他律统一规律"是指在网络思想教育过程中,要将主体的自律与他律结合起来,要促使网络思想教育受教育者从他律向自律转化,造就他们内在思想道德品质,在个体基础上拓展到社会层面,实现个人与社会的良好互动,最终形成良好的网络社会舆论和风气。"知行统一规律"是指网络思想教育价值主体只有把知与行这两者结合统一起来,使主体的内心意志与外在表现相一致,才能最终实现网络思想教育的价值。

第三个方面:"互动过程的规律"主要包括"双向认知规律、内化和外化互动规律和协调控制规律"三个子规律。"双向认知规律"是指在网络思想教育中,教育者和受教育者遵循着"人——计算机——网络——计算机——人"的数字化交流,无论是教育者还是受教育者,通过网络随时随地建立起价值关系,两者的相互影响、相互作用构成网络思想教育互动过程。"内化和外化互动规律"是指网络思想教育过程是内化与外化连续的统一过程,二者既相互区别又相互联系。受教育者只有把网络思想教育的内容要求内化为自身的行为准则和价值目标,并以行为的方式外化展现,才能获得社会的认同。网络思想教育的基本内容和要求,都是通过内化和外化互动实现的。"协调控制规律"是指要协调与控制各种影响网络思想教育价值实现的因素,充分整合各类网络思想教育资源,形成一种网络思想教育合力而发挥出系统的最大功能,从而更好地实现网络思想教育价值目标。

三 把握社会主义核心价值建设规律

自2006年10月党的十六届六中全会明确提出了建设社会主义核心价值体系的重大战略任务以来,关于社会主义核心价值体系建设的研究逐渐成为理论界研究的热点问题。学界在充分尊重社会主义意识形态发展规律的基础上,总结各地进行社会主义核心价值体系建设的实践经验的基础上进行了理论提升和经验总结。不少文章都试图回答"社会主义核心价值体系建设有没有规律性,有什么样的规律性"这一问题。关于社会主义核心价值体系与社会主义核心价值观的建设规律、认同规律、接受规律、践行规律、培育规律、引领社会思潮的规律等方面研究成果也逐渐丰富起来。这些基于实践经验总结的规律对于我们开展社会主义核心价值教育具有重要的指导作用,并提供有力的理论支持。

有学者从社会主义核心价值体系建设的过程论出发,将社会主义核心价值体系建设总结为"是一元引领与多元表现相互作用的过程、是外部输入与个体内化相互作用的过程、是政治文化认同与个体价值实现相互作用的过程、是一贯性历史传承与时代性俱进创新相互作用的过程、是自上而下与自下而上相互作用的过程。"[①] 有学者从网络社会中影响人们对社会主义核心价值体系认同的个体、群体、物的因素来考察,认为其都与现实社会不尽相同。基于这些新特点归纳出在网络社会中社会主义核心价值体系认同规律,即"在对社会主义核心价值体系认同过程中,基于价值本体论的认知认同是基础、基于价值评价论的情感认同是保障、基于价值

[①] 何云峰:《深刻把握社会主义核心价值体系建设规律是增强传播有效性的前提》,《思想理论教育》2011年第3期。

实践论的行为认同是目标。"① 这三者相辅相成、由浅入深、循序渐进，保证了人们对社会主义核心价值体系的认同。有学者认为成功推进这一社会主义核心价值体系"灵魂工程"，需要遵循五大规律："思想'灵魂'建设与现实经济运动相适应规律；整体与要素相统一的系统规律；主旋律与多样化相统一规律；先进性与广泛性相统一规律；党的领导与群众路线相统一规律。"② 有研究者透过社会主义核心价值观践行实践纷繁复杂的现象，抓住与践行活动具有内在的必然的本质联系的相关因素，主要包括人们的利益诉求、国家的政策制度、党员领导干部的模范作用以及公民个体的认知基础和文化素养等，围绕这些因素与社会主义核心价值观践行之间的相互作用关系进行深入分析，研究提出了推进社会主义核心价值观践行要遵循的五条规律。即"国家主导下多主体整体推进规律、以人的发展为导向的规律、政策制度和价值观念相互强化规律、内化和外化相互强化规律、反复性和长期性发展规律"。③ 这些理论丰富和拓展了网络时代社会主义核心价值教育的视野，为我们提升网络时代社会主义核心价值教育实效性提供了重要参考。我们要在不断学习总结和借鉴各地推进网络时代社会主义核心价值教育实践的先进经验和典型的基础上，遵循社会主义核心价值建设规律，自觉地并持之以恒地将社会主义核心价值体系和社会主义核心价值观渗透到网络强国建设和高等教育人才培养的各个环节并融入教育全过程。

邓小平同志在指导改革开放和现代化建设的工作中，一再强调总结经验的重要性，不断倡导要善于总结经验，他提出"我们每走一步都要总结经验""重要的是走一段就要总结经验"的重要思想。④ 网络时代社会主义核心价值教育也是一项新事物，"摸着石头过河"的方法论同样适用，因而要采取"边建设、边总结、边评价、边完善"的工作思路，不断在推进网络时代社会主义核心价值教育实践的基础上总结其经验和规律，不断地推广先进经验和发挥示范效应，把握内在规律，努力提高网络时代社会主义核心价值教育的整体工作水平。

---

① 汤文隽、金晶：《网络社会中社会主义核心价值体系认同规律》，《东疆学刊》2013 年第 1 期。
② 张晓东：《从规律高度把握好"兴国之魂"》，《学海》2014 年第 4 期。
③ 北京市思想政治工作研究会课题组、张瑞芬：《社会主义核心价值观践行规律研究》，《思想政治工作研究》2016 年第 1 期。
④ 梁柱：《论邓小平要善于总结经验的思想》，《党的文献》2014 年第 8 期。

第八章　网络时代社会主义核心价值教育有效机制的构建

构建稳定而有效的教育机制，是确保社会主义核心价值教育在网络中融入现实生活真正发挥作用的重要保障，也是确保网络社会主义核心价值教育常态化开展、规范化运行的有效力量。通过构建引领机制，使主流价值观得以广泛弘扬，让社会主义核心价值观成为线上线下社会的共有价值共识和价值追求；通过构建内化机制，使主流价值观沁入心田，成为真知，并内化为当代网络时代人们的精神追求，进而指导人们去自觉践行；通过构建激励机制，激发公众的内在动力，实现自我思想道德素质的发展与完善；通过构建保障机制，使主流价值观的宣教活动可以统筹协调、整体推进，使社会主义核心价值观与整个社会生活融为一体、相互促进；通过构建约束机制，狠刹网络社会的不良之风，进一步净化线上线下的精神空间。

第一节　构建网络时代社会主义核心价值教育有效机制的前提

面对互联网时代善恶杂陈、真假混乱、众声喧哗的境遇，直面互联网的发展对社会主义核心价值教育产生的新挑战，如何趋利避害、有效发挥新媒体正面引导功能和优势，优化与创新社会主义核心价值观的教育方式，这就需要积极建构社会主义核心价值教育的有效机制。

一　网络时代社会主义核心价值教育机制构建的紧迫性

当前，网络正以前所未有的速度发展，中国成为了一个网络大国，普通社会群体的生活被网络所改变。借助网络西方文化价值迅速深入到人民大众社会生活的各个方面，对中国传统价值形成重大的冲击，影响着人们的生存方式、生存途径和生活方式。因此,网络时代构建社会主义核心价值教育机制已成为我国在理论和实践中所面临的重大课题,具有越来越紧迫的意义。

(一) 基于国际交往态势的分析

从国际背景和形势来看,网络时代社会主义核心价值教育机制构建是抵御"文化帝国主义"的渗透和侵蚀、保护中国特色社会主义文化安全的需要。

如果文化交流不带有政治、经济、军事压力,而且没有目的只是一种单纯的思想交流就是一种健康的积极向上的交流。反之,如果带有政治、经济、军事压力的有目的的交流那便是一种文化渗透,一种侵略,是一种不再正常化的现象。"文化帝国主义"就是一种文化对另一种文化有目的的侵略,是把一种所谓"优越的"文化灌输给另一个国家的人民,使他们自愿服从这种文化的统治,其根本特征是以施加文化、价值观方面的影响作为推行侵略扩张政策的主要手段。① 网络时代,互联网削弱了传统国家的文化控制力,使西方发达国家和平演变手段的实现变的轻而易举,不必再用援助强迫或者引诱传统国家开放文化市场了。当前,经济全球化、政治多极化和文化多元化的世界格局,各种文化价值观的冲突越来越剧烈。尤其是具有自由性、共享性、开放性和快捷性特征的互联网的介入,使保持文化多样性和反对"文化帝国主义"的斗争变得更为复杂和剧烈。正如著名的美国学者丹尼尔·贝尔所说,思想和文化风格不能轻易地改变社会历史,但他们是社会体制变革的催化剂,促进人们改变原有的思想观念。

互联网本身作为一种资源具有稀缺性。在当今的信息传播中,信息网络的发源者是美国,从一开始就使英语处于强势地位并不断巩固,成为国际通用语言。目前,英语信息在全世界互联网上占到80%以上,而中文却占不到5%,而世界上讲汉语的国家占全球总人数的20%以上。话语霸权使西方新闻媒体及学术界的焦点占压倒性优势。正如阿尔温·托夫勒在《权力转移》中说,现在以及未来谁掌握了信息拥有权,谁就掌握了话语权,谁就征服了世界,而且这种征服效果和持久性是暴力永远达不到的。西方国家利用网络的开放性、自由性、快捷性等特点,在对外输出信息

---

① 红旗大参考编写组:《建设社会主义核心价值体系大参考》,红旗出版社2007年版,第234页。

时，大量宣传其政治制度的科学性、价值观念的民主性和生活方式的优越性，在网络上利用人们的关注热点"民主问题"、"自由问题"、"人权问题"等诋毁和歪曲社会主义制度。因此，网络时代，国与国之间的冲突尽管少了许多血腥，但仍然存在，并且愈演愈烈。所以，我们必须坚守意识形态防线，坚持、弘扬和发展社会主义核心价值思想，把思想理论、核心价值、共同理想等部件搭建起来，做到旗帜鲜明，立好核心价值这根梁柱，建造我们主流价值的坚固大厦。否则，如果放弃我们的宣传舆论阵地，缺少理论自信、文化自信，我们就会被西方的反共反华势力的文化所渗透、挤压和同化。因而，作为一个发展中的国家，我们决不能在敌对意识形态面前似是而非、模棱两可，更不能沉默失语、没有声音。因此，我们在互联网空间，必须始终坚持马克思主义在意识形态领域的指导地位，发扬社会主义先进文化，努力构建网络时代社会主义核心价值教育的有效机制，提升社会主义核心价值教育有效性，这不仅是保护我们的文化安全，而且是对西方文化挑战的有力回应。

（二）基于国内形势发展的判断

从国内形势来看，建构网络时代社会主义核心价值教育有效机制是建设社会主义和谐社会、加强社会意识形态和社会进步的迫切需要。

加强网络时代社会主义核心价值教育有效机制建设是构建社会主义和谐社会的需要，也是构建和谐网络社会的必然选择。和谐社会建设需要最大限度地形成社会思想共识，当前我们只有坚持以社会主义核心价值为引领，才能形成一种以主流价值为引导，尊重差异，包容多样的文化表现形态。和谐社会是人类所憧憬的一种美好社会，是人们奋斗的目标和共同的理想。众所周知，"正确的价值观念促进社会向前发展，有利于构建和谐社会，为民族的团结统一提供了凝聚力。"[①] 在互联网中，我们倡导社会主义核心价值的主导地位，这体现了先进文化的引领作用，也展现了中国共产党领导下全体人民的共同理想、文化认同和价值追求；同时，互联网文化形态的多样性，必然要求尊重广大网民的利益诉求和文化差异，围绕着绿色晴朗，文明和谐的宗旨，引领、改造、提升、整合不同的社会观念，构建出社会主义核心价值为主导的网络和谐社会。

加强网络时代社会主义核心价值教育有效机制建设是推进社会主义意

---

① 王守昌：《西方社会哲学》，东方出版社 2002 年版，第 207 页。

识形态发展的需要。社会主义意识形态是以马克思主义为指导，建立在社会主义公有制生产关系和经济基础之上，蕴含社会理想、社会信念、社会价值观和社会行为准则的基本取向，反映社会主义制度的本质要求，代表无产阶级和广大人民群众要求的思想意识，是一种进步的意识形态。目前，世界范围内思想文化交流、交融、交锋空前激烈，网络快捷，内容复杂多变，使人们的思想观念发生深刻变革，其思想的独立性、选择性、多样性和差异性进一步增强。在互联网领域里的思想形态也出现了一些不容忽视的负面问题：一些网民主流价值缺失或价值目标迷茫，呈现出一种不切合的真空状态，还有一些网民出现了价值扭曲或价值错位，导致互联网思想观点、价值乱象问题。可见，在网络全球化的时代社会意识纷繁复杂，急需社会主义核心价值的正确引导。有学者认为互联网为社会主义意识形态建设提供了五大机遇。即网络传播将增强社会主义意识形态的辐射力、吸引力和影响力；网络精神将为社会主义意识形态的观念体系增加新内容或新体现；网络交往将扩大、加强不同文明之间的交流与合作；网络思维方式和生活方式等将推动社会主义意识形态的创新与发展；网络对经济政治文化发展的巨大促进作用将增强人们对社会主义意识形态的认同。[①] 加强网络环境社会主义核心价值建设，积极培育和践行社会主义核心价值观，对全面提高网民道德素质，促进社会主义意识形态内容的丰富发展，增强社会主义意识形态的吸引力和影响力有着重要意义。

加强网络时代社会主义核心价值教育有效机制建设是我国精神文明建设、社会文明进步的需要。社会进步是社会前进和发展的状态，是人民的共同愿望，必须重视物质文明和精神文明协调发展，坚持"两手抓、两手都要硬"。互联网已成为提升国民素质和社会文明程度的重要载体，努力以社会主义核心价值观为引领来推进网络思想阵地建设，利用网络优势，加强公民思想道德建设和社会诚信建设，凝聚共识、汇聚力量，增强国家意识、法治意识、道德意识、社会责任意识、生态文明意识，进一步弘扬中华传统美德和时代新风，倡导科学精神和人文精神，培育积极健康、向上向善的网络文化，用社会主义核心价值观和人类优秀文明成果滋养人心、滋养社会，全面提高国民素质和社会文明程度，建设风朗气清、生态良好的网络精神家园，实现网络社会健康发展。

---

① 吴玉荣:《互联网与社会主义意识形态建设研究》，中共中央党校博士学位论文，2004。

二　网络时代社会主义核心价值教育机制构建的必要性

每个人价值观的形成是一个"内化于心、外化于行"的精神培育过程，互联网的普及、人们生活方式的数字化必然要关注、思考新媒体的作用。网民的主体是青少年，被认为是网络社会的原住民，其成长过程有着深深的符号烙印。青少年是价值观形成的重要时期，也是思想行为可塑性最强的阶段，其价值观的形成和信息网络密不可分，把培育和践行社会主义核心价值观融入国民教育全过程就必须关注网络新媒体。如何用社会主义核心价值观引领的话语体系来引导网络思想教育活动，主动占领网络阵地，传播正能量，弘扬先进文化，是理论工作者、教育工作者需要认真思考的问题。社会主流价值观，就成为我们必须考虑的问题。

（一）形势发展的需要

应当看到，随着世界多极化、经济全球化、文化多样化、社会信息化的深入发展，互联网对人类文明进步将发挥更大的促进作用。但是在网络社会中，各种价值观念参差不齐，各种社会思潮纷繁复杂，互联网已成为各种思想文化交流交融交锋的重要场域，而且空前激烈。培育和践行社会主义核心价值，必须掌握互联网的情势，契合广大网民心理特点、行为习惯，利用新媒体，在方法、方式上寻找新的途径，创造新的机制，不断在有效性和吸引力上下功夫。比如，在高校中，社会主义核心价值教育的制度化建设必须得到重视，不能仅仅停留在运用制度规范校园秩序的层面上，还应该体现在运用制度手段开拓新的教育领域，实现新的教育功能，推进大学生社会主义核心价值教育立意更高、效果更好。应当看到，高校大学生核心价值教育管理制度化是育人的需要，同时也是社会发展的必然要求。在对大学生进行社会主义核心价值教育的时候，要运用现代化手段主动占领网络价值观教育新阵地，拓展新的教育途径，主动介入网络教育平台，找准大学生社会主义核心价值教育的网络切入点，把握核心价值教育工作进网络的融合点，利用校园网，充分发挥网络对大学生社会主义核心价值教育的引导功能和管理、服务功能，规范网络道德，培养积极、健康、科学的网络文化，逐步形成核心价值网络教育工作体系，把握社会主义核心价值网络教育的主动权，增强高校网络思想教育的直观性、多样性和科学性。

（二）高科技与信息化的客观要求

信息技术的迅猛发展对社会主义核心价值教育提出了严峻的考验。网络快速传播，使得其快捷、多变、无边界、多维度的特点得以彰显，进一步加速了经济信息全球化的进程。在全球化和网络化的背景下，意识形态领域的渗透和争夺更加激烈，经济、科技安全面临的挑战逐步加大，社会主义核心价值教育的内外环境在不断地变化。因此，要提高社会主义核心价值教育的实效性，就要不断创新教育的方式方法，创建评价教育实效性的方式方法，不断适应新的变化。

当今时代，信息技术迅猛发展，急剧地改变着人们的生产、生活和思维方式。网络就像一把双刃剑，既对青少年学生的成长与发展起着很大的促进作用，又会对其产生负面影响，互联网带来了开放共享的大量信息，但各种信息良莠不齐，也造成了"信息污染"。青少年学生对网络的过于依赖也影响了健康人格的形成，它在提供了学习生活便利的同时也为部分人群的网上不良行为提供了温床。大量研究表明，网络的开放性冲击着传统价值教育的主导地位，它使一些青少年学生把大量的时间精力投入互联网，而对各种形式的主流价值教育活动的参与程度下降；此外，网络环境的不可知性又污染了教育环境。因此，青少年学生核心价值教育既要与互联网上积极因素形成合力，共同推动社会主义核心价值观学习深入，真正成为青少年学生的精神追求；又要与互联网的消极因素展开斗争，维护我国网络安全和网络文化正能量。

三　网络时代社会主义核心价值教育机制构建的可行性

无论从建构社会主义核心价值的理论基础角度来看还是实践基础来看，我国建构社会主义核心价值教育有效性的方案是可行的。

（一）网络时代社会主义核心价值教育机制构建理论依据

从理论的逻辑基础和科学属性来看，社会主义核心价值是建立在严密的科学论证基础上，具有科学性和真理性，不是一种空想状态。社会主义核心价值是立足我国历史文化传统和以传统核心价值观作为最基本的价值资源，从社会主义的实践需要和人类文明的发展趋势出发，但又超越了传统核心价值观。社会主义核心价值除了科学性的特点之外，还具有先进性、普适性和崇高性的特点。社会主义核心价值代表着人类的根本利益，体现着人们的共同理想，具有强大的生命力、号召力和远大的发展前途，因此，得到了广大人民的支持和赞许。而社会主义核心价值是社会意识形态建设的首要任务和本质体现，具有相对独立性。历史唯物主义不仅承认社会存在对社会意识起决定作用，也承认社会意识具有相对独立性。社会主义核心价值也具有自身的相对独立性。经济基础决定思想文化和价值观念。但社会主义核心价值又有自身的相对独立性。例如当一个国家的经济基础比较薄弱时，它可以在思想领域有所建树，从思想和意识上来抵御外来文化的不良侵蚀。同时，它可以利用这种"相对独立性"和超越性，形成具有自身特点的文化优势，建设具有高度集中的社会主义精神文明和先进的社会主义核心价值，来抵制"文化帝国主义"的同化。我国在长期的社会革命和实践中，无论战争年代、政权初建时期、经济困难时期甚至是共渡难关的关键时刻，在很大程度上都是依靠社会主义思想政治工作和精神文化的优势。

（二）网络时代社会主义核心价值教育机制构建的现实基础

从我国的现实情况来看，网络时代社会主义核心价值教育机制构建是可行的。

网络时代社会主义核心价值教育机制构建有着坚实的物质基础。众所周知，改革开放激发了全国人民的创造热情，取得了举世瞩目的发展成就，经济实力和技术实力不断提高，综合国力不断增强，在国际舞台上的地位日益提高，国际影响与日俱增，我国已经成为维护世界和平与发展的一支重要力量。改革开放取得的这些伟大成就为缩小贫富差距、促进社会公平、扩大就业机会，完善社会保障、发展社会事业、加强社会建设和管理等提供了更坚实的物质保证，我国互联网的基础设施、平台建设、互联网金融产业等快速发展，为大力培育和建设社会主义核心价值教育机制的构建提供了丰厚的物质基础。

网络时代社会主义核心价值教育机制构建有着坚实的思想基础。我们党自从创立之日起，中国共产党人始终高举马克思主义伟大旗帜，取得了革命和建设伟大胜利，理论上不断创新和发展马克思主义，不断创新了马克思主义中国化的最新理论。在中国特色社会主义伟大建设中，形成了"中国特色社会主义道路自信、理论自信、制度自信、文化自信。"充分体现了对我国国情的深刻把握、对民族命运的理性思考、对人民福祉的责任担当，凝聚了党和人民的共同理念，蕴含时代赋予的职责使命。应当看到，中国社会的主流意识形态就是社会主义意识形态，爱国主义、集体主义思想不断深化，教育科技文化事业不断发展，全体人民的思想道德素质和科学文化素质不断提高，民族凝聚力显著增强。

网络时代社会主义核心价值教育机制构建有着广泛的群众基础。中国特色社会主义是实现中华民族伟大复兴的重大抉择，是广大人民群众实践的经验总结，是中华民族为实现自身的伟大复兴作出的重大抉择，也是人类最终走向共产主义的必由之路。在我国，各阶层、各党派、各民族、各团体政治上享有平等地位，根本利益一致。社会主义核心价值建设彰显了党的领导、人民当家做主、依法治国的有机统一，代表着广大中国人民的根本利益和长远利益，必然会得到人民群众的热情支持和大力拥护。

其次，从新中国成立以来社会主义价值建设的历史经验来看，建构社会主义核心价值是发展中国特色社会主义强大的思想理论武器。从新中国成立以来，随着社会主义的发展，我国的社会主义核心价值建设经历了不同的发展时期和阶段，具有不同的内容和特点，取得了显著的成就，产生了广泛的社会影响。从新中国成立到改革开放之前，这一阶段我们的核心价值倡导了以公有制为基础、马克思主义为指导、全心全意为人民服务的宗旨，突出了集体主义的价值思想。改革开放的伟大实践，在马克思主义中国化创新理论的指导下，我们对社会主义核心价值认识进一步深化，形成了邓小平理论、"三个代表"重要思想、科学发展观和习近平系列重要讲话精神的指导思想，围绕着中国特色社会社会主义的伟大实践，相继形成了道路自信、理论自信、制度自信、文化自信，也完成了社会主义核心价值体系到社会主义核心价值观的精神引领，受到了广大人民群众的认同、拥护。

中国共产党对社会主义核心价值的认识也有一个历史发展过程。在社会主义革命和建设中，中国共产党人非常重视马克思主义科学的世界观和价值观建设问题，把人民的利益作为判断是非和人生意义的标准和原则，以马克思主义理论为指导，以无产阶级和人民大众为价值主体以实现共产主义为最高理想价值目标，坚持党和人民利益高于一切、全心全意为人民服务为根本价值取向，努力实现"三个有利于"和"人民满意不满意"为基本评价标准的价值观，涌现出越来越多的先进人物和光荣事迹，在理论和实践上为当代社会主义核心价值体系、核心价值观建设提供了丰富的精神养料和思想资源。

对核心价值的追求是我党始终坚持的思想建设内容。从五四运动开始，中国共产党坚持中国先进文化思想为引领，是中华优秀传统文化的忠实传承者和优秀弘扬者。1945年4月24日，毛泽东在党的第七次全国人民代表大会的政治报告《论联合政府》中就强调："以中国最广大人民的最大利益为出发点的中国共产党人，相信自己的事业是完全合乎正义的，不惜牺牲个人的一切，随时准备拿出自己的生命去殉我们的事业，难道还有什么不适合人民需要的思想、观点、意见、办法，舍不得丢掉的吗？"①明确指出全心全意为人民服务是我们党的根本宗旨、出发点。从此后，在革命和社会主义建设中，为人民服务也就成为党员干部以及各级人民政权、工作人员的根本宗旨。1957 年 3 月，毛泽东在济南党员干部会议上的讲话中指出："共产党就是要奋斗，就是要全心全意为人民服务，不要半心半意或者三分之二的心三分之二的意为人民服务。"② 为人民服务是我们的核心价值，在社会主义时期以精神文明建设为动力推动全社会核心价值走向。毛泽东强调社会主义国家建设要有"统一意志"，提出了："造成一个又有集中又有民主，又有纪律又有自由，又有统一意志、又有个人心情舒畅、生动活泼，那样一种政治局面"③；在改革开放初期，邓小平同志非常重视精神文明建设，在《一靠理想二靠纪律，才能团结起来》中就指出："一定要坚持发展物质文明和精神文明建设，坚持五讲四美三热爱，教育全国人民努力做到有理想、有道德、有文化、有纪律。这四条里面，理想和纪律特别重要。我们一定要经常教育我们的人民，尤其是我们的青年，要有理想。为什么我们过去能在非常困难的情况下能艰苦奋斗，战胜千难万险使革命胜利呢？就是因为我们有理想，有马克思主义信念，有共产主义信念。我们干的是社会主义事业，最终目的是实现共产主义。"④ 面对 21 世纪的到来，如何发扬中华民族优良传统，弘扬中华民族精神，江泽民同志指出："一个民族、一个国家，如果没有自己的精神支柱，就等于没有灵魂，就会失去凝聚力和生命力。有没有高昂的民族精神，是衡量一个国家综合国力强弱的一个重要尺度。综合国力，主要是经济实力、技术实力，这种物质力量是基础，但也离不开民族精神、民族凝聚力，精神力量也是综合国力的重要组成部分。"⑤ 什么是中华民族精神

---

① 《毛泽东选集》第 3 卷，人民出版社 1991 年版，第 1096—1097 页。
② 《毛泽东文集》第 7 卷，人民出版社 1999 年版，第 285 页。
③ 《建国以来毛泽东文稿》第 6 册，中央文献出版社 1992 年版，第 543 页。
④ 注：这是邓小平同志在全国科技工作会议上作《改革科技体制是为了解放生产力》的讲话后，即席作的一次讲话。
⑤ 《十五大以来重要文献选编》（上），人民出版社 2000 年版，第 549 页。

呢？党的十六大报告就中华民族精神的内涵进行了概括:"在五千多年的发展中,中华民族形成了以爱国主义为核心的团结统一、爱好和平、勤劳勇敢、自强不息的伟大民族精神。我们党领导人民在长期实践中不断结合时代和社会的发展要求,丰富着这个民族精神。"胡锦涛多次指出要巩固"精神支柱"、形成"共同理想信念",他指出:"思想政治工作的核心是理想信念教育,基础是思想道德建设。要深入开展党的基本理论、基本路线、基本纲领和基本经验教育,深入开展中国革命、建设和改革的历史教育和国情教育,在全社会认真提倡社会主义、共产主义思想道德,引导广大干部群众正确认识社会发展规律,正确认识国家的前途和命运,澄清在社会主义问题上的错误观点和模糊认识,树立正确的世界观、人生观和价值观,不断坚定建设中国特色社会主义的理想信念。"[1] 还提出了以"八荣八耻"为内容的社会主义道德荣辱观。习近平同志提出要加强党员干部理想信念教育,如何保持党员先进性等问题。习近平同志强调:坚定理想信念,坚守共产党人的精神追求,始终是共产党人安身立命的根本。对马克思主义的信仰,对社会主义和共产主义的信念,不仅是共产党人的政治灵魂,而且是共产党人经受住任何考验的精神支柱。形象地说,理想信念就是共产党人精神上的"钙",理想信念不坚定,甚至没有理想信念,精神上就会"缺钙",就会得"软骨病"。[2] 在中央政治局第十三次集体学习时,谈到培育和践行社会主义核心价值观意义时,习近平强调:把培育和弘扬社会主义核心价值观作为凝魂聚气、强基固本的基础工程,继承和发扬中华优秀传统文化和传统美德,广泛开展社会主义核心价值观宣传教育,积极引导人们讲道德、尊道德、守道德,追求高尚的道德理想,不断夯实中国特色社会主义的思想道德基础。社会主义核心价值观是文化软实力的灵魂、文化软实力建设的重点。这是决定文化性质和方向的最深层次要素。一个国家的文化软实力,从根本上说,取决于其核心价值观的生命力、凝聚力、感召力。培育和弘扬核心价值观,有效整合社会意识,是社会系统得以正常运转、社会秩序得以有效维护的重要途径,也是国家治理体系和治理能力的重要方面。[3] 可见,推进社会主义核心价值体系、核

---

[1] 胡锦涛:《在全国宣传思想工作会议上的讲话》,2003年12月5日。

[2] 中共中央文献研究室:《习近平总书记重要讲话文章选编》,中央文献出版社、党建读物出版社2016年版,第15页。

[3] 《习近平谈治国理政》,外文出版社2014年版,第163页。

心价值观建设始终是中国共产党不懈的追求，也是当前建设中国特色社会主义强大的思想理论武器。

最后，从世界发展和中国对世界的贡献来看，社会主义核心价值建设的内容、任务是可行的。

当前，网络全球化和经济迅速发展，我国的国际地位大幅度提升，党的执政理念和执政方式也发生了深刻改变，世界各国及人民对中国的发展和中国人民的精神风貌给予了高度评价，我国人民的富强感、自信力进一步提升，我们需要中国传统优秀文化，也需要中国特色社会主义价值取向的文化来引导人民的价值观。这些对社会主义核心价值建设具有重要的实践和理论支持。面对困难，我们不气馁，抓住机遇，寻求更大发展。社会主义核心价值体系、核心价值观建设是当前精神文明建设的重点，必须增强核心价值建设的自觉性，常怀忧患意识，以"咬定青山不放松，任尔东西南北风"之志，身体力行，筚路蓝缕，手胼足胝，主动承担起社会主义价值建设的历史责任，不断践行社会主义核心价值观，进一步提升整个国民的精气神。

从国际形势来看，随着中外各种思想文化的渗透和侵蚀，我们在把建设社会主义核心价值作为基础工程、灵魂工程、战略工程来规划的同时，更应该站在国家意识形态安全、文化软实力安全的高度的基础上，紧紧围绕国家富强、民族复兴的伟大使命，倡导主旋律，推进社会主义核心价值建设，落实社会主义核心价值观，把党建设好，凝聚民心，坚持马克思主义理论指导思想，坚持中国特色社会主义共同理想信念，形成强大的民族精神力量，建设良好的基本道德规范，担负起凝魂聚魄、固本强基的使命。这种选择既要符合中国社会发展进步的需要，又要符合中国共产党的奋斗目标，同时也要符合全国各族人民的共同心愿，是全党全国各族人民紧密团结奋斗的精神纽带。

第二节　网络时代社会主义核心价值教育有效机制的主要内容

一　捍卫、巩固和强化主流意识形态的引领机制

从功能性状来看，"引领机制应具备强化主流意识形态、疏导同质态

非主流意识形态、抗御异质态非主流意识形态、整合与发展主流意识形态的功能"①，才能够科学、有效。随着网络技术的普及与发展，网络俨然已成为人类社会生存与发展的第二空间，社会成员对互联网技术也形成了"媒介依赖"，即当前社会上所出现的思想观念和价值取向在互联网上都有所反映。尤其是网络技术具有匿名性特征，许多在现实生活中未能显现出来的价值倾向在互联网上也有所体现，可以说网络就像隐藏在大海深处的波涛，即使海面风平浪静，但海底的波涛仍在涌动，网络是看不见硝烟的"思想价值观念的精神争夺战"；与此同时，网络上各种思想观念、态度倾向、意见观点等的传播与互动，也对现实社会生活中的人们产生巨大的影响，以致网络具有其他技术手段无法比拟的"思想控制力"。尽管网络世界的信息传播是以图像、语言等数字化符号实现的，但本质是社会意识形态的反映，蕴含着某种价值属性；而从网络传播的技术特征来看，其信息扩散是指数级的，会在极短的时间里形成讯息风暴，影响着人们的世界观、价值观、理想和信念。而作为开放信息的传递体系，互联网信息传播方式的交互性、自由摄取性等，使得信息传播方式是多向的、不可控的，数量庞大的、良莠混杂信息的传入，自然会导致国内问题的网络外溢与国外不良信息的网络植入，从而消解社会的主导价值观，进而瓦解实体世界的社会秩序。

当前互联网世界所存在的价值是多元、复杂的，与意识形态的一元化和思想统一指向性发生着强烈的冲突，使得在互联网上寻求价值最大公约数，凝聚网络价值共识既迫切又艰难，社会主义核心价值观是面对当前社会变革背景下思想意识多元、多样、多变的新特点而提出的凝聚全社会全民族的价值共识，反映了当代中国的价值需求和全体人民的价值追求，因此确立引领机制，用社会主义核心价值观引领网络思想文化发展方向，用灵活的手段和策略对虚拟世界进行舆论引导，倡导正确的价值导向，让"思想"插上"网络"的翅膀，让"生命线"加装"数据链"，构筑健康、绿色、发展的网络环境，为广大网民提供健康的精神支柱。这样，网络社会主义核心价值教育才会如虎添翼、威力无穷，才能规避网络舆论风险，使网络成为传播正能量的有效载体。

---

① 王秀阁：《论社会主义核心价值体系引领机制的建构》，《马克思主义研究》2010年第1期。

首先，着眼转变网络时代核心价值教育理念的新要求，务必把社会主义核心价值教育在网络时代的地位"立"起来。《国家中长期教育改革和发展规划纲要》明确提出：要立德树人，把社会主义核心价值体系融入国民教育全过程。只有旗帜鲜明地以社会主义核心价值体系引领社会思潮，才能不断增进社会思想共识，不断强化全民族的向心力和凝聚力。在网络环境中，思想政治教育的环境发生着重大改变，要实现社会主义核心价值对网络文化的有效引领，就必须充分把握住网络生存方式与网络文化的特殊性和规律性，倡导先进的社会主义核心价值取向，推动网络文化和社会思潮健康发展，为网络参与者尤其是青少年网民价值观的优化提供精神动力和精神支撑。网络催生社会主义核心价值教育的新形态，引发教育理念、内容、手段、模式等全方位的变革。坚持发展理念，充分认清开展社会主义核心价值教育是时代的需要，也是解决青少年现实思想问题的需要，务必开动脑筋，解放思想，拓展思维，实现网络社会主义核心价值教育从工具理性到价值理性的飞跃，不仅要做网络发展的跟进者，而且要以社会主义核心价值为引领，积极推进网络社会先进文化的传播。不断拓展网络思想政治教育的新路子，在社会主义核心价值教育中注重把握网络思想教育的特点、规律，依托信息网络新技术，创新教育方法、手段，拓展核心价值教育的内容形式，把互联网打造成社会主义核心价值教育的时代新平台、思想理论学习的新空间、社会舆论引导的新阵地，不断提升网络空间社会主义核心价值教育的感染力、吸引力。

其次，必须正视网络时代社会成员受教育方式的转变，通过打造趣味性强且合乎主流价值思想的文化产品，使社会成员具有主动接受核心价值教育的愿望。网络时代人们获取信息的方式发生了明显变化，"碎片化"阅读方式成为人们接收信息的首选，可以主动、快捷地获取自己想要得到的信息，针对这一互联网时代的全新现象，媒体宣传教育的力量应该实行战略转移，提高在新媒体环境下开展社会主义核心价值观宣传教育的媒介素养，基于网络微时代的即时性、移动性、互动性，契合人们随处阅读的学习方式，多运用博客、微视、微电影等传播手段，宣传社会主义核心价值观；利用朋友分享信息的信任特点，培养传播正能量信息的网民，尤其是一些专职的思想教育工作者需要转变工作方式，运用微信、微博开展思想教育，注重隐性培育，实现价值引导的无痕性。

最后，应注重团队与网站建设。面对无法封堵互联网信息的现状，思想政治工作者必须对信息量予以占有,从而对信息量占有较多人群开展主流价值观教育,这就要求主流性网站在做好一般宣传教育的同时,必须要有问题意识,了解网络舆情,关注社会思潮,及时回应网络上讨论的热点、焦点问题;同时培养既是"理论精英"又是"舆论精英"的专家团队,使他们会写博客文章,会编网络段子,会用网络语言;组织专家接触网络及社会,为他们走出书斋、体验生活提供便利,让他们多了解社会和民情,让他们讲的道理通俗化、大众化,会说老百姓的话,能说到老百姓的心坎上。坚持寓教于乐,主流文化为主,通俗文化相伴,用清新、愉悦、上进的方式,传送好思想、传递真心话、传播正能量,讲好中国好故事,确保社会主义核心价值等先进思想牢牢占领网络文化阵地。

二 促进大众理解、接受和自觉认同的内化机制

内化是将看、听、想等思维观点经过知、情、意、行的内证实践,所领悟出的具有客观价值的认知体系。内化强调了受众自觉将社会主义核心价值教育的内容转化为自己的思想观念、价值行为。实质就是作为单个人对外部事物通过学习认知转化为自身内部思维行为的过程。内化需要依托一定的宣传教育介体催化,不是自发形成的。价值体系一般会通过道德、理想、信仰等不同层面的发展演化将政治理念、价值、目标凝聚在社会不同个体的内心深处并进行内化。网络时代,网络上充斥着各种各样的价值理念,这些价值观念多是应运互联网的发展而生,其观点内容符合互联网技术碎片化的特征,其主要目的是吸引人们的阅读,但其中多数没有价值内涵,仅仅是一种"快餐化"的价值观,没有理论持续性;同时,生活在网络时代的人们,可以通过网络获取各种服务,互联网已成为人们生活中不可分割的一部分。因此,某种价值观点若想引领人们的价值取向并让人们去主动践行,必须通过内化机制,使其具有持续性的吸引力,从而通过网络日常行为予以显现。

内化机制是思想政治教育的关键,要实现内化机制,受教育者的个性特质是不能被忽视的。面对青少年网民这一特殊群体,既要发挥传统思想政治教育的优势,又要适应网络时代青少年网民的价值需求,厘清他们的情绪、心理状态,摸清他们的认知水平和价值思考方式,在沟通互动中使他们潜移默化地认同、接受主流价值观,最终将其内化为自己的坚定信念,从而自觉远离边缘化价值观的侵蚀。内化是包括核心价值教育在内的

思想政治工作过程中最为重要的环节和阶段之一,是受教育者在教育过程中,经过反思性心理活动和直接实践过程,充分发挥自身主观能动性,从而将教育的内容内化为受教育者个体的思想价值体系和价值观的过程。

网络时代社会主义核心价值教育过程中内化机制的构建,要把握内化与外化的规律。

一方面,要构建社会主义核心价值大众化、网络化的话语体系和理解机制。认知条件的满足是社会主义核心价值内化的前提,理解是对一种价值理念接受的基础,对社会主义核心价值的理解和观念建构,依赖于对社会主义核心价值话语体系正确生动的阐述,要使公众能够从知识掌握的层面理解社会主义核心价值体系、价值观的内涵、特征、功能与意义等。"马克思主义大众化的表达方式要通俗化和具体化,善于以浅显易懂、明白通畅、平实质朴的群众语言把深邃的道理说清楚,从而使马克思主义走出书斋、走进大众,更好的为大众理解、掌握、认可和接受。"[①] 借鉴互联网"去中心化、平等互动"的思维,亦师亦友平等参与,将心比心侧面引导。建立"网上""网下"核心价值教育协同机制,遵循网络时代和现实社会教育各自的特点规律,既坚持现实中的"面对面",又要创新网络中"键对键",实现网络时代和现实社会核心价值教育的相互对接,真正形成二者优势互补、融为一体、同频共振,不断提高社会主义核心价值教育的渗透力、感染力。网络时代社会主义核心价值教育过程一定要结合青少年的思想实际,将倡导的价值理念渗透到具体的网络活动中,从而克服"沉默的螺旋"[②],不惧怕有反对的声音,甚至被人身攻击,要敢于发声,勇于维护网络空间的正气;要积极主导网络舆论话语权,通过思想观念、行动的引导,使受众在潜移默化中接受、认同。"在网络时代,价值观教育通过柔性化、隐性化的方式,采取缺席的在场,隐蔽自身的言说行

---

① 潘世伟:《上下求索九十年:中国共产党建党以来马克思主义中国化、时代化和大众化的探索历程》,学林出版社2011年版,第124页。

② 注释:沉默的螺旋(The Spiral of Silence)是一个政治学和大众传播理论。理论基本描述了这样一个现象:人们在表达自己想法和观点的时候,如果看到自己赞同的观点且受到广泛欢迎,就会积极参与进来,这类观点就会越发大胆地发表和扩散;而发觉某一观点无人或很少有人理会(有时会有群起而攻之的遭遇),即使自己赞同它,也会保持沉默。意见一方的沉默造成另一方意见的增势,如此循环往复,便形成一方的声音越来越强大,另一方越来越沉默下去的螺旋发展过程。

为,再配以精到的内容意义,是一种颇为有效的言说方式。"① 通过社会主义核心价值教育和接受机制,努力消弭网络话语鸿沟,使公众在认识上接受教育目标和内容,实现事实判断与价值判断相统一。

另一方面,要构建社会主义核心价值观的认同机制。认同,是思想政治教育价值内化的标志。具体到社会主义核心价值教育而言,是指社会主义核心价值观被人们广泛认可和接受,可将其划分为情感认同和思想认同两个层次。社会主义核心价值观认同是指"社会成员通过生产生活、交往互动,逐步调整自身的价值结构以接受、遵循核心价值观,并用以规范自己行为的过程。"② 在网络时代,实现对社会主义核心价值的广泛认同与接受,从而提升网络时代社会主义核心价值教育的内在驱动力、向心力和引导力。网络环境下,我们应坚持不懈地探求社会主义核心价值观认同建构的规律,探索符合大众思想特点的网络宣传阵地,就要深刻剖析网络时代人们价值观的变迁现状及其原因,从而总结人们对社会主义核心价值仍存在哪些不理解和未接受,尊重差异、包容多样,准确把握网络时代公众的需求心理,从而切实增强公众对社会主义核心价值教育内容的认同。为此,社会主义核心价值观宣传教育网站的研发者应努力完善网站内容,增强内容的归属感、时效性、思想性,使网站成为弘扬主旋律的重要载体,提升社会主义核心价值对受众的吸引力。在网络时代社会主义核心价值教育过程中,不仅要充分发挥理性因素的作用,正确地解决公众的理想认知问题,而且要充分发挥非理性因素的作用,充分运用情感、意志、人格直觉等力量,解决信念、行为习惯的问题,对什么是好,什么是不好,什么是善,什么是恶形成正确认识,内化为自觉意识,从而实现对自身行为的方向指引和理论指导。

三 激发、彰显和传递社会正面能量的激励机制

在互联网时代,各种文化的冲突进一步加剧,人们价值观多元化趋势凸显。尽管主导的价值标准与价值规范已然被确立,人们在价值选择上的是非、善恶标准也已经十分明确,但由于网络的"碎片化"和匿名性,

---

① 王贤卿:《社会主义核心价值体系的认同路径探析》,《毛泽东邓小平理论研究》2011年第2期。

② 冯留建:《社会主义核心价值观培育的路径探析》,《北京师范大学学报》2013年第2期。

不能保证多数人的线上线下行动都积极主动践行主流价值观念。这就要进一步健全网络时代社会主义核心价值教育的激励机制,"让好人上头条",在全社会形成"好人有好报"的社会共识,释放、凝聚和彰显"善有善报"的社会正能量,对践行社会主义核心价值观事迹突出的个人、集体要给予大力的物质和精神奖赏,建立健全鼓励、支持、帮扶"道德模范"、"好人"机制,通过有效地激励手段促进网络时代人们的认识和行动更加理性化,从而促进广大公众进一步认同主流价值观念,在互联网"纱幕"的背后依然可以自觉践行社会主义核心价值体系、价值观。

"激励,就是激发鼓励,通过各种形式的外部刺激,使人们产生一种奋发向上,士气高昂的进取精神。"[①] 根据马斯洛的需要理论及心理学所揭示的人类行为的普遍规律,激励实质上是一个满足需要、激发人的动机的行为过程。在现代管理学中,对人性假设分为四种:经济人假设、社会人假设、自我实现人假设、复杂人假设。领导者对人的认识决定着用什么样的管理态度。如在经济人假设中,人被认为是自我利益的驱动者,一切行为都是为了最大限度地满足自身的利益,不可能也不会自觉地达到组织的目的。个人发展需要的欲望越强烈,发展的行动就会越积极,进而也就能够实现更好的发展。当人做出成绩,取得能满足组织成员的各种物质和精神需要时,就会与期望值做比较,当期望值大于实际结果,自身感觉显失公平时,会产生挫折感,激发的力量就会失去作用。将激励机制放在思想教育领域,就是通过一套理性化的制度来激励教育者和被教育者,从而实现调动双方积极参与到思想教育活动中的目的。

激励强调通过了解受教育者的需求和动机,制定体现教育者价值理念的奖惩措施,表扬、鼓励和引导周围群体学习倡导的价值行为,共同推动既定目标的实现。激励机制在网络道德教育目标的实现中起着非常重要的作用,要求教育者首先要把握青少年网民的网络需求结构,使激励有的放矢,增强激励的针对性;其次应把握激励的时机和分寸,提高激励的时效性;再次要正确选择实施激励的方法,做到公平对待,增强激励的权威性。网络社会主义核心价值教育的实践过程实际上就是一个不断激发人们价值发展需要的过程,就是一个不断提高其需要层次的过程。根据不同阶段的需要可将激励分为需要激励、成就激励、目标激励;而根据不同阶段

---

① 张耀灿:《思想政治教育学原理》,高等教育出版社2001年版,第76页。

的划分，可整合价值观教育的诸多要素，将激励机制总结为包括激励因素、方法措施、规则制度、时机选择、主体特性、激励效果、空间文化环境等多种组成要素在内的，整体的、科学的、有效的激励机制。对如何把社会主义核心价值观贯穿到社会生活的方方面面的问题，习近平同志强调："要通过教育引导、舆论宣传、文化熏陶、实践养成、制度保障等，使社会主义核心价值观内化为人们的精神追求，外化为人们的自觉行动。榜样的力量是无穷的，广大党员、干部必须带头学习和弘扬社会主义核心价值观，用自己的模范行为和高尚人格感召群众、带动群众。要从娃娃抓起、从学校抓起，做到进教材、进课堂、进头脑。要润物细无声，运用各类文化形式，生动具体地表现社会主义核心价值观，用高质量高水平的作品形象地告诉人们什么是真善美，什么是假恶丑，什么是值得肯定和赞扬的，什么是必须反对和否定的。"[①] 可见，网络时代社会主义核心价值教育要重视榜样的力量和模范行为的正确引导。因而，一方面要对自觉在网络上践行社会主义核心价值观的人们给予荣誉和物质上的奖励；另一方面要通过网络积极宣传践行社会主义核心价值观的典范，将宣传教育、示范引领化作为网络时代社会主义核心价值教育的激励机制的基本途径，从而实现以浓厚的服务文化熏陶人，以先进典型引导人，以群众性道德实践塑造人，积极培育和践行社会主义核心价值观。例如，由国家互联网信息办公室指导，中国互联网发展基金会主办，人民网、环球网、中国新闻网、央视网、中国青年网等 5 家中央重点新闻网站承办的 2015 年度"五个一百"网络正能量精品评选活动，评选出 2015 年度百名网络正能量的榜样，中国青年网评论员王海表示，应当从空间和时间两个方面去看待弘扬时代主旋律、传播网络正能量的精神重要性。从空间来看，当前互联网与领土、领空、领海，包括太空一样，已成为"第五疆域"，网络空间的清朗与否就是牵动着整个民族命脉的大事。如同社会治理一样，弘扬主旋律，激发正能量，大力培育和践行社会主义核心价值观才能让正能量压倒负效应。另一位网络正能量的榜样"——道来"表示，可能网友一直觉得正能量、主旋律高高在上，其实不然，正能量，最原始的就是真善美。可以看到正能量是非常惊艳的，是可以占主流的，这些就像是在我们身边一直伴随着我们的一种力量和精神。共建清朗网络空间，每个人都不是置身事

---

① 《习近平谈治国理政》，外文出版社 2014 年版，第 164—165 页。

外的旁观者。脚踩中华大地，我们的一言一行都代表着中国。① 无论是危机之下将学生推向一旁，自己却被碾在车下的"最美教师"张丽莉，高速公路上最后生死时刻为全车旅客护航的"最美司机"吴斌，还是火灾中舍生忘死勇闯火海、紧急疏散群众的"最美警卫战士"高铁成；无论是身怀双胞胎依然奋不顾身勇救落水女童的"最美孕妇"彭伟平，还是徒手接住15岁坠楼男童的"最美叔叔"谢尚威，网友们传播着这些"最美"人物的故事，因为他们用自己的道德善举托起了整个社会向善的力量，向无数曾经因为各种冷漠、误解和诬赖事件而变得麻木的人们证明，我们身处的世界从来不缺乏温暖，它仍然充满光明和美好。② 数不胜数的好人好事经互联网第一时间传播、发酵，获得社会的广泛赞誉。如此速达高效的微平台正是培育和践行核心价值观的绝佳"微阵地"，产生强大的正能量，汇聚和谐的动力。

社会主义核心价值观的价值内涵和文化追求随着社会的不断改革与发展而不断前进。网络正散发着令人喜爱的正能量。一个人的力量或许微不足道，但当每个人的"正能量"聚在一起，它爆发出的就是难以抵挡的巨大能量。而这，正是这个时代需要被聆听、记住的声音，需要被传递的正能量。这也必将走出网络，成为现实生活的"正能量"。因而，我们要适应现实社会的发展变化，不断完善激励机制，使得网络社会主义核心价值观的教育活动可以跟上时代的步伐，使广大网民在线上线下都自觉做社会主义核心价值观的积极践行者。

四　职责明确、多方给力和切实可行的保障机制

保障机制是思想政治教育的"安全阀"，是保障思想政治教育活动得以正常有序进行、教育目标得以实现的必要的外部条件。在网络环境中，思想政治教育保障机制的建设要在传统思想政治教育工作基础上进行继承与创新。网络社会的社会主义核心价值观就是要积极推进实现："网络健康发展，网络运行有序，网络文化繁荣，网络生态良好，网络空间清朗。"如何实现，就必须有一个良好的运行保障机制。习近平同志针对互

---

① 网络正能量榜样代表在线畅谈："如何做'中国好网民'"，人民网-理论频道2016年6月30日。

② "大声歌颂'好人好事好地方'：发出好声音传播正能量"，中国文明网2012年10月29日报道。

联网管理领导体制提出了:"从实践看,面对互联网技术和应用的飞速发展,现行管理体制存在明显弊端,主要是多头管理、职能交叉、权责不一、效率不高。同时,随着互联网媒体属性越来越强,网上媒体管理和产业管理远远跟不上形势发展变化。"并指出:"如何加强网络法制建设和舆论引导,确保网络信息传播秩序和国家安全、社会稳定,已经成为摆在我们面前的现实突出问题。"① 由此可见,当前我们在互联网管理的保障体制上依然存在一定的问题,这也造成了网络境遇下的社会主义核心价值体系、价值观的教育缺乏完善的领导体制、专业的组织机构、系统的规章制度、有力的人才队伍和必要的经费与物质保障。因此,为了确保网络时代社会主义核心价值观的顺利进行,提升网络时代社会主义核心价值观的实效性,必须通过各种措施为网络时代社会主义核心价值观提供保障体制。

在现实生活中的社会主义核心价值体系、价值观教育活动中,可以通过统一协调的领导机制、明确清晰的权责划分、系统规范的制度建设、周密科学的规划部署和稳定的经费投入予以切实保障,促使社会主义核心价值体系、价值观教育朝着理想的方向发展。但在互联网境遇中,组织、制度、运行环境都发生了显著的变化,网络时代社会主义核心价值体系、价值观教育是以全球海量信息为背景、以海量参与者为对象,参与者同时又是信息接收者和发布者,他们随时可以对信息刺激作出反馈,各种价值观念跟随文本随意链接以不同意义进行传递、交流,直接或间接对其受众产生影响,要建立网络时代社会主义核心价值体系、价值观教育的保障机制,必须充分发挥网络的舆论平台功能,使社会主义核心价值观通过网络传播出去,还必须坚持以社会主义核心价值观引领网络文化的发展,以此为抓手,建立切实可行的价值观教育保障体制。首先,保障网络社会主义核心价值体系、价值观教育的显性平台建设。很长时间以来,宣传和弘扬社会主义核心价值观的红色网站(页),综合、门户网站是社会主义核心价值体系、价值观教育的重要阵地,这类平台的建设主体多是政府文化管理部门或社科研究部门,其中很少掺杂商业利益,这一方面保障了网站内容的正面性和稳定性,但囿于经费的欠缺和激励机制的不完善,其内容和形式上与一日千里的网络资讯相比更新慢、不够生动、缺乏吸引力。对

---

① 《习近平的6个"互联网思维"》,《人民日报》2014年11月20日。

此，应完善经费保障，进一步提升相关单位发展主流价值观网络文化的积极性，在形式上向多媒体化发展，实现集文字、图片、声音、影像于一体的传播模式，增强网站（网页）的吸引力和可阅读（视）性。其次，保障网络社会主义核心价值体系、价值观教育的隐形平台建设。在网络世界中，多数人不会主动浏览那些专题性宣教网站，而是习惯性地关注与自己工作、生活密切相关的网站论坛，非专题性网站虽然在价值观传播上低调、隐秘，但因为与日常生活自然结合往往具有生活化教育的功效，即在不知不觉中对人们的人生观、价值观起到培育作用。社会主义核心价值观涵盖政治、经济、文化、道德各个层面，对全社会起到统一思想、引领思潮、坚定信念、激发活力的作用。因此，我们应当努力把社会主义核心价值观融入网络生活，重视商业网站价值导向功能，加强网络从业者尤其是网络媒体从业者的大局意识、责任意识，鼓励他们在工作中坚持正面宣传为主，弘扬正气、通达社情民意、引导社会热点、疏导公众情绪、壮大主流舆论沿着同一价值方向、同一价值目标努力奋斗。

五　增强外在监督与自我控制相结合的约束机制

俗话说："无规矩不成方圆。"约束机制是一种规范组织成员行为，便于组织有序运转，充分发挥其作用而经法定程序制定和颁布执行的具有规范性要求、标准的规章制度和手段的总称。约束机制重在强调制度的执行性，以保障思想政治教育工作的有序进行，实现思想政治教育工作既定目标。如何保障社会主义核心价值在互联网社会有效传承，确保互联网可管可控，使我们的网络空间清朗起来，必须有良好的约束机制来保障。

增强外在监督与自我控制相结合的约束机制，是当前保障我国意识形态安全和促进网络社会良性发展的客观要求。良好的网络环境对于人生观、价值观的培育有积极作用，失衡的网络环境则不知不觉地将网络使用者引向错误的价值方向。当前我国的网络环境在总体上是健康的和安全的，但网络攻击、网络恐怖等安全事件时有发生，侵犯个人隐私、窃取个人信息、诈骗网民钱财等违法犯罪行为时有发生，网上黄赌毒、网络谣言等屡见不鲜，已经成为影响国家公共安全的突出问题。这不仅影响网络系统本身的正常运转，而且不可避免地对国家、社会和个人产生物质和精神层面的消极影响。所以，违背社会主义核心价值观建设的行为都必须受到约束，也就是网民实施网络行为，接受来自社会诸如法律、道德规范、技术监督等方面的约束，使得网民在进行网络活动时能受到规则的指引，感受监督的存在，从而规范自己的言行。正如习近平同志指出，网络空间与现实社会一样，既要提倡自由，也要遵守秩序。自由是秩序的目的，秩序是自由的保障。我们既要充分尊重网民交流思想、表达意愿的权利，也要构建良好的网络秩序，这也是为了更好地保障广大网民合法权益。中国互联网蓬勃发展，为各国企业提供了广阔的发展机遇和市场空间。① 因此，要进一步加强网络时代社会主义核心价值体系、价值观的教育工作，提高网络时代社会主义核心价值体系、价值观教育的实效性，在鼓励网络自由、平等发展的同时，要对网络环境建设和其他各项管理工作作出规约，使具体工作更加明晰，更好地整合网络各种力量、资源。

约束机制主要是通过对网络空间的外在监督与自我控制，营造网络空间里良好的文化氛围，从而使得社会主义核心价值观内容能够有效地实现对青少年的教育。在网络社会里，各种社会信息裹挟着多元的价值观念，而网络的"无中心"状态为各种利益集团在网上传播其非社会主义意识形态的政治主张、道德信仰和价值观念等创造了条件。社会主义核心价值观作为指导思想，其教育的实施必须构建约束机制，其构建的重点在于通过加强对青少年网络思想舆论阵地的管理，对网络空间里的各种不当言论、错误的思想和网络社会思潮进行审查管理，对青少年的不良生活方式进行限制和约束，从而为社会主义核心价值观这一主流价值观的传播提供足够的空间和良好的环境。为此，党中央作出了整治网上低俗之风、净化网络文化环境的重大部署，这也深刻反映了广大人民群众的强烈愿望和需求。

应进一步健全和完善网络法律规范建设，从制度上杜绝、限制网络中边缘化价值观的传播与蔓延。各网络监管机构要密切注视运作情况，注意电子公告栏和各用户终端，及时清除恶意言论和虚假信息，对违法违纪行为要进行惩处和批评。要加强对网络信息的"把关"，采用技术手段对国外各种恶意攻击、分裂祖国、宣扬邪教的敏感网站进行浏览限制，对各种恶意释放腐朽、落后思潮的行为坚决予以抵制。应加强和改进计算机网络技术应用，从技术层面保障网络环境的健康有序，使青少年不受边缘化价值观的危害。要建立多方、透明的互联网管理机制，健

---

① 《习近平谈互联网：中国是网络安全的坚定维护者》，《中国日报》2015年9月22日。

全和普及网络舆情监管预警机制，明确因特网及其内容提供商的责任，构建分级、分层次的信息处理和发布系统，在重要论坛进一步推进实名注册登记制度，遏制"网络水军"操纵和误导民意的不当行为，清理网络谣言，挤压各种杂音、噪声的生存空间。网络行政管理部门、社区和各级学校要建立责任制度，制定比较完备的青少年网络文明规范，做到对网页、网站、网吧的规范化管理。发现有害的不良信息要及时消除，努力减轻边缘化价值观对青少年网民的不良侵蚀。继续开展整治互联网低俗之风专项行动，依法关闭淫秽色情网站，依法整治利用恶意软件、弹出窗口、博客、微信等平台渠道传播淫秽色情和低俗信息，使净化网络环境的工作常态化、机制化。

第九章 网络时代社会主义核心价值教育实效性评价体系

评价,是人把握客体对人的意义与价值的一种观念性活动,其实质是主体对于主客体之间价值关系的认识活动。在评价活动中,主体从自身的需要和利益出发,反映客体及其属性对于主体需要具有的意义,形成关于价值的意识。评价彰显了主体性原则,主客体之间的内在关系决定了主体在评价活动中总要从主体自身出发来评价客体对于主体所具有的意义。① 评价对人的行为有着重要的制约、导向作用,对促进社会主义核心价值教育网上功能的实现也有积极作用。对网络时代的社会主义核心价值教育进行评价,有利于提升工作水平,改善工作质量,也为进一步增强网络时代社会主义核心价值体系、价值观教育的实效性提供了必要的参考。为此,我们需要分析和研究社会主义核心价值体系、价值观教育的实效性评价,为构建相应的评价机制提供客观依据,以促使社会主义核心价值体系、价值观教育取得更好的效果。

第一节 网络时代社会主义核心价值教育实效性评价的要素

对社会主义核心价值教育实效性的评价,属于社会评价的范畴,社会评价的标准体现和反映着人们对特定领域、特定实践活动的发展目标和方向的认识与理解程度。教育判断是教育测量与评价的最基本、最原始、最现实、最普遍的功能,它包括测量评定的功能、事实判断的功能、价值判断的功能、问题诊断的功能、区分选拔的功能等。② 通过确定对社会主义

---

① 陈新汉等:《社会主义核心价值体系论研究》,北京师范大学出版社2012年版,第21页。

② 黄光扬:《教育统计与测量评价综合教程》,福建科学技术出版社2006年版,第69页。

核心价值教育实效性的评价标准、评价原则、评价要素与评价方法,展开对社会主义核心价值教育实效性的评价,可以使教育效果和社会主义核心价值教育的根本目标和根本宗旨相结合,有利于进一步总结教育方式和方法进而形成合力,并对未来的教育活动做出相应的判断。在网络全球化的背景下,评价社会主义核心价值教育的实效性,以网络时代社会主义核心价值教育实践为基础做出的科学的、有效的教育判断,是保证社会主义核心价值教育目标、计划、措施、方法顺利实施的前提和基础,是深化社会主义核心价值教育的关键,对促进社会主义核心价值教育的发展具有举足轻重的作用。对网络时代社会主义核心价值教育实效性的评价活动而言,评价的主体、评价的对象、评价的标准及指标是网络时代社会主义核心价值教育实效性评价的基本要素。

一 评价的主体

社会主义核心价值教育实效性的评价主体指的是对社会主义核心价值教育的实施效果进行价值判断和事实判断的个人、团体和组织。随着经济社会的发展和社会主义核心价值教育系统性的要求,与社会主义核心价值教育活动相关的主体日趋增多,社会主义核心价值教育实效性的评价主体呈现出多元化的特点。进入网络时代后,网络的发展使人们的价值观趋于碎片化,对于同一事物,人们会有不同的评价标准和评价结果,对于网络时代社会主义核心价值教育实效性的评价也有不同的认知。

在具体的评价中,不同主体的理论素养及其施政水平,对网络时代社会主义核心价值教育实效性评价都有所不同。但评价主体作为一种客观存在,是社会主义核心价值政策评价系统的基础要素,其都必须秉持实事求是的态度,并具备价值与科学兼具的评价标准。首先,在评价过程中,必须遵循广泛受认可的价值评判标准,没有随社会广泛遵循公序良俗的价值偏见和价值歧视,充分发挥价值诊断的作用;其次,评价必须有理有据,言之有理,持之有据。按通俗说法,就是摆事实、讲道理。没有事实,不讲道理,便不能对核心价值教育的实效性予以严肃认真的评价。

社会主义核心价值教育不仅要达到社会主义核心价值教育工作者和社会所期望的目标和水准,还要兼顾受教育者的需求,尤其是对青少年进行社会主义核心价值教育评价时,一定要考虑青少年的成长和心理发展规律,在满足社会普遍发展需要的同时也满足青少年个体发展的需要。因此,评价主体既要坚持客观尺度,又要考虑主观标准,应做到评价主体和价值主体、客观尺度与主观尺度的统一。在评价实践中,我们对青少年所进行社会主义核心价值教育的评价主体由承担青少年思想政治教育管理部门、受教育者和教育者等组成。

二 评价的对象

叶澜教授指出:"教育是直面人的生命,通过人的生命,为了人的生命质量提高而进行的活动。"[①] 从这个意义上说,网络时代社会主义核心价值教育实效性评价必须围绕人及其活动来展开。社会主义核心价值教育实效性评价对象一般包括对社会主义核心价值教育教学过程中的所有因素进行评价,包括对教育的内容、教育的方式以及教育的效果的评价,这主要是对教育活动中的客观存在进行真实的反映和结果评价。但更为重要的是对社会主义核心价值教育活动的参与主体——受教育者学习效果的评价和教育者教育方式、主观意识、价值观的评价。社会在发展、时代在进步,建立促进青少年社会主义核心价值教育实效性评价的主要任务是对受众社会主义核心价值教育时效性的评价,主要目的是让受众树立正确的人生观、价值观和世界观,有良好的事实判断和价值判断能力,摆脱世俗的诱惑,淡薄现实的功利,美化自己的生活,净化内在的灵魂,建立教育者教学效率不断提高和课程不断创新发展的评价体系。

进入网络时代,人与人之间的交往进一步趋于虚拟性,人与人之间的交流趋于隐匿性,一定程度上改变了传统社会中基于血缘和地缘构建起来的社会关系;同时网络社会参与者具有一定的"无标识"状态特征,使人们在现实社会中所形成的主体意识有所衰弱,人们自觉接受社会主义核心价值教育的自觉性也有所减退,因此对网络时代社会主义核心价值教育的评价对象而言,提升其主体性意识显得尤为重要。马克思曾指出:"动物和自己的生命活动是统一的,动物不把自己和自己的生命活动区别开来,它就是自己的生命活动。人则使自己的生命活动本身变成自己意志的和自己意识的对象。他具有有意识的生命活动。"[②] 因此,不可以剥离人的主体意识谈价值观教育的结果及实效性。在网络时代,人们的主体意识

---

① 叶澜、郑金洲、卜玉华:《教育理论与学校实践》,高等教育出版社2000年版,第137—140页。

② 《马克思恩格斯全集》第三卷,人民出版社2002年版,第273页。

增强，则会以主人翁的态度参与到网络社会的建设与改造之中，自觉地履行其作为网络参与者所应履行的义务，承担所应承担的责任。同时，也会自觉地参与到改变自我的活动中，自觉主宰自己的行为，既能够遵从网络社会规范，又能够追求自身价值，在自我超越中成长。现代心理学研究表明，内部动机比外部刺激具有更持久的作用。"明确的接受主体意识是促成教育对象从应然的接受主体向实然的接受主体转化的重要条件，是激活教育对象的一切有利于接受活动实现的内在准备因素、状态的动力源。"[①] 由此可见，人是网络时代社会主义核心价值教育的评价对象，但人的行动自觉与否则更为重要。

三 评价的标准和指标

评价标准和指标是评价活动的重要元素。评价是对旧认识的再认识，是一种"反思"也是一种"反馈"。一方面，社会主义核心价值教育实效性评价既是对社会主义核心价值教育规律进行不断认识和深入了解的过程，也是对教育方法和教育过程进行系统管理的过程，更是对社会主义核心价值观的教育方式、方法、教育过程、教育状况和教育结果取得的程度的一种反馈。另一方面，社会主义核心价值教育的实效性在其本质上也是一种社会属性，只有通过特定的社会价值体系才能明确表现出来，即必须将社会主义核心价值教育的实效性取得的效果作为价值客体，分析其对相应价值主体的价值满足程度和与之对应的关系，才能较为明确地判断社会主义核心价值教育取得的结果是否圆满。据此，作为社会主义核心价值教育的结果与相应价值主体之间的价值关系及这种价值关系的运动所产生的结果便构成社会主义核心价值教育实效性的另一个标准。

社会效果和社会行为是社会主义核心价值教育实效性评价的两个标准。其中，社会效果标准主要表现为社会道德、社会政治等上层建筑的发展；而社会行为标准主要表现为社会主体的日常行为表现。

一方面，社会主义核心价值教育实效性标准体现为一种宏观标准，即社会主义核心价值教育取得的社会效果标准、社会影响标准。社会效果标准是指某项实践过程及结果对客体及周围环境产生影响的总和。社会效果标准是社会学意义上的标准，用以检验实践活动对于社会的总体和局部所

[①] 沈壮海：《思想政治教育有效性研究》，武汉大学出版社2001年版，第81页。

发生的影响的深度、广度,并作出相应价值上的判断。社会效果标准是基于社会需求、社会影响、社会评价或社会结构的角度,在一个较长的历史时期内,评价社会主义核心价值教育所发挥的社会作用、社会影响和社会效果。一方面,社会效果标准体现为政治道德主体的评价标准,政治道德主体的评价范畴既具有"评价主体的利益、需要"等重要因素,又体现"人的社会性和人对社会理想的追求和实现"等重要根据,具体表现为:对价值客体进行教育产生的结果以及这些结果在现在及未来对其产生的影响,包括是否有效提高了人们的思想观念、道德修养和价值标准等。因此,具体而言包括广大人民群众对社会主义核心价值观的认同度;党员干部对社会主义核心价值观的模范践行、示范引领;社会主义核心价值观建设过程中产出的精神文化成果的多少等[1],都是社会主义核心价值观建设效果评价的主要内容。

另一方面,社会主义核心价值教育的社会效果标准表现为社会发展标准,即在教育过程中所阐发、宣传的理论、思想、观点,这些思想、观点是否有利于社会经济、政治和文化的全面发展的标准;是否有利于社会历史的平稳进步;是否有利于社会政治的稳定。因为,社会政治的稳定是政治体系良性运行的重要条件。对于政治发展来说,若无政治秩序的保证和规范,一旦进行深入广泛的社会动员,政治参与就会失去保证和规范,也会对政治权威形成威胁,使政治控制产生困难,将会带来政治的不稳定,那么,政治不仅不会发展,还会存在停滞不前甚至倒退的风险。同时,良好的政治秩序能够逐渐消除不良的社会秩序。

社会主义核心价值教育实效性体现为社会行为标准。社会行为标准属于微观角度,是基于微观评价的标准。一方面,社会主义核心价值教育的实效性的微观标准要通过政治道德主体的行为效果来测量,主要体现为在践行过程中行为主体的价值认知、价值认同和价值践行过程,表现为政治道德主体对政治道德规范遵守和高尚道德人格的践行过程是否与之相符,即行为上表现为政治道德主体是否能够自我约束,是否能够依据道德规范进行理性规范,进行理性思考与约束,自觉自愿地以此来约束、控制、制约自己的行为,能够按照社会规范和道德要求来规范自己的行为。另一方面,表现为社会主义核心价值教育工作的某一个具体的过程,即体现在目

---

[1] 李景国:《对社会主义核心价值体系建设效果评价的思考》,《探索》2013 年第 4 期。

标行为和过程标准中，以社会主义核心价值教育过程中的目标行为的改变为标准确保教育的效果，在教育的过程中必须以目标行为和过程为标准不断地进行调控。以目标行为和过程为标准，检验社会主义核心价值教育人民群众的过程、状况、效率和达到的程度。因此，目标行为标准是社会主义核心价值教育实效性的自身检验。

第二节 网络时代社会主义核心价值教育实效性评价的原则

对社会主义核心价值教育实效性的原则主要表现在以下几个方面：

一 科学性原则

教育评价活动具有复杂性。理论界不少学者仍在不停地反思，作为一种主观性很强的价值判断，教育评价到底有无科学性可言。[①] 我们认为，社会主义核心价值教育需要运用教育、心理测量等学科的相关理论，达到在认识上能够吻合客观规律、在方法上能够归纳经验，可以通过反复实验验证从而具有局部或全国推广的意义，使社会主义核心价值教育实效性的评价具有科学性。社会主义核心价值教育实效性的有效评价、制定评价指标体系的最基本原则就是科学性评价过程、评价方式和指标体系的设计既能揭示社会主义核心价值教育实效性的本质特性，又能反映社会主义核心价值教育的内在要求，遵守教育的规律性和反映社会主义核心价值教育的客观实际，便更科学地实施社会主义核心价值观的教育工作，以便取得更为乐观的效果。

二 客观性原则

社会主义核心价值教育的实效性评价必须采用科学的方法和技术手段进行整体考核和综合评定，必须保证客观、真实和公正。因为，社会主义核心价值教育的实效性关系到社会主义核心价值观的教育是否被人们所接受以及接受程度的大小。为了保持客观公正，就要求从评价人员的组成、评价程序的规定，再到评价过程的组织和实施，都必须坚持科学的规律，

---

① 刘尧：《论教育评价的科学性与科学化问题》，《教育研究》，2001年第6期。

认真负责的态度，从而确定科学有效的社会评价方法。那些感情用事、主观猜测，甚至是"拍脑袋"而得出的教育评价结果，这样的评价结果的使用则会误导社会主义核心价值教育的计划和实施，进而损害社会主义核心价值教育质量和实效。因此，社会主义核心价值教育评价活动中要确保方法有效，不搞形式主义，不搞花架子，尽量避免其他因素对网络社会社会主义核心价值教育有效性评价效果的干预、影响。

三 综合性与系统性原则

社会主义核心价值观的教育工作是一项复杂的、艰巨的工程，是一个广泛的、综合的、系统的范畴，社会主义核心价值教育实效性标准必须体现这种综合性与系统性，各个指标之间，要形成有机、有序的联系，从各个方面都要反映社会主义核心价值教育的进展情况和取得的效果，制定社会主义核心价值教育实效性的评价指标要反映社会主义核心价值观的系统特点，贯彻系统的思想，要充分考虑各要素之间的系统联系和协调发展。综合性与系统性结合的原则要求在评价过程中采用系统分析法。系统分析法是指根据系统论的基本原理，采用系统分析技术，对作为工程的社会主义核心价值教育的效果进行分析和评价的方法。运用系统分析法来评价社会主义核心价值教育的质量和效果，坚持将整体分析和相关分析相结合，一方面，将社会主义核心价值教育与人们的日常生活结合起来，把社会主义核心价值教育与人们的日常教育看成一个有机的整体，从系统整体的角度出发来检验和评价；另一方面，社会主义核心价值观与人们的日常学习教育之间存在着各种各样的相互关联性，这种相关性是多变性和多向性的，需要从其相关性的角度出发来分析。

四 针对性原则

由于地区、地域差异的客观存在，特别是我国东、中、西部的经济社会发展速度不同，网络发展状况也不同，人们对网络的认知和使用情况各异。为了体现社会主义核心价值教育的导向功能，设置社会主义核心价值教育应根据不同省市或不同地区的现实状况来确定不同的指标体系。针对同一地区的不同评价对象，例如，同一地区的中学之中也有重点中学、一般中学和农民工学校之别，这些不同办学层次的学校给每一个学生提供的学习条件、上网环境不同，或因学习内容而异，或因学习环境而异，或因时间变化而异等，都需要充分考虑社会主义核心价值教育受教育者和评价对象的差别，进行有效的评价。

五　可操作性原则

评价方法就是检验和评价所遵循的程序、途径和方式方法。众所周知，评价社会主义核心价值教育实效性的标准再好，再准确，但如果只是一种理论性的标准，没有可操作性，那么这个标准也是不可取的，也没有实际意义。一个指标的本质在于给具体的事物以明确的指向性和规定性。测量社会主义核心价值教育实效性的指标体系，应尽量简单明了，便于理解，易于操作；用尽量少的指标反映尽量多的内容，同时便于收集和计算分析。科学地展开对社会主义核心价值教育实效性的有效和客观评价，对推动社会主义核心价值教育的实效性，发挥社会主义核心价值教育的核心作用具有重要的意义。《国际教育百科全书》指出："在教育研究领域中，本世纪初就已经显现出两个主要范式之间的冲突。一种是模仿自然科学，强调适用于用数学工具来分析的经验的、可定量化的观察，研究确认因果关系并做出解释。另一种范式是从人文科学中推衍出来的，所注重的是整体和定性的信息以及方法说明。"[1]因此，按照功能和作用特点可以划分为定性、定量两大类。其中定性的方法主要有系统分析法、目标检验法、比较法等；定量的方法主要有效益评定法、接受程度评定法等。定性与定量方法相互补充，相互印证，在实际的操作中应将两者结合起来。

六　可测性原则

社会主义核心价值教育实效性指标的可测性就是指导评价的内容可以分解为具体的目的和目标，并能分类测量，还可作为实际数据的直接测量，便于操作，以获得明确结论。例如，可以用比较法来测量社会主义核心价值教育的实效性，比如，在对用社会主义核心价值教育之前和教育之后对人们的思想境界、行为习惯和价值观念的对比，测量用社会主义核心价值教育后人们的思想行为变化和价值观念转变，测量教育的实效性。

总之，评价网络时代社会主义核心价值教育的质量和效果是一项相当

---

[1] 胡森等：《教育大百科全书：教育研究方法》，张斌贤等译，西南师范大学出版社2006年版，第387页。

复杂的工作,需要科学地制定合理的标准和选择与之相适应的方法,并坚持将实事求是的精神和科学的管理方法结合起来。只有这样,才能得出客观公正的结论,进而促进教育的策略和方式在教育过程中采用更科学的方式方法,以取得更好的效果。

第三节 网络时代社会主义核心价值教育实效性评价的操作

一 评价的步骤概括

当然,对网络时代社会主义核心价值教育实效性的评价活动也不例外。其评价的具体程序和内容包括:需求评价、项目评价、项目过程评价、有效教育的社会效果和社会效益评价等。在网络时代社会主义核心价值教育实效性评价中,评价的步骤主要包括:

(一)对教育需求的评价

教育需求评价是用来回答对教育项目需求问题的一项评估性研究。需要评价首先需要诊断社会状况,包括对社会问题的充分诊断、对需求项目的目标人群的识别、问题的范围和发布状况、目标人群和需求的社会背景分析。需求分析的第一步就是社会问题的界定,即建构出一个社会公认的社会事实。需求分析的第二步就是将社会问题具体化,包括具体的项目、事件、时间、地点和范围等。接着就是运用现有的资料来源进行分析和判断,包括运用社会指标和社会调查数据来确认其趋势的发展。最后就是根据研究发现来确认问题参数,包括界定和识别干预对象,并描述需求的特征。社会主义核心价值教育实效性的需求评估,即对网络时代社会主义核心价值教育重要性、必要性、教育条件和需求程度的分析。

(二)对教育过程的评价

对网络时代社会主义核心价值教育过程评价一般是指评价教育项目的运作的情况、教育项目实现预期功能的程度,也包括教育项目是否按照预期的或者恰当的标准运行。在这里,教育项目的过程评价主要从评价对象的内心心理过程和外在行为方式来检测,即体现为社会行为标准,体现为在践行过程中行为主体的价值认同、价值认知和价值践行过程。教育的实施过程评价实质上是指在网络环境下对用社会主义核心价值教育过程中的效果和前景进行评判和预测，使教育的结果能够及时、科学、真实地反映教育的效果。

（三）对教育结果的评价

对网络时代社会主义核心价值教育是实效性的评价，包括社会影响评价和绩效监测，其目的就是检查教育活动是否达到了预期的效果。教育的效果、教育的技术手段、教育效果的微观和宏观变量是教育结果评价的主要内容。微观变量主要体现在教育对象的社会行为表现，宏观变量主要体现在社会影响和社会效果。具体表现为：对教育对象进行教育后产生的结果以及这些结果的持久程度，包括是否有效推动了人们对野蛮和愚昧行为和陈旧腐朽思想的改变、道德观念的更新、审美修养的提升、心理素质的提高等。

二 评价的方法选择

对于网络时代社会主义核心价值教育是实效性的评价方法，由于评价对象的不同，涉及的领域也包罗万象，对于不同的对象采用的方法也有差别。有学者总结出了纵横比较法、动静评价法、显性隐性评价法等。我们主要对如下几种方法进行介绍和分析。

（一）定性分析

1. 系统分析法。系统分析法也可称为分析综合法，是指根据系统论的基本原理，采用系统分析技术和方法，对作为系统的社会主义核心价值教育进行分析和评价的方法。主要有两种手段：整体分析和相关分析。所谓整体分析就是从社会主义核心价值教育的效果和结果，从整体的角度出发来检验和评价，主要是对社会主义核心价值教育的教育者、受教育者和社会环境，以及社会主义核心价值观的内容、社会主义核心价值教育的手段的相互协调、相互作用做一个整体的把握。而相关性就是把教育系统内的各个因素相关性进行系统分析。

2. 比较法。就是把不同地区、不同地域、不同水平的教育对象在受教育前的情况进行登记，然后对受教育者进行社会主义核心价值教育，对教育前后的结果进行对比分析，来确定教育的质量、效果和结果。

（二）定量分析

1. 接受程度评定法。社会主义核心价值教育的质量和效果如何，必然体现在受教育者的接受程度和认知度上。我们要运用教育测量学、教育统计学的知识和方法，对受教育者进行评价分析。一方面，我们可以全面掌握情况，另一方面可以对掌握的情况进行深入比较分析。可以采用问卷调查、量表分析、行为观察总结等方法进行前后对比分析，掌握实施社会主义核心价值观和社会主义核心价值教育时间前后受教育者的思想认知和行为表现发生的变化。

2. 效益评定法。效益这个词，一般是经济学管理学上的用语。对于社会主义核心价值教育来说，产出即是教育的效果和收益之和。所谓效果就是社会主义核心价值教育的有效结果；收益就是教育效果转化而来的精神和物质利益。所以，我们可以用社会主义核心价值教育对受教育者的生活产生的效果来估量。

3. 大数据方法。网络时代社会主义核心价值教育是实效性的评价高度依赖信息数据，应用大数据方法与技术收集、处理、分析受教育者在网络平台留下的数据，如在微博上的评论、网页搜索记录等，并对数据进行挖掘提取，寻找其中有价值的信息，为准确评价社会主义核心价值教育实效性提供数据参考和客观依据，从而帮助网络时代社会主义核心价值教育实施者有针对性地进行教育。

第十章　网络时代社会主义核心价值教育的实践路径

加强网络时代社会主义核心价值教育实效性是我们国家在社会主义文化建设方面的一项重要工作，为了把这项工作落到实处，就要采取运用富有成效的途径和方法，尊重并善用网络特点，特别是用好移动端的技术，把广大网民从旁观者变成践行社会主义核心价值观的积极参与者，点赞真善美，谴责假恶丑，曝光不文明现象，充分发挥群众力量和智慧，建立起社会主义核心价值传承的强大网军，使社会主义核心价值教育落实到国民教育全过程、落实到经济发展实践和社会治理全过程、落实到思想政治工作全过程，达到思想上自觉接受"培育"和行为上自觉融入"践行"的双重效果。

采取科学而有效的实施途径是网络时代社会主义核心价值观育人价值实现的重要保证，而青少年是祖国的未来，也是当前网络参与者的重要群体，因此要在网络时代的社会主义核心价值教育中重点抓好青少年的社会主义核心价值教育。为此，我们要在网络时代社会主义核心价值教育的主体、内容、平台、环境等方面予以深入探寻，综合利用这些具体途径，形成一个全方位覆盖、无缝隙对接的网络社会主义核心价值教育格局，从而达到网络时代社会主义核心价值教育的目标和效果。

第一节　网络时代社会主义核心价值教育的主体能力建设

网络空间的虚拟性特点决定了网络时代社会主义核心价值教育的主体是分散的，且具有较强的流动性和变化性。但是"在网络思想政治教育中，网络只是改变了思想政治教育主客体的存在方式及主客体相互作用的方式，并没有改变思想政治教育主客体存在的事实，网络思想政治教育仍然存在着思想政治教育的主客体。"① 因此,我们必须认同和肯定网络时代社会主义核心价值教育的主体是客观存在的。网络时代社会主义核心价值教育主体是指以网络为教育活动的基本平台,以网络受众为教育对象的社会主义核心价值教育的实施者和参与者。既有高校这样的专业化的教育机构,也有网络信息员、分析员、研究员、评论员等专业队伍,还有民间团体以及其他分散的个体。

一 形成网络时代社会主义核心价值教育的多维主体合力

以青少年网民网络时代社会主义核心价值教育为例,就具体包括对青少年网络受众进行家庭教育的家人、学校教育工作者、社会各界工作者和青少年自身等。因此,网络时代社会主义核心价值教育,首先必须加强这些不同主体自身弘扬和践行社会主义核心价值的能力,同时又要围绕促进青少年成人、成才这一核心主线,加强运筹协调,形成网络时代社会主义核心价值教育的主体合力。

一是要进一步发挥家庭教育作用。家庭是社会的细胞,是连接个体与社会的桥梁。良好的家庭教育,可以使个体在基本的道德观念上得到约束,并拥有进入社会的基本品质,对于弘扬和践行社会主义核心价值观具有独特的作用。对青少年来说,家庭是他们接受思想道德教育的第一所学校,其对一个人的世界观、人生观、价值观的形成起着重要作用。古云:子不教,父之过。古人历来强调家庭环境对子女的教育作用,有好的家风,就有好的家庭、好的风气传承。随着网络的普及,网络日趋成为家庭生活中必不可少的技术手段,但作为子女的第一任老师,不少家长缺乏对计算机互联网技术的全方位认识,有的家长将网络等同于游戏机,无限地扩大了网络的娱乐功能,将计算机网络技术视作洪水猛兽,却忽视了网络中所蕴含的丰厚的教育资源;也有一些家长,将计算机网络视为望子成龙的"灵丹妙药",试图通过网络使孩子的学习发展一劳永逸,反而忽略了互联网上大量存在的不良信息。家长的这些对待互联网的看法,都会在家庭教育过程中造成青少年对网络价值认知的偏差和缺位。因此,加强网络时代的社会主义核心价值教育,对于家庭而言,首先要提升家庭的网络信息素养。帮助青少年家庭建立起适应网络社会发展时代要求的现代化教育

---

① 骆郁廷:《论网络思想政治教育的主体与客体》,《马克思主义与现实》2016 年第 2 期。

体系。要开展如网络公开课、送技术进社区和"进家庭"活动，加大对青少年家长的现代信息技术帮助和社会支持力度，提升青少年家长的信息素质与人文素养，鼓励家长强化与青少年的在线沟通和情感交流，拓展和深化青少年家庭教育的范围，从而用正确的世界观、人生观和价值观引导和教育子女，用自己的行为为他们做出好的表率，使家庭教育在其品质和人格形成中发挥积极影响，强化网络时代社会主义核心价值教育的效果。

二是强化高校在网络时代社会主义核心价值教育过程中的主阵地作用。高校作为专业化、机构化的教育组织，是社会主义核心价值教育的前沿阵地，在大学生的核心价值观形成过程中发挥着独特的作用。高校领导班子应充分重视网络时代青少年的核心价值教育工作，坚持将社会主义核心价值观的践行贯穿到学校的教育工作中，进一步发挥自身优势，努力把青年大学生培养成为中国特色社会主义事业的建设者和接班人。要进一步繁荣高校的哲学社会科学，加大对马克思主义理论学科建设与机构建设的扶持力度和政策倾斜，建立经常性的有关社会主义核心价值观主题的报告会、座谈会等正面教育形式，开展课堂教学、党课、专题讲座和网络教育等。坚持对学生进行爱国主义教育和优秀传统文化熏陶。要加强高校网络思想政治教育队伍建设。邓小平同志曾经指出："一个学校能不能为社会主义建设培养合格的人才，培养德智体全面发展、有社会主义觉悟的有文化的劳动者，关键在教师。"[①] 国家兴衰，系于教育；教育大计，教师为本。因此要依据网络技术和网络时代思想文化特点，对思想政治工作队伍进行必要的调整、充实和提高，塑造一批政治素质过硬、思想道德品质优秀、现实问题分析能力强、责任意识和忧患意识高并充分掌握网络意识的思想政治教育工作者，为既具备马克思主义理论和共产主义理想信念，又具备良好业务素质的学者和教师予以施展才华的合适岗位，给予其充分的空间，使他们能够并且敢于讲出正确的政治立场，彻底改变高校意识形态工作中所存在的"红就是'左'，'左'就是错"的错误观念；同时积极利用互联网信息技术，通过移动智能终端进行新型的信息传播，使主流意识形态的传播更具现代阅读习惯，使广大高校师生以生动形象和更具趣味性的接受核心价值观的宣教；从而使网络时代高校的社会主义核心价值教

[①] 《邓小平文选》第 2 卷，人民出版社 1994 年版，第 108 页。

育内容结构融通中外、雅俗共赏,使党的声音更富时代特色、为高校师生喜闻乐见,以"讲得出、讲得明白、听得懂的方式"向师生传播"正能量",使主流意识形态在碎片化信息充斥的大数据时代能够实现与普通师生的交流对话,真正使主流意识形态可"内化于心、外化于行"。

三是提升社会在网络时代社会主义核心价值教育的"大课堂"作用。社会教育是社会主义核心价值教育的重要组成部分,也是对学校教育和家庭教育的强化和补充。首先,社区作为人们共同生活的区域,对人的一生的影响是深刻而广泛的。青少年的生活范围除了在学校之外主要在社区(城市与农村)之中,社区内良好的教育环境、社区内居民积极的价值观和道德观以及社区氛围的健康向上,有利于引导青少年积极践行社会主义核心价值观。"我国的社区教育,充分体现'人民教育人民办,办好教育为人民'的精神,重视实现学校、家庭、社会的德育一体化,注意发挥其社会主义精神文明建设载体的作用,实现教育社会化和社会教育化。"[1]相对于家庭、学校、单位而言,社区在青少年社会主义核心价值教育上,主要是通过结合社区的文化传统、道德规范、社区风气、人际交往而展开,从而促进青少年对社会主义核心价值的认知和接受,其具有具体生动、交往自由、形式多样的特点,容易渗透到人们的思想当中,因此要积极开展多种多样的社会主义核心价值观创建活动去吸引群众投入和参与,提高全社区居民的素质和文化水平,提升社区居民的文化生活质量。其次,要发动和依靠社会各界力量挖掘社会教育资源,运用网络平台在社会广泛宣传道德楷模,优化社会环境,开展有利于青少年成长、有利于提高社区成员精神文明水准,进而促进学校教育、家庭教育、社会教育的有机结合。

四是激发受众在社会主义核心价值教育过程的主体性。青少年开展自我教育是网络时代社会主义核心价值教育的落脚点。主体性在哲学意义上一般是指主体对客体改造的对象性活动中所展现出来的特性,突出地表现为主体的自主性、能动性和创造性。"在一个有效的思想政治教育过程中,教育与自我教育是相辅相成、相得益彰而有机统一在一起的。"[2] 青少年作为社会主义核心价值教育的客体时,并不是完全消极被动地接受教

---

[1] 叶立安:《社区教育简明教程》,华东师范大学出版社 1998 年版,第 42 页。

[2] 张耀灿:《现代思想政治教育学》,人民出版社 2001 年版,第 395 页。

育影响的，而是积极主动地对教育影响进行理解、筛选和吸收，他们在内化与外化过程中经历着价值认知——价值评价——价值选择——价值实践的过程，也就是说，他们也在社会主义核心价值教育的影响下不断地进行着自我教育。青少年要利用网络不断汲取新的知识，把握时代脉搏，发掘自身内在的不断创新的需求，激发积极进取的学习生活热情。同时启发青少年提升从网络"自律"升华到网络"慎独"的修养境界，引导青少年反思自己的行为，主动地克制不健康词句与情感的网络宣泄，在此过程中把握自己的道德需要，明确自己的道德权利和义务。通过自省，改变自己不良的道德恶念与陋习，自觉规划、自我完善与发展，发展自身的德性，提升自己的社会使命感，最终将贡献个人价值与国家民族的前途命运结合起来，以主人翁的姿态参与到学习工作中去，发挥社会主义核心价值的激励作用，最终成为对祖国、社会和人民有益的人。

二 增强网络时代社会主义核心价值教育的主体认知能力

网络时代社会主义核心价值教育的主体要发挥引领作用，就必须使自身成为网络社会信息量占有的优势者、科学思维和方法的掌握者、思想困惑的解决者、达成价值共识的号召者。要在全面认识网络的基础上深刻地理解社会主义核心价值教育工作。所谓核心价值观，简单来说"就是某一社会群体判断社会事务时依据的是非标准，遵循的行为准则。"核心价值教育，就是要使核心价值观内化为社会公众所自觉坚持的主导意识形态，在当前条件下，进行社会主义核心价值观的教育，就应该认真研究当今社会特点，并利用网络的优势发展社会主义核心价值教育工作，使社会主义核心价值教育工作达到预期的成效。

以互联网为代表的信息革命已经并正在改变人类精神生活及物质文明的几乎一切领域，有学者宣称互联网是人类继"知道用火"之后，又一次对人类社会造成革命性转变的重大科技事件。因此，也可以认为20世纪互联网信息科技的发展，远比18世纪工业革命对人类社会的冲击更为巨大，影响更为深远，意义也更为重要。其影响涉及社会结构、政治形态、思想观念、文化传统、交往方式、管理模式、经济体制、教育体制等诸多方面，几乎无所不及。在经济领域，它突出了知识、信息的价值，有利于广泛、迅速地传递信息；在政治领域，它用来在政府与民众之间进行沟通，充分发扬公民的民主权利，提高政府机构的办事效率，提高其科学管理及决策的水平；在社会领域，人们的社会交往、活动方式也都出现了引人注目的改变，人际交往在广度和深度上，将大大超越现实社会；在科教领域，它方便人们查询、利用各种信息资源，进行科研合作、远程教学、医疗会诊；在生活领域，它可以实现电子购物、虚拟旅游、交互式娱乐。总之，互联网正以极快的速度，把社会各部门、各行业以及各国、各地区连成一个整体，形成了所谓的"网络社会"。现实生活将在很大程度上依赖网络，甚至可以说如果离开互联网，现实社会生活有可能陷入瘫痪状态。换言之，互联网及互联网所架构的网络将使人类社会更人性化，而个人生命的存在价值，也将获得无限的提升从而更被强调、重视。

在思考互联网为代表的信息技术为现代社会的巨大影响时，作为思想政治工作者，有必要研讨其对政治文明、制度文明和意识形态文明所产生的重要影响，全面了解网络时代社会主义核心价值教育。随着信息革命的发生，权利或力量正在发生转移和重组，权利或力量作为一种有目的的支配他人的力量，通常是由暴力、财富和知识三个要素组成的。在不同历史阶段中，这三个要素的地位是不同的。在漫长的农业文明中，暴力起着主导作用，这是人们榨取财富、扩大权力的主要基础。在工业文明的早期，财富日益增加权力的筹码，它渐渐成了权力、地位的象征，成了控制社会的主要手段。而正在到来的信息文明，其最显著的特征就是知识的急剧膨胀与迅速传播，即所谓的知识和信息的"大爆炸"。所以权力和力量将由金钱向知识转移，谁掌握了大量的知识信息，谁就能在未来的世纪中获胜，无论对一个国家、一个地区，还是一个人来说，都是如此。而量大面广、分散使用的互联网系统却可能加强个人独立自决的权利。互联网可以大大改变军事平衡、政治选举，甚至决定解决政治问题的方式。[①]

对于核心价值观的教育而言，在互联网技术的推动下，在技术上，教育者可以实现与受教育者之间的无障碍沟通，可以不受时空限制地将其想要灌输的内容传授于受教育者。但是由于网络世界的虚拟性，教育工作者不可能掌握受教育者的准确心理状态，自然也就不能根据个体学习的需要而采取进一步的更加直接性的教育。这就需要借助互联网的交互性，进一步了解受教育者的思想动态，并为形成经验，概括规律。充分利用互联网

[①] 杨立英、曾盛聪：《全球化、网络化境遇与社会主义意识形态建设研究》，人民出版社2007年版，第302页。

传播速度的高速性，建立教育信息反馈机制，为准确及时了解受教育者的思想动态，并为相应做出适时的变化方案打下坚实基础。因此，做好互联网信息时代的社会主义核心价值教育工作，要确立现代信息观念。要把握互联网的基本信息和功能，深刻体验交互性、超链接、平等性、多边性、学习性和开放性等现代含义，推进社会主义核心价值教育工作的改革，加强服务、突破传统、善于创新。

作为网络时代的思想政治教育工作者，要积极推进网络社会主义核心价值教育有效性的发展。党员干部、高校师生、记者传媒等主体必须主动走进网络，转变教育观念。网络对受众的影响不仅仅是由于信息的开放性，更为明显的是受教育者在认识事物的能力上，表现出更强的独立性。要以教育为引导的方式替换传统简单的灌输方式，只要求受教育者简单服从是非对错，会使社会主义核心价值教育工作停留在较初级阶段，面临失去活力的危险。因此，传授辨别的结果应该低于对教育者辨别事物的引导上，这才是社会主义核心价值教育工作的重心。在教育的过程中，通过互联网互动平台，运用信息网络技术手段，借助图片、文字、影像等资源。将有关政策、喜闻乐见的素材和主流价值材料上传至网上，让受众阅读、下载，使社会主义核心价值能够以更加鲜明、更加活泼、更加贴近人们心声的方式，传达给更多的人，以此达到弘扬和培育社会主义核心价值的目的。这种网上核心价值教育，既能够正面引导当代社会思潮，又能够将针对性的反面教育通过利用社会上的错误信息展开。使用通俗易懂的方式来引导受教育者用科学的观点分析这些现象，巩固和完善他们的理想和信念，帮助他们确立正确的价值观。

网络时代社会主义核心价值教育的主体应利用网络了解受众心理。教育者可以关注网上信息，参与微博上有关问题的讨论与受教育者展开针对性的对话等。这样，一方面，受教育者的思想倾向能够被更加直观的了解，受教育者的心理变化规律也可以被更加科学的把握。另一方面，由于教育者与被教育者之间的隔膜被网络冲破，受教育者更容易认可教育内容。将相关网站的站栏中设置相应教育的内容，供受教育者们浏览，例如在网民喜爱的站栏中设置教育内容供他们阅读，有针对性地引导他们；安排专门人员与受教育者通过设立运行网络咨询室等板块进行交流，沟通他们所关注的热点问题及在网络上传播的有关信息，这种发展方向将在未来得到进一步实践落实。

三 运用互联网思维推进网络时代社会主义核心价值教育

在对互联网时代社会主义核心价值教育有了进一步深入的了解之后，我们应清醒地认识到互联网已不仅是一种传播方式和途径，在互联网背景下形成的互联网思维已在潜移默化中影响着人们的思考方式，以先进的、超前的、用户至上的思维模式为辐射方式，不断在人们的生活中产生日新月异的影响。"互联网思维"，即必须适应新兴媒体即时和海量传播、平等和互动交流的特点，改变单向传播、受众被动接受的方式，注重用户体验，满足多样化和个性化的信息需求，充分运用大数据和云计算，重视首发首播，借助商业网站的技术好平台，扩大移动终端的覆盖面。互联网的传播方式从传播主体到方式、路径均为发散式的。① 因此，网络时代产生的一些前所未有的问题需要网络思维予以解决，网络时代的核心价值教育，也需要我们在具体的方式上融入互联网思维，以互联网思维推进网络时代社会主义核心价值教育的创新。

首先，应实现观念的创新。马克思指出："最先进的工人完全了解，他们阶级的未来，从而也是人类的未来，完全取决于正在成长的工人一代的教育。"② 目前，我国国内网民的发展呈线性增长，核心价值教育工作网络与政府机关、家庭、商店相连，使社会主义核心价值教育工作直接面对的社会人数出现几何级数的增长。而且由于网络技术的发展，经济实惠的网上电话、网上传真、网上会议、网上寻呼又为社会各界参与核心价值教育工作提供了技术支持。传统的核心价值教育，较多使用摆事实、讲道理的教育方法，受教育者获取信息的渠道主要是面对面上课和个别交谈，教育者通过课堂宣讲、个别谈心、座谈讨论等面对面的形式，对受教育者晓之以理、动之以情，从而促使其提高认识，进而解决问题，信息的传输是单一的渠道，这些方式具有针对性强、反馈及时等优点。然而在网络时代中，教育主体、客体、环体、介体都发生了巨大的变化，传统的价值观教育的一些方式在网络环境下难以发挥显著的作用，反而会适得其反，引起人们的逆反心理。因此，互联网时代的社会主义核心价值教育要充分融入互联网思维，以受教育者的感受为中心，以广大网民喜闻乐见的方式提

---

① 陈力丹：《遵循规律，建立现代传播体系》，《新闻与写作》2014年第9期。
② 《马克思恩格斯全集》第十六卷，人民出版社1964年版，第217页。

供教育内容形式。在具体细节上，应对社会主义核心价值观倡导的内容进行进一步解剖、分析、深加工，将一个个宏大主题具体化、社会化、生活化，使其可知、可感、可读，才能在众声喧哗的网络世界中不断吸引公众的眼球，才能在润物细无声中影响公众、弘扬主流。

其次，应突出内容的创新。一种价值观要真正发挥作用，必须融入社会生活中，让人们在实践中感知它、领悟它。在社会主义核心价值教育中融入互联网思维，就应使教育内容充满以用户体验、平台共享和人格魅力为核心理念的互联网思维，将社会主义核心价值教育落实、落细、落小，才能使其落地生根，"入脑入心"。在具体的活动中，应将传统的"你问我答"式的思想教育转变为"一起问一起答"的方式，从广大网络使用者的角度出发，重在使他们在教育过程体验中互动，互动中得到快乐，从"独乐乐"变为"众乐乐"，自然会分享、转发，从而产生"互文体验"和"互粉效应"。网络的开放性很大程度上表现在网络资源的共享性上，因此，在核心价值教育进程中，应用网络上的资源共享打破传统的教育垄断，使网络成为有共同兴趣的"小伙伴"的集合平台，从而将互联网上更多的"点赞之交"聚集起来，实现正能量的价值观相互传递，接力传播。进一步加强网络社会主义核心价值教育内容的人文关怀性，无论是传统思维还是互联网思维，核心都是人格的魅力，是内在道德力量的释放。在网络世界中，只有真正的存在人文关怀才有感召，有内在美才有吸引，群众认同才会点赞，才会加关注。感动你我，感召吸引着线上线下的关注互动，也为社会主义核心价值观@到了一批崇尚真善美、传播正能量的"特别关注"铁杆粉丝群。

最后，应充分反映在对互联网技术的应用上。在网络时代，要达到比较好的教育效果，教育者和受教育者必须处在一个平等的地位，这既是网络本身发展的要求，也是社会主义核心价值教育民主化的要求。因此社会主义核心价值观的教育若想在网络世界中提高实效性，必须包装教育行为、屏蔽教育动机、以全面辩证的思维方式、平等友好的待人态度、接近受众的语言风格、潜移默化地达到教育的目标。要实现这一目的，必须充分利用网络提供的技术平台，应用互联网的即时到达、移动互联、海量信息、多媒体传播等技术特质，通过构建手机、客户端、微博、微信等信息传播阵地，特别是充分运用自媒体和社交平台，通过使信息内容故事化、视频化，传播渠道垂直化、平台化，终端发展移动化、社交化，信息传播对象化、分众化，可以构造出覆盖人们视觉、听觉、触觉等全部感官的随时、随地、随身的"立体全息"传播环境。利用互联网所衍生出的"大数据"功能，构建并完善专业化、规模化的数据库，以定量性的方式分析网民的价值取向、关注热点、行为偏好，在此基础上通过量身定做、精准投放的内容精加工，实现内容与用户的有机智能适配，点对点地、及时准确地把特色信息、客观内容和正确观点送到每个用户身边，积极抢占信息传播第一落点，有效提高社会主义核心价值观的覆盖面和到达率。

第二节 网络时代社会主义核心价值教育的内容拓展

网络时代青少年社会主义核心价值教育的重要目标就是将社会主义核心价值观转化为网络的日常价值观，使其在网络时代的线上线下生活可以社会化、大众化、常态化，从而使其根植于公众内心深处，成为公众乐意自觉遵守和维护的共同价值取向、价值追求和价值尺度，真正转化为网络时代人们的社会公德、职业道德、家庭美德和个人品德。要实现这一目标，必须进一步拓展社会主义核心价值观的教育内容，以网上网下的各种实践活动和文化活动为载体，引导人人参与、人人体验，逐步达到人人知晓、逐步认同、形成信仰。

一 实施网络时代社会主义核心价值教育的精品工程

网络时代社会主义核心价值教育的精品是在网络空间被广泛传播、广泛认可、能够实现弘扬主旋律的优秀内容与载体的统一。"所谓主旋律，是指社会道德和价值观念在终极意义上的理想指向的统一性、目的论意义上的一致性和普遍表现形式上的共同性，这就是在我国社会居主导地位的以人民利益为价值指向的、把个人与集体紧密结合起来的集体主义道德。"[1] 在全社会共同价值目标的指引下，个体所具有的价值选择的具体多样性和实现自我价值目标的相对独立性并不排斥在主旋律之外，而是以"一条大河波浪宽"的所谓价值凝聚形式代表了广大社会个体的共同意愿和理想，从而为每一个社会成员提供合理的可操作性的价值导向。因此，作为思想政治教育工作者，在网络时代面对多元化的价值取

---

[1] 张晓乐：《从规律高度把握好"光国之魂"》，《学海》2014年第4期。

向，必须增强自信，在网络境遇中主动操持，积极唱响网络核心价值教育的主旋律。

要加强社会主义核心价值教育内容的精品建设工程，支持网络优秀作品的创作与推广，打造优秀的社会主义文化传播精品。网络精品文化，就是在塑造网络文化时体现出中国气派、中国精神，并取得社会以及广大青少年高度认同的文化。精品文化具有鲜明的立场问题，就如习近平同志强调的："必须解决好'为了谁、依靠谁、我是谁'这个根本问题。"只有解决好党性与人民性相统一的问题，我们党才能更好地带领人民同心同德、共同奋斗。应当看到，网络文化对精品文化最大的冲击力是破解了对精品的敬畏心理，中断了社会大众的精品信任情节，让享乐成为时尚，易导致人们缺乏理想信念和精神追求。可见，网络文化必须走社会主义健康文化方向，加强精品建设，支持网络优秀作品创作与推广。随着网络文化形态的不断涌现，其对青少年德育工作的引领作用、宣传作用和氛围营造作用也不断显现，因此要做好青少年网络德育工作，必须打造网络文化精品。

网络时代社会主义核心价值教育的精品应以宣传主流价值观、倡导网络自律为自身的价值取向。虚拟网络空间的出现伴随着网络价值规范，由于在一定程度上取自现实的价值规范，虽然二者之间有着实质性的区别，但一个单独适用于网络世界，靠完全否定现实的价值规范而建立起来的全新的价值观并没有客观存在。现实世界的社会价值观是人们通过长期的社会实践活动形成，它能够有效地规范和引导人们日常生活的言行举止。而网络使用者们自认为现实生活中的各种约束因为互联网的虚拟性而得到了摆脱，现实社会中的价值观在网络世界中可以被摒弃。然而，人们的网络社会行为正是现实社会的投射，二者具有本质同一性，既遵循现实社会价值规范，也随即建立起一套价值观适用于网络社会发展。因此必须加强互联网中价值规范教育力度，强调统一性时时存在于现实与网络社会价值观念的发展中，网络社会中的核心价值教育手段和措施可以从现实社会中借鉴，保证受教育者核心价值观规范的教育与获取网络信息并存并举。

二 整合网络时代丰富的文化传播资源展开涵养教育

习近平同志强调："培育和弘扬社会主义核心价值观必须立足中华优

秀传统文化"。① 对社会主义核心价值观的凝练是在长期的社会主义建设过程中形成的，其是社会主义意识形态的精髓，是具有真正目标性、理念性的价值观，是可以振作精神、引领方向、凝聚人心的理念。因此，优秀的传统文化教育、革命道德教育等，都与社会主义核心价值教育在本质上是一致的。网络时代的快捷、共享特性使得中华民族历史上曾经活跃的各种传统文化资源能够"活化"并被广泛传播，人类社会创造的一切文明成果在网络上的传播，可以为我们所学习借鉴。因而运用多种优秀的网络文化传播资源进行涵养教育，可以提升受众对社会主义核心价值的认同感。

加强网络社会主义核心价值教育，必须坚持文化育人思想。首先必须坚持社会主义先进文化的发展方向，唱响网上思想文化的主旋律，努力宣传科学真理、传播先进文化、倡导科学精神、塑造美好心灵、弘扬社会正气；其次应提高网络文化产业的规模化、专业化水平，用现代运营手段经营网络文化产业；最后应把博大精深的中华文化作为网络文化的重要源泉，推动中国优秀文化产品的数字化、网络化，加强高品位文化信息的传播，努力形成一批具有中国气派、体现时代精神、品位高雅的网络文化品牌，推动网络文化发挥滋润心灵、陶冶情操、愉悦身心的作用。

加强红色网络资源建设，要发挥以弘扬革命传统为主要宗旨的红色文化在提升受众主流价值的认同感的作用。要进一步推进网络文明建设，营造健康有序、文明和谐的网络环境，坚决抵制"庸俗、低俗、媚俗"之风和边缘化价值观在网络环境中的蔓延，增强主流价值观教育，就必须积极加强旨在弘扬红色文化的红色网络资源建设。文化管理部门及社科部门应高度重视红色网站建设，筑红色网络平台，构建网络爱国主义教育基地，把红色网站建设列入校园文化建设中，进行总体规划，加强对人力、物力、财力的投入，颂红色经典，将不朽的红色影音作品和文字作品放在互联网平台上；重视提高红色文化传播者的素质，撰红色博文，号召网民参与撰写有关红色记忆、红色人物和红色事迹的博文。在教育中遵循主导性与多元性相结合、自主选择与积极引导相结合、价值引领与需要满足相结合的原则，引导网民积极关注社会主义核心价值观，使青少年成为红色网站的建设者、实践者和传承者，提升网民对社会主义核心价值的认同。

---

① 《习近平谈治国理政》，外文出版社2014年版，第163—164页。

要把优秀传统文化传播的内容结合实际和时代的元素，赋予优秀传统文化新的时代内涵，使之更加贴近青少年的生活学习，从而真正融进青少年的心间，强化青少年对社会主义核心价值观的认知认同、情感认同和行为认同。

三 拓展网络时代社会主义核心价值教育的实践内容

对社会主义核心价值观的教育要实现"融于有意、化于无形"的目的，就必须将社会主义核心价值观贯穿于社会实践活动之中，以丰富的实践作为社会主义核心价值教育的载体。整个社会氛围应进一步弘扬包括尊敬师长、孝敬老人在内的价值文化，使良好的社会风尚成为青少年社会主义核心价值教育的先决环境；学校应充分发挥学生处、团委等学生管理部门的作用，动员学生会、研究生会、各类协会等学生自治组织广泛组织各类寓教于乐的活动，如革命老区学习考察、暑期社会调研、文艺演出联欢会等活动，通过网页、微信等新媒体渠道，扩大活动的参与面和影响力，将大部分同学组织起来参与其中，使得青少年学生普遍地受到锻炼、得到教育；企业等其他社会机构，在对青少年求职考核过程中应加强对其德行方面的考察力度，采取"德才兼备、以德为先"的人才考核机制，强化青少年群体对社会主义核心价值观的践行力度。

要通过网络思想政治教育等实践，努力提升网络受众的媒介素养，提升网络受众特别是青少年的信息选择能力。媒介素养是指个人有效运作媒介的能力及对媒介信息的阅读和辨别能力，当中包含了能够不受大众传媒的操纵和蒙蔽的能力。要在继续发挥课堂教学主导作用的基础上，设置传媒教育课程加强青少年的媒介素养教育，提升青少年的信息获取、分析、处理、应用的能力，适应信息爆炸时代的高速度、快节奏和未来社会对人才的要求。引导青少年树立正确的网络人际观，使青少年拥有良好媒介素养，能够洞悉媒介内容的制作意图，批判吸收，拥有对不良信息和文化的辨别力。

第三节 网络时代社会主义核心价值教育的平台搭建

目前，我国在网络的硬件软件设施上发展迅速，但是对社会主义核心价值教育工作平台的搭建还存在着诸多不足。近年来，针对青少年群体、并由青少年参与设计的红色网站有所发展，诸如清华大学由学生党员、党课学习小组和入党积极分子创办，旨在提升广大同学理论学习热情的"清华大学学生红色网站"。但是从整体来看，数量不多，功能较为单一，网页浏览速度慢，网页栏目内容很多处于"内容待建设中"，页面多为理论性文字，可读性不强，无法吸引网民的注意力，从而削弱了社会主义核心价值教育的实际效果。为此，我们需要搭建内容更丰富、功能更强大的社会主义核心价值教育平台，引导网民正确对待网络虚拟世界，合理使用互联网、手机以及微博、微信等新媒体。

一 前提：网络时代社会主义核心价值教育平台的技术支持

网络归根结底是一种技术手段，其本质是通过字节实现文本的生产，并通过字节的传播转变为文本传播媒介，随着网络的普及并与移动终端相结合，逐渐成为了人们信息传递和交流的首要手段。随着云储存技术的发展，网络传播逐渐演变为以全球海量信息为背景、以海量参与者为对象。网络技术的这两项特征则直接推动了网络社会价值观的变迁与发展，人们从信息的接受者变为信息的发布者，各种价值观念跟随文本随意链接以不同意义进行传递、交流，直接或间接地对整个社会思想文化产生影响。因此，若想推动网络时代社会主义核心价值教育的发展，应重视网络的技术性特征，不断改进技术手段，为有效推进核心价值教育提供技术支持。

推动网络技术发展，首先应加大投入，优化网络运转环境。提升社会主义核心价值教育要求在网络时代下营造有利的网络运转环境。网络时代进行社会主义核心价值教育最普遍的运转模式是网民们通过上网搜索并在极短时间内获取自己所需要的信息，而这些所被获取的信息是由网站传输供应的，是网站工作人员利用网络便利性快速上传。由于在目前商业化发展的大环境下，大部分资源配置方式以原始利益为驱动力，这就造成了社会资源投入量的多少并不以项目本身价值的多少为基础。虽然社会上的主流力量已经开始逐渐重视社会主义核心价值教育，但资金投入仍然不高。同时，由于社会主义核心价值教育网络平台刚刚起步，技术储备存在严重不足，技术投入也后继乏力。经调查发现，在已设置好了的与核心价值教育类有关的网站和网页上，还普遍存在教育视频卡顿，打开页面浏览链接失败等现象。在马列经典书目浏览栏中，往往只有书的简介、目录等简要介绍，完全缺乏对书中内容的展示宣传，这在客观上严重影响了教育效果。为了改善这种不利局面，就要大力优化相关网络运行环境，加大技术、资金、信息等要素的投入力度。

其次，应提高应用，普及网络教育模式。不同于传统的教育模式，在互联网快速普及的大环境下诞生的新兴教育模式——网络教育具有明显优势。首先，它极大地克服了时间和空间上的障碍，受其影响相对较小。其次，它能采用更加灵活多变的形式进行教育。为了弥补社会主义核心价值观的教育互动性受到一定范围限制的不足，应该大力采用网络教育技术来实现最大化的信息资源利用率。所以，要鼓励引导相关网站设立含有教育视频、经典原著选读、专题讲座等站栏的教育主页。另外，为使教学双方能够充分开展互动，还可以设置互动讨论区，建立成熟网络途径使受教育者与一些专门聘请的专家学者通过视频互动解决所遇难题，并且双方可以进行无障碍地咨询、讨论、发表个人观点。综上所述，培养受教育者的自主学习能力依仗于网络教育模式的应用提高，从而普及社会主义核心价值教育。

最后，完善功能，确保监管设施齐备。由于开放性和便利性是互联网所兼具的特点，所以利用网络平台最大范围地传播社会主义核心价值教育的同时，其也作为载体使消极、反动的思想蔓延开来。为了最大限度地杜绝消极思想的传播，应用好法律武器，依法有效地监管制裁网络行为，同时要加强相关宣传教育，提高网络使用者的法律意识和观念，营造遵纪守法的网络环境。网络虚拟社会是现实社会的延伸，不是法律之外，法治精神必须坚持，要有法律思维，法律法规必须遵守，现实社会不能做的事网络社会同样不可为。要用法治的思维、法治的精神和刚性的法律规范来衡量每一个网民在网上的言行，推进网络社会法治化。网民要自觉学习法律、尊重法律、恪守法律，学会运用法律，重诚信、守纪律，始终牢固坚守网络安全的法治屏障，不断提升网络环境下社会主义核心价值的践行执行力。除此之外，网页的制作、视频多媒体技术服务功能等还需不断丰富和完善，网站的技术水平还要不断提高，使成熟过硬的网络技术成为社会主义核心价值教育网络化发展的坚实保障。同时通过保护伞软件、病毒防火墙、木马监控等一系列技术手段，检索删除网络上的黄色信息、暴力信息、反动信息等垃圾信息，从而使网络上的社会主义核心价值教育良性发展得到维护。

二 目标：建成一批有影响力的社会主义核心价值教育网络阵地

习近平同志曾经指出，一种价值观要真正发挥作用，必须融入社会生活，让人们在实践中感知它、领悟它。因此，在进行社会主义核心价值教育的进程中，要利用各种时机和场合，形成有利于培育和弘扬社会主义核心价值观的生活情景和社会氛围，使核心价值观的影响像空气一样无所不在、无时不有。2015年1月19日，中共中央办公厅、国务院办公厅下发了《关于进一步加强和改进新形势下高校宣传思想工作的意见》，意见中明确要求推进校园微信公众账号建设，运用新媒体加大大学生思想政治教育。在网络时代的今天，门户网站等网络平台成为讯息传播的重要场域，网络阵地无疑在社会主义核心价值观传播中发挥着极为重要且无可替代的作用。而从传播学上讲，网络阵地具有群体性传播的优势，通过其可以实现观念传播的生活化、日常化、弥散性以及双向性、私密性。因此，要健康建网，努力建设一批高浏览量的核心价值教育主流阵地，建成一批有影响力的社会主义核心价值教育网络阵地。要将门户网站视为网络时代社会主义核心价值教育的重要载体，建设一大批定位准确、可持续发展的、有影响力的社会主义核心价值观宣教网络平台，将极大地提升社会主义核心价值教育的实效性。目前，人民论坛网、光明网文化论坛等一批网络平台形成了聚焦时事论坛、展示文化前沿的有自己影响力和特色品牌的思想论坛。要继续学习这些优质论坛建设的经验，建成一批有影响力的社会主义核心价值教育网络阵地。

首先，应建设定位准确的网络平台。一个成熟网站的定位目标应根据当前社会的发展需要并结合实际情况，不断做出调整完善。这就要求远期和近期发展目标应纳入社会主义核心价值教育工作网站的考虑范畴。提供及时、准确、内容丰富的信息资源是网站的最基本功能，因此，当前国内的网站多以综合性门户网站为主，以此使其信息容量更大、更全。与之相比，专一性的专业性网站少之又少，而有关社会主义核心价值教育的专业性网站则寥寥可数。在推进社会主义核心价值教育的进程中，要利用网络良好的群众关系基础、理论工作实践、丰富的新闻资源等传统价值观教育过程中所积累的宝贵资源，必须构建相应的专业性网站，使社会主义核心价值教育的声音可以强有力地发出。首先必须明确网站的层次结构，把网站结构从整体上构思好。为了明确所需要的信息资源的具体位置，网民们一般通过像目录一样的导航栏来了解网站概况。所以首先要把焦点链接设置在确立好的导航栏上来吸引读者的注意力。根据社会主义核心价值教育工作的客观实际，作为核心价值教育类网站特点的核心价值理论应被优先设置，其中可以有理论研究、重大理论、重要会议、经典著作等。体现出核心价值教育的工作性质及网站特色的另一方面是文化建设，其主要有立足个人工作生活基础之上的文化发展评比、列举优秀人物等。

其次，建设可持续发展的网络平台。网站的发展建设是漫长的、不断向前推进的过程，创新和与时俱进是网站的生命力所在。只有建设运行，缺乏维护更新是没有出路的发展模式。所以在对网站进行设想规划的最初时期，就应缜密规划其未来，使之能够适应时代的发展，具备较大的开拓空间。据 CNNIC 的统计报告，截至 2016 年 6 月，中国"CN"域名总数为 1950 万，半年增长 19.2%，占中国域名总数比例为 52.7%；"COM"域名数量为 1094 万，占比为 29.6%；"中国"域名总数达到 50 万。① 网站的正确推广可以使网民在数以万计的网站中及时检索到你的网站，并得到认同。互联网最吸引人的地方是它大大减少了信息获取和发布的成本，网络就具有其他宣传平台不具有的优势：一是成本较低，可为建立网站节约成本；二是宣传范围广、覆盖范围大；三是链接辐射性强。所以宣传媒介首选就定为网络这个平台。根据相关统计数据，为了更好地生活学习，采用上网搜寻信息中的 75.9% 的使用者会使用加注的搜索引擎，另外 67.1% 的网络使用者所感兴趣的信息也是通过搜索引擎搜索出来的。所以，为使刚刚建立不久的网站更快捷地被获知，可以采用在全球知名网站、重要的中文门户网站中加注搜索引擎、导航服务等站栏的方式加以推广。此外，还可以与其他网站开展合作，互为对方设置图片、文字链接或检索链接，以提升双方网站的访问数量和浏览次数，形成共赢。

最后，创新社会主义核心价值教育模式，提升平台的影响力。网络环境是社会主义核心价值教育工作的新阵地，要努力使网络成为弘扬主旋律、开展思想教育的重要手段，就必须创新社会主义核心价值教育模式，提升社会主义核心价值教育实效性。首先，社会主义核心价值教育工作者

---

① 中国互联网络信息中心（CNNIC）：第 38 次《中国互联网络发展状况统计报告》，http://www.cnnic.net.cn．

应注意手机媒体、博客、微博、飞信、QQ、微信公众平台等新兴互联网技术在教育和引导工作中的作用，拓宽教育者与教育对象之间的交流渠道，增强教育的主动性；其次，加强传统思想政治教育与网络思想政治教育的互动，在继承中有创新，加强双方情感交流沟通和对接，实现网络时代社会主义核心价值教育工作"阵地战"与"运动战"的有效结合。最后，社会主义核心价值教育工作者和网络编辑与把关人应积极关注活跃的门户网站、论坛、微博等，为我所用，了解青年网民、学生论坛的舆情动态，了解网民真实的心理动向，及时发现问题、化解矛盾，将社会主义核心价值教育渗透到网民学习生活的方方面面，扩大在网民群体中的影响力。

三 功能：充分发挥社会主义核心价值教育网络平台的引导力

网络时代随着思想文化传播新媒体载体的便捷性、互动性、分享性、开放性等传播特点，海量的信息涌现，各种网络社会思潮通过网络空间进行呈现与传播，从一定程度上挤占、冲击甚至是销蚀社会主义核心价值教育的实效性。为此，社会主义核心价值教育平台首先要有针对性地对网络社会思潮进行引导，获得内容传播力，才能吸引广大受众，获得较好的传播效果和较大的吸引力与影响力。

一是要积极搭建和整合理论宣传平台、新闻宣传平台、社会宣传平台等，加快对重点新闻门户网站的建设，进一步发挥新华网、人民网、中国网等国家门户网站的品牌优势，发挥马克思主义研究网等专题性、专业性的学术网站的效应和作用。同时加大人力、资金和技术投入，建设一个良性运转的网络系统，丰富这些网站的内容，提升社会主义核心价值教育网络技术平台的运行速度，使青少年能够畅通无阻地浏览、学习社会主义核心价值观所关涉的内容和主题。加强与商业网站合作，开辟隐性阵地建设，广泛宣传社会主义核心价值观、我国改革开放的伟大成就等，营造出良好的思想道德建设风尚，进而坚定青少年的理想信念，建立对中国特色社会主义的自信，自觉地将社会主义核心价值转化为自身的价值追求。

二是运用主题网站、公共论坛与博客圈等方式，整合校园网、校内网、校外网等多种网络资源，拓展社会主义核心价值教育的平台。根据一项报告的调查显示，被调查学生个人专属手机拥有率达72.8%，而且其中 80.0%的人有使用手机上网的经历。① 网络及其载体（手机、电脑）等已经成为青少年学习、生活中的必需品，因此，要充分利用好互联网这个社会共同拥有的信息平台，加强网络平台建设，建立健康的校园网络文化阵地。加强校园网络环境的引导、管理、控制，用健康正确积极的思想和文化信息来占领网络新阵地，开展形式多样的网络思想政治教育实践活动，打造和更新一批以社会主义核心价值观为主要内容的、融思想性与知识性、参与性和趣味性于一体的思想政治教育示范性网站和网页，并在这些网页中的搜索引擎、导航服务等站栏中加注或者采用交换链接的形式，使这些优质的、先进的、主流的网站得以顺利的推广，占领校园网络育人新营地，使青少年积极主动地学习先进的理论和思想，接受社会主义核心价值观等主流价值观教育，培养他们健康的人格和高尚的道德情操。

三是要加强网络功能建设，合理运用网络平台进行社会主义核心价值教育。目前我国网站功能水平参差不齐，门户网站虽然功能丰富，但是以盈利为目的，其功能主要是新闻传播和商业广告；而以宣教为目的的公益性网站和政府门户网站由于缺少必需的营运资金且功能匮乏以至于仅能提供静态页面而无法与公众进行双向信息交流，即便是公众想要在互联网上接受思想上的熏陶和教育也无所适从。因此，我们必须加强网络功能建设，门户网站应适当加入主旋律内容，公益网站和政府网站一方面应重组业务流程，加快实现信息共享。同时，应拓宽筹资渠道，使网站运营具有充沛的资金支持，提升网民的信息选择能力，丰富网站功能，关心和回应网民在生活、工作、情感和心理等方面的诉求和需要。在网站设计时，要针对青少年内在思想状况的需求，将内容丰富、设计新颖、取材贴近青少年学习生活实际作为相关网站设计的基本要求。要将社会主义核心价值观的内容转化成青少年群众喜闻乐见的形式，将社会主义核心价值观这一理论体系的思想性、导向性与趣味性充分结合。高校可以借助 SNS 网站所具有的方向明确、定位准确、功能齐全的优势，开展社会主义核心价值教育，发挥其针对性强、覆盖面广、传播速度快的功能。要利用好教育者和大学生之间完全平等的地位，运用如 BBS 论坛、QQ 群等功能来加强与大学生间的沟通联系，相互学习和促进，在即时交互中实现思想价值观的引

---

① 中国少先队事业发展中心：《2011 中国未成年人互联网运用及社交网络运用状况调查报告》，http://guoqing.china.com.cn/node_7149590.htm。

领和教育。因此，要在主体间性哲学观指导下，形成交往性的师生关系，开展对话、理解和沟通，形成"教育者——受教育者"互为主体的新模式，使社会主义核心价值的教育者、传播者与青少年之间的互动常态化。要运用博客、微博等网络平台具有的知识管理功能、交互功能、休闲娱乐功能等满足青少年的需要，在这个过程中开展隐性的教育，使他们树立科学的世界观、人生观、价值观和道德观。

第四节 网络时代社会主义核心价值教育的环境营造

网络时代社会主义核心价值教育离不开教育环境这一重要因素。"思想政治教育环境是指影响人的思想品德形成和发展，影响思想政治教育活动运行的一切外部因素的总和。"[①] 那么也可以将青少年社会主义核心价值教育环境界定为影响青少年对社会主义核心价值体系、价值观的理解与认同、影响青少年社会主义核心价值观形成与青少年社会主义核心价值教育活动运行的一切外部因素的总和。良好的、和谐的教育环境是一种有形和无形的感召力量，是一种重要的教育资源，青少年社会主义核心价值教育只有在积极、正向、和谐的网络环境中，整合各方资源，发挥环境优势才能增强教育的针对性和实效性。创造良好的网络时代青少年社会主义核心价值教育环境，可促进网络时代青少年社会主义核心价值教育机制化、长效化、常态化。通过宣传普及，使网络社会的参与者们重视良好的网络氛围，并自觉参与到建设良好社会主义核心价值教育环境中去；加大各级教育机构对网络环境下社会主义核心价值教育培育力度，传播网络文明知识和社会主义核心价值观，同时，增强实践锻炼，让广大网民在互动体验中增强对社会主义核心价值观的认知、理解和支持，进一步弘扬主旋律，使互联网成为传播社会主义核心价值观的重要阵地。

一 完善网络空间的法治治理体系

当前，建设社会主义法治国家已成为国家发展的重要目标之一，而网络早已融入中国社会发展的每一个角落，网络空间不是"法外之地"。因

[①] 张耀灿、郑永廷、吴潜涛等：《现代思想政治教育学》，人民出版社2006年版，第298页。

此依法治国表现在网络社会中则是依法治网,完善网络空间的法治治理体系,形成依法治网的格局,有序确保网络言行规范有序。以法治作为互联网健康发展的保障,充分发挥法治措施在净化互联网环境中的积极作用,充分发挥法治的引领、规范、确权、调整、保护和惩罚等特有的功能,既规范网络行为、打击网络犯罪、荡清网络迷雾,又保护正常的网络运行,维护网络的活力,促进网络快速健康有序发展,让网络更好地服务经济、社会、文化等各个领域。因此,在网络社会主义核心价值教育进程中,也应积极推进法治的保障作用,大胆探索、主动跟进、深入实施,确保网络思想文化的规范有序发展。

依法治网,首先应关注网络,实现立法监管。互联网给世界发展及人类生活的各个领域带来了越来越重要的影响,互联网能为人们随时随地带来各种便利。但是正如一枚硬币有着正反两面,人类历史上任何一项科学技术的发明和运用在给人们带来便利和实惠的同时,又不可避免地产生负面影响。网络正如一把双刃剑,既为人们的交流、信息获取提供了更为便利、便捷的手段,加快了社会资源的整合与发展,也产生了黑客攻击、不法诽谤、色情、封建迷信的信息泛滥等消极现象。由于人的自利本性和对客观事物认识的局限性,使人们不能依靠自身的控制力而纠正自己的错误行为,所以需要外在的力量来纠正人们的错误行为。要把依靠自我人格和良心的力量来维系的行为自律转化为主要依靠制度的强制力来保证的法律约束。开放性是网络的标志特点,这导致了网络信息来源复杂、网络信息传输方式多样、网民法律道德界定模糊,因此需要制定强化管理与保持网络环境开放相辅相成的相关法律。

依法治网,其次应规范网络,促进立法发展完善。随着网络的快速普及和发展,这个崭新的平台给人们带来社交互动、信息服务、观点交流等极大便利的同时,也给人带来许多困扰,网络法制建设必要性得到进一步凸显。我国高度重视互联网的发展,始终坚持依法管理互联网,致力于营造健康和谐的互联网环境,构建更加可信、更加有用、更加有益于经济社会发展的互联网。我国把发展互联网作为推进改革开放和现代化建设事业的重大机遇,先后制定了一系列政策,规划互联网发展,明确互联网阶段性发展重点,推进社会信息化进程;为保障互联网健康发展和有效运用,我国先后制定了一系列法律、法规,签署了一系列国际公约,对利用互联网进行的各种违法行为给予有力的打击,维护互联网发展安全。面对网络这个新兴的独立空间，通过不断地深入研究和实践，针对网络问题完善现有的法律法规，对出现的各种问题进行专门规定，统一适用标准，促进互联网事业的长期、有序发展。

二　强化政府的网络社会管理职能

法国社会学家弗雷德里克·马特尔在《智能：互联网+时代的文化疆域》一书中指出，各国的历史传统与价值信仰不同、经济发展和生活习俗有异，互联网文化生态也必定是多元的。多元的文化生态必然造成网络时代价值观多元化特征，一方面反映出了社会开放程度和政治清明程度的提升，反映了人们行为选择的自主性、多样性，也可以在很大程度上激发社会活力，推动社会进步和发展；但从另一方面而言，如果价值观泛滥甚至"碎片化"，则成为社会潜在的不稳定因素，将对整个社会的发展带来巨大的挑战。因此，在网络时代，多元化价值观难免存在差异，多元化价值观的主体也在一定程度上存在矛盾与冲突的可能，若想用社会主义核心价值加强对网络思想文化的引导，就必须对网络背后的多元化价值观主体予以统合，进一步加强并推动政府对网络的监管和治理，有效保障核心价值教育的顺利进行。

加强对网络社会的管理，首先政府应具备科学管网的意识。随着社会主义市场经济体制的建立与发展，对经济发展的规范从简单的行政命令式转变为以市场为杠杆的经济引导手段，市场经济环境中所衍生出的种种价值观念已深入人心。因此在网络环境中，以利益引导机制为代表的调节手段应该成为我们管理网络、提高网络素质、压制网络中歪风邪气的主要手段。可以通过树立网络中的先进个人、先进事迹，举办论坛，设立综合性网站等方式，推广核心价值建设，倡导我们的政策、政治路线和方针。还可以对在社会主义核心价值教育工作中做出杰出贡献的先进工作者进行物质奖励。政府也可以发挥自身影响力，就计算机知识和网络安全技术面向全社会进行普及。满足用户的各种需求的有效网络商品也可被网络供货商推出，使网络健康发展与网民的网络信息获取有效管理齐头并进。作为一门科学，社会主义核心价值观的教育工作在有其独创性的同时，也要善于借鉴、融合其他科学的宝贵经验，使社会主义核心价值观的教育得到丰富，与社会共命运、同发展。还要在实际工作中大胆联系一些新的理论和办法，对于问题先透彻分析，再着手解决，从而保障精神文明和物质文明社会建设的双丰收、双发展。

其次，应从技术手段上提升网络信息安全水平。网络世界处处都充满了危机，提高网络系统对危机的应急处理能力刻不容缓。计算机病毒和黑客对网络安全威胁巨大。虽然目前无法彻底根除这种犯罪活动，除了防患于未然之外我们还大有可为，尽最大的努力防止各种攻击，保证网络系统的安全和通畅。对于进行网络安全监控的软件，其自身的安全也是很重要的方面，提高网络监控软件的安全性能，是网络安全的基础，可以更加有效地发挥其监控职能。① 只要我们能够按照规范操作，进行网络常规体检，将漏洞清除，杜绝不法分子的一切违法行为。网络安全、网络发展相辅相成，离开了安全堤坝，网络就不可能健康发展、持续发展。依法维护网络安全是全面推进依法治国的重要内容。要进一步完善互联网监管技术，着力健全国家网络安全保障体系，坚决打击网上违法犯罪活动，切实增强网络安全工作的主动性、有效性。大力宣传互联网建设管理的政策法规，宣传上网用网行为规范，引导网民提高素质。要大力普及网络安全常识，帮助人们掌握维护网络安全的技能和方法，提升抵御和防范网上有害信息的能力。要大力倡导积极健康向上的网络文化，弘扬社会主义核心价值观，增强网民的道德自律，让网络更多地发出好声音、传播正能量，使网络空间真正清朗起来。

最后，政府应加强对网络信息的管理。《数字化时代的生活设计》的作者埃瑟·戴森曾说过，互联网信息"可以释放出难以形容的生产力量，但它也可能成为恐怖主义者和江湖巨骗的工具，或是弥天大谎和恶意中伤的大本营。"② 信息审查是将来进行网络运作的一个大原则，技术上任何网络上的节点都要具备信息审查这样一个基本功能，在中国所有的网络信息入口处设置一个过滤装置，把不利于社会健康发展的有害信息拒之国门。网络没有国界，没有地域限制，这在一定程度上加大了我们信息审查的难度。信息审查还要与一定的技术手段相结合，这是我们诸多的网络和软件工作者的责任。就目前国内的情况来说，信息审查还是一个真空，还没有什么系统全面的解决手段，这也是我国网络的一个危险的开始，如果没有人愿意投资网络信息安全审查，我们所有的核心价值教育工作都是一

---

① 张晓冰、周静、邱晏：《网络伦理道德失范的原因和对策》，《新闻界》2009年第3期。
② [美]埃瑟·戴森：《数字化时代的生活设计》，海南出版社1998年版，第17页。

纸空文。不过既然已经意识到这样一种危险，政府运用宏观调控的手段，激发所有的参与者，信息审查工作一定能够得到切实的执行。在对网络不良信息进行适度审查的同时，还应彻底清除网络上存在的不法行为和网络垃圾，这就应该与商业门户网站开展合作，对不良信息及时进行清理，同时建立网络道德体系，加大宣传教育力度，提升网民素质，营造良好用网氛围。针对目前这种网络状况良莠不齐的局面，我们需要大力加强网络建设，针对那些非法链接网站，结合商业网站的自身优势，有效规制网络行为，将网络垃圾彻底清除，为社会主义核心价值教育健康有序运行营造良好的社会氛围。

三 广泛吸纳社会各方力量共同参与

由于网络时代社会主义核心价值教育具有高度的复杂性，是一项庞大的社会系统工程，因而需要社会多方力量共同参与，形成人人参与的共治格局。要在党的领导下，注重广泛吸纳新闻媒体、非政府组织、企业、个人等社会各方力量，发挥各自的优势深入网络平台之中展开议题设置、对话交流等实践，共同推动社会主义核心价值体系、社会主义核心价值观等在网络空间中的存在和传播，不断扩大主流意识形态的影响力。

一是要加强新闻媒体的舆论导向建设，使社会主义核心价值始终占领网络阵地。党的十七届六中全会指出："加强网上思想文化阵地建设，是社会主义文化建设的迫切任务。"网络媒体作为新媒体中的主要媒体，要积极宣传科学真理，传播先进文化，倡导科学精神，塑造美好心灵、弘扬社会正气，用先进文化来武装网络阵地。各级文化行政部门要积极发挥文化的导向作用，善于发现、宣传反映主流价值、弘扬主旋律的作品。各级教育部门也要加大引导力度，根据青少年的思想认识水平和性格特征，以丰富多样的、易于被其所接受的教育形式将社会主义核心价值贯穿网络道德教育的全过程，扩大和提高社会主义核心价值观的覆盖面和影响力，用主流价值观引领网络思潮的健康发展。高校等有关部门要以观念转变为先导，以高度的理论自觉，适应社会主义核心价值观在网络传播中的新发展，要加强舆论导向建设，以正确的、高尚的、健康的思想去占领网络阵地。展开信息分类处理，客观、真实、准确、及时地发布事实类信息，倡导健康、文明、多元的表达评论类信息，推出先进性与方向性相结合的引领思想理论类信息，要坚决遏制网络谣言的传播和网络语言暴力行为。以网站建设为平台，提升网络媒体把关人的信息素养和社会责任感，使其牢牢把握正确导向，坚持弘扬主旋律，发挥社会主义核心价值观在网络传播中的主导性，营造积极健康的舆论环境。随着微博用户群体的迅速扩大，产生了一批粉丝（听众）数大于十万的"大V"账号，这些"大V"账号在互联网上发挥着越来越大的影响力。新浪微博、腾讯微博中，10万以上粉丝（听众）的超过1.9万个，100万以上的超过3300个，1000万以上的超过200个。2013年8月10日，网络名人齐聚央视，对话畅谈网络名人的社会责任。大家一致认为，网络名人应承担更多的社会责任，传播正能量，并且达成共识，共守"七条底线"：一是法律法规底线；二是社会主义制度底线；三是国家利益底线；四是公民合法权益底线；五是社会公共秩序底线；六是道德风尚底线；七是信息真实性底线。这就是网络媒介名人对社会的道德承诺。加大对网络的监管力度，综合协调和利用各类信息网络载体，使网络成为传播社会主义核心价值观的新载体、新工具和新力量，成为激发青少年群体参与社会主义核心价值观大众化工作的积极性、主动性和创造性的"正能量"，并使其自觉进行自我教育、自我提高和自我发展。

二是开展丰富多彩的网络文化活动，使社会主义核心价值教育活动成为青少年喜闻乐见的活动之一。网络时代青少年社会主义核心价值教育仅有理论宣传与教育是不够的，社会主义核心价值教育的本质特征就是理论教育与社会实践的浑然天成。开展丰富多彩的网络文化活动是青少年思想政治教育的重要环节，是青少年社会主义核心价值教育的有效途径。针对青少年群体追求新奇化、时尚的特点，可以采取青少年喜闻乐见、灵活多样的宣传教育形式，采用网络流行话语和网络图片与视频，把社会主义核心价值观的宣传教育内容与青少年的文化娱乐、日常生活有机结合起来，激发他们对社会主义核心价值观宣传内容的兴趣，使社会主义核心价值教育寓教于乐，青少年在参与中思想上受益，在教育中情感上升华，在生活中行为上实践。要坚持"从实践中来，到实践中去"的思想方法和教学方法，紧密贴近青少年的日常生活，认真研究新形势下青少年群体价值观的变化与走向，坚持网上与网下、校内校外教育相结合的方法，充分调动他们自觉参与宣传教育的主动性和积极性，让青少年利用所学的理论知识观察和认识各种社会现象，指导其人生实践，纠正认识偏差，使青少年在潜移默化中受益。

三是营造良好的校园文化环境，支持社会主义核心价值观网络教育实践。苏霍姆林斯基指出："用学生自己创造的周围环境，用丰富集体生产的一切东西进行教育，这是教育过程中最微妙的领域之一"。[1] 校园文化环境是一所学校长期办学历史的积淀，是校风、教风和学风的精髓，良好的校园文化有着重要的育人价值。它一般包括自然环境与人文环境，是硬实力与软实力的统一体。根据虚实和谐发展理念，开展网络时代社会主义核心价值教育并不是单纯地只在网络这一虚拟空间里开展教育，青少年也不可能完全生活在虚拟的网络世界之中，他们所接触的现实世界中，校园文化环境对他们的价值观念的形成具有重要影响。学校要高度重视校园自然环境和人文环境建设，注重校园环境的育人作用。要以社会主义核心价值观为根本建设高校校园文化，挖掘高校办学历史中艰苦奋斗等优秀传统文化，拓展体现时代进步方向的、与时俱进的时代文化，营造良好的校风、教风与学风，以和谐健康的校园文化引导青少年端正自己的学习态度，形成良好的学习风气，培养自己敢于担当的社会责任感和勇于创新的时代精神，促进青少年合理使用网络资源，遵守网络规约，使青少年成为网络时代社会主义核心价值观的参与者、践履者和推动者。同时，要加强校报、校刊、校园网络、宣传栏等宣传媒介的建设，利用这些媒介载体来弘扬青少年身边的好人好事，加强社会主义核心价值教育的宣传，营造良好的社会主义核心价值教育氛围。

---

[1] ［苏］苏霍姆林斯基：《帕夫雷什中学》，赵玮、王高义等译，教育科学出版社 1981 年版，第 12 页。

参考文献

1. 《马克思恩格斯全集》第1—4卷，人民出版社1995年版。
2. 《马克思恩格斯全集》第19卷，人民出版社1963年版。
3. 《马克思恩格斯全集》第23卷，人民出版社1972年版。
4. 《马克思恩格斯全集》第42卷，人民出版社1979年版。
5. 《马克思恩格斯全集》第16卷，人民出版社1995年版。
6. 《毛泽东选集》第1—4卷，人民出版社1991年版。
7. 《邓小平文选》第2卷，人民出版社1994年版。
8. 《邓小平文选》第3卷，人民出版社1993年版。
9. 《江泽民文选》第1—3卷，人民出版社2006年版。
10. 《习近平谈治国理政》，外文出版社2014年版。
11. 中共中央文献研究室：《习近平同志重要讲话文章选编》，中央文献出版社，党建读物出版社2016年版。
12. 钱均鹏、徐荣梅主编：《习近平总书记系列重要讲话精神学习辅导读本》，中国言实出版社2014年版。
13. 《中共中央关于深化文化体制改革、推动社会主义文化大发展大繁荣若干重大问题的决定》，人民出版社2011年版。
14. 中共中央宣传部：《社会主义核心价值体系学习读本》，学习出版社2009年版。
15. 中共中央文献研究室编：《毛泽东、邓小平、江泽民论世界观、人生观、价值观》，人民出版社1997年版。
16. 《中共中央关于构建社会主义和谐社会若干重大问题的决定》，人民出版社2006年版。
17. 王玉樑：《价值和价值观》，陕西师范大学出版社1988年版。
18. 王玉樑：《当代中国价值哲学》，高等教育出版社2004年版。
19. 李连科：《价值哲学引论》，商务印书馆1999年版。

20. 李德顺：《价值论》，中国人民大学出版社 2007 年版。
21. 王葎：《价值观教育的合法性》，北京师范大学出版社 2009 年版。
22. 袁贵仁：《价值学引论》，北京师范大学出版社 1991 年版。
23. 毛牧然、陈凡：《论网络技术的价值二重性》，中国社会科学出版社 2008 年版。
24. 李楠明：《价值主体性：主体性研究的新视域》，社会科学文献出版社 2005 年版。
25. 王以宁：《网络教育应用》，高等教育出版社 2003 年版。
26. 杨文祥：《信息资源价值论：信息文明的价值思考》，科学出版社 2007 年版。
27. 张雪：《虚拟技术的政治价值论》，东北大学出版社 2004 年版。
28. 杨保军：《新闻价值论》，中国人民大学出版社 2003 年版。
29. 杨立英、曾盛聪：《全球化、网络化境遇与社会主义意识形态建设研究》，人民出版社 2006 年版。
30. 曾令辉：《虚拟社会人的发展研究》，人民出版社 2009 年版。
31. 宋元林：《网络文化与人的发展》，人民出版社 2009 年版。
32. 党静萍：《如何应对网络时代：网络文化下青少年主体性建构研究》，法律出版社 2008 年版。
33. 常晋芳：《网络哲学引论：网络时代人类存在方式的变革》，广东人民出版社 2005 年版。
34. 项久雨：《思想政治教育价值论》，中国社会科学出版社 2003 年版。
35. 吴克明：《网络文明教育论》，湖南师范大学出版社 2005 年版。
36. 杨立英：《网络思想政治教育》，人民出版社 2003 年版。
37. 罗家英：《网络影响下高校德育模式变迁与构建》，华中科技大学出版社 2005 年版。
38. 鲁宽民、乔夏阳：《网络虚拟社会建设论略——法治和德育之思》，人民出版社 2013 年版。
39. ［美］蒂姆·伯纳斯·李：《编织万维网：万维网之父谈万维网的原初设计与最终命运》，张宇宏、萧风译，上海译文出版社 1999 年版。
40. ［美］尼葛洛庞帝：《数字化生存》，胡泳译，海南出版社 1997 年版。
41. ［德］赫尔穆特·施密特：《全球化与道德重建》，柴方国译，社会科学文献出版社 2001 年版。

42. ［美］保罗·利文德：《信息革命的历史与未来》，熊澄宇等译，清华大学出版社 2002 年版。
43. ［美］阿尔文·托夫勒：《第三次浪潮》，朱志焱等译，生活·读书·新知三联书店 1984 年版。
44. ［英］约翰·诺顿：《互联网从神话到现实》，朱萍等译，江苏人民出版社 2001 年版。
45. ［美］曼纽尔·卡斯特：《网络社会的崛起》，夏铸九等译，社会科学文献出版社 2000 年版。
46. ［美］沃尔特·李普曼：《公众舆论》，阎克文等译，上海世界出版集团 2006 年版。
47. ［美］劳伦斯·莱斯格：《代码：塑造网络空间的法律》，李旭译，中信出版社 2004 年版。
48. ［美］Patricia Wallace：《互联网心理学》，谢影、苟建新译，中国轻工业出版社 2001 年版。
49. 项家祥、王正平主编：《信息网络与文化教育》，上海三联书店 2006 年版。
50. 刘文富：《全球化背景下的网络社会》，贵州人民出版社 2001 年版。
51. 鲍宗豪：《网络与当代社会文化》，上海三联书店 2001 年版。
52. 刘济良：《青少年价值观教育研究》，广东教育出版社 2003 年版。
53. 谢海光：《互联网与思想政治工作概论》，复旦大学出版社 2000 年版。
54. 陈新汉：《警惕核心价值体系"边缘化危机"》，社会科学文献出版社 2011 年版。
55. 杨雄：《网络时代行为与社会管理》，上海社会科学院出版社 2007 年版。
56. 李大健：《多维审视与理性涵育——大学生社会主义核心价值体系教育研究》，《马克思主义与现实》2016 年第 2 期。
57. 刘伟、王洪波：《社会主义核心价值融入社会生活的理论前提》，《中共天津市委党校学报》2015 年第 6 期。
58. 付克新：《社会主义核心价值整体性的语义分析》，《探索》2015 年第 11 期。
59. 李凌燕：《新媒体语境下社会主义核心价值话语体系建构策略》，《社会科学辑刊》2015 年第 1 期。

60. 郭婕：《传统文化与社会主义核心价值体系研究的三种面向》，《道德与文明》2015 年第 3 期。
61. 蒙冰峰、廉永杰：《社会主义核心价值体系与西方价值体系的微观异质比较》，《教育评论》2015 年第 5 期。
62. 肖贵清、周昭成：《中国特色社会主义制度价值实现的内在逻辑与基本路径——兼论社会主义核心价值体系与核心价值观的价值旨趣》，《科学社会主义》2015 年第 2 期。
63. 韩震：《公正是社会主义核心价值追求》，《中国特色社会主义研究》2014 年第 6 期。
64. 余玉花、张卫伟：《社会主义核心价值体系的实践性探讨》，《思想理论教育》2014 年第 1 期。
65. 唐凯麟、张静：《社会主义核心价值体系的公民认同和道德建构研究》，《伦理学研究》2014 年第 1 期。
66. 耿步健：《社会主义核心价值观与社会主义核心价值体系的辩证关系》，《社会科学家》2014 年第 2 期。
67. 许静波：《大学生社会主义核心价值体系教育的认同途径探析》，《思想理论教育导刊》2014 年第 1 期。
68. 阚和庆、吴宝晶：《网络传播视阈下社会主义核心价值体系大众化路径》，《中国出版》2014 年第 3 期。
69. 刘继强、申小蓉：《新媒体环境下社会主义核心价值体系引领社会思潮探析》，《毛泽东思想研究》2014 年第 3 期。
70. 杨叔子：《对加强社会主义核心价值体系教育的一点理解》，《高等教育研究》2014 年第 4 期。
71. 左鹏：《意识形态领域挑战社会主义核心价值体系的几种主要社会思潮》，《思想理论教育导刊》2014 年第 4 期。
72. 郑爱龙：《网络社会中社会主义核心价值体系认同的影响因素》，《理论视野》2014 年第 5 期。
73. 刘卫平：《系统思维：构建社会主义核心价值体系的思维范式》，《系统科学学报》2014 年第 3 期。
74. 白毅：《社会主义核心价值体系认知的网络化探索》，《安徽师范大学学报》（人文社会科学版）2014 年第 5 期。
75. 张秋山、李维意：《高校社会主义核心价值体系教育的网络传播机制》,《河北大学学报》(哲学社会科学版) 2014 年第 4 期。
76. 刘焕明、张彬:《以社会主义核心价值体系引领中国特色社会主义文化建设》,《艺术百家》2014 年第 5 期。
77. 张力:《社会主义核心价值体系与社会主义核心价值观内在关系解析》,《教育评论》2014 年第 8 期。
78. 胡飒:《微时代视阈下高校社会主义核心价值体系的传播》,《湖南科技大学学报》(社会科学版) 2013 年第 66 期。
79. 柏文涌、朱春辉:《社会主义核心价值体系对当代青年的影响和培育路径研究》,《求实》2013 年第 11 期。
80. 汤文隽、金晶:《网络社会中社会主义核心价值体系认同规律》,《东疆学刊》2013 年第 14 期。
81. 郭清:《社会主义核心价值体系引领下大学生社会责任感的培养》,《思想教育研究》2013 年第 2 期。
82. 李东坡:《以社会主义核心价值体系引领网络社区文化建设》,《电子政务》2013 年第 2 期。
83. 曾雅丽:《将社会主义核心价值体系融入高校思想政治教育》,《中国高等教育》2013 年第 1 期。
84. 张露:《社会主义核心价值体系引领公民道德建设的思考》,《当代世界与社会主义》2013 年第 2 期。
85. 汪馨兰、戴钢书:《将社会主义核心价值体系融入网络文化建设》,《求实》2013 年第 5 期。
86. 刘爱军、董芳芳:《社会主义核心价值体系大众化的学理诉求》,《中国特色社会主义研究》2013 年第 3 期。
87. 阮璋琼、尹良润:《党媒微博对社会主义核心价值体系的传播与认同》,《当代传播》2013 年第 36 期。
88. 孙红霞:《当代社会主义核心价值体系大众化路径研究》,《河南社会科学》2013 年第 10 期。
89. 王学俭、郭绍均:《互联网络境域中社会主义核心价值体系大众化的难题与对策》,《理论月刊》2013 年第 9 期。
90. 马可、李承贵:《社会主义核心价值体系的实践困境与破解方式》,《探索》2013 年第 4 期。
91. 孙伟:《以社会主义核心价值体系引领高职大学生网络素养提升》,

《思想理论教育导刊》2013 年第 10 期。

92. 靳玉军:《论社会主义核心价值教育的实践要求》,《教育研究》2014 年第 11 期。

93. 于安龙、刘文佳:《微文化对大学生社会主义核心价值教育的影响及对策》,《中国青年研究》2014 年第 11 期。

94. 张琼:《网络境域下大学生社会主义核心价值观认同探析》,《思想教育研究》2013 年第 4 期。

95. 王金磊:《借力新媒体加强大学生社会主义核心价值观培育的几点思考》,《思想理论教育导刊》2014 年第 11 期。

96. 韩喜平:《社会主义核心价值观培育与高校的责任》,《中国高等教育》2014 年第 7 期。

97. 刘书林:《论社会主义核心价值观的几个重要关系》,《思想理论教育导刊》2014 年第 9 期。

98. 任艳妮、秦燕:《大众传媒环境下大学生社会主义核心价值观的引导与培育》,《西安交通大学学报》(社会科学版) 2014 年第 2 期。

99. 殷忠勇:《社会主义核心价值观与中国优秀传统文化》,《思想理论教育导刊》2014 年第 9 期。

100. 刘书林:《培育社会主义核心价值观的基本原则》,《思想理论教育》2013 年第 3 期。

101. 郭建新:《社会主义核心价值观大众认同路径与机制研究》,《江苏社会科学》2014 年第 1 期。

102. 虞崇胜、张建军:《社会主义核心价值观生成的一般规律、基本原则和基本要素》,《东南学术》2013 年第 1 期。

103. 关洁:《社会主义核心价值观的网络培育途径》,《当代世界与社会主义》2013 年第 2 期。

104. 李忠军:《论社会主义核心价值观、中国精神与社会主义意识形态》,《社会科学战线》2014 年第 3 期。

105. 陈秉公:《论社会主义核心价值观"高势位"培育和践行的规律性》,《思想理论教育》2014 年第 2 期。

106. 韩文乾:《新媒体环境下高校社会主义核心价值教育途径探析》,《思想理论教育导刊》2015 年第 3 期。

107. 郑洁:《网络媒体传播社会主义核心价值观的机制探析》,《社会科学家》2014 年第 1 期。

108. 朱哲、薛焱:《价值自觉、价值自信与价值实践——践行社会主义核心价值观的三个维度》,《思想教育研究》2014 年第 5 期。
109. 唐平秋、卢尚月:《新媒体环境下大学生社会主义核心价值观培育的思考》,《思想理论教育导刊》2015 年第 4 期。
110. 张春美、陈继锋:《微文化生态下的社会主义核心价值观培育》,《安徽师范大学学报》(人文社会科学版) 2014 年第 1 期。
111. 李中元:《社会主义核心价值观的理论旨趣、内在逻辑与践行原则》,《新疆师范大学学报》(哲学社会科学版) 2013 年第 5 期。
112. 王泽应:《论承继中华优秀传统文化与践行社会主义核心价值观》,《伦理学研究》2015 年第 1 期。
113. 李荣启:《弘扬中华传统文化与建设社会主义核心价值观》,《中国文化研究》2014 年第 3 期。
114. 胡宝荣、李强:《论社会主义核心价值观在社会治理中的作用》,《中国特色社会主义研究》2014 年第 2 期。
115. 李勇:《新媒体环境下社会主义核心价值观传播体系的建构研究》,《电化教育研究》2015 年第 2 期。
116. 虢美妮:《社会主义核心价值观引领网络文化发展研究》,《新疆师范大学学报》(哲学社会科学版) 2013 年第 5 期。
117. 彭建国、周霞:《论新加坡共同价值观教育对我国社会主义核心价值观培育的启示》,《思想教育研究》2014 年第 5 期。
118. 胡剑慧:《拓宽社会主义核心价值观传播的主渠道——以新媒体传播正能量为例》,《毛泽东邓小平理论研究》2014 年第 3 期。
119. 杜玉波:《深化社会主义核心价值观培育践行,推动思想政治教育工作创新发展》,《思想教育研究》2015 年第 2 期。
120. 郭彩霞:《试论新媒体在社会主义核心价值观培育中的作用》,《中共福建省委党校学报》2014 年第 4 期。
121. 徐宁:《论社会主义核心价值观的知与行》,《南京社会科学》2014 年第 6 期。
122. 陈志勇:《网络新媒体视域下以文化人在社会主义核心价值观宣传教育体系中的应用研究》,《思想教育研究》2015 年第 12 期。
123. 杜芳、陈金龙:《中华优秀传统文化与社会主义核心价值观的涵养》,

《中国高等教育》2014 年第 23 期。

124. 唐平秋：《微文化背景下大学生社会主义核心价值观认同危机及治理路径》，《探索》2015 年第 1 期。
125. 孙熙国：《社会主义核心价值观的二重超越性》，《中国特色社会主义研究》2014 年第 3 期。
126. 李毅弘、宁娜、殷焕举：《以社会主义核心价值观集聚高校网络舆论引导合力》，《思想理论教育导刊》2015 年第 11 期。
127. 易鹏、王永友：《论社会主义核心价值观网络传播的功能与实践》，《思想理论教育导刊》2015 年第 8 期。
128. 王久高：《社会主义核心价值观的生成与内涵》，《中国特色社会主义研究》2014 年第 4 期。
129. 朱千波：《移动互联视域下高校社会主义核心价值教育》，《中国高等教育》2015 年第 9 期。
130. 张元、丁三青、李晓宁：《网络环境下社会主义核心价值观认同的实践路径》，《科学社会主义》2014 年第 4 期。
131. 王功敏：《新媒体环境下大学生社会主义核心价值教育的机制构建》，《思想理论教育导刊》2015 年第 9 期。
132. 李丹、张森林：《校园网络文化对大学生社会主义核心价值观培育的影响及对策》，《黑龙江高教研究》2014 年第 8 期。
133. 刘云山：《着力培育和践行社会主义核心价值观》，《求是》2014 年第 2 期。
134. 黎友：《中华优秀传统文化是涵养社会主义核心价值观的源泉》，《学术论坛》2014 年第 11 期。
135. 唐雪莲、岳柏冰：《新媒体环境下大学生社会主义核心价值观养成教育》，《理论视野》2014 年第 6 期。
136. 郑萌萌：《新媒体传播社会主义核心价值观研究》，《传媒》2014 年第 8 期。
137. 张彦君：《社会主义核心价值观认同驱动力研究》，《河南社会科学》2014 年第 7 期。
138. 哈胜男：《论微博时代青少年社会主义核心价值观培育》，《学术交流》2014 年第 4 期。
139. 潘新华、何小青：《互联网裂变时代社会主义核心价值教育的应对与思考》，《中国高等教育》2015 年第 20 期。

140. 李卫红：《肩负起培育和弘扬社会主义核心价值观的时代重任》，《中国高校社会科学》2014 年第 3 期。

141. 郑秀芝、程雪峰：《网络环境下社会主义核心价值观培育》，《中国特色社会主义研究》2015 年第 3 期。

142. 朱琳、张力：《新媒体环境下大学生社会主义核心价值教育途径的创新》，《教育评论》2015 年第 2 期。

143. 高丽静：《新媒体视域下社会主义核心价值观建设》，《教学与研究》2015 年第 5 期。

144. 李朗、欧阳宏生：《社会主义核心价值观的大众化传播——基于民生新闻的视角》，《当代传播》2014 年第 4 期。

145. 张敏：《网络思想政治教育的社会价值与社会功能》，《电子科技大学学报》（社科版）2003 年第 1 期。

146. 程智：《对网络教育概念的探讨》，《电化教育研究》2003 年第 7 期。

147. 陈理宣：《论教育价值创造的过程、途径和方法》，《教育理论与实践》2004 年第 9 期。

148. 李亚宁：《网络文化传播与当代青年政治价值观建构》，《理论导刊》2006 年第 6 期。

149. 邹绍清、罗洪铁：《思想政治教育价值研究的理论探源》，《思想理论教育》2008 年第 4 期。

150. 廉永杰、周家荣：《社会主义核心价值体系的价值论分析》，《党政论坛》2008 年第 5 期。

151. 梁淮平：《博客的网络文化价值及政策规范研究》，《毛泽东邓小平理论研究》2008 年第 12 期。

152. 吕世荣：《价值主体与核心价值体系合理性研究》，《哲学动态》2009 年第 7 期。

153. 苏振芳：《社会主义核心价值体系视野的网络文化建设》，《重庆社会科学》2009 年第 8 期。

154. 宋元林、唐佳海：《网络思想政治教育的个体价值及其实现途径》，《毛泽东邓小平理论研究》2009 年第 9 期。

155. 董雅致：《大学网络文化中社会主义核心价值体系的构建》，《吉林师范大学学报》（人文社会科学版）2009 年第 4 期。

156. 燕道成：《国外网络游戏管理及启示》，《中国青年研究》2009 年第 8 期。
157. 刘宝立：《全球化与社会主义核心价值观的确立》，《理论月刊》2010 年第 1 期。
158. 李德顺：《价值观的"主流"与"边缘"》《人民论坛》2010 年第 5 期。
159. 王桂玲：《校园网络文化对大学生价值观的影响》，《人民论坛》2010 年第 8 期。
160. 杨立英：《用社会主义核心价值体系引领网络文化的思考》，《思想理论教育导刊》2010 年第 3 期。
161. 杨红英：《素质教育视域下当代大学生核心价值观培育探微》，《福建论坛》（人文社会科学版）2010 年第 7 期。
162. 王泽应：《论社会主义核心价值体系与公民道德建设的关系》，《道德与文明》2010 年第 6 期。
163. 杜向民：《论高校社会主义核心价值体系教育生活化的实现路径》，《中国高等教育》2010 年第 3 期。
164. 宋元林：《网络思想政治教育的文化价值及其实现途径》，《高校理论战线》2010 年第 11 期。
165. 吴岳军：《论当前大学生道德价值的冲突与调适》，《中国高等教育》2010 年第 23 期。
166. 肖香龙：《社会主义核心价值体系是建设先进网络文化的内在要求》，《思想理论教育导刊》2011 年第 6 期。
167. 郑元景：《网络时代文化软实力竞争与国家意识形态安全》，《科学社会主义》2012 年第 3 期。
168. Wecket John, Douglas Adeney: Computer and Information Ethics [M]. Greenwood Press, 1997.
169. R. Rosecranee: the Rise of the Virture State: Weath and Power in the Coming Century [M]. New York: Basic Books, 1999.
170. Habermas: Moral Consciousness and Communicative Actions [M]. Cambridge, Massachusetts, The MTF Press, 2001.
171. Bargh, J. A., Mckenna, K. Y. A. & Fitzsimons, G. M.: Can you see the real me? Activation and expression of the "true self" on the inter-

net [J]. Journal of Social Issues, 2002, 58 (1).
172. Weiser, E. B: The function of internet use and their social and psychology consequences [J]. Cyber Psychology & Behavior, 2001, 4 (6).
173. Jeremy J. Shapiro, Shelley K. Hughes: Information Literacy As A Liberal Art: Enlightenment Proposals For A New Curriculum [J]. Educom Review. 1996. 31 (2).
174. Kiesler S. Kraut R: Internet Use and Ties That Bind, American Psychologist [J]. 1999, (54).
175. Bargh, J. A: Beyond simple truths: the human - internet interaction [J]. Journal of Social Issues, 2002, 58 (1).
176. Caplan, S. E: Preference for online social interaction: a theory of problematic internet use and psychosocial well-being [J]. Communication Research, 2003, 30 (6).
177. Hilary M: Being Digital: Implications for Education [J]. Educational Technology, (1999). No. 6.
178. Joinson: A Self-esteem, interpersonal risk, and preference for e-mail to face-to-face communication [J]. Cyber Psychology & Behavior, 2004, 7 (4).

后　　记

　　互联网突破传统的种种特征，形成了一个新的虚拟社会，解构并重构着社会结构，创造新的组织方式和组织形态，它不仅对经济、社会、政治和文化产生了巨大的影响，还使人类社会的生产方式、生活方式、学习方式和思维方式发生了翻天覆地的变化。应当看到，互联网既为社会主义核心价值教育提供了新的手段，又为社会主义核心价值教育开辟了新的领域，同时，互联网的负面信息，容易导致人们认知混乱、价值观扭曲，深刻地影响着社会主义核心价值教育的实际效果。

　　随着世界多极化、经济全球化、文化多样化、社会信息化深入发展，互联网对人类文明进步将发挥更大的促进作用，互联网使人类信息传播无比高效、方便、快捷，人们的交往不再受时间、地点和空间的限制，网络生活更加丰富多彩，充满乐趣，网络俨然已成为人类社会生存的"第二类"空间和社会运行的"血液"，犹如空气、阳光和水一样成为人们不可或缺的生活元素。网络为我们更好地开展社会主义核心价值教育工作提供了更为广阔的平台，充分发挥网络传播的优势，唱响时代主旋律，讲好中国故事。同时，我们不能不看到，互联网发展到现在，不同国家和地区存在着信息鸿沟，互联网治理面临众多问题，网络中道德失范、违法犯罪和网络恐怖主义活动等危害着互联网的健康运行。由于网络具有开放性和共享性，网络信息基本上是难以控制和过滤的，我国主流价值观念和意识形态被一些"文化帝国主义"的价值观念逐渐渗透和侵蚀，这种文化渗透作为一种强有力的、隐性的且阻力最小的手段对我国主流意识形态领域产生重要影响，使主流价值的教育工作遭受了前所未有的挑战。一些不法分子利用网络的隐蔽性，利用我国网络社会还处在发展阶段、机制尚不健全，利用受教育者的网络道德意识薄弱和辨别能力低下，鼓吹传播西方价值观念的先进性和民主性，肆意诋毁我们所宣扬的主流价值观念，使各种良莠不齐的信息在互联网上交织出现，公众很容易被一些错误的观点所诱导，网络上不良行为不断蔓延。

互联网的快速变化，引发着社会的深层变革。这不仅深刻地影响着作为主体人的生存和发展状况，尤其是对人们的品格和价值观念的形成产生了巨大的影响，也深刻地影响着社会主义核心价值教育的实际效果。如果说人民群众在哪里，思想政治工作就应该到哪里，那么，我们的社会主义核心价值观建设、思想政治工作就应该向网上延伸。我们应该做强网上正面宣传，培育积极健康、向上向善的网络文化，用社会主义核心价值观和人类优秀文明成果滋养人心、滋养社会，做到正能量充沛、主旋律高昂，为广大网民特别是青少年营造一个风清气正的清朗网络空间。

互联网是人类的新空间、新家园，建设网络强国，提升国家软实力，必须繁荣网络文化。互联网已成为传播人类优秀文化、弘扬正能量的重要载体。要始终坚持社会主义先进文化前进方向，坚持正确舆论导向，遵循网络传播规律，发展积极向上的网络文化，弘扬主旋律，激发正能量，大力培育和践行社会主义核心价值观，把中国故事讲得愈来愈精彩，让中国声音愈来愈洪亮。面对网络时代新媒体格局、新的舆论生态所带来的新形势，我们要重视网络环境下社会主义核心价值教育实效性的提升，主动适应网络特点，积极运用传播规律，使广大网民在享受网络幸福生活的同时，把社会主义核心价值观渗透到广大网民的思想意识和行为习惯之中，为广大网民在思想上提供精神支撑和价值引领，真正使社会主义核心价值观内化为广大网民的精神追求，进而外化为大家的自觉践行，最大限度地凝聚正能量，推进网上网下协同治理，使网络空间成为既充满雨露阳光，又风朗气清、生态良好，共同建设好亿万网民的精神家园。

本书是国家社会科学基金项目"网络时代社会主义核心价值体系教育实效性研究"（项目批准号：11BKS075）的最终研究成果。几年来，经过课题组的积极努力，以系统的理论思辨为主，从价值哲学、思想政治教育学、传播学等理论，对网络时代社会主义核心价值教育时效性从多个方位进行探讨；采取了文献法、实证分析法、比较研究法等方法，坚持了"资料收集、社会调查、专题研究、意见拟订、比较分析、效果评价"的总体研究思路，分若干个专题研究，进行研究分析，形成了一系列论文和调研报告，出版了两本相关著作，获得陕西省哲学社会科学奖励。

在完成国家社科基金研究中，研究生乔夏阳、刘利鑫、王堃、王玉、蔡培潇，他们在资料收集、文献整理、引文查证、文字校正等方面，做了一定的基础工作，付出了艰辛的劳动，在本书付梓之际，谨向他们深表谢忱。

在研究过程中，我们参考了国内外许多专家、学者的相关著作、论文，这些研究开阔了我们的研究视野，丰富了我们的知识，给我们带来了很多启迪并且汲取了许多有益的成果，在此谨致诚挚的谢意。本书在撰写过程中，难免有疏漏和不足之处，敬请各位专家、学者和广大读者批评指正。

鲁宽民

2016年9月于曲江池畔